Deixler-Hübner | Neumayr



# Musterakt Zivilverfahren

2., neu bearbeitete Auflage

# Musterakt Zivilverfahren

Alle Verfahrensschritte im Zivilprozess
Kommentierter Musterakt
Tipps aus der und für die Praxis

2., neu bearbeitete Auflage

VON

Univ.-Prof. Dr. Astrid Deixler-Hübner
Univ.-Prof. Dr. Matthias Neumayr

LexisNexis®

**Bibliografische Information der Deutschen Bibliothek**
Die Deutsche Bibliothek verzeichnet diese Publikation in der Deutschen Nationalbibliografie; detaillierte bibliografische Daten sind im Internet über http://dnb.ddb.de abrufbar.

**ISBN 978-3-7007-6741-1**

LexisNexis Verlag ARD Orac GmbH & Co KG, Wien
www.lexisnexis.at
**Wien 2017 • Best.-Nr. 97.084.002**



Foto Deixler-Hübner: Fotostudio Engleder
Foto Neumayr: Peter Berger Fotografie, Siebertgasse 10, 1120 Wien

Druckerei: MDH-Media GmbH, 1220 Wien

# Vorwort

Auch wenn im Studium praxisbezogene Lehrveranstaltungen mit Besuch von Gerichtsverhandlungen angeboten werden, erlernen Studentinnen und Studenten der Rechtswissenschaften das Zivilprozessrecht oft nur abstrakt im Trockendock. Sie „erleben" das Gebiet und seine Bedeutung in vollem Umfang erst, wenn sie mit ihrer Gerichtspraxis beginnen. Das hat uns bewogen, einen Fall in seiner Gesamtheit darzustellen, wie er sich in ähnlicher Weise wirklich abgespielt hat und auch bis zum Obersten Gerichtshof gelangt ist (10 Ob 66/09t):

Ein Student geht das erste Mal in eine Halle klettern und stürzt ab. Vor Gericht macht er Schadenersatz geltend. Wie läuft das Verfahren von der Klage bis zur Entscheidung des Obersten Gerichtshofs ab? Wie sind die Schriftsätze der Parteienvertreter gestaltet? Wie schauen gerichtliche Protokolle und Entscheidungen aus? Was ist ein Vorlagebericht?

Wir haben uns bemüht, einen Zivilprozess praxisnahe abzubilden. Nach einer allgemeinen Einleitung stellen wir die einzelnen Verfahrensschritte so dar, wie sie sich im „praktischen zivilprozessualen Leben" abspielen. Dazu geben wir kurze Erklärungen. Die Abbildung der Realität bedingt, dass nicht alles ideal abläuft. Wir sehen darin kein Problem: Das Zivilprozessrecht bietet ein Korsett dafür, wie sich der Prozess entwickelt. Der Prozess läuft mit Menschen und für Menschen ab. Wichtig ist vor allem, dass der Prozess in fairer Weise funktioniert und am Ende zu einem richtigen Ergebnis führt, sowohl auf der Ebene der Tatsachen als auch der rechtlichen Ebene.

Das Streben nach Kürze und Lesbarkeit veranlasste uns dazu, im Text auf die parallele Verwendung beider Geschlechter zu verzichten. Im Allgemeinen Teil haben wir in den mit ungeraden Ziffern bezeichneten Kapiteln durchgehend die weibliche Form und in den mit geraden Ziffern bezeichneten Kapiteln durchgehend die männliche Form verwendet. Die Verwendung dieser Form bezieht sich in gleicher Weise auf die Entsprechungen des anderen Geschlechts.

Das Werk hätte ohne professionelle und engagierte Unterstützung nicht entstehen können. Für Tipps aus der Praxis sind wir Frau AR *Angelika Neuhauser* (OGH), Herrn Dr. *Andreas Schweizer* (Landesgericht Salzburg), Herrn Dr. *Bernhard Prommegger* (Oberlandesgericht Linz) und Herrn Dr. *Peter Schinko* (OGH) zu Dank verpflichtet. Bei den aufwändigen Schreib- und Korrekturarbeiten waren uns Frau Mag. *Melanie Kiener*, Frau *Özlem Demir*, Frau Mag. *Sandra Tischler,* Herr Univ.-Ass. Mag. *Alexander Meisinger* und Herr Univ.-Ass. Mag. *Jürgen Schmidt* eine große Hilfe. Die Umsetzung einer unkonventionellen Struktur erforderte einigen verlegerischen Aufwand – für die Betreuung bedanken wir uns bei Frau Dr. *Susanne Sonnberger*, Herrn *Stefan Baranek*, BA und Herrn Mag. *Michael Schachner* aus dem Haus LexisNexis.

So hoffen wir, dass das neue Lehrbuch der Befassung mit dem Zivilprozessrecht neuen Schwung gibt!

Linz/Salzburg/Wien, im August 2017

*Astrid Deixler-Hübner*
*Matthias Neumayr*

# Inhaltsverzeichnis

## Abkürzungsverzeichnis

| | |
|---|---|
| aA | anderer Ansicht |
| ABGB | Allgemeines Bürgerliches Gesetzbuch, JGS 1811/946 |
| Abs | Absatz |
| AG | Aktiengesellschaft |
| aM | anderer Meinung |
| AnwBl | Österreichisches Anwaltsblatt (Abhandlungen zit nach Jahr und S, Entscheidungen nach Jahr und Nr) |
| ArbSlg | Sammlung von arbeitsrechtlichen Entscheidungen der Gerichte und Einigungsämter (Entscheidungen zit nur nach Nr) |
| ArbVG | Arbeitsverfassungsgesetz, BGBl 1974/22 |
| Art | Artikel |
| ASGG | Arbeits- und Sozialgerichtsgesetz, BGBl 1985/104 |
| ASVG | Allgemeines Sozialversicherungsgesetz, BGBl 1955/89 |
| beklP | beklagte Partei |
| bes | besonders |
| Bespr | Besprechung |
| BG | Bundesgesetz, Bezirksgericht |
| BGBl | Bundesgesetzblatt (zit nach Jahr und Nr) |
| BMJ | Bundesministerium für Justiz |
| B-VG | Bundes-Verfassungsgesetz 1920 idF 1929, BGBl 1930/1 |
| ders (dies) | derselbe (dieselbe) |
| DSG | Datenschutzgesetz 2000, BGBl I 1999/165 |
| EFSlg | Ehe- und familienrechtliche Entscheidungen (zit nach Nr) |
| EGEO | Einführungsgesetz zur Exekutionsordnung, RGBl 1896/78 idF Wiederverlautbarung, BGBl 1953/6 |
| EGZPO | Einführungsgesetz zur Zivilprozeßordnung, RGBl 1895/112 |
| EO | Exekutionsordnung, RGBl 1897/79 |
| Erl | Erläuterungen |
| ERV | VO des BMJ über den elektronischen Rechtsverkehr, BGBl 1995/559 |
| EuGH | Gerichtshof der Europäischen Union |
| EuGVVO | Verordnung (EU) Nr 1215/2012 über die gerichtliche Zuständigkeit und die Anerkennung und Vollstreckung von Entscheidungen in Zivil- und Handelssachen |
| EuZustVO | Verordnung (EG) Nr 1393/2007 über die Zustellung gerichtlicher und außergerichtlicher Schriftstücke in Zivil- oder Handelssachen in den Mitgliedstaaten |
| EV, eV | einstweilige Verfügung |
| f, ff | folgend, folgende |
| FS | Festschrift |

| | |
|---|---|
| G | Gesetz |
| GebAG | Gebührenanspruchsgesetz, BGBl 1975/136 |
| GEG | Gerichtliches Einbringungsgesetz, BGBl 1962/288 |
| GEN | Gerichtsentlastungsnovelle |
| Geo | Geschäftsordnung für die Gerichte I. und II. Instanz, BGBl 1951/264 |
| GGG | Gerichtsgebührengesetz, BGBl 1984/501 |
| GmbH | Gesellschaft mit beschränkter Haftung |
| GmbHG | Gesetz über Gesellschaften mit beschränkter Haftung, RGBl 1906/58 |
| GOG | Gerichtsorganisationsgesetz, RGBl 1896/217 |
| GP | Gesetzgebungsperiode |
| hL | herrschende Lehre |
| hM | herrschende Meinung |
| Hrsg, hrsg | Herausgeber, herausgegeben |
| hRspr | herrschende Rechtsprechung |
| iaR, idR | in aller Regel, in der Regel |
| idF | in der Fassung |
| ieS | im engeren Sinne |
| iS | im Sinn |
| JBl | Juristische Blätter |
| JN | Jurisdiktionsnorm, RGBl 1895/111 |
| Jud | Judikatur |
| KHVG | Kraftfahrzeug-Haftpflichtversicherungsgesetz, BGBl 1987/296 |
| KlP | Klagende Partei |
| KSchG | Konsumentenschutzgesetz, BGBl 1979/140 |
| L | Lehre |
| LG | Landesgericht |
| LG/ZRS | Landesgericht für Zivilrechtssachen |
| LGVÜ | Übereinkommen über die gerichtliche Zuständigkeit und die Vollstreckung gerichtlicher Entscheidungen in Zivil- und Handelssachen vom 30.10.2007 (Lugano-Übereinkommen 2007; revidierte Fassung ABl 2007 L 339/3) |
| LSK | Leitsatzkartei, abgedruckt in der ÖJZ, zit nach Jahr und Nr (ab 1995) |
| MietSlg | Mietrechtliche Entscheidungen (zit nach Nr) |
| MRG | Mietrechtsgesetz, BGBl 1981/520 |
| Nr | Nummer |
| NRsp | Neue Rechtsprechung des OGH, abgedruckt in ÖJZ (zit nach Jahr und Nr; bis 1994) |
| NTG | Notariatstarifgesetz, BGBl 1973/576 |
| NZ | Österreichische Notariats-Zeitung |

| | |
|---|---|
| OGH | Oberster Gerichtshof |
| OGHG | BG über den Obersten Gerichtshof, BGBl 1968/328 |
| ÖJZ | Österreichische Juristen-Zeitung (Abhandlungen zit nach Jahr und S, Entscheidungen nach Jahr und Nr) |
| OLG | Oberlandesgericht |
| ON | Ordnungsnummer |
| OrgHG | Organhaftpflichtgesetz, BGBl 1967/181 |
| RA | Rechtsanwalt oder Rechtsanwältin |
| RAO | Rechtsanwaltsordnung, RGBl 1868/96 |
| RAPG | Rechtsanwaltsprüfungsgesetz, BGBl 1985/556 |
| RATG | BG über den Rechtsanwaltstarif, BGBl 1969/189 |
| RdW | Österreichisches Recht der Wirtschaft |
| RL-RAA | Ausbildungsrichtlinie (Rechtsanwaltsanwärter) |
| RPflG | Rechtspflegergesetz, BGBl 1985/560 |
| Rsp | Rechtsprechung |
| RStDG | Richter- und Staatsanwaltschaftsdienstgesetz |
| RV | Regierungsvorlage |
| Rz | Randzahl |
| RZ | Österreichische Richterzeitung (Abhandlungen zit nach Jahr und S, Entscheidungen nach Jahr und Nr) |
| S | Seite/n |
| sog | sogenannte(r, s) |
| Stb | Der Staatsbürger, Beilage der Salzburger Nachrichten (zit nach Jahr und Folge) |
| StGG | Staatsgrundgesetz |
| StPO | Strafprozeßordnung, RGBl 1873/119, wiederverlautbart BGBl 1975/631 |
| SV | Der Sachverständige |
| SVG | Signatur- und Vertrauensdienstegesetz BGBl I 2016/50 |
| SZ | Entscheidungen des österreichischen Obersten Gerichtshofes in Zivilsachen (zit nach Band und Nr) |
| ua | unter anderem, und andere |
| usw | und so weiter |
| uU | unter Umständen |
| UWG | BG gegen den unlauteren Wettbewerb, BGBl 1923/531, wiederverlautbart BGBl 1984/448 |
| V | Verordnung (innerstaatlich) |
| verst | verstärkter (Senat) |
| VfGG | Verfassungsgerichtshofgesetz, BGBl 1930/127, wiederverlautbart BGBl 1953/85 |
| VfGH | Verfassungsgerichtshof |
| VfSlg | Sammlung der Erkenntnisse und wichtigen Beschlüsse des Verfassungsgerichtshofes (zit nach Nr) |

| | |
|---|---|
| vgl | vergleiche |
| VO | Verordnung (aus dem EU-Bereich) |
| WGN | Wertgrenzen-Novelle |
| WinkelschreibereiV | Winkelschreibereiverordnung, RGBl 1875/114 |
| Wobl, wobl | Wohnrechtliche Blätter |
| zB | zum Beispiel |
| ZfRV | Zeitschrift für die Rechtsvergleichung |
| zit | zitiert |
| ZPO | Zivilprozeßordnung, RGBl 1895/113 |
| ZustG | Zustellgesetz, BGBl 1982/200 |
| ZVR | Zeitschrift für Verkehrsrecht (Abhandlungen zit nach Jahr und S, Entscheidungen nach Jahr und Nr) |

# Allgemeine Literatur zum Zivilverfahren

## I. Gesamtdarstellungen zum Erkenntnisverfahren

*Albiez/Pablik/Parzmayr*, Handbuch Zivilprozess[2] (2016)

*Bajons*, Zivilverfahren. Grundlehren des Prozesses und der Exekution (1991)

*Ballon*, Einführung in das österreichische Zivilprozessrecht, Streitiges Verfahren[12] (2009)

*Buchegger/Deixler-Hübner/Holzhammer*, Praktisches Zivilprozessrecht I – Streitiges Verfahren[6] (1998)

*Buchegger/Markowetz*, Grundriss des Zivilprozessrechts (2016)

*Deixler-Hübner/Klicka*, Zivilverfahren – Erkenntnisverfahren und Grundzüge des Exekutions- und Insolvenzrechts[10] (2017)

*Dolinar/Roth*, Zivilprozessrecht[15] (2017)

*Fasching*, Lehrbuch des österreichischen Zivilprozessrechts. Lehr- und Handbuch für Studium und Praxis[2] (1990)

*Holzhammer*, Österreichisches Zivilprozeßrecht[2] (1976)

*Klein/Engel*, Der Zivilprozeß Österreichs (1927)

*Kodek/Mayr*, Zivilprozessrecht[3] (2016)

*Mayr/Fucik*, Verfahren außer Streitsachen (2013)

*Petschek/Stagel*, Der österreichische Zivilprozeß (1963)

*Pollak*, System des österreichischen Zivilprozeßrechts unter Einschluß des Exekutionsrechts[2] (1932)

*Rechberger/Simotta*, Grundriss des österreichischen Zivilprozessrechts. Erkenntnisverfahren[8] (2010)

*Roth*, Zivilprozessrecht – Österreichisches Zivilprozessrecht – Europäisches Zivilprozessrecht – Musterakt[2] (2015)

*Sperl*, Lehrbuch der bürgerlichen Rechtspflege (1925–1930)

*Wolff*, Grundriß des österreichischen Zivilprozeßrechts[2] (1947)

## II. Fall- und Mustersammlungen, „Praktisches“

*Bouhafa/Fucik/Kleindienst-Passweg/Rath*, Verhandeln vor Gericht[2] (2016)

*Buchegger/Roth*, Zivilprozessrecht. Sammlung kommentierter Fälle[4] (2013)

*Deixler-Hübner/Roth*, Der Zivilprozess in der Praxis[4] (2006)

*Graf-Schimek/Koller* (Hrsg), Casebook Zivilverfahrensrecht[3] (2016)

*Heinke*, Schriftsätze im Zivilprozess[7] (2011)

*Roth*, Zivilprozessrecht – Schaubilder und Aktenmuster[11] (2016)

*Strauss*, Zivilverfahrensrecht in ausgewählten Beispielen aus der Praxis[2] (2014)

## III. Aufsätze

*Annerl*, Kostenvorschuss und Präklusion des Sachverständigenbeweises, ÖJZ 2016/103, 757

*Anzenberger*, Vernehmung von Verbrechensopfern und Minderjährigen im Zivilverfahren nach §§ 289a und 289b ZPO, ÖJZ 2017/34, 249

*Auernig*, ZPO-Neuerungen zur Behandlung von Prozesseinreden, ecolex 2015, 661

*Beham/Quantschnigg*, Zur Frage der Immunität von Zentralbanken von der Gerichtsbarkeit, ecolex 2017, 212

*Fragner/Schimka*, Verwaltungsgerichtsbarkeits-Novelle 2012, GesRZ 2012, 91

*Fucik*, Die Ausgeschlossenheit nach dem FamRÄG 2009 und dem EPG, ÖJZ 2010/88, 839

*Futterknecht/Glanzer*, Die freiwillige Auflösung des Vereins während eines anhängigen Zivilverfahrens, ecolex 2011, 1108

*Gerhartl*, Voraussetzungen einer Revision, JAP 2016/2017/1, 20

*Grois*, Einführung der zweistufigen Verwaltungsgerichtsbarkeit durch die Verwaltungsgerichtsbarkeits-Novelle 2012, AnwBl 2013, 426

*Klauser*, Prozessfinanzierung, Rechtsfreunde, quota litis und Sammelklage, VbR 2013/5, 12

*Kodek*, Praxistipps zum Berufungsverfahren, Zak 2016/728, 384

*Kühteubl*, Gerichtsstandvereinbarung, ZAS 2011/47, 289

*Lind*, Das gesetzliche Pfandrecht des Rechtsanwalts an den für seinen Mandanten eingehenden Barschaften gem § 19 RAO, AnwBl 2017, 80

*Mayerhöfer*, Ist die Frist zur Klagebeantwortung nach § 230 Abs 1 ZPO erstreckbar? RZ 2009, 31

*Mayr*, Amtstag – die Rechtsgrundlagen einer österreichischen Institution, RZ 2010, 197

*McGuire*, Prozessförderungspflicht und Präklusion. Über das Verhältnis von § 178 Abs 2 zu § 179 nach der ZVN 2002, ecolex 2010, 1153

*Obermaier*, Kostenseitig: Kostenseparation wegen Verzögerung der Befundaufnahme des Sachverständigen, ÖJZ 2015/77, 588

*Obermaier*, Kostenseitig: GOG, EO, ZPO – Vermischtes aus der Rechtsprechung, ÖJZ 2016/15, 96

*Piska/Wieser*, Feste Geschäftsverteilung wackelt im Überlastungsfall, ecolex 2015, 771

*Pochmarski/Walcher*, Zum Umfang der Rügelast nach § 196 ZPO, ÖJZ 2011/5, 18

*Ratz*, Zur Unabhängigkeit von Richtern der ordentlichen Gerichtsbarkeit, ÖJZ 2016/72, 492

*Schneider*, Zur notwendigen Einschränkung der Interventionswirkung, ÖJZ 2017/76, 537

*Singer*, Nichtdurchführung beantragter Beweise, Zak 2014/352, 187

*Singer*, Beweisbefristungen in der Zivilprozessordnung, Zak 2014/386, 206

*Strauss*, Die Bekämpfung von Versäumungsurteilen wegen Zustellmängeln, ÖJZ 2010/75, 695

*Täubel-Weinreich*, Die österreichische Institution des Amtstags – abschaffen, beibehalten oder reformieren? EF-Z 2010/152, 227

*Thiele*, Aktuelle Entwicklungen und Judikatur im anwaltlichen Honorar- und Kostenrecht 2012, Jahrbuch Anwaltsrecht 2013, 57

*Trenker*, Interventionswirkung bei Streitverkündung und Nebenintervention, ÖJZ 2015/18, 103

*E. Völkl/W. Völkl*, Die Haftung der rechtsberatenden Berufe im Spiegel der Rechtsprechung (Teil I und II), ÖJZ 2017/2, 5 und 2017/30, 200

*Wilfinger*, Zur Staatenimmunität im Zivilprozess, ÖJZ 2017/22, 149

## IV. Kommentare

*Fasching/Konecny*, Kommentar zu den österreichischen Zivilprozessgesetzen[3], Band I, II, IV (seit 2013)

*Fasching/Konecny*, Kommentar zu den österreichischen Zivilprozessgesetzen[2], Band III, V und Ergänzungsband (2004 bis 2011)

*Fucik/Klauser/Kloiber*, Österreichisches und europäisches Zivilprozessrecht[12] (2015)

*Neumann*, Kommentar zu den Zivilprozeßgesetzen[4] (1927, 1928)

*Rechberger*, Kommentar zur ZPO, Jurisdiktionsnorm und Zivilprozessordnung samt den Einführungsgesetzen[4] (2014)

*Rummel/Lukas* (Hrsg), Kommentar zum ABGB[4] (seit 2014)

## V. Gesetzesausgaben

*Bydlinski/Schauer*, Österreichische Gesetze, Loseblattsammlung 67. Lfg (2016)

*Deixler-Hübner*, Paragraph – Zivilprozessrecht[12] (2017)

*Doralt*, Kodex des österreichischen Rechts. Zivilgerichtliches Verfahren 2017[41] (2017), bearbeitet von *Stumvoll*

*Klauser/Kodek*, Jurisdiktionsnorm und Zivilprozessordnung[17] (2012)

*Mayr*, Zivilprozessordnung mit Jurisdiktionsnorm (2009)

# Allgemeiner Teil

# Fahrplan durch das Zivilverfahren

## 1. Wesen des Zivilverfahrens

Das Zivilverfahren dient der staatlich geregelten Durchsetzung zivilrechtlicher Ansprüche. Können sich die Parteien nicht einvernehmlich über ihre Rechte bzw Ansprüche einigen, kann, wer einen zivilrechtlichen Anspruch behauptet (Kläger), in einem zivilgerichtlichen Verfahren klären lassen, ob der Anspruch gegen den Gegner (Beklagter) berechtigt ist (Zivilprozess; Erkenntnisverfahren). Neben dem Zivilprozess sind bestimmte zivilgerichtliche (insb familienrechtliche) Angelegenheiten zwingend – aufgrund gesetzlicher Verweisung (neben den Bestimmungen im AußStrG selbst zB § 838a ABGB, § 75 Abs 2 GBG, § 37 MRG uva) – im Außerstreitverfahren zu behandeln.[1]

Die österreichischen Zivilprozessgesetze (JN und ZPO) wurden 1895 und 1896 beschlossen und traten am 1.1.1898 in Kraft. Sie lösten die AGO (Allgemeine Gerichtsordnung) aus dem Jahr 1781 ab. Die ZPO wurde erstmals 1914 durch die erste Gerichtsentlastungsnovelle überarbeitet. Dieser folgten bis 1933 noch sieben weitere Gerichtsentlastungsnovellen. Ab den 1980er Jahren traten einige weitere größere Zivilprozessnovellen in Kraft. Die letzten bedeutenderen Novellierungen im Zivilprozessrecht erfuhr die ZPO durch die Budgetbegleitgesetze 2009 und 2011 sowie im Schiedsverfahren durch das SchiedsRÄG 2006 und das SchiedsRÄG 2013.

Das Außerstreitgesetz (AußStrG) wurde 2003 erlassen und trat am 1.1.2005 in Kraft. Das Außerstreitpatent 1854 wurde damit aufgehoben.

## 2. Verfassungsrechtliche Grundlagen des Zivilverfahrens

### 2.1. Organisation

#### 2.1.1. Gerichte

Der Bund ist Träger der ordentlichen Gerichtsbarkeit (Art 82 B-VG).[2] Daneben besteht seit 1.1.2014 die Verwaltungsgerichtsbarkeit der Länder (Art 129 ff B-VG), die im Zuge der Verwaltungsgerichtsbarkeits-Novelle 2012 (BGBl I 2012/51) geschaffen wurde.[3]

Der OGH fungiert als oberste Instanz in Zivil- und Strafsachen (Art 92 B-VG). Eine weitere Instanz über dem OGH gibt es nicht, auch nicht in Form des VfGH oder des EuGH. Parteien eines ordentlichen Gerichtsverfahrens haben allerdings die Möglichkeit, nach dem innerstaatlichen Abschluss eines Verfahrens den Europäischen Gerichtshof für Menschenrechte in Straßburg anzurufen, wenn die Partei in ihrer Beschwerde die Verletzung eines Grundrechts behauptet, das sich aus der EMRK ergibt.

#### 2.1.2. Trennung von Gerichtsbarkeit und Verwaltung

Gem Art 94 Abs 1 B-VG besteht in allen Instanzen eine Trennung von Gerichten und Verwaltungsbehörden. Es darf auch keinerlei gemischte Instanzenzüge von Gerichten zu

1 Vgl RIS-Justiz RS0012214; *Mayr/Fucik*, Verfahren außer Streitsachen Rz 41 ff.

2 Daher richten sich Amtshaftungsansprüche, die aus Handeln der ordentlichen Gerichte resultieren, immer gegen den Bund.

3 Dazu zB *Fragner/Schimka*, Verwaltungsgerichtsbarkeits-Novelle 2012, GesRZ 2012, 91.

Verwaltungsbehörden und vice versa geben. Mit der Verwaltungsgerichtsbarkeits-Novelle 2012 (BGBl I 2012/51) wurde dem Art 94 B-VG ein neuer Abs 2 hinzugefügt, wonach in einzelnen Angelegenheiten ein unmittelbarer Instanzenzug von einer Verwaltungsbehörde an die ordentlichen Gerichte vorgesehen werden kann.

In der Vergangenheit gab es bereits ähnliche Fälle der **sukzessiven Kompetenz**, in denen in bestimmten Angelegenheiten zunächst ein Verfahren vor der Verwaltungsbehörde durchgeführt wurde und daran anschließend die Sache vor Gericht gebracht werden konnte (zB die Klage gegen Bescheide eines Sozialversicherungsträgers). Mit Anrufung des Gerichts trat die Verwaltungsentscheidung jedoch ex lege außer Kraft, sodass es sich bloß um eine scheinbare Ausnahme von Art 94 Abs 1 B-VG handelte: Das Gericht entschied nicht als übergeordnete Instanz, sondern völlig neu und ohne Bindung an die Entscheidung der Verwaltungsbehörde.

Nach dem Wortlaut des Art 94 Abs 2 B-VG kann nun die Befassung des Gerichts angeordnet werden, ohne dass die Verwaltungsentscheidung außer Kraft treten muss.[4] Vor dem Grundsatz der **Gewaltentrennung** ist dies aber wohl **unproblematisch**, da Art 94 B-VG bloß die Existenz „gemischter" Behörden (die zugleich Gericht und Verwaltungsbehörde sind) sowie einen Instanzenzug von einem Gericht an eine Verwaltungsbehörde verhindern soll. Eine sachliche Rechtfertigung dafür, die Überprüfung einer Verwaltungsentscheidung durch ein rechtsstaatlich gesehen „höherwertiges" Organ auszuschließen, lässt sich jedoch darin nicht finden.[5]

### 2.1.3. Unabhängigkeit der Gerichte

Der in Art 83 Abs 2 B-VG normierte Grundsatz, dass „niemand ... seinem gesetzlichen Richter entzogen werden" darf, soll willkürliche individuelle Auswahl und Auswechslung des Entscheidungsorgans verhindern. Dem dient die Einrichtung der **festen Geschäftsverteilung** gem Art 87 Abs 3 B-VG. Auch der Grundsatz der **richterlichen Unabhängigkeit** (dh Weisungsungebundenheit, Unabsetzbarkeit und Unversetzbarkeit) garantiert die Unabhängigkeit der Gerichte. Zu beachten ist, dass die Gerichte nur in Angelegenheiten der Rechtsprechung unabhängig sind, nicht aber auch in Justizverwaltungsangelegenheiten, sofern diese nicht in Senaten (zB Personalsenaten nach §§ 36 ff RStDG) oder Kommissionen zu erledigen sind.[6]

## 2.2. Verfahrensgarantien

Verhandlungen haben grundsätzlich **öffentlich** stattzufinden (Art 90 Abs 1 B-VG), wenn nicht wegen der besonderen Materie die Öffentlichkeit ex lege ausgeschlossen ist – etwa in Ehesachen (§ 460 Z 3 ZPO) – oder wenn das Gericht aus wichtigen Gründen die Öffentlichkeit ausschließt (§ 172 ZPO, § 19 AußStrG). Art 6 EMRK verlangt, dass über zivilrechtliche Ansprüche ein auf dem Gesetz beruhendes Gericht innerhalb angemessener Frist in einem öffentlichen, fairen Verfahren („fair trial") unter Wahrung des rechtlichen Gehörs der Partei entscheiden muss. Ein Verstoß gegen die Gewährung des rechtlichen Gehörs bildet einen Nichtigkeitsgrund (§ 477 Abs 1 Z 4 ZPO). Dieser Verstoß kann sogar noch nach Rechtskraft der Entscheidung mit Nichtigkeitsklage (§ 529 Abs 1 Z 2 ZPO) geltend gemacht werden.

---

4 Vgl *Grois*, Einführung der zweistufigen Verwaltungsgerichtsbarkeit durch die Verwaltungsgerichtsbarkeits-Novelle 2012, AnwBl 2013, 426.

5 Vgl *Deixler-Hübner/Klicka*, Zivilverfahren[10] 7.

6 *Ratz*, Zur Unabhängigkeit von Richtern der ordentlichen Gerichtsbarkeit, ÖJZ 2016/72, 492.

Auf die Erhebung einer Zivilklage an sich kann nicht von vornherein verzichtet werden, nur auf den zugrunde liegenden materiell-rechtlichen Anspruch. Ein **vertraglicher Rechtsschutzverzicht** (pactum de non petendo) ist **unzulässig.**[7]

Eine besondere Ausgestaltung des Gleichheitsgrundsatzes ist die **Waffengleichheit der Parteien.** Beiden Verfahrensparteien müssen gleichwertige Möglichkeiten in der Rechtsverfolgung bzw Rechtsverteidigung zur Verfügung stehen.

# 3. Gerichte und Gerichtspersonen

## 3.1. Aufbau der ordentlichen Gerichtsbarkeit

Die Gerichtsbarkeit in **bürgerlichen Rechtssachen** wird durch die „ordentlichen Gerichte" ausgeübt (§ 1 JN). Die ordentlichen Gerichte sind die Bezirksgerichte, die „Gerichtshöfe erster Instanz" (Landesgerichte), die Oberlandesgerichte und der Oberste Gerichtshof. Im Rahmen der ordentlichen Gerichtsbarkeit wird zwischen der **„allgemeinen Gerichtsbarkeit"** und der **Kausalgerichtsbarkeit** unterschieden. Die Kausalgerichtsbarkeit betrifft Streitigkeiten in Handelssachen sowie in Arbeits- und Sozialrechtssachen. Eigene Gerichte im Rahmen der Kausalgerichtsbarkeit gibt es nur in Wien, nämlich das Bezirksgericht für Handelssachen Wien, das Handelsgericht Wien, sowie das Arbeits- und Sozialgericht Wien.

In Österreich gibt es nach dem Stand August 2017 116 Bezirksgerichte (die Zahl der Bezirksgerichte wird sukzessive reduziert), 20 Landesgerichte und 4 Oberlandesgerichte (Graz, Innsbruck, Linz und Wien).

## 3.2. Gerichtspersonen

### 3.2.1. Berufsrichterinnen

Berufsrichterinnen stehen in einem öffentlich-rechtlichen Dienstverhältnis zum Bund. Sie werden, aufgrund von Vorschlägen der Personalsenate,[8] vom Bundespräsidenten auf eine bestimmte Planstelle bei einem Gericht ernannt. Für den Großteil der Richterinnenplanstellen (insgesamt gibt es ca 1.700 in Österreich) hat der Bundespräsident das Ernennungsrecht dem Bundesminister für Justiz übertragen.

In Ausübung ihres richterlichen Amts sind Richterinnen **unabhängig, unversetzbar** und grundsätzlich **unabsetzbar.**[9] Nur wenn Richterinnen Justizverwaltungssachen ausüben (zB Einstellung von Gerichtspersonal), sind sie dem Präsidenten des jeweiligen Oberlandesgerichts und dem Bundesminister für Justiz weisungsgebunden.[10] Unter den Richterinnen eines Gerichts gilt

---

7 Ein solcher erfolgt insb iZm Scheidungsvergleichen, vgl etwa LGZ Wien 44 R 464/09z = EFSlg 123.950; LG Salzburg 21 R 294/11y = EFSlg 131.258; 5 Ob 43/07w = EFSlg 117.537 (unwirksamer Verzicht auf Einleitung eines Aufteilungsverfahrens im Scheidungsfolgenvergleich) uva.

8 Personalsenate bestehen bei den Landesgerichten (für das Landesgericht und die Bezirksgerichte im Sprengel), bei den Oberlandesgerichten und beim Obersten Gerichtshof. Sie bestehen typischerweise aus fünf Mitgliedern, der Präsidentin des Gerichtshofs und einer Vizepräsidentin sowie drei von den Richterinnen gewählten Mitgliedern. Personalsenate erstatten Besetzungsvorschläge, legen die Geschäftsverteilungen fest und sind für die Dienstbeurteilungen der Richterinnen zuständig.

9 *Ratz*, Zur Unabhängigkeit von Richtern der ordentlichen Gerichtsbarkeit, ÖJZ 2016/72, 492.

10 Keine Weisungsbefugnis besteht, wenn Justizverwaltungssachen in Senaten (zB Personalsenaten nach §§ 36 ff RStDG) oder Kommissionen zu erledigen sind.

der Grundsatz der **festen Geschäftsverteilung** (Art 83 Abs 2 B-VG). Die Geschäftsverteilung muss vom Personalsenat jeweils für ein Geschäftsjahr im Voraus festgelegt werden.[11]

### 3.2.2. Laienrichterinnen

In Kausalsachen (3.1.) werden zum Teil fachkundige Personen als Laienrichterinnen eingesetzt. Die Laiengerichtsbarkeit ist in Art 91 Abs 1 B-VG geregelt. Der weitaus überwiegende Teil der Laienrichterinnen findet im Strafverfahren als Schöffen und Geschworene Verwendung.

Laiengerichtsbarkeit gibt es in erster und zweiter Instanz in Handelssachen sowie in sämtlichen Instanzen der Arbeits- und Sozialgerichtsbarkeit. Voraussetzungen für das Laienrichterinnenamt sind die österreichische Staatsbürgerschaft, die Vollendung des 30. Lebensjahrs und spezielle Fachkenntnisse. Laienrichterinnen werden in Zivilverfahren von ihrer beruflichen Interessenvertretung auf eine Periode von drei bzw fünf Jahren bestellt und sind in Ausübung ihres Amtes ebenfalls unabhängig (§ 20 GOG; §§ 15 ff ASGG).[12] Laienrichterinnen sind im Rahmen ihrer Tätigkeit den Berufsrichterinnen gleichgestellt. Ihre Stimme im Senat zählt also gleich wie die der Berufsrichterinnen.

### 3.2.3. Rechtspflegerinnen (Diplomrechtspflegerinnen)

Rechtspflegerinnen sind **nichtrichterliche Beamtinnen** des **gehobenen Fachdiensts** (Maturaniveau), die selbständig bestimmte Angelegenheiten der Gerichtsbarkeit erledigen. Eingesetzt werden können sie nach erfolgreicher Absolvierung der Rechtspflegerprüfung (§ 38 RpflG). Rechtspflegerinnen werden einer Gerichtsabteilung zugeordnet und haben dort anstelle der Richterin bestimmte Erledigungen durchzuführen. Sie sind zwar auch in Ausübung ihres Amtes unabhängig, doch der zuständigen Richterin weisungsgebunden (§ 8 RpflG). Auch innerhalb des Aufgabenbereichs der Rechtspflegerin kann sich die **Richterin bestimmte Rechtssachen vorbehalten** oder diese zur Bearbeitung an sich ziehen (§ 9 RpflG). Im Zivilprozess gehören zum Wirkungskreis der Rechtspflegerinnen die Erlassung von Zahlungsbefehlen sowie die Erteilung und Aufhebung der Rechtskrafts- und Vollstreckbarkeitsklausel. Eine besonders wichtige Rolle spielen Rechtspflegerinnen in Außerstreitsachen wie zB Registerverfahren (Grundbuch, Firmenbuch) sowie in Exekutionssachen.[13]

### 3.2.4. Geschäftsstelle

Die Aufgabe der Geschäftsstelle (Gerichtskanzlei) besteht darin, alle **nichtrichterlichen Geschäfte** zu erledigen. Den dort beschäftigten Gerichtsbeamtinnen obliegt es, den Gerichtsakt zu übernehmen, ihn zu registrieren und zu verwalten. Sie haben auf Anweisung der Richterin die gerichtlichen Entscheidungen auszufertigen und – ebenfalls auf richterliche Anweisung – Zustellungen und Ladungen durchzuführen (§ 16 JN, §§ 49 ff GOG). Regelmäßig ist die Geschäftsstelle organisatorisch in mehrere Geschäftsabteilungen gegliedert (§ 60 GOG, § 2 Geo).

---

11 Zur uU möglichen „Umverteilung" von Rechtssachen im Fall der Überlastung: *Piska/Wieser*, Feste Geschäftsverteilung wackelt im Überlastungsfall, ecolex 2015, 771.

12 Für diese gilt allerdings keine feste Geschäftsverteilung: 9 ObA 28/15f = SVSlg 64.682 mwN.

13 OLG Wien 28 R 429/13h = WR 1165.

*********

## Exkurs: Die Rechtsanwältin

### 1. Allgemeines

Rechtsanwältinnen sind Angehörige eines freien Berufsstandes. Sie sind befugt, die Parteien in allen **Rechtssachen zu beraten** und sie vor allen **Gerichten und Behörden zu vertreten.** Anders als etwa in Deutschland und der Schweiz, wo Rechtsanwältinnen nur vor bestimmten Gerichten bzw Behörden einschreiten dürfen, bestehen in Österreich keine Beschränkungen dieser Art.

Die Rechtsanwältinnen (Zahl der Eintragungen am 31. Dezember 2016: 6132[14]) sind in neun **Rechtsanwaltskammern** (Körperschaften des öffentlichen Rechts) zusammengeschlossen. Die neun Rechtsanwaltskammern bilden den Österreichischen **Rechtsanwaltskammertag.**

Rechtsanwältinnen sind der Disziplinargerichtsbarkeit ihrer Kammer unterworfen. Gegen Disziplinarerkenntnisse der Disziplinarräte der Kammern kann Beschwerde an den OGH erhoben werden (§§ 46 ff DSt).

### 2. Vertretungsmonopol

In Österreich besteht ein weitgehendes **Beratungs- und Vertretungsmonopol** für Rechtsanwältinnen in allen rechtlichen Angelegenheiten.[15] Lediglich Notarinnen sind noch zur Rechtsberatung von Parteien zugelassen. Gem § 8 Abs 2 RAO ist den Rechtsanwältinnen die „Befugnis zur umfassenden berufsmäßigen Parteienvertretung“ vorbehalten, soweit nicht bestimmten Personen oder gesetzlichen Interessensvereinigungen Rechte zur begrenzten Parteienvertretung durch gesonderte Gesetze eingeräumt wurden (§ 8 Abs 3 RAO). Darunter fallen zB Vertretungsbefugnisse auf Grund von Verfahrensgesetzen, wie etwa durch Kammerfunktionärinnen in Arbeits- und Sozialrechtssachen (§ 40 ASGG).

Andere Personen dürfen im Prozess nicht als gewerbliche Parteienvertreterinnen einschreiten. Gem § 1 **WinkelschreibereiV** sind sowohl das Verfassen von Eingaben sowie die Parteienvertretung in einem Zivilverfahren strafbar, wenn diese Handlungen gegen Entgelt gesetzt werden oder die Gewerbsmäßigkeit auf Grund verschiedener Umstände begründet angenommen werden kann. Die Verwaltungsstrafnorm des Art III Abs 1 Z 1 EGVG bezieht sich auf Personen, die nicht zur berufsmäßigen Parteienvertretung befugt sind und **gewerbsmäßig** für den Gebrauch vor inländischen oder ausländischen Gerichten oder Verwaltungsbehörden Schriftsätze oder Urkunden verfassen, einschlägige Auskünfte erteilen, vor inländischen Gerichten oder Verwaltungsbehörden vertreten oder sich zu einer dieser Tätigkeiten in schriftlichen oder mündlichen Kundgebungen anbieten. Auch § 57 Abs 2 RAO verbietet die gewerbsmäßige Ausübung der den Rechtsanwältinnen vorbehaltenen Tätigkeiten. § 58 RAO gewährt der zuständigen Rechtsanwaltskammer Parteistellung in allen die Winkelschreiberei betreffenden Verfahren.[16] Der Vorwurf der Winkelschreiberei im Hinblick auf eine **unbefugte Rechtsberatung** lässt sich vor allem auf § 57 RAO stützen. Bloße Auskünfte, die zur Beurteilung der Zweckmäßigkeit und Tragweite der einzelnen gerichtlichen Schritte notwendig sind, fallen jedoch nicht unter die Winkelschreiberei, wenn die betreffende Person ihren Auftraggeber weder vor Gericht vertritt, noch für

---

**14** Quelle: Website des Österreichischen Rechtsanwaltskammertags, https://www.rechtsanwaelte.at/kammer/kammer-in-zahlen/mitglieder/ (13.07.2017)

**15** Vgl 4 Ob 119/16b = RdW 2016/608.

**16** 9 Ob 2/16h = NZ 2016/95 (*Mayr*); 9 Ob 86/14h = EvBl 2015/113 (*Rohrer*).

sie Eingaben verfasst. Solche **Rechtsauskünfte** beziehen sich etwa auf die bloße Wiedergabe der Gesetzeslage oder der Gerichtspraxis.

Diese Bestimmungen gelten vor allem dem **Berufsschutz der Rechtsanwältinnen**, aber auch dem Schutz der Parteien selbst, vor **unqualifizierter rechtlicher Vertretung**.

Die **Finanzprokuratur** ist Rechtsberaterin und Vertreterin der Republik Österreich; ihre Beamtinnen können in Gerichtsverfahren – wie Rechtsanwältinnen – unbeschränkt einschreiten. Die Rechte und Pflichten sind im Prokuraturgesetz (BGBl I 2008/110) geregelt.

## 3. Ausbildung

Die Regelungen über die Ausbildungserfordernisse von Rechtsanwältinnen finden sich in der Rechtsanwaltsordnung (RAO), der Ausbildungsrichtlinie (RL-RAA) und dem Rechtsanwaltsprüfungsgesetz (RAPG).

§ 1 Abs 2 RAO regelt die Voraussetzungen, die erfüllt werden müssen, um den Beruf der Rechtsanwältin ausüben zu können. Erforderlich sind ein abgeschlossenes Studium des österreichischen Rechts (§ 3 RAO) und eine praktische Verwendung von drei Jahren, von denen mindestens fünf Monate bei einem Gericht/einer Staatsanwaltschaft und mindestens zwei Jahre bei einer Rechtsanwältin abgelegt werden müssen (§ 2 RAPG). Weiters muss die Rechtsanwaltsanwärterin an Ausbildungsveranstaltungen nach der RL-RAA im Ausmaß von „höchstens" (§ 1 Abs 2 lit f RAO) bzw „mindestens" § 1 RL-RAA)[17] 42 Halbtagen teilnehmen.

Die Ausbildungsveranstaltungen müssen gem § 1 RAPG die zur Ausübung des Rechtsanwaltsberufs notwendigen Fähigkeiten und Kenntnisse, im Besonderen die Gewandtheit bei der Einleitung und Besorgung der einer Rechtsanwältin übertragenen öffentlichen und privaten Angelegenheiten vermitteln, sowie die Abfassung von Rechtsurkunden und Rechtsgutachten und den geordneten schriftlichen und mündlichen Vortrag einer Rechts- und Sachlage schulen. Die Teilnahme an mindestens 24 Halbtagen ist dabei Prüfungsvoraussetzung, wobei ein anrechenbarer Halbtag gem § 2 Abs 2 RL-RAA mindestens 3 Stunden umfassen und nach § 5 RL-RAA schriftlich nachgewiesen werden muss.[18]

Gem § 3 RAPG ist die **Rechtsanwaltsprüfung** vor einem Senat der Rechtsanwaltsprüfungskommission, die bei jedem Oberlandesgericht für den jeweiligen Sprengel eingerichtet ist, abzulegen. Die Prüfung besteht aus zwei Teilen: einem schriftlichen (§§ 13 ff RAPG) und einem mündlichen (§§ 20 ff RAPG).

Nach erfolgreich abgelegter **Rechtsanwaltsprüfung** und Erfüllung der sonstigen Voraussetzungen kann die Anwärterin in die – von den Rechtsanwaltskammern geführte – **Rechtsanwaltsliste** als Rechtsanwältin eingetragen werden. Anwältinnen aus anderen EU-Staaten sowie der Schweiz sind österreichischen Rechtsanwältinnen weitgehend gleichgestellt, sie können also bei Erfüllung der gleichen Voraussetzungen wie österreichische Rechtsanwältinnen in Österreich praktizieren.

Nach §§ 9 ff Ausbildungs- und Berufsprüfungs-Anrechnungsgesetz (ABAG) sind die Notariats-, Rechtsanwalts- und Richteramtsprüfung wechselseitig anrechenbar. Wurde eine Berufsprüfung (Richteramtsprüfung, RA-Prüfung, Notariatsprüfung) erfolgreich abgelegt, können die

**17** Die RAO und die RL-RAA weichen hier voneinander ab.
**18** VwGH Ra 2016/03/0070; Ro 2015/03/0044 = RdM-LS 2016/38.

beiden anderen Berufsprüfungen durch mündliche Ergänzungsprüfungen über die Gegenstände des § 12 ABAG abgelegt werden.

## 4. Rechte und Pflichten

Die Rechtsanwältin unterliegt einer **Verschwiegenheitspflicht** und kann, wenn sie als Zeugin vernommen werden soll, die Aussage über Tatsachen verweigern, durch deren Preisgabe sie das Klientengeheimnis verletzen würde (§ 9 RAO, § 321 ZPO). Auch eine Doppelvertretung beider Parteien ist unzulässig (§ 8 RAO; § 93 Abs 1 Satz 2 AußStrG).[19]

Für die anwaltliche Tätigkeit besteht ein **Entlohnungsanspruch,** der sich idR nach dem **Rechtsanwaltstarif** richtet.[20] Die Rechtsanwalt kann ihr Honorar zwar mit ihrer Mandantin frei vereinbaren, typischerweise stützt sich die Rechtsanwältin im Verhältnis zu ihrer Mandantin aber auf die im RATG geregelten Tarife. Der Ersatzanspruch gegenüber der unterlegenen Gegnerin richtet sich stets nach dem Rechtsanwaltstarif. Im Innenverhältnis zu ihrer eigenen Mandantin kann die Anwältin nach den Autonomen Honorarkriterien (AHK) der Rechtsanwaltskammer abrechnen. Vielfach vereinbaren Rechtsanwältinnen mit ihren Mandantinnen aber auch eine Entlohnung nach Stundensätzen.

Die Vereinbarung eines Erfolgshonorars ist zwar grundsätzlich zulässig, doch darf eine Rechtsanwältin weder die streitverfangene Sache an sich lösen, noch sich einen prozentuellen Anteil vom erstrittenen Betrag versprechen lassen (**Verbot** der **quota litis**). Eine solche Vereinbarung ist einerseits standeswidrig (§ 16 Abs 1 RAO), andererseits auch sittenwidrig (§ 879 Abs 2 Z 2 ABGB).

## 5. Vertretung im Innenverhältnis

Die Rechtsanwältin kann sich in einer causa durch eine andere Rechtsanwältin (Substitution, § 14 RAO, § 31 Abs 2 ZPO) oder durch eine bei ihr angestellte Rechtsanwaltsanwärterin (Konzipientin) vertreten lassen. Eine Substitution kann die vertretene Partei nicht untersagen.

Rechtsanwaltsanwärterinnen mit „großer" Legitimationsurkunde (LU)[21] können für die Anwältin auch in den Fällen einschreiten, in denen absolute Anwaltspflicht besteht (§ 27 Abs 1 ZPO). Konzipientinnen mit kleiner Legitimationsurkunde hingegen nur in allen sonstigen Fällen (§ 15 RAO), also dann, wenn keine Rechtsanwaltspflicht besteht. Eine Rechtsanwaltsanwärterin mit bloß „kleiner LU" darf allerdings selbst bei absoluter Anwaltspflicht einschreiten, wenn dies von der Rechtsanwaltskammer zugelassen wird. Im Exekutionsverfahren dürfen auch sonstige **Kanzleikräfte** der Rechtsanwältin mit einer Beglaubigungsurkunde (BU) einschreiten (§ 31 Abs 3 ZPO).

**19** 4 Ob 138/16x = AnwBl 2016, 566; zur Haftung: *E. Völkl/W. Völkl*, Die Haftung der rechtsberatenden Berufe im Spiegel der Rechtsprechung (Teil I und II), ÖJZ 2017/2, 5 und 2017/30, 200.

**20** LG Feldkirch 2 R 206/15g = JBl 2015, 590; *Thiele*, Aktuelle Entwicklungen und Judikatur im anwaltlichen Honorar- und Kostenrecht 2012, Jahrbuch Anwaltsrecht 2013, 57; *Lind*, Das gesetzliche Pfandrecht des Rechtsanwalts an den für seinen Mandanten eingehenden Barschaften gem § 19 RAO, AnwBl 2017, 80.

**21** Die „große LU" setzt nach § 15 Abs 2 RAO an sich die Ablegung der Rechtsanwaltsprüfung voraus. Von diesem Erfordernis kann aber die Rechtsanwaltskammer auf Ansuchen der Rechtsanwältin, die die Konzipientin beschäftigt, nach einer gewissen Praxiszeit der Rechtsanwaltsanwärterin absehen.

## 6. Haftung der Rechtsanwältin

Die Rechtsanwältin haftet nach den Regeln des Schadenersatzrechts (§§ 1299, 1300 ABGB) für Unkenntnis des Gesetzes sowie der einhelligen Rechtsprechung und Lehre, nicht hingegen für eine irrige, aber vertretbare Rechtsauffassung. Zu den wichtigsten Aufgaben der Rechtsanwältin gehört die Belehrung der Mandantin (etwa über die Aussichtslosigkeit einer Prozessführung und über das zu erwartende Honorar). Für das Handeln von Rechtsanwaltsanwärterinnn hat die Rechtsanwältin im Rahmen der Gehilfenhaftung einzustehen (vor allem gem § 1313a ABGB), nicht aber für das Handeln von Substituten, die der Mandantin direkt haften. Weiters trifft sie die Haftung für die sorgfältige Überwachung des Kanzleibetriebs – vor allem für die Überwachung des Fristenlaufs.[22]

# Exkurs: Die Notarin im Zivilprozess

## 1. Ausbildung

Die Ausbildung zur Notarin ist in der Notariatsordnung (NO) und dem Notariatsprüfungsgesetz (NPG), sowie der Ausbildungsrichtlinie der Österreichischen Notariatskammer geregelt.

Die Voraussetzungen für die Ernennung zur Notarin sind in § 6 NO geregelt. Unter anderem wird der Abschluss eines Studiums des österreichischen Rechts iSd § 6a NO und die erfolgreiche Ablegung der Notariatsprüfung vorausgesetzt.

Weiters erforderlich ist eine siebenjährige praktische Verwendung, von der mindestens drei Jahre als Notariatskandidatin nach Ablegung der Notariatsprüfung abzuleisten sind. Die übrige Zeit kann als Notariatskandidatin, Rechtspraktikantin, Richteramtsanwärterin, Richterin, Staatsanwältin, Rechtsanwaltsanwärterin, Rechtsanwältin, als rechtskundige Beamtin beim Bundesministerium für Justiz oder bei der Finanzprokuratur, oder als rechtskundige Angestellte der Österreichischen Notariatskammer, einer Notariatskammer oder der Versicherungsanstalt des österreichischen Notariates verbracht werden (§ 6 Abs 2 NO). Auf die Zeit, die nicht als Notariatskandidatin verbracht werden muss, können auch andere Zeiten gem § 6 Abs 3 NO angerechnet werden, jedoch höchstens bis zum Ausmaß von einem Jahr.

Die **Notariatsprüfung** besteht gem § 2 NPG aus zwei Teilprüfungen. Jede Teilprüfung besteht aus einer schriftlichen (§§ 13 ff NPG) und einer mündlichen (§§ 20 ff NPG) Prüfung. Die erste Teilprüfung kann nach einer praktischen Verwendung als Notariatskandidatin im Ausmaß von mindestens einem Jahr und sechs Monaten abgelegt werden. Die zweite Teilprüfung kann nach bestandener erster Teilprüfung und einer weiteren praktischen Verwendung als Notariatskandidatin im Ausmaß von mindestens einem Jahr abgelegt werden. Die Prüfungen sind vor einem Senat der Notariatsprüfungskommission, die beim Oberlandesgericht für den jeweiligen Sprengel eingerichtet ist, abzulegen (§ 3 NPG).

Als Antrittsvoraussetzung für jede Teilprüfung müssen Ausbildungsveranstaltungen iSd § 2 Ausbildungsrichtlinie im Ausmaß von je 48 Stunden nachgewiesen werden.

Zur wechselseitigen Anrechnung von Berufsprüfungen (§§ 9 ff Ausbildungs- und Berufsprüfungs-Anrechnungsgesetz, ABAG) siehe Punkt 3. des Exkurses „Die Rechtsanwältin".

22 Dazu *E. Völkl/W. Völkl*, Die Haftung der rechtsberatenden Berufe im Spiegel der Rechtsprechung (Teil I und II), ÖJZ 2017/2, 5 und 2017/30, 200.

Die Notarstellen in Österreich sind limitiert.[23] Nach Erfüllen aller Voraussetzungen des § 6 NO kann eine Notariatskandidatin, die sich auf eine ausgeschriebene Stelle bewirbt, gem § 10 NO von der **Bundesministerin** für Justiz zur Notarin **ernannt** werden.

2. Vertretung im Zivilprozess

Eine Parteienvertretung durch **Notarinnen** ist nur eingeschränkt möglich. Im Zivilprozess dürfen Notarinnen vor den Bezirksgerichten einschreiten, wenn am Amtssitz der Notarin nicht zumindest zwei Rechtsanwältinnen ihren Kanzleisitz haben (§ 5 Abs 2 NO). Wegen der viel größeren Dichte der Anwältinnen hat diese Bestimmung kaum praktische Relevanz. In Außerstreitsachen kommt der Vertretung durch Notarinnen eine höhere Bedeutung zu (§ 6 Abs 2 AußStrG).

*********

## 3.3. Gerichtsbesetzung

Es wird zwischen Einzelgerichtsbarkeit und Senatsgerichtsbarkeit unterschieden.

### 3.3.1. Einzelgerichtsbarkeit

Bei Bezirksgerichten entscheidet stets eine Einzelrichterin (§ 5 JN). Aber auch in Gerichtshofverfahren erfolgt seit der ersten Gerichtsentlastungsnovelle 1914 eine sukzessive Zurückdrängung der Senatsgerichtsbarkeit, sodass diese in allgemeinen Zivilsachen in erster Instanz nur mehr geringe praktische Bedeutung hat.

### 3.3.2. Senatsverfahren

In allgemeinen Zivilverfahren kann von einer Partei die Entscheidung durch einen Dreiersenat **beantragt** werden, wenn der Wert des Streitgegenstands bei Klageerhebung (durch die Klägerin) bzw bei Klagebeantwortung (durch die Beklagte) **EUR 100.000,– übersteigt** (§ 7a Abs 1 und 2 JN). In erster und zweiter Instanz entscheiden dann in allgemeinen Zivilsachen drei Berufsrichterinnen, in Handelssachen zwei Berufsrichterinnen und eine fachmännische Laienrichterin aus dem Handelsstand (§ 7 JN). In dritter Instanz entscheidet der OGH durch fünf Berufsrichterinnen.

In Arbeits- und Sozialrechtssachen entscheiden in erster Instanz **immer** eine Berufsrichterin und zwei fachkundige Laienrichterinnen, in zweiter Instanz drei Berufsrichterinnen und zwei Laienrichterinnen und in dritter Instanz drei Berufsrichterinnen und zwei Laienrichterinnen bzw bei einem verstärkten Senat sieben Berufsrichterinnen und vier Laienrichterinnen (§ 11 ASGG). Die Laienrichterinnen müssen je zur Hälfte aus dem Kreis der Arbeitgeberinnen und der Arbeitnehmerinnen stammen (§ 12 Abs 1 ASGG); in bestimmten Sozialrechtssachen kommen beide fachkundigen Laienrichterinnen aus dem Kreis der Arbeitgeberinnen (§ 12 Abs 3 ASGG).

23 Österreichweit ca 500 Stellen.

# 3.4. Instanzenzug

## 3.4.1. Allgemeines

Wird gegen eine Entscheidung ein Rechtsmittel eingelegt, so steigt der Prozess idR zum höheren Gericht auf. Nach der Gerichtsorganisation besteht grundsätzlich ein **dreistufiger Instanzenzug**: In erster Instanz schreitet als Eingangsgericht entweder ein **Bezirksgericht** oder ein **Gerichtshof erster Instanz** (Landesgericht) ein (§ 3 Abs 1 JN).

War ein Bezirksgericht das Eingangsgericht, so schreitet als **zweite Instanz** das übergeordnete Landesgericht ein (in Wien das Handelsgericht bei Rechtsmitteln gegen Entscheidungen des Bezirksgerichts für Handelssachen). Fungierte ein Gerichtshof erster Instanz (Landesgericht) als Eingangsgericht, ist das übergeordnete Oberlandesgericht zweite Instanz (§ 4 JN).

**Dritte Instanz** ist stets der Oberste Gerichtshof (OGH; § 3 Abs 2, § 4 JN), doch ist der Zugang zum Höchstgericht beschränkt (§ 502 ZPO).

## 3.4.2. Zusammensetzung der Senate im Rechtsmittelverfahren

Von einer Ausnahme abgesehen (§ 8a ZPO: Entscheidungen über die Gebühren der Sachverständigen und Dolmetscherinnen) entscheiden in höherer Instanz stets Senate. In der allgemeinen Zivilgerichtsbarkeit sind dies in zweiter Instanz grundsätzlich **Dreiersenate**, bestehend aus drei Berufsrichterinnen (§ 7 Abs 2, § 8 JN). In Handelssachen wird bei Berufungen (nicht bei Rekursen) anstatt der dritten Berufsrichterin eine fachmännische Laienrichterin als Mitglied des Rechtsmittelsenats zugezogen (§ 7 Abs 2, § 8 Abs 2 JN). In Arbeits- und Sozialrechtssachen bestehen die Senate der Oberlandesgerichte aus drei Berufsrichterinnen und zwei fachkundigen Laienrichterinnen.

Der OGH entscheidet grundsätzlich in **Fünfersenaten**, bestehend aus fünf Berufsrichterinnen (§ 6 OGHG) bzw in Arbeits- und Sozialrechtssachen aus drei Berufsrichterinnen und zwei fachkundigen Laienrichterinnen. Ein **verstärkter Senat** des Obersten Gerichtshofs, der über Rechtsfragen von grundsätzlicher Bedeutung entscheidet, besteht aus **elf Richterinnen** (§ 8 OGHG). Bei einfachen Erledigungen – wie zB Ordination und Delegation, formelle Entscheidungen in Arbeits- und Sozialrechtssachen (§ 11a Abs 3 ASGG) – entscheiden auch beim OGH Dreiersenate, bestehend aus drei Berufsrichterinnen (§ 7 OGHG).

Die Senatsvorsitzende führt die Verhandlung und setzt verfahrensleitende Maßnahmen in und außerhalb der Verhandlung, verkündet die Entscheidungen des Senats oder lässt sie schriftlich ausfertigen. Die Entscheidungsfindung erfolgt durch Beratung und Abstimmung, wobei die Stimmenmehrheit ausschlaggebend ist. Dabei gibt die Berichterstatterin ihre Stimme zuerst ab. Die anderen Stimmabgaben erfolgen nach Anciennität. Die Vorsitzende stimmt zum Schluss ab (§ 10 JN).

**Übersicht Instanzenzug**

| **Bezirksgericht** (Eingangsgericht) | **Landesgericht** (Eingangsgericht) | **Landesgericht** in Arbeits- und Sozialrechtssachen |
|---|---|---|
| Einzelrichterin | Einzelrichterin ab EUR 100.000,– Dreiersenat aus Berufsrichterinnen auf Antrag | gemischter Kausalsenat aus einer Berufsrichterin und zwei Laienrichterinnen (jeweils Arbeitnehmer- und Arbeitgeberinnenkreis) |

**2. Instanz**

| ↓ | ↓ | ↓ |
|---|---|---|
| **Landesgericht** Dreiersenat | **Oberlandesgericht** Dreiersenat | **Oberlandesgericht** Fünfersenat (3 + 2) |

↓

OGH
Fünfersenat (ASG 3 + 2)
verstärkter Senat 11 (ASG 7 + 4)
Dreiersenat für Ordination und Delegation
und Entscheidungen nach § 11a Abs 3 ASGG

## 3.5. Ablehnung von Gerichtspersonen

Die verfassungsrechtlichen Garantien des Art 87 B-VG betreffen die Unabhängigkeit und Objektivität des Richteramts. Die Unparteilichkeit der einzelnen Richterin im einzelnen Fall wird durch die Möglichkeit der Ablehnung sichergestellt. Danach können Gerichtspersonen, die in persönlicher Beziehung zur Streitsache stehen, von den Parteien wegen **Ausgeschlossenheit** (§ 20 JN) oder **Befangenheit** (§ 19 JN) abgelehnt werden.[24] Die Gründe für die Ausgeschlossenheit und die Befangenheit unterscheiden sich von ihren Wirkungen und Voraussetzungen her grundsätzlich (s 3.5.1.).

Während über die Ablehnung einer Bezirksrichterin die Gerichtsvorsteherin entscheidet, bestehen für die Ablehnung der Gerichtsvorsteherin oder einer am Landesgericht tätigen Richterin besondere Senate des Gerichtshofs. Über die Ausgeschlossenheit und die Befangenheit ist aber

24 Siehe auch 9 Ob 80/16d; 2 Ob 193/15v = ecolex 2016/223; 7 Ob 192/15h; 2 Ob 182/15a uva; RIS-Justiz RS0126588; RS0126587; *Fucik*, Die Ausgeschlossenheit nach dem FamRÄG 2009 und dem EPG. Neue Naheverhältnisse, ÖJZ 2010, 839.

nicht nur auf **Antrag der Parteien**, sondern auch **von Amts wegen** – aufgrund einer Selbstmeldung – zu entscheiden.

Die Entscheidung über die Ablehnung oder die Selbstmeldung erfolgt mit **Beschluss** (§§ 22, 23 JN). Ein der Ablehnung stattgebender Beschluss ist unanfechtbar; anfechtbar ist also nur ein dem Ablehnungsantrag bzw der Selbstmeldung nicht stattgebender Beschluss (§ 24 JN). Ein Revisionsrekurs an den OGH ist unzulässig.

### 3.5.1. Ausgeschlossenheit

§ 20 nennt die Ausschließungsgründe taxativ:

- die Richterin ist **selbst Partei** (Mitberechtigte, Mitverpflichtete, Regressverpflichtete, Z 1);
- die Richterin ist oder war **Ehegattin, eingetragene Partnerin** bzw **Lebensgefährtin** einer Partei oder mit ihr in **gerader Linie verwandt** bzw verschwägert, oder bis zum **4. Grad der Seitenlinie** verwandt oder im 2. Grad verschwägert (Z 2);
- die Richterin ist oder war **Pflegekind** bzw **Wahl- oder Pflegeelternteil** einer Partei oder diese ist ihre Pflegebefohlene oder steht unter ihrer Sachwalterschaft (Z 3) – idZ ist auf das neue Erwachsenenschutzrecht hinzuweisen, das mit 1.7.2018 in Kraft tritt;
- die Richterin ist oder war als **Bevollmächtigte einer Partei** bestellt (Z 4);
- die Richterin einer höheren Instanz hat **an der Entscheidung einer unteren Instanz mitgewirkt** (Z 5).

Die Ausgeschlossenheit stellt einen **Nichtigkeitsgrund** dar (§ 477 Abs 1 Z 1 Z ZPO; vgl auch § 58 Abs 4 Z 1 AußStrG), der in jeder Verfahrenslage wahrzunehmen ist. Nach Rechtskraft des Verfahrens kann die Ausgeschlossenheit noch mit **Nichtigkeitsklage** bzw **Abänderungsantrag** (§ 529 ZPO, § 73 Abs 1 Z 3 AußStrG) geltend gemacht werden.

### 3.5.2. Befangenheit

Das Gesetz beschreibt den Befangenheitsgrund bloß abstrakt. Ein Befangenheitsgrund liegt vor, wenn ein *„zureichender Grund besteht, die Unbefangenheit des Richters in Zweifel zu ziehen“* (§ 19 Z 2 JN).

Die Bestimmungen über die Ablehnung gelten für alle gerichtlichen Organe (vgl auch §§ 26 und 27 JN) sowie auch für Sachverständige (§ 355 Abs 1 ZPO).

**Beispiele** für eine Befangenheit sind die Freundschaft oder Feindschaft zu einer der Prozessparteien. Eine Befangenheit ist aber auch dann anzunehmen, wenn sich die Richterin außerhalb der Verhandlung über den Prozessausgang äußert oder wenn sie in ihrer Verhandlungsführung unfair ist, indem sie etwa eine Partei oder deren Vertreter persönlich angreift.

Die Befangenheit muss bis zu einem bestimmten Zeitpunkt geltend gemacht werden, sonst tritt Heilung ein und die Partei ist hinsichtlich der Geltendmachung dieses Ablehnungsgrundes präkludiert. Die Befangenheit kann dann nicht mehr geltend gemacht werden, wenn sich die Partei **trotz Kenntnis des Befangenheitsgrunds in die Streitsache einlässt** (§ 22 Abs 3 JN).

Ein Nichtigkeitsgrund ist nur dann verwirklicht, wenn die Richterin trotz Ablehnungsbeschluss weiter verhandelt und entscheidet (§ 25 JN).

| Ausgeschlossenheit der Richterin | Befangenheit |
|---|---|
| Taxative Aufzählung § 20 JN, § 529 Abs 1 Z 1 ZPO | Wenn ein zureichender Grund vorliegt, die Unbefangenheit der Richterin in Zweifel zu ziehen (§ 19 Z 2 JN) |
| Wahrnehmung mit Ablehnungsantrag und auch von Amts wegen in jeder Lage des Verfahrens | Ablehnungsantrag oder Selbstmeldung<br><br>ACHTUNG:<br>Heilung des Befangenheitsgrunds, wenn sich die Partei in die Verhandlung einlässt bzw Anträge stellt, obwohl ihr der Ablehnungsgrund bekannt war (§ 21 Abs 2 JN) |
| → Nichtigkeitsgrund gem § 477 Abs 1 Z 1 ZPO<br>→ Nach Rechtskraft Nichtigkeitsklage oder Abänderungsantrag (§ 529 Abs 1 Z 1 ZPO, § 73 Abs 1 Z 3 AußStrG) | Kein Nichtigkeitsgrund; außer wenn die Richterin trotz Ablehnungsbeschlusses weiter verhandelt und entscheidet |

# 4. Prozessgrundsätze

Die Prozessgrundsätze beschreiben die fundamentalen Richtungs- und Wertentscheidungen einer Verfahrensordnung. Dazu gehört einerseits die Verwirklichung der verfassungsrechtlichen Vorgaben – wie Öffentlichkeit und Fairness des Verfahrens sowie Waffengleichheit der Parteien (2.2.) – und andererseits die Aufgabenverteilung zwischen Gericht und Parteien.

Betreffend die Aufgabenverteilung zwischen Gericht und Parteien wird hinsichtlich der Verfahrenseinleitung vor allem der **Dispositionsgrundsatz** von der **Offizialmaxime unterschieden.** Beim Dispositionsgrundsatz wird das Verfahren nur über Parteieninitiative eingeleitet; besteht Offizialmaxime, so kann dieses nur von Amts wegen eingeleitet werden. Bei dem in der ZPO vorherrschenden Dispositionsgrundsatz bestimmt der Kläger, ob und wann ein Verfahren eingeleitet wird und welchen Verfahrensgegenstand es hat. Im Außerstreitverfahren gilt für bestimmte Verfahren die Offizialmaxime, wonach diese auch bzw nur von Amts wegen eingeleitet werden können.

In Bezug auf das Beweisverfahren wird der **Untersuchungsgrundsatz** (Inquisitionsmaxime) vom **Verhandlungsgrundsatz** (Beibringungsgrundsatz) bzw von der **Sammelmaxime** unterschieden. Nach dem Verhandlungsgrundsatz liegt die Verantwortlichkeit für das Beweisverfahren allein bei den Parteien, nach dem Untersuchungsgrundsatz allein beim Gericht. Die ZPO ist geprägt von der **Sammelmaxime.** Diese stellt einen abgeschwächten Untersuchungsgrundsatz dar, wonach der Beweisstoff zwar von den Parteien vorgegeben wird, das Gericht aber für die Vollständigkeit des Beweisverfahrens mitverantwortlich ist (§ 182 Abs 1 ZPO). Gem § 183 Abs 1 ZPO kann auch das Gericht von Amts wegen Beweismittel – abgesehen von Zeugen und Urkunden, wenn beide Parteien dagegen sind – aufnehmen. Reiner Untersuchungsgrundsatz gilt bloß im Ehenichtigkeits- oder Ehefeststellungsverfahren (§ 460 Z 4 ZPO). Auch das Außerstreitverfahren (§ 16 AußStrG) und das Exekutionsverfahren (§ 55 Abs 3 EO) sind vom Untersuchungsgrundsatz geprägt.

Überdies gilt nach der ZPO der **Grundsatz der Mündlichkeit** und der **Verfahrenskonzentration** – etwa in Form der Prozessförderungspflicht der Parteien nach § 78 Abs 2 ZPO, der Präklusion verspäteten Vorbringens nach § 179 ZPO und des Neuerungsverbots im Rechtsmittelverfahren nach § 482 ZPO.

# 5. Prozessvoraussetzungen

## 5.1. Allgemeines

Damit über eine Klage in der Sache entschieden werden kann, müssen bestimmte formelle Zulässigkeitsvoraussetzungen erfüllt sein. Diese Erfordernisse werden **Prozessvoraussetzungen** (richtig wäre eigentlich: Urteilsvoraussetzungen) genannt. Es gibt positive Prozessvoraussetzungen und negative Prozessvoraussetzungen (= Prozesshindernisse). Liegt ein Prozesshindernis vor oder fehlt eine Prozessvoraussetzung, so ist die Klage mit Beschluss als **unzulässig zurückzuweisen.** Das Gericht entscheidet danach in der Sache nicht selbst.

Bei einzelnen Prozessvoraussetzungen ist zunächst ein **Verbesserungsverfahren** durchzuführen, um der Partei Gelegenheit zu geben, diesen Mangel noch zu sanieren – etwa bei Fehlen des notwendigen Klageinhalts. Auch bei mangelnder Prozessfähigkeit ist ein Verbesserungsverfahren durchzuführen (§ 6 ZPO).

Bei den Prozessvoraussetzungen können **drei große Gruppen** unterschieden werden:

**Gerichtsbezogene Voraussetzungen:**

- Zulässigkeit des Rechtswegs
- inländische Gerichtsbarkeit sowie internationale, sachliche, örtliche und funktionelle Zuständigkeit

**Parteibezogene Voraussetzungen:**

- Parteifähigkeit
- Prozessfähigkeit
- Postulationsfähigkeit bzw ausreichende Vertretungsmacht des Einschreiters

**Streitgegenstandsbezogene Prozessvoraussetzungen:**

- Fehlen von **Streitanhängigkeit**
- Fehlen von **Rechtskraft**
- notwendiger **Klageinhalt**

Strittig ist, ob auch das **Rechtsschutzinteresse** eine allgemeine Prozessvoraussetzung darstellt. Die praktische Bedeutung dieser Frage ist aber gering.

Die Prozessvoraussetzungen wirken in der Regel **absolut**[25] und sind in jeder Verfahrenslage bis zur Rechtskraft der Entscheidung **von Amts wegen aufzugreifen.** Grundsätzlich begründet das Fehlen von Prozessvoraussetzungen die **Nichtigkeit des Verfahrens.** Bestimmte

25 Fehlt eine Prozessvoraussetzung, darf zwingend keine Entscheidung in der Sache ergehen, unabhängig davon, ob die Prozessvoraussetzung Einfluss auf die Richtigkeit der Entscheidung hätte oder nicht. Die Klage ist – ohne Entscheidung in der Sache – zurückzuweisen.

Prozessvoraussetzungen sind einer **Heilung** zugänglich. Solche **relativen Prozessvoraussetzungen** bilden die Zuständigkeit und die richtige Gerichtsbesetzung.

Heilung tritt hierbei durch nicht rechtzeitige Geltendmachung dieses Mangels ein.[26] Einzelne Prozessvoraussetzungen wirken über die Rechtskraft der Entscheidung hinaus – etwa die Zulässigkeit des Rechtswegs oder die Prozessfähigkeit.

## 5.2. Zulässigkeit des Rechtswegs

Der Zivilrechtsweg (**ordentlicher Rechtsweg**) ist nur für privatrechtliche Ansprüche eröffnet (§ 1 JN). Die Abgrenzung von privatrechtlichen und öffentlich-rechtlichen Ansprüchen ist nicht immer leicht. Dabei werden drei Theorien unterschieden: Die **Interessentheorie** weist die Streitsache nach dem jeweils überwiegenden Interesse des Bürgers oder des Staates zu, die **Subjektionstheorie** trifft die Unterscheidung nach der Gleichordnung (Privatrecht) oder Über-/Unterordnung (Öffentliches Recht). Die (**herrschende**) **Subjekttheorie** differenziert, ob eine Partei als Träger hoheitlicher Gewalt aufgetreten ist oder nicht und ordnet danach die Sache dem öffentlichen Recht zu.[27]

Bei einem positiven oder negativen **Kompetenzkonflikt** hat der VfGH über die Zuständigkeit der Behörde zu entscheiden (Art 138 B-VG) – primär auf Antrag der obersten Verwaltungsbehörde und subsidiär auf Antrag einer Partei innerhalb einer Frist von vier Wochen.[28]

Der **Nichtigkeitsgrund** des Fehlens der Zulässigkeit des Rechtswegs kann auch noch **nach Rechtskraft** auf Antrag der obersten Verwaltungsbehörde vom OGH wahrgenommen werden (§ 42 Abs 2 JN).

## 5.3. Inländische Gerichtsbarkeit

Bei ausländischen Anknüpfungspunkten ist zunächst zu beurteilen, ob österreichische Gerichte für die Entscheidung des Rechtsstreits international berufen sind. Diese Frage beantwortet die Prozessvoraussetzung der **inländischen Gerichtsbarkeit** (§§ 27a, 42, 104 Abs 3 JN). Der gesetzliche Terminus inländische Gerichtsbarkeit ist **irreführend**. Das Gesetz versteht darunter nämlich zwei inhaltlich verschieden ausgestaltete Prozessvoraussetzungen. Die „echte" inländische Gerichtsbarkeit betrifft die **völkerrechtliche** bzw **supranationale Ebene** und beantwortet die Frage, ob Österreich befugt ist, seine Hoheitsgewalt in einem konkreten gerichtlichen Verfahren auszuüben – etwa wegen der Immunität eines ausländischen Staats.[29] Die Frage der **internationalen Zuständigkeit** betrifft die konkrete **Zuständigkeit Österreichs** für eine Rechtssache mit Auslandsbezug.

Im Bereich der völkerrechtlichen bzw supranationalen Ebene ist eine Parteienvereinbarung über die Zuständigkeit unzulässig (§ 104 Abs 5 JN). Ein Verstoß gegen die inländische Gerichtsbarkeit kann auch noch **nach Rechtskraft** über Antrag der obersten Verwaltungsbehörde an den OGH wahrgenommen werden und führt zur Aufhebung der Entscheidung (§ 42 Abs 2 JN).

---

**26** *Auernig*, ZPO-Neuerungen zur Behandlung von Prozesseinreden, ecolex 2015, 661.

**27** Ausführlich zur Abgrenzung *Kodek* in *Rummel/Lukas*, ABGB⁴ § 1 Rz 19 ff.

**28** ZB VfGH K I-3/2015; K I-2/2014 ua.

**29** Dazu etwa *Beham/Quantschnigg*, Zur Frage der Immunität von Zentralbanken von der Gerichtsbarkeit, ecolex 2017, 212; *Wilfinger*, Zur Staatenimmunität im Zivilprozess, ÖJZ 2017/22.

Betrifft die Frage der inländischen Gerichtsbarkeit die internationale Zuständigkeit der österreichischen Gerichte, so ist diese Prozessvoraussetzung einer Parteienvereinbarung zugänglich (§ 104 Abs 1 Z 1 JN) und heilt nach den Vorschriften über die unprorogable Unzuständigkeit (§ 104 Abs 3 JN). Im Bereich der EU-Mitgliedstaaten richtet sich die Abgrenzung der internationalen Zuständigkeit vor allem nach der Brüssel Ia-VO (EuGVVO), der Brüssel IIa-VO, der EuUntVO sowie der EuErbVO. Im Verhältnis zu den Nur-LGVÜ-Vertragsstaaten (Island, Norwegen, Schweiz) ist das LGVÜ zu beachten. Soweit diese vorrangigen Regelungen nicht anzuwenden sind, ist die internationale Zuständigkeit Österreichs idR nur dann gegeben, wenn ein örtlich zuständiges Gericht in Österreich vorhanden ist (§ 27a JN).[30] Die Regelungen über die örtliche Zuständigkeit sind somit **doppelfunktional** – dh sie grenzen den Tätigkeitsbereich der österreichischen Gerichte ab und verteilen die Rechtssache innerhalb Österreichs unter den einzelnen Gerichten erster Instanz.

## 5.4. Abgrenzung des streitigen vom außerstreitigen Verfahren

Auf den außerstreitigen Rechtsweg gehören Rechtssachen, die **ausdrücklich** dorthin **verwiesen** wurden (§ 1 Abs 2 AußStrG).[31] Im Einzelfall sind aber nach Richterrecht auch solche Rechtssachen ins Außerstreitverfahren verwiesen, die ohne strenge Formvorschriften bzw nach Billigkeit zu entscheiden sind – zB Streitigkeiten über das Heiratsgut (§ 1221 ABGB). Das angerufene Gericht entscheidet bindend, ob eine Rechtssache zur streitigen oder außerstreitigen Gerichtsbarkeit gehört (§ 40a JN).

Die Zuständigkeit in diesem Bereich ist nicht prorogabel. Die Verletzung des streitigen bzw außerstreitigen Rechtswegs stellt ebenfalls einen **Nichtigkeitsgrund** dar, doch kann dieser nach Rechtskraft nicht mehr aufgegriffen werden.

## 5.5. Zuständigkeit

### 5.5.1. Allgemeines

Vor Einbringung einer Klage muss die Klägerin die Frage klären, welches Gericht für die Behandlung der Klage zuständig ist. In erster Linie muss sie bei einem Auslandsbezug der Klage ermitteln, ob die Jurisdiktion Österreichs überhaupt vorhanden ist. Ist die Frage zu bejahen oder fehlt ein Auslandsbezug, so ist zu ermitteln, welches unter den vielen Gerichten in Österreich für den konkreten Rechtsstreit zuständig ist.

Die Zuständigkeit ergibt sich primär

- aus dem **Gesetz**

und ansonsten

- aus einer **Zuständigkeitsvereinbarung** (Prorogation) oder
- aus einer **richterlichen Zuweisung** (Ordination und Delegation).

---

**30** 5 Ob 72/16y; 10 Ob 74/16d uva.

**31** Vgl RIS-Justiz RS0012214; *Mayr/Fucik*, Verfahren außer Streitsachen Rz 41 ff.

## 5.5.2. Sachliche Zuständigkeit

Die sachliche Zuständigkeit betrifft die Verteilung der Rechtssache in erster Instanz auf die **verschiedenen Gerichtstypen.** In Österreich fungieren als Eingangsgerichte die Bezirksgerichte und die Gerichtshöfe erster Instanz (Landesgerichte).

Im Rahmen der sachlichen Zuständigkeit wird zwischen der **Eigenzuständigkeit** und der **Wertzuständigkeit** unterschieden.

Die Eigenzuständigkeit geht der Wertzuständigkeit vor. Daher hat die Klägerin zunächst zu ermitteln, ob im Gesetz für die Rechtssache eine solche Eigenzuständigkeit geregelt ist. Kraft Eigenzuständigkeit gehören etwa die in § 49 Abs 2 Z 1 bis 8 ZPO normierten Rechtssachen vor die **Bezirksgerichte.** Dies betrifft vor allem **familienrechtliche Streitigkeiten**, Streitigkeiten über den **gesetzlichen Unterhalt** der (geschiedenen) Ehegatten, **Besitzstörungsstreitigkeiten** und **Bestandstreitigkeiten.**

Eine – praktisch wichtige – sachliche Eigenzuständigkeit des **Landesgerichts** besteht etwa für **Arbeits- und Sozialrechtssachen** (§§ 50, 65 ASGG). Aber auch Klagen nach dem Amtshaftungs- und Organhaftungsgesetz oder bestimmte handelsrechtliche Streitigkeiten, vor allem im Bereich des Lauterkeitsrechts (§ 51 JN) liegen in der sachlichen Eigenzuständigkeit des Landesgerichts.

Kraft **Wertzuständigkeit** sind alle weiteren Rechtsstreitigkeiten bis zu einem Streitwert von **EUR 15.000,–** vor **Bezirksgerichten** abzuhandeln (§ 49 Abs 1 JN). Alle Rechtssachen mit darüber liegenden Streitwerten fallen in die Zuständigkeit der Landesgerichte (§ 50 JN).

Eine **Ausnahme** von diesem Grundsatz bildet § 227 Abs 2 ZPO, wonach zwischen denselben Parteien in derselben Klage Ansprüche unter der Gerichtshofgrenze mit Ansprüchen über der Streitwertgrenze verbunden werden können. Das Landesgericht ist dann für sämtliche Ansprüche zuständig. Diese Bestimmung hat auch **Bedeutung für** die sogenannten **„Sammelklagen österreichischen Rechts“**: Um eine Vielzahl von Einzelprozessen zu vermeiden, können Geschädigte ihre Ansprüche gegen den Schadensverursacher an eine Einrichtung – etwa den Verein für Konsumenteninformation (VKI) – abtreten, die dann die abgetretenen Ansprüche in einer Klage geltend macht. Der Gerichtshof (Landesgericht) ist aber nur zuständig, wenn zumindest eine Einzelforderung EUR 15.000,– übersteigt.[32]

Bei Zahlungsklagen bildet die eingeklagte Hauptforderung den **Streitwert**, wobei gem § 54 JN der Zeitpunkt der Einbringung der Klage (Gerichtsanhängigkeit) maßgeblich ist. Mehrere, in einer Klage geltend gemachte Ansprüche sind **zusammenzurechnen**, wenn sie in einem tatsächlichen oder rechtlichen Zusammenhang stehen (§ 55 Abs 1 Z 1 JN).[33] Wird bloß eine Teilforderung geltend gemacht, so bestimmt sich der Streitwert nach dem Gesamtbetrag der noch aushaftenden Forderung. Der Teilbetrag allein ist nur dann maßgebend, wenn ein Teil aus einem noch unbestimmten Gesamtbetrag begehrt wird.

**Wiederkehrende Geldforderungen** – zB Unterhalt oder Renten – sind mit einem Vielfachen der Jahresleistung zu bestimmen (vgl dazu im Einzelnen § 58 JN). Bei Streitigkeiten um die Sicherstellung einer Forderung oder ein Pfandrecht ist der Betrag der Forderung – bzw wenn der

32 *Klauser*, Prozessfinanzierung, Rechtsfreunde, quota litis und Sammelklage, VbR 2013/5, 12.

33 Wird als Schadenersatz nach einem Unfall Schmerzengeld von EUR 12.000,– und Verdienstentgang von EUR 4.000,– begehrt, sind die beiden Forderungen zusammenzurechnen, da sie in einem tatsächlichen Zusammenhang stehen. Zuständig ist daher das Landesgericht.

Pfandgegenstand einen geringeren Wert hat – dessen Wert für die Bewertung des Streitgegenstands maßgebend (§ 57 JN).

Bei **Individualleistungsklagen** hat die Klägerin den Streitgegenstand nach ihrem **Interesse zu bewerten** (§ 56 Abs 2 JN). Wird eine solche Wertangabe in der Klage unterlassen, so gilt ein gesetzlicher Wert von **EUR 5.000,–** als Streitwert (§ 56 Abs 2 JN), was zu einer Zuständigkeit der **Bezirksgerichte** führt.

Das Gericht ist in erster Instanz grundsätzlich an die Wertangabe der Klägerin gebunden. Nur eine übermäßig hohe Wertangabe, die auch zu einer Zuständigkeitsverschiebung bzw zu einer anderen Gerichtsbesetzung führen würde, kann vom Gericht **von Amts wegen herabgesetzt** werden (§ 60 Abs 1 JN). Eine amtswegige Berichtigung nach oben hin ist dagegen unzulässig.

Neben der Begründung der Wertzuständigkeit hat der Streitwert auch Bedeutung für die Gerichtsbesetzung, die Anwaltspflicht, die Berechnung der Prozesskosten, die Zulässigkeit des Mahnverfahrens und die Rechtsmittelzulässigkeit.

### 5.5.3. Örtliche Zuständigkeit

Das gesamte Bundesgebiet Österreichs ist in Gerichtssprengel gegliedert. In erster Instanz sind dies Bezirksgerichts- und Landesgerichtssprengel. Diese Gerichtssprengel werden auch **Gerichtsstände** genannt. Nach der Klärung der sachlichen Zuständigkeit muss die Klägerin daher auch ermitteln, welches dieser vielen Gerichte für den Rechtsstreit örtlich zuständig ist. Das Gesetz unterscheidet den **allgemeinen Gerichtsstand** und die **besonderen Gerichtsstände**, die sich wiederum in **Wahl-** und **ausschließliche Gerichtsstände** gliedern lassen.

Grundsätzlich ist die Klage beim **allgemeinen Gerichtsstand** des Beklagten einzubringen. Dieser bestimmt sich nach dessen Wohnsitz oder gewöhnlichen **Aufenthaltsort** (§ 66 JN), bei juristischen Personen nach deren **Sitz**. Zwischen mehreren Wohnsitzen bzw gewöhnlichen Aufenthalten kann der Kläger im Zeitpunkt der Einbringung wählen.

Das Gesetz bestimmt eine Vielzahl von weiteren möglichen Gerichtsständen (§§ 76 ff JN), die entweder den allgemeinen Gerichtsstand ausschließen (ausschließliche Gerichtsstände) oder neben diesen treten (Wahlgerichtsstände). Besteht ein **ausschließlicher Gerichtsstand**, so verdrängt dieser den allgemeinen Gerichtsstand. Ist daher in der JN ein solcher geregelt, so muss die Klägerin ihre Klage auch dort einbringen. Eine ganze Reihe von ausschließlichen Gerichtsständen, die die JN kennt, ist allerdings mittlerweile praktisch bedeutungslos.

Wichtige ausschließliche Gerichtsstände sind etwa:

- das **Buchgericht** (§ 81 JN)

  Danach sind Streitigkeiten, die dingliche Rechte an einem unbeweglichen Vermögen betreffen, bei dem Gericht, in dessen Sprengel sich die Liegenschaft befindet, einzubringen (zB Streitigkeiten über eine Dienstbarkeit).

- der **Ort des Bestandobjekts** bei Streitigkeiten aus Bestandverträgen über unbewegliche Sachen (§ 83 JN)

- das Gericht des (letzten) **gemeinsamen gewöhnlichen Aufenthaltsorts** bei **Streitigkeiten aus dem Eheverhältnis** oder der eingetragenen Partnerschaft (§ 76 JN)

- das sachlich zuständige Gericht am Sitz des Verlassenschaftsgerichts für Erbschaftsklagen und andere Klagen aus letztwilligen Verfügungen sowie für Klagen der Nachlassgläubiger (§ 77 JN).

Eine Untergruppe von ausschließlichen Gerichtsständen sind die **Zwangsgerichtsstände.** Hier ist im Gegensatz zu den „normalen" ausschließlichen Gerichtsständen eine **Zuständigkeitsvereinbarung** (Prorogation) **unzulässig.** Der in der Praxis bedeutsamste Zwangsgerichtsstand ist jener für Verbraucher gem § 14 KSchG. Danach dürfen Verbraucher wegen Erfüllung eines Vertrags mit einem Unternehmer **nur** beim Gericht ihres Wohnsitzes, Aufenthalts- oder Beschäftigungsorts geklagt werden.

Die **Wahlgerichtsstände** (§§ 86a ff JN) treten neben den allgemeinen Gerichtsstand. Sie eröffnen der Klägerin eine Wahlmöglichkeit, ob sie die Klage beim allgemeinen oder beim Wahlgerichtsstand einbringen will.

Wichtige Wahlgerichtsstände sind:

- der **Gerichtsstand der Schadenszufügung** (§ 82a JN)

  Danach können Klagen über Schadenersatzansprüche wegen Tötung oder Verletzung einer Person, Freiheitsberaubung oder Beschädigung einer körperlichen Sache beim Schädigungsort eingebracht werden.

- der **Gerichtsstand der Niederlassung** (§ 87 JN)

  Hat die Beklagte außerhalb ihres Wohnsitzes noch eine Niederlassung, so kann die Klägerin – wenn die Streitigkeit die Niederlassung betrifft – die Klage auch am Gerichtsstand der Niederlassung einbringen. Dies betrifft etwa freiberuflich Tätige wie Ärztinnen oder Architektinnen.

- der **Gerichtsstand des Erfüllungsortes** (§ 88 Abs 1 JN)

  Danach kann die Beklagte wahlweise auch am Gerichtsstand des Erfüllungsortes geklagt werden, wenn im Vertrag ein Erfüllungsort vereinbart worden ist.

- der **Gerichtsstand der Streitgenossenschaft** (§ 93 JN)

  Mehrere materielle Streitgenossen können zusammen beim allgemeinen Gerichtsstand eines von ihnen geklagt werden.

## Übersicht Sachliche Zuständigkeit

### Eigenzuständigkeit

**Bezirksgericht**

§ 49 Abs 2 JN

- Ansprüche der Kindesmutter gegen den Kindesvater
- Ehegattenunterhalt
- Eheangelegenheiten
- Angelegenheiten eingetragener Partner
- Grenzbestimmungen
- Streitigkeiten über die Dienstbarkeit einer Wohnung und Ausgedinge
- Bestandstreitigkeiten
- Besitzstörung

**Landesgericht**

§ 50 JN

- zB Amtshaftung
- Klagen von und gegen Richterinnen
- Klagen aus atomaren Ereignissen
- Arbeits- und Sozialgerichtssachen

### Wertzuständigkeit

**Bezirksgericht**

§ 49 Abs 1 JN

Streitigkeiten bis EUR 15.000,–

**Landesgericht**

Streitigkeiten über EUR 15.000,–

## Übersicht Örtliche Zuständigkeit

**Allgemeiner Gerichtsstand**

- **§§ 66, 67 JN**
  **Wohnsitz bzw gewöhnlicher Aufenthalt**
- **§ 75 JN**
  **Sitz des Unternehmens bzw des Amts**

**Besondere Gerichtsstände**

**ausschließliche Gerichtsstände (prorogabel)**

zB:

- Streitigkeiten aus dem Eheverhältnis (§ 76 JN)
- Streitigkeiten aus Legaten, Klagen der Verlassenschaftsgläubiger und Klagen auf Erbteilung (§ 77 JN)
- Streitigkeiten über dingliche Rechte an Liegenschaften (§ 81 JN)

**Zwangsgerichtsstände (nicht prorogabel)**

zB:

- Verbrauchergerichtsstand (§ 14 KSchG)
- Gerichtsstand aus Teilschuldverschreibungen (§ 83a JN)
- Gerichtsstand für Verbandsverhältnisse (§ 83b JN)

**Wahlgerichtsstände**

zB:

- Gerichtsstand des Erfüllungsorts (§ 88 JN)
- Gerichtsstand der Niederlassung (§ 87 JN)
- Gerichtsstand der Schadenszufügung (§ 92a JN)
- Gerichtsstand der Streitgenossenschaft (§ 93 JN)
- Gerichtsstand der Widerklage (§ 96 JN)

### 5.5.4. Funktionelle Zuständigkeit

Die funktionelle Zuständigkeit verteilt die Streitsache an verschiedene Rechtspflegeorgane.

Sie grenzt die Kompetenzen zwischen

- Richterinnen und Rechtspflegerinnen,
- Einzelrichterinnen und Senat ab und
- regelt den Instanzenzug.

### 5.5.5. Zuständigkeitsvereinbarung (Prorogation)

Durch eine Zuständigkeitsvereinbarung (§ 104 JN) können die Parteien bei Vorliegen der gesetzlichen Voraussetzungen die im Gesetz geregelten Zuständigkeiten abändern.[34]

Die Prorogation muss sich auf einen **bestimmten Rechtsstreit** oder auf Streitigkeiten aus einem **bestimmten Rechtsverhältnis** beziehen. Das vereinbarte Gericht muss entweder bestimmt bezeichnet werden oder bestimmbar sein. Die Vereinbarung hat „ausdrücklich" zu erfolgen, muss aber nur im Bestreitungsfall **urkundlich nachgewiesen** werden.

Bestimmte gesetzliche Zuständigkeiten können von den Parteien nicht abgeändert werden. Diese werden **unprorogable Zuständigkeiten** genannt und betreffen die Zwangsgerichtsstände, die sachliche Eigenzuständigkeit, die Wertzuständigkeit des Gerichtshofs, die funktionellen Zuständigkeiten und bestimmte internationale Zuständigkeiten.

Die Unzuständigkeiten können nur bis zu einem bestimmten Zeitpunkt geltend gemacht werden. Weil ab diesem Zeitpunkt **Heilung** eintritt, wirkt dies wie eine nachträgliche Prorogation.

Eine **prorogable Unzuständigkeit** heilt bereits, wenn die Beklagte im Gerichtshofverfahren die Unzuständigkeitseinrede nicht spätestens in der Klagebeantwortung bzw im Einspruch gegen den Zahlungsbefehl – der den Inhalt einer Klagebeantwortung aufweisen muss – erhebt (§ 240 ZPO). Im bezirksgerichtlichen Verfahren heilt die prorogable Unzuständigkeit gem § 441 ZPO mit Streiteinlassung in der mündlichen Verhandlung. Vom Gesetz nicht bedacht und daher strittig ist der Fall, dass im bezirksgerichtlichen Verfahren die anwaltlich vertretene Beklagte einen begründeten Einspruch im Mahnverfahren erhebt, der ein Sachvorbringen enthält. Weil die Unterschiede in der Praxis zwischen Gerichtshof- und bezirksgerichtlichem Verfahren nicht allzu bedeutend sind und die Partei auch anwaltlich vertreten ist, ist der Fall wohl gleich wie im Gerichtshofverfahren zu behandeln, sodass Heilung der Unzuständigkeit eintritt.

Bei **unprorogablen Unzuständigkeiten** ist zu unterscheiden, ob die Partei anwaltlich vertreten ist oder nicht. Die unvertretene Partei ist durch die Richterin über das Vorliegen der Unzuständigkeit zu **belehren** und diese Belehrung ist zudem zu **protokollieren**. Erst wenn sich die beklagte Partei dennoch in den Streit einlässt, heilt auch die unprorogable Unzuständigkeit durch mündliches Sachvorbringen in der Verhandlung (§ 104 Abs 3 JN).

### 5.5.6. Parteifähigkeit, Prozessfähigkeit und Vertretungsmacht des Einschreiters

Die **Parteifähigkeit** bezeichnet die Fähigkeit, im Prozess Trägerin von Rechten und Pflichten zu sein. Als Klägerin oder Beklagte kann daher nur ein parteifähiges Subjekt auftreten. Die

34 *Kühteubl*, Gerichtsstandvereinbarung, ZAS 2011/47.

Parteifähigkeit stellt eine allgemeine Prozessvoraussetzung dar und entspricht idR der Rechtsfähigkeit des Zivilrechts. Wer rechtsfähig ist, ist auch parteifähig – freilich mit der Ausnahme, dass es keine Teilparteifähigkeit gibt. Parteifähig sind alle **natürlichen Personen, juristische Personen** und die kraft Gesetzes ausdrücklich für **parteifähig erklärten Gebilde**. Es sind dies zB die OG und KG (§§ 124, 161 Abs 2 UGB), die Insolvenzmasse und der ruhende Nachlass vor der Einantwortung. Nicht parteifähig sind die GesbR (seit der GesbR-Novelle 2014 ausdrücklich in § 1175 Abs 2 ABGB geregelt), sowie nach hM die stille Gesellschaft und Dienststellen von Gebietskörperschaften.

**Prozessfähigkeit** ist die Fähigkeit, **im Prozess** selbst oder durch einen selbstgewählten Vertreter (abstrakt) **handeln zu können**. Sie entspricht idR der Handlungs- bzw Geschäftsfähigkeit des bürgerlichen Rechts. § 1 ZPO verweist für die Regelung der Prozessfähigkeit auf die Verpflichtungsfähigkeit gem §§ 170 und 171 ABGB. Bei Personen, die nicht österreichische Staatsbürgerinnen sind, reicht es aus, dass sie entweder nach ihrem Heimatrecht oder nach österreichischem Recht prozessfähig sind (§ 3 ZPO). Prozessfähig sind somit alle geschäftsfähigen – idR volljährigen – Personen und beschränkt geschäftsfähige Personen im Rahmen ihrer Geschäftsfähigkeit. Die **mündigen Minderjährigen** im Alter von über 14 Jahren sind daher in Ansehung dessen, was ihnen zur **freien Verfügung** überlassen wurde oder hinsichtlich des Einkommens aus eigenem Erwerb (§ 170 Abs 2 ABGB) **voll** prozessfähig. In Ehesachen (nicht aber, wenn es um Vermögensansprüche geht), sind Minderjährige ebenfalls voll prozessfähig (§ 2a ZPO).

Juristische Personen bzw parteifähige Gebilde können im Prozess nur durch ihre **vertretungsbefugten Organe** handeln. Nicht prozessfähige natürliche Personen werden durch ihre **gesetzlichen Vertreterinnen**, etwa einen Elternteil (§ 169 ABGB), oder die Sachwalterin (bzw ab 1.7.2018 die gerichtliche Erwachsenenvertreterin) vertreten.

Prozesshandlungen eines Prozessunfähigen sind gem § 477 Abs 1 Z 5 ZPO nichtig, wenn sie von der gesetzlichen Vertreterin nicht – bzw von der mittlerweile prozessfähig gewordenen Partei selbst – genehmigt werden (§ 477 Abs 2 ZPO). Vor Klagezurückweisung und Nichtigerklärung des Verfahrens hat das Gericht jedoch nach § 6 Abs 2 ZPO einen Sanierungsversuch zu unternehmen und die Klage unter Setzung der erforderlichen Aufträge zurückzustellen. Es muss etwa die minderjährige Klägerin auffordern, die Klage von der gesetzlichen Vertreterin unterschreiben zu lassen. Bei Anzeichen einer Prozessunfähigkeit – in Folge einer geistigen Behinderung oder psychischen Erkrankung – hat das Prozessgericht das Pflegschaftsgericht zu verständigen (§ 6a ZPO) und das Verfahren zu unterbrechen (§ 190 Abs 1 ZPO).[35] Das Pflegschaftsgericht muss dann über eine allfällige Bestellung einer Sachwalterin (bzw ab 1.7.2018 einer gerichtlichen Erwachsenenvertreterin) entscheiden. Nur bei Gefahr in Verzug hat das Prozessgericht selbst einen Kurator zu bestellen (§ 8 ZPO). Die mangelnde Prozessfähigkeit kann über die Rechtskraft hinaus mit Nichtigkeitsklage gem § 529 Abs 1 Z 2 geltend gemacht werden.

Eine prozessfähige Partei kann sich auch der **Bevollmächtigung** einer gewillkürten Vertreterin im Prozess bedienen. Diese Vertretungsmacht kann sich auf bloß einzelne Prozesshandlungen (**Einzelvollmacht**) oder auf die gesamte Prozessführung erstrecken (**Prozessvollmacht**). **Rechtsanwältinnen** kann nur eine Prozessvollmacht erteilt werden. Die Prozessvollmacht hat einen gesetzlich fest umschriebenen Umfang; sie bezieht sich auf alle Prozesshandlungen des betreffenden Rechtsstreits sowie auf die daraus resultierende Exekutionsführung und die Entgegennahme des Kostenersatzes (§ 31 ZPO); nicht hingegen auf die Änderung („Empfangnahme")

**35** 4 Ob 42/11x = Zak 2011/444.

des Streitgegenstandes. Dazu bedarf es einer Zustimmungserklärung der Partei bzw einer eigenen Vollmacht, die von Rechtsanwältinnen – und ggf Notarinnen – vereinfacht nachgewiesen werden kann. Alle Zustellungen haben an die Prozessbevollmächtigte zu erfolgen (§ 93 Abs 1 ZPO). Beschränkungen der Prozessvollmacht sind gem § 32 ZPO weitgehend unwirksam. Solche Beschränkungen können sich nur auf Dispositivakte (Abschluss von Vergleichen, Anerkenntnissen, Verzichtsleistungen, oder Einleitung der Exekution gegen den Gegner) beschränken und müssen der Gegnerin bekannt gegeben werden.

Bei **Widerspruch** zwischen dem Verhalten der Partei und dem ihrer Vertreterin geht im Prozess ohne Anwaltspflicht stets der Wille der Partei vor, im Prozess mit Anwaltspflicht der Wille der Rechtsanwältin. Die anwesende Partei kann bloß Tatsachenbehauptungen bzw Geständnisse wirksam berichtigen (§ 34 ZPO).

Das Vorliegen einer wirksamen **Prozessvollmacht** stellt eine Prozessvoraussetzung dar. Ihr **Fehlen** macht das **Verfahren** gem § 477 Abs 1 Z 4 ZPO **nichtig**. Nach Rechtskraft kann dieser Mangel auch noch mit Nichtigkeitsklage gem § 529 ZPO aufgegriffen werden. Eine Heilung der Prozesshandlungen ist ebenfalls durch nachträgliche Genehmigung der Handlungen des Vertreters möglich.

Rechtsanwältinnen müssen die ihnen erteilte Vollmacht **nicht urkundlich nachweisen**; es genügt die Berufung auf ihre Erteilung gem § 30 Abs 2 ZPO (vereinfachter Vollmachtsnachweis). Andere Bevollmächtigte haben die Prozessvollmacht vorzulegen, können aber gem § 38 Abs 1 ZPO **einstweilig** zugelassen werden, wenn Gefahr in Verzug vorliegt. Allerdings müssen sie die Vollmacht binnen bestimmter Frist nachreichen (§ 38 Abs 2 ZPO).

*********

## Exkurs: Anwaltspflicht – Postulationsfähigkeit

### 1. Anwaltspflicht

Bei der Anwaltspflicht wird zwischen absoluter sowie relativer Anwaltspflicht einerseits und dem Bereich der Vertretungsfreiheit andererseits unterschieden. Herrscht **absolute Anwaltspflicht**, so kann die Partei im Prozess nicht selbst agieren, sondern muss für die Einbringung von Schriftsätzen oder ihre sonstige Vertretung vor Gericht einen Rechtsanwalt beauftragen (Anwaltsprozess). **Relative Anwaltspflicht** bedeutet, dass die Partei zwar selbst im Prozess auftreten kann; lässt sie sich aber vertreten, kann dies nur durch einen Rechtsanwalt geschehen, sofern am Gerichtsort zumindest zwei Rechtsanwälte ihren Kanzleisitz haben (§ 29 ZPO). In allen Rechtsstreitigkeiten, die weder von der absoluten noch der relativen Anwaltspflicht betroffen sind, besteht **Vertretungsfreiheit.** Hier hat die Partei die Wahl, entweder selbst aufzutreten oder eine gewillkürte Vertreterin, die nicht Rechtsanwältin sein muss, mit Prozessvollmacht zu betrauen. Im Bereich der Vertretungsfreiheit kann die Partei daher jede andere eigenberechtigte Person mit ihrer Vertretung beauftragen (Parteienprozess).

Gem § 27 ZPO besteht **absolute Anwaltspflicht:**

- im Rechtsmittelverfahren und
- in allen Verfahren, deren Streitwert bei der Wertzuständigkeit **EUR 5.000,– übersteigt.**

**Relative Anwaltspflicht** gilt (§ 29 Abs 1 ZPO):

- bei **Eigenzuständigkeiten** des Bezirksgerichts, wenn der **Streitwert EUR 5.000,– übersteigt** und
- in **Ehesachen,**

wenn am Gerichtsort mindestens zwei Anwältinnen ihren Kanzleisitz haben.

**Ausgenommen** von der Anwaltspflicht in erster Instanz sind:

- Verfahren, die kraft **Eigenzuständigkeit** vor die **Bezirksgerichte gehören,**
- der **Einspruch im bezirksgerichtlichen Mahnverfahren** (§ 448 Abs 1 ZPO),
- das Zwischenverfahren zur Erlangung der **Verfahrenshilfe,**
- Prozesshandlungen vor einer **ersuchten** oder **beauftragten Richterin.**

Die Anwaltspflicht gilt gem § 27 Abs 3 ZPO auch nicht

- **in jener Tagsatzung,** in der der **Streitwert über EUR 5.000,– erweitert** wird sowie
- für **Vergleiche vor einem Bezirksgericht.**

**Persönlich ausgenommen** von der Anwaltspflicht in allen Instanzen sind die Vertreterinnen der juristischen Kernberufe (§ 28 ZPO):

- Rechtsanwältinnen,
- Notarinnen,
- aktive Richterinnen sowie
- Beamtinnen der Finanzprokuratur mit erfolgreich abgelegter Anwaltsprüfung.

Wird ein Schriftsatz **ohne notwendige Anwaltsunterschrift** eingebracht, so ist er zunächst zur **Verbesserung** zurückzustellen (§ 84 ZPO). Erst nach erfolglosem Verbesserungsverfahren ist der Schriftsatz – etwa die Klage – zurückzuweisen.

In diesem Zusammenhang ist allerdings die **Winkelschreibereiverordnung** zu beachten, wonach Personen, die nicht als Rechtsanwältin eingetragen sind, keine gewerbsmäßige berufliche Parteienvertretung übernehmen dürfen (vgl im Einzelnen S 7 f).

## 2. Postulationsfähigkeit

Die Postulationsfähigkeit betrifft die Frage, ob eine Partei selbst im Prozess auch wirksam alle Prozesshandlungen setzen kann.

Die Postulationsfähigkeit **fehlt in zwei Fällen:**

- Wenn die Partei in der Verhandlung – wegen einer Behinderung – einer **verständlichen Äußerung** bzw zu deren Empfang **unfähig** ist. In diesem Fall hat das Gericht die Verhandlung zu erstrecken und den Auftrag zu erteilen, mit einer geeigneten Vertreterin zu erscheinen (§ 185 ZPO).
- Sieht das Gesetz eine **absolute Anwaltspflicht** vor, so ist die unvertretene Partei ebenfalls postulationsunfähig.

Die Verletzung der Postulationsfähigkeit bildet nur im Fall einer behinderten Partei einen Nichtigkeitsgrund, nicht aber bei Verletzung der Anwaltspflicht. Diese hat nur allenfalls die Mangelhaftigkeit des Verfahrens gem § 496 Abs 1 Z 2 ZPO zur Folge.

## Übersicht Anwaltspflicht

| Absolute Anwaltspflicht | Relative Anwaltspflicht | Vertretungsfreiheit |
|---|---|---|
| **Vertretung nur durch Rechtsanwältinnen → Parteien selbst sind nicht postulationsfähig** | **Partei kann sich selbst vertreten, aber bei einer Vertretung → nur Rechtsanwältinnen** | **Parteien können sich durch alle eigenberechtigten Personen vertreten lassen** |
| • vor den Rechtsmittelgerichten<br>• vor den Gerichtshöfen (Landesgerichten)<br>• vor den Bezirksgerichten bei einer Wertzuständigkeit über EUR 5.000,– | • vor den Bezirksgerichten bei Eigenzuständigkeit mit Streitwert über EUR 5.000,–<br>• in Ehesachen<br>• in einer Tagsatzung, in der die Klage auf über EUR 5.000,– ausgedehnt wird | • in allen bezirksgerichtlichen Angelegenheiten bis EUR 5.000,–<br>• bei Abschluss eines Prozessvergleichs vor dem BG mit einem EUR 5.000,– übersteigenden Betrag oder Wert |

*********

## 5.6. Notwendiger Klageinhalt

Die Klage muss einen **notwendigen**, soll aber auch einen **ratsamen** und kann einen **möglichen Inhalt** aufweisen. Nur der notwendige Klageinhalt stellt eine Prozessvoraussetzung dar. Weist die Klage nicht den notwendigen Inhalt auf, so hat das Gericht zunächst einen Verbesserungsauftrag zu erteilen und die Klage nur nach fruchtlosem Ablauf der Verbesserungsfrist als unzulässig zurückzuweisen.

Zum **notwendigen Klageinhalt** gem § 226 ZPO zählen:[36]

- die **allgemeinen Schriftsatzerfordernisse** (§§ 75 ff ZPO).

  Zu den allgemeinen Schriftsatzerfordernissen gehören die Bezeichnung des angerufenen Gerichts, der Parteien und ihrer Vertreterinnen, des Streitgegenstands sowie der angeschlossenen Beilagen. Jeder Schriftsatz muss unterschrieben sein. Bei Vertretung durch eine Rechtsanwältin unterschreibt die Rechtsanwältin im Kopf[37] der Klage.

  Schriftsätze mit **beleidigenden Äußerungen** sind nach erfolglosem Verbesserungsversuch zurückzuweisen (§ 86 ZPO). Besteht ein Schriftsatz aus verworrenen, unklaren, sinn- oder zwecklosen Ausführungen und lässt er das Begehren nicht erkennen, so ist er **ohne Verbesserungsversuch zurückzuweisen** (§ 86a Abs 2 ZPO).

- der **Kompetenzsachverhalt,** aus dem sich die Zuständigkeit des angerufenen Gerichts ergibt.

  Dies ist nur dann notwendig, wenn sich die Zuständigkeit nicht ohnehin aus dem Klagekopf ergibt (vor allem aus dem Streitgegenstand und aus der Adresse der beklagten Partei).

- die Angabe des **Streitwerts**, des Klagegrunds und das Klagebegehren.

  Die Klägerin muss die Tatsachen, auf die sie ihr Begehren stützt, kurz und **vollständig angeben.** Dieser Verpflichtung kommt die Klägerin bereits nach, wenn sie so viel an Sachverhalt schildert als notwendig ist, um den Streitgegenstand eindeutig festzulegen (**Individualisierungstheorie**). Die **Substantiierungstheorie** verlangt dagegen eine lückenlose Darstellung des Sachverhalts.

  Darüber hinaus muss die Klage auch

- ein **bestimmtes Begehren** enthalten, wobei Zahlungsklagen ziffernmäßig zu bestimmen sind. Bei **objektiver Klagehäufung** reicht die Angabe eines Pauschalbetrags nicht aus, es ist vielmehr eine genaue Aufschlüsselung der einzelnen Begehren notwendig.

Ausgenommen vom **Bestimmtheitserfordernis** sind die **Stufenklage** (Art XLII EGZPO) und **Klagen gegen die Sozialversicherung** im sozialgerichtlichen Verfahren gem § 82 ASGG. Im letztgenannten Fall genügt es, wenn die Leistung im gesetzlichen Ausmaß verlangt wird.

Eine Stufenklage ist dann notwendig, wenn die Klägerin die Höhe ihres Anspruchs noch nicht beziffern kann, weil sich die Unterlagen, aus denen sich der genaue Betrag ergibt, bei der Gegnerin befinden. Mit der Stufenklage gem Art XLII EGZPO kann sie zunächst die (eidliche) **Bekanntgabe des Vermögens** und Rechnungslegung (Manifestationsbegehren) verlangen und danach das eigentliche Leistungsbegehren stellen.

---

36 Siehe *Deixler-Hübner/Klicka*, Zivilverfahren[10] 81 ff.

37 Der „Kopf" eines Schriftsatzes (in der Praxis die erste Seite) enthält die in § 75 Z 1 ZPO genannten Angaben (Bezeichnung des Gerichtes, Namen und Adressen der Parteien und ihrer Vertreter, Streitgegenstand).

**Beispiel:**
Unterhaltsklage, wenn das Einkommen des Unterhaltspflichtigen nicht bekannt ist.[38]

Zum **ratsamen Klageinhalt** zählt die **Klageerzählung.** Diese betrifft jene Tatsachenbehauptungen, die über den notwendigen Klageinhalt hinausgehen und das Klagebegehren lückenlos begründen. Auch die **Beweisanbote** zählen nur zum ratsamen Klageinhalt. Die Beweise sollen gemeinsam mit den aufgestellten Sachverhaltsbehauptungen genannt werden (**Grundsatz der Beweisverbindung** gem § 226 Abs 1 ZPO). Auch ohne Beweisanbote kann ein Versäumungsurteil ergehen. Nach der Substantiierungstheorie zählt dieser Bereich ebenfalls zum notwendigen Klageinhalt.

Darüber hinaus können in einer Klage noch weitere Anträge gestellt werden, etwa auf Erlass einstweiliger Verfügungen, auf Gewährung der Verfahrenshilfe, auf Anmerkung der Klage im Grundbuch oder auf die Beschaffung von Urkunden (§ 229 Abs 1 Z 2 ZPO). Weiters kann die Klägerin den Antrag stellen, dass der Beklagten vom Gericht aufgetragen wird, bestimmte Urkunden, Auskunftssachen oder Augenscheinsgegenstände dem Gericht rechtzeitig vor der Verhandlung vorzulegen oder zur Verhandlung mitzubringen (§ 229 Abs 1 ZPO). Dieser Bereich stellt den **möglichen Klageinhalt** dar.

## 5.7. Streitanhängigkeit und Rechtskraft

Streitanhängigkeit und Rechtskraft sind **negative Prozessvoraussetzungen** (Prozesshindernisse). Ist eine Klage desselben Inhalts zwischen denselben Parteien bereits bei einem anderen Gericht streitanhängig geworden, ist die zweite Klage als unzulässig zurückzuweisen. Da dem Gericht meist dieses Prozesshindernis nicht bekannt sein wird, hat die Beklagte diesen Mangel in einer Prozesseinrede aufzugreifen.

Noch massiver manifestiert sich der Mangel, wenn über diese Rechtssache bereits eine rechtskräftige Entscheidung vorliegt. Auch hier ist – meist auf Prozesseinrede der Beklagten – mit Klagezurückweisung vorzugehen. Wird dieser Mangel erst nach Rechtskraft ersichtlich, so kann mit **Wiederaufnahmeklage** vorgegangen werden. Das Auffinden einer früheren rechtskräftigen Entscheidung über denselben Anspruch stellt nämlich einen Wiederaufnahmegrund dar (§ 530 Abs 1 Z 6 ZPO).

38 RIS-Justiz RS0122058.

# Verfahren erster Instanz

## 1. Überblick über den Verfahrensablauf erster Instanz

### 1.1. Einlangen der Klage

Der Zivilprozess beginnt mit **Einbringung der Klage bei Gericht.** Damit entsteht **Gerichtsanhängigkeit.** An diese knüpfen sich sowohl **materiell-rechtliche** als auch **prozessrechtliche** Wirkungen. Materiell-rechtlich ist die Gerichtsanhängigkeit für die Unterbrechung von Verjährungs- und Präklusivfristen und prozessrechtlich für die Bestimmung der Zuständigkeit maßgebend: Die Zuständigkeit, die zu diesem Zeitpunkt gegeben ist, bleibt auch weiterhin bestehen (perpetuatio fori). Ändern sich nach Einbringung der Klage die zuständigkeitsbegründenden Tatsachen, so hat dies auf das Verfahren keinen weiteren Einfluss.

Der größte Teil der Klagen wird durch Rechtsanwältinnen im Elektronischen Rechtsverkehr (ERV) über das Bundesrechenzentrum (BRZ) eingebracht, von wo die Klage elektronisch an das jeweilige Gericht weitergeleitet wird. Die Klage wird in das VJ-Register (VJ = Verfahrensautomation Justiz) übernommen (bei „händischen" – nicht im ERV eingebrachten – Klagen wird sie in das Register eingetragen) und erhält ein elektronisch vergebenes laufendes Aktenzeichen (AZ), zB 3 C 447/17f.

Dieses Aktenzeichen besteht aus:

- der ziffernmäßigen Bezeichnung der **Gerichtsabteilung** (hier: 3),
- dem **Gattungszeichen** („C" bedeutet, dass es sich um eine allgemeine Zivilsache vor dem Bezirksgericht handelt; „Cg" ist das Gattungszeichen für allgemeine Zivilsachen vor dem Landesgericht; Arbeitsrechtssachen haben das Gattungszeichen „Cga" und Sozialrechtssachen das Gattungszeichen „Cgs"),
- der **Aktenzahl,** die laufend nach dem **Anfall** in der Gerichtsabteilung im jeweiligen Kalenderjahr vergeben wird,
- (nach einem Schrägstrich) den letzten beiden Ziffern des **Anfallsjahres** und
- dem – nach einer mathematischen Formel zur Vermeidung von Eingabefehlern ermittelten – Prüfzeichen (a, b, d, f, g, h, i, k, m, p, s, t, v, w, x, y, z).

Durch Beifügung der Ordnungsnummer (ON) des einzelnen Aktenstücks wird das Aktenzeichen zur Geschäftszahl (GZ), zB 3 C 447/17f-24. Die Ordnungsnummer bezeichnet fortlaufend die Schriftstücke innerhalb eines Akts. Die Klage trägt daher stets die Ordnungsnummer 1.

**Beispiel für eine Geschäftszahl in einer allgemeinen Zivilsache vor dem Landesgericht:**

Gerichtsabteilung | Gerichtshofverfahren | 367. Akt im Jahr 2017 in der Gerichtsabteilung 2 | Prüfzeichen

2 Cg 367/17t

1 (ON)

Die Geschäftszahl informiert daher in diesem Fall darüber, dass es sich um eine Klage (ON 1) in einer allgemeinen Zivilsache im Gerichtshofverfahren handelt, die als 367. Akt im Jahr 2017 von der Gerichtsabteilung 2 behandelt wird. Das Prüfzeichen „t“ ermöglicht es für bloß interne Zwecke, bei Eingaben sicherzustellen, dass diese Geschäftszahl tatsächlich existiert.

Mit der Klage bestimmt die Klägerin sowohl den Beginn als auch den Umfang des Prozesses. Im Zivilprozess gilt die **Dispositionsmaxime.** Das Gericht kann daher nur innerhalb des Antragsumfangs entscheiden, daher nicht etwas anderes **(aliud)** oder mehr **(plus)** als beantragt zusprechen (§ 405 ZPO).

*********

## Exkurs: Zustellung – Elektronischer Rechtsverkehr (ERV)

### 1. Zustellung

Die Zustellung von Schriftsätzen erfolgt auf Grund einer Zustellverfügung des Gerichts nach den Regeln der ZPO bzw subsidiär nach den §§ 89a ff GOG für den elektronischen Rechtsverkehr. Soweit die ZPO und das GOG keine Regelung enthalten, sind die Regeln des Zustellgesetzes anwendbar (§ 87 Abs 1 ZPO). Die gerichtliche Zustellung wird durch die Post durchgeführt, ausnahmsweise auch durch Gerichts- oder Gemeindebedienstete (§ 88 ZPO), obwohl dies in der Praxis kaum vorkommt. Zur Zustellung im ERV siehe S 33 f.

Die Zustellung erfolgt an die Wohnadresse, den Sitz des Unternehmens oder den Arbeitsplatz der Zustellempfängerin (Abgabestelle). Die Zustellzeit richtet sich nach der Postordnung, allenfalls nach § 100 ZPO.

**Zustellempfängerin** ist die Partei oder ihre gesetzliche bzw gewillkürte Vertreterin. Für die Zustellung kann aber auch eine **Zustellbevollmächtigte** namhaft gemacht werden. Personen und Bevollmächtigten, die im Inland **keine Abgabestelle** haben, kann vom Gericht aufgetragen werden, eine solche Zustellbevollmächtigte namhaft zu machen (§ 98 ZPO). Wird diesem Auftrag nicht binnen 14 Tagen entsprochen, so erfolgen alle weiteren Zustellungen durch Übersendung ohne Zustellnachweis; die Zustellung gilt 14 Tage nach Aufgabe zur Post als zugestellt.

Die Wirksamkeit einer Zustellung richtet sich nach den Bestimmungen der ZPO und des Zustellgesetzes. Eine Zustellung ist etwa **unwirksam**, wenn sich die Zustellempfängerin nicht bloß vorübergehend **an einem anderen Ort aufhält** – etwa auf einer längeren Expedition, im Krankenhaus oder in Haft. Sämtliche **Zustellungsmängel heilen**, sobald das Schriftstück der Zustellempfängerin tatsächlich zugekommen ist (§ 7 ZustG).

Ist die Zustellung **unwirksam** erfolgt und hat das Verfahren bis zur Exekution seinen Lauf genommen, so kann dieser Mangel mit einem Antrag auf Aufhebung der Vollstreckbarkeitsbestätigung gem § 7 Abs 3 EO geltend gemacht werden. Eine Nichtigkeitsklage ist hier unzulässig, weil die formelle Rechtskraft gar nicht eingetreten ist.[39]

Ist die **Ortsabwesenheit** hingegen von **überlanger Dauer** – etwa über fünf Monate –, so wird dies von der Rsp als Änderung der Abgabestelle angesehen, was gem § 23 Abs 3 ZustG dazu führt, dass wirksam ohne vorherigen Zustellversuch hinterlegt werden kann.[40] Auch gem § 8 Abs 2 ZustG wird ohne weiteren Zustellversuch hinterlegt, wenn dem Gericht die Änderung der Zustelladresse nicht mitgeteilt wurde.

---

**39** Vgl 5 Ob 261/05a = JBl 2007, 119.
**40** 7 Ob 241/13m = Zak 2014, 159; 9 ObA 104/14f = ASoK 2015, 131.

Bei der Zustellung der Klage, des Zahlungsbefehls, der gerichtlichen Aufkündigung und der Aufträge im Bestandverfahren ist eine **Ersatzzustellung** möglich (§ 103 ZPO, § 16 ZustG).[41] Als Ersatzempfängerin kommt jede eigenberechtigte Person in Betracht, die an der gleichen Abgabestelle wohnt, bzw – wenn am Arbeitsplatz zugestellt wird – die Arbeitgeberin oder eine Arbeitnehmerin. Eine Ersatzempfängerin, die nicht an der gleichen Abgabestelle wohnt wie der Zustellempfänger, ist nicht verpflichtet, das Schriftstück anzunehmen. Ansonsten darf die Annahme nur bei einem gesetzwidrigen Zustellvorgang verweigert werden. Bei ungerechtfertigter Annahmeverweigerung gilt das Schriftstück mit der Zurücklassung an der Abgabestelle bzw mit der Hinterlegung als wirksam zugestellt. Ist auch keine Ersatzempfängerin an der Abgabestelle anzutreffen oder ist diese nicht zur Annahme bereit, so wird das Zustellstück hinterlegt;[42] unabhängig davon, wann die hinterlegte Sendung behoben wird, gilt das Zustellstück schon mit dem **ersten Tag der Abholfrist** als wirksam zugestellt (§ 17 ZustG).[43]

Ist die Abgabestelle des Zustellempfängers unbekannt, so ist durch **öffentliche Bekanntmachung** zuzustellen. Die öffentliche Bekanntmachung erfolgt durch Aufnahme einer Mitteilung in der Ediktsdatei, wonach das Schriftstück bei Gericht zur Abholung bereit liegt. Wird das Schriftstück nicht binnen zwei Wochen abgeholt, so gilt die Zustellung als wirksam erfolgt (§§ 115–118 ZPO, § 25 ZustG).

Hat die abwesende Zustellempfängerin aber eine Prozesshandlung vorzunehmen, so muss ihr das Gericht einen **Prozesskurator** bestellen (§ 116 ZPO).

Wird einer Person durch eine gesetzwidrige Zustellung eine Verfahrensteilnahme unmöglich gemacht, so stellt dies eine **Verletzung des rechtlichen Gehörs** und somit eine **Nichtigkeit** dar (§ 477 Abs 1 Z 4 ZPO).

**Zustellungen im Ausland** erfolgen innerhalb der EU nach der **Zustellverordnung** (EuZustVO, VO [EG] 1393/2007). Nach dieser Verordnung ist das Schriftstück auf schnellstmögliche Weise, unter Verwendung bestimmter einheitlicher Formulare, an von jedem Staat bekannt zu gebende „Empfangsstellen" im ausländischen Staat zu übermitteln. Diese führt die Zustellung nach den Regeln des Empfangsstaates oder in einer vom Gerichtsstaat besonders gewünschten Form durch, sofern diese im Empfangsstaat zulässig ist. In der Praxis bedeutsam ist die von der EuZustVO geschaffene (zusätzliche) Möglichkeit der unmittelbaren Postzustellung an die Empfängerin im Ausland mit internationalem Rückschein (Art 14 EuZustVO).

Zustellungen **außerhalb der EU** erfolgen gem § 11 ZustG und § 121 ZPO nach den bestehenden, internationalen Vereinbarungen im Rechtshilfeweg oder – soweit dies gemäß einer Verordnung der Justizministerin zulässig ist – durch internationalen Rückschein (§ 121 Abs 1 ZPO).

## 2. Elektronischer Rechtsverkehr

Der elektronische Rechtsverkehr (ERV) ermöglicht – anstelle der Übermittlung in Papierform – die elektronische Übermittlung von Eingaben an die Gerichte sowie im „Rückverkehr" die Zustellung von gerichtlichen Stücken an die Parteien bzw deren Vertreter. Voraussetzung für die Teilnahme am ERV ist bloß eine Registrierung bei einer der Übermittlungsstellen

**41** 2 Ob 118/10g = EvBl-LS 2011/29.

**42** Es ist bei Zustellung durch die Post in einer Postfiliale bzw bei einem Postpartner zur Abholung bereitzuhalten.

**43** Zur Ausfolgung vor Beginn der Abholfrist siehe 10 ObS 35/14s = ecolex 2014/244.

(www.edikte.justiz.gv.at). **Rechtsanwältinnen und Notarinnen** sind seit dem 1.7.2007 zur Nutzung des ERV verpflichtet.

Rechtsanwältinnen, Notarinnen und Ziviltechnikerinnen können auch elektronisch unterzeichnen. Daneben wurden **elektronische Urkundenarchive** geschaffen, die sicherstellen, dass auch elektronisch errichtete Urkunden als Original gelten (Urkundenarchivverordnung [UAV] 2007, BGBl II 2006/481).

Für die elektronischen Eingaben gelten die Inhaltsbestimmungen schriftlicher Eingaben, doch ist weder eine Unterschrift erforderlich noch das Übermitteln von Gleichschriften und Rubriken.

Die Übermittlung von elektronischen Eingaben der Parteien an das Gericht und umgekehrt geht jeweils über die Übermittlungsstelle und das **Bundesrechenzentrum.** Eine Eingabe einer Partei an das Gericht gilt dann als wirksam erfolgt, wenn sie zur Gänze beim Bundesrechenzentrum eingelangt ist. Sie gilt aber bereits zu jenem Zeitpunkt als bei Gericht eingebracht, zu dem die Übermittlungsstelle der Empfängerin rückmeldet, dass sie die Daten zur Weiterleitung übernommen hat (§ 89d Abs 1 GOG). Zustellzeitpunkt für gerichtliche Eingaben und Erledigungen ist der Werktag, der auf jenen Tag folgt, an dem die Daten in den elektronischen Verfügungsbereich des Empfängers gelangt sind, wobei Samstage nicht als Werktage gelten (§ 89d Abs 2 GOG).[44]

Wenn die Eingabe an das **falsche Gericht** adressiert wurde, hängt deren Rechtzeitigkeit nicht vom Einlangen im Bundesrechenzentrum ab, sondern von jenem Zeitpunkt, in dem die Eingabe nach Weiterleitung an das zuständige Gericht gelangt.[45] Dies entspricht der Rsp außerhalb des ERV. Eine Ausnahme macht die Rsp außerhalb des ERV dann, wenn die Eingabe zwar an das falsche Gericht adressiert wurde, aber eine gemeinsame Einlaufstelle mit dem „richtigen" Gericht existiert.[46]

Nicht zulässig ist eine elektronische Zustellung, wenn Eigenhandzustellung gefordert ist – etwa bei der Bestellung einer Sachwalterin (§ 124 Abs 1 AußStrG; ab 1.7.2018 einer gerichtlichen Erwachsenenvertreterin: § 116a Abs 2 AußStrG nF) – oder bei Bewilligung der Anmerkung der Rangordnung (§ 1 Abs 5 ERV).

Eingaben bei Gericht können auch mittels **Telefax** erfolgen. Sie gelten dann als fristgerecht eingebracht, wenn das Telefax am letzten Tag der Frist vom Gericht empfangen wird. Dies gilt auch außerhalb der Amtsstunden. Allerdings muss der Originalschriftsatz mit eigenhändiger Unterschrift durch die Partei nachgereicht werden. Treten allerdings **technische Fehler** auf, so geht dies zu Lasten der einbringenden Partei.[47] Diese Regeln gelten auch für einfache E-Mails.[48] Darauf sind nicht die Regeln des ERV anwendbar.

*********

**44** 2 Ob 239/13f = ecolex 2014/204, 528.
**45** 7 Ob 161/15z = ecolex 2016, 383.
**46** 3 Ob 9/15t.
**47** 6 Ob 43/15i = JBl 2015, 667.
**48** 10 Ob 28/11g = JBl 2011, 656.

## 1.2. Prüfung der Zulässigkeit, Zuständigkeit und Schlüssigkeit der Klage

Bei Einlangen der Klage in der zuständigen Gerichtsabteilung hat die Richterin[49] die einlangende Klage zunächst auf ihre **Zulässigkeit** hin zu überprüfen. Das Gericht muss daher ermitteln, ob alle notwendigen Prozessvoraussetzungen vorliegen bzw ob keine Prozesshindernisse bestehen (zur Zuständigkeitsprüfung siehe gleich unten). Fehlt eine Form- oder Inhaltsvoraussetzung – etwa beim notwendigen Klageinhalt –, so hat das Gericht den Parteien auf möglichst einfache Weise Gelegenheit zu einer **Verbesserung** der Klage zu geben und muss der Klägerin dafür eine Frist setzen. Wird die Klage innerhalb der gesetzten Frist verbessert, so gilt sie als im ursprünglichen Zeitpunkt eingebracht, sodass allfällige Fristen gewahrt bleiben. Nach fruchtlosem Verbesserungsverfahren ist die Klage jedoch mit Beschluss **„a limine"** als unzulässig **zurückzuweisen.**[50]

Der in der Praxis wichtigste Teil der Zulässigkeitsprüfung ist die Zuständigkeitsprüfung. Die **Zuständigkeit** ist von der Richterin vorerst nur anhand der Angaben in der Klage zu prüfen (**formelle Zuständigkeitsprüfung,** § 41 Abs 1 JN). Hält sich das Gericht bereits aufgrund dieser Prüfung unmittelbar nach Einlangen der Klage für unzuständig, hat es die Klage a limine zurückzuweisen. In diesem Fall kann die Klägerin jedoch binnen 14 Tagen ab Zustellung des Zurückweisungsbeschlusses die **Klageüberweisung** an das zuständige Gericht beantragen (§ 230a ZPO). Das Prüfungsrecht des Gerichts für die prorogablen Zuständigkeiten erlischt, sobald die Klagebeantwortung aufgetragen, die vorbereitende Tagsatzung anberaumt oder ein Zahlungsbefehl erlassen worden ist. Bei einer **unprorogablen Unzuständigkeit** oder auf **Unzuständigkeitseinrede** des Beklagten muss das Gericht eine **materielle Zuständigkeitsprüfung** vornehmen.

Über eine Unzuständigkeitseinrede ist mündlich zu verhandeln und mit Beschluss zu entscheiden.[51] Bis zur Entscheidung steht der Klägerin immer die Möglichkeit offen, eventualiter einen Antrag auf Überweisung an ein anderes Gericht zu stellen (§ 261 Abs 3 ZPO); wenn das Gericht seine Unzuständigkeit ausspricht, muss es in diesem Fall die Rechtssache an das nicht offenbar unzuständige andere Gericht überweisen.

Nach der Zulässigkeitsprüfung nimmt das Gericht auch eine **Schlüssigkeitsprüfung** der Klage vor. Aus dem Klagegrund – also den Tatsachenbehauptungen – muss sich das Klagebegehren ableiten lassen. Findet sich im Gesetz **keine Anspruchsgrundlage,** so ist die Klage unschlüssig und – wenn sie von der Klägerin nicht durch ergänzende Tatsachenbehauptungen schlüssig gestellt wird – mit **Unschlüssigkeitsurteil** abzuweisen. In diesem Fall erübrigt sich eine Beweisaufnahme im weiteren Verfahren.

## 1.3. Streitanhängigkeit

Hat die Klage die Zulässigkeits- und Schlüssigkeitsprüfung bestanden, so ist sie der Beklagten mit Zustellnachweis **zuzustellen.** Mit der Zustellung entsteht **Streitanhängigkeit.** Damit wird

**49** Im Mahnverfahren die Rechtspflegerin.

**50** Würde die Zurückweisung fälschlich in Urteilsform ergehen, so ist dagegen dennoch Rekurs (und nicht Berufung) zu erheben.

**51** Der Beschluss geht dahin, dass entweder die Unzuständigkeitseinrede „verworfen" wird oder dass die Klage wegen Unzuständigkeit zurückgewiesen wird.

das Prozessverhältnis dreiseitig. Auch an diesen Zeitpunkt knüpfen sich materiell-rechtliche und prozessrechtliche Wirkungen. Sowohl ein Parteiwechsel (**perpetuatio partium**) als auch eine Klageänderung sind nicht mehr ohne Weiteres möglich (§ 235 ZPO). Eine Veräußerung der streitverfangenen Sache hat auf den Prozess grundsätzlich keinen Einfluss (**Prozessstandschaft**; § 234 ZPO). Spätestens zu diesem Zeitpunkt wird der gesetzliche Zinsenlauf (§§ 1333 f ABGB) in Höhe von 4 % pa in Gang gesetzt. Ein Zweitprozess über dieselbe Streitsache zwischen denselben Parteien ist ausgeschlossen (**Prozesshindernis** der Streitanhängigkeit, § 233 ZPO).

## 1.4. Auftrag zur Klagebeantwortung – Anberaumung einer vorbereitenden Tagsatzung

Ist im Gerichtshofverfahren nicht ohnehin ein Zahlungsbefehl zu erlassen (s S 41 f), so erteilt das Gericht der beklagten Partei mit schriftlichem Beschluss den **Auftrag zur Klagebeantwortung**. Dafür wird dem Beklagten eine Frist von vier Wochen eingeräumt (§ 230 Abs 1 ZPO). Die Frist zur Klagebeantwortung ist nicht verlängerbar.[52] Die Klagebeantwortung dient der **Vorbereitung der mündlichen Streitverhandlung**, der **Abwehr von Säumnisfolgen** und der **Heilung** bestimmter Prozessvoraussetzungen **bzw Präklusion** einiger Prozesseinreden, die später nicht mehr geltend gemacht werden können. Inhaltlich erfolgt damit die **substantiierte Streiteinlassung** der Beklagten, dh es werden Gegenausführungen, Prozesseinreden, ggf auch die Auktorsbenennung, der Prozesskostensicherheitsantrag oder ein Anerkenntnis erstattet. Wie bei der Klage gibt es einen **notwendigen** (Schriftsatzerfordernisse, Urteilsgegenantrag, Prozesseinreden), **ratsamen** (Tatsachenbehauptungen und Beweismittel) und **möglichen** (Verfahrenshilfe, Beischaffung von Urkunden usw) Inhalt.[53]

Nach rechtzeitiger Überreichung der Klagebeantwortung oder Erhebung des Einspruchs gegen den Zahlungsbefehl hat das Gericht die **vorbereitende Tagsatzung** gem § 258 ZPO anzuberaumen. Wird eine Klagebeantwortung nicht rechtzeitig eingebracht, ist auf Antrag der Klägerin ein Versäumungsurteil zu fällen (§ 396 Abs 1 ZPO).

Im **bezirksgerichtlichen Verfahren** ist **keine Klagebeantwortung** vorgesehen. Das Gericht hat – außerhalb des Mahnverfahrens – **sogleich die vorbereitende Tagsatzung** anzuberaumen. Die Parteien können jedoch vorbereitende Schriftsätze erstatten.

Die mündliche Streitverhandlung besteht grundsätzlich aus mehreren Tagsatzungen. Im ersten Termin hat eine **vorbereitende Tagsatzung** stattzufinden (§ 258 ZPO). Eventuell kann die Richterin auch noch einen weiteren Schriftsatzwechsel zwischen Klägerin und Beklagter auftragen. Die vorbereitende Tagsatzung ist Teil der mündlichen Streitverhandlung und dient der Entscheidung von Prozesseinreden, dem Vortrag der Parteien, der Erörterung des Sach- und Rechtsvorbringens, der Vornahme eines Vergleichsversuchs, der Bekanntgabe des Prozessprogramms und – soweit zweckmäßig – auch der Einvernahme der Parteien und der Durchführung des weiteren Beweisverfahrens.

---

52 Dazu *Mayerhöfer*, Ist die Frist zur Klagebeantwortung nach § 230 Abs 1 ZPO erstreckbar?, RZ 2009, 31; aM *Dolinar/Roth/Duursma-Kepplinger*, ZPR[14] 45; *Rechberger/Klicka* in *Rechberger*, ZPO[4] § 230 Rz 3 mwN.

53 Ausführlicher dazu *Deixler-Hübner/Klicka*, Zivilverfahren[10] 99 f.

## 1.5. Beweisverfahren und Schluss der mündlichen Streitverhandlung erster Instanz

In einem oder mehreren weiteren Verhandlungstermin(en) ist die **Beweisaufnahme** durchzuführen. Diese dient der Klärung der strittigen Tatsachen und soll das Gericht von der Wahrheit der aufgestellten Parteibehauptungen überzeugen.

Erscheint dem Gericht die Sache **spruchreif,** weil alle strittigen Tatsachen geklärt sind oder eine weitere Klärung nicht mehr möglich scheint (**non liquet**), so haben die Parteien dem Gericht ihre Kostenverzeichnisse vorzulegen, in die dem Gegner jeweils Einsicht zu gewähren ist. Die Vertreterin der Gegenpartei kann sich dazu innerhalb von 14 Tagen äußern (§ 54 Abs 1a ZPO).

Nach Vorlage der Kostenverzeichnisse verkündet das Gericht mit Beschluss den **Schluss der mündlichen Streitverhandlung** erster Instanz (§ 193 ZPO).

Ein **vorzeitiger Verhandlungsschluss** ist möglich, wenn nur mehr eine Beweisaufnahme außerhalb der Verhandlung aussteht und entweder beide Parteien auf die Beweiserörterung verzichten oder das Gericht eine solche für entbehrlich hält (§ 193 Abs 3 ZPO).

Mit dem Zeitpunkt des Schlusses der mündlichen Streitverhandlung erster Instanz tritt das Verfahren ins Urteilsstadium. Ab diesem Zeitpunkt besteht **Neuerungsverbot** (§ 482 ZPO). Im Rechtsmittelverfahren können die Parteien weder neue Tatsachenbehauptungen noch neue Beweisanträge stellen.

Eine **Wiedereröffnung der Verhandlung** ist der Richterin jederzeit möglich, wenn er erkennt, dass noch einzelne Tatsachen aufklärungsbedürftig sind (§ 194 ZPO) – etwa die Erörterung von Sachverständigengutachten. Die Parteien selbst haben **kein Antragsrecht**, können aber die Wiedereröffnung der mündlichen Streitverhandlung anregen. Stets haben sie aber das Recht, vom Ergebnis einer noch ausstehenden Beweisaufnahme informiert zu werden und dazu Stellung nehmen zu können. Auf diese Weise wird ihr rechtliches Gehör gewahrt.

## 1.6. Urteilsfällung

Das Gesetz sieht als Regel die **mündliche Verkündung des Urteils** vor (§ 414 ZPO). In der Praxis freilich kommt dies selten vor; meist behält sich die Richterin dessen **schriftliche Ausfertigung vor** (§ 415 ZPO). Sowohl verkündete als auch der schriftlichen Ausfertigung vorbehaltene Urteile hat das Gericht **binnen vier Wochen** nach Verhandlungsschluss in schriftlicher Abfassung an die Geschäftsabteilung zur Ausfertigung zu übergeben. Bei Fristversäumung hat die Partei die Möglichkeit eines **Fristsetzungsantrags** (§ 91 GOG).[54]

Mit **Zustellung** des Urteils an die Parteien tritt dessen **Wirksamkeit** ein. Zu diesem Zeitpunkt beginnen auch die Rechtsmittelfristen **zu laufen** (§ 416 Abs 1 ZPO). Das Gericht ist an seine Entscheidung gebunden, sobald es diese mündlich verkündet oder als Urteil an die Geschäftsabteilung zur schriftlichen Ausfertigung übergeben hat (§ 416 Abs 2 ZPO).

**54** Dazu 1 Ob 771/16x = RZ 2016/29; 8 Ob 130/14x = iFamZ 2015/104 ua.

# Übersicht Ablauf des Zivilprozesses

## Gerichtshofverfahren | Bezirksgerichtliches Verfahren

### ➲ Beachte:

**Zahlungsklagen bis EUR 75.000,–** sind im **Mahnverfahren zu erledigen.**
Hier ist ein vorerst **bedingter Zahlungsbefehl** zu erlassen, gegen den der Beklagte binnen **4 Wochen Einspruch** erheben kann.

Die Einleitung des Prozesses erfolgt durch die **Klage.**

→ Die Klage wird idR im **elektronischen Rechtsverkehr** eingebracht (bei Anwaltspflicht muss sie im ERV eingebracht werden).

↓

### Einlangen der Klage bei Gericht

mit diesem Zeitpunkt tritt **Gerichtsanhängigkeit** ein.

- das **Prozessrechtsverhältnis** ist vorläufig noch **zweiseitig** (Kläger – Gericht)
- damit werden **Verjährungs- bzw Präklusivfristen unterbrochen**
- **perpetuatio fori:** zuständigkeitsändernde Tatsachen haben auf den Prozess keinen Einfluss

↓

### Prüfung der Klage

Diese ist sogleich nach Einlangen **auf Form-** und **Inhaltserfordernisse** zu prüfen.

Es kommt zur:
→ **Zurückweisung der Klage,** wenn eine Prozessvoraussetzung fehlt und zur
→ **Abweisung der Klage,** wenn die Klage unschlüssig und ein Verbesserungsverfahren gescheitert ist.

Zustellung der Klage an den Beklagten

Zustellung der Klage und Ladung zur vorbereitenden Tagsatzung

→ zu diesem Zeitpunkt entsteht **Streitanhängigkeit**.

→ diese bewirkt folgende Umstände:

- **Prozessrechtsverhältnis** ist nun **dreiseitig** und damit geschlossen
- **Klageänderung** und Parteiwechsel nicht mehr ohne Weiteres möglich **(perpetuatio partium)**
- gesetzlicher **Zinsenlauf** spätestens dann in Gang gesetzt
- Veräußerung der streitverfangenen Sache hat auf den Prozess keinen Einfluss mehr (ursprüngliche Partei führt den Prozess als **Prozessstandschafter** weiter!)
- **Einmaligkeitswirkung** (ne bis in idem)

Auftrag zur Klagebeantwortung

Der Beklagte hat seine Klagebeantwortung innerhalb einer Frist von **vier Wochen zu erstatten** (§ 230 Abs 1 ZPO). Versäumt er diese Frist, so treffen ihn Versäumnisfolgen. Der Kläger kann die Fällung eines Versäumungsurteils gem § 396 Abs 1 ZPO beantragen.

→ **hier erfolgt die Streiteinlassung des Beklagten!**

Einlangen der Klagebeantwortung

Eventuell findet noch ein **(weiterer) Schriftsatzwechsel** statt (§ 257 Abs 2 ZPO). Nun stehen sich die Prozessstandpunkte der Parteien in Klage und Klagebeantwortung bzw vorbereitenden Schriftsätzen gegenüber.

**Ladung und Durchführung der vorbereitenden Tagsatzung**

**Streiteinlassung des Beklagten in der vorbereitenden Tagsatzung**

↘ ↙

In der
**Vorbereitenden Tagsatzung:**

→ sind von den Parteienvertretern **Vorträge zu erstatten,**
→ ist mit den Parteien das **Sach- und Rechtsvorbringen zu erörtern,**
→ ist ein **Vergleichsversuch durchzuführen** und gegebenenfalls
→ ist mit dem **Beweisverfahren zu beginnen** (§ 258 ZPO).

Das Gericht hat in der vorbereitenden Tagsatzung einen **„Fahrplan" des Prozesses** festzulegen, in dem es zu den einzelnen Beweisthemen die Beweismittel festlegt. Dieses **Prozessprogramm** hat es den Parteien mitzuteilen und im Verhandlungsprotokoll festzuhalten.

↓

**Weitere Termine der mündlichen Streitverhandlung (Beweisaufnahmetagsatzungen)**

In diesen Tagsatzungen hat die → **Beweisaufnahme** mit Hilfe der verschiedenen Beweismittel (Urkunden, Zeugen, Sachverständigen, Augenschein und Parteienvernehmung) zu erfolgen.

Allenfalls kann sich daran eine → **Beweiserörterung** anschließen.

↓

→ die Parteien müssen ihre **Kostennoten** legen

**Schluss der mündlichen Streitverhandlung erster Instanz**

→ diesen Zeitpunkt hat das Gericht mittels **formellen Beschlusses** zu fassen

→ ab diesem Zeitpunkt besteht idR **Neuerungsverbot**

→ kein neues Vorbringen und keine weiteren Beweisanträge
(betrifft sowohl **nova reperta**, als auch **nova producta**)

↓

**Urteilsfällung**

Nach § 414 ZPO ist das Urteil sogleich **mündlich zu verkünden;**
in der Praxis ist jedoch der Ausnahmefall des **schriftlichen Vorbehalts** (§ 415 ZPO) die Regel.

*********

## Exkurs: Mahnverfahren

### 1. Allgemeines

Das Mahnverfahren stellt ein abgekürztes, obligatorisches Vorverfahren dar, das der Klägerin möglichst rasch und kostengünstig einen Exekutionstitel verschaffen soll. Es ist zwingend anwendbar auf **Zahlungsklagen bis EUR 75.000,–.**

Das Mahnverfahren fällt in die funktionelle Zuständigkeit der **Rechtspflegerin** (§ 16 Abs 1 Z 1 RPflG) und wird automationsunterstützt, daher im **ADV-Weg durchgeführt** (§§ 250 ff ZPO). Für die Mahnklage ist ein eigenes **Formblatt** gem der ADV-FormVO 2002 vorgesehen. Klagen sind bloß in einfacher Ausfertigung ohne Beibringung von Rubriken zu überreichen (§ 251 ZPO). Die bei Gericht einlangenden Klagen werden EDV-mäßig erfasst bzw übernommen. Das System erstattet einen Entscheidungsvorschlag, den die Rechtspflegerin vor der Datenfreigabe noch auf die Zulässigkeit hin überprüft. Liegen die Voraussetzungen vor (§ 244 ZPO), wird der Zahlungsbefehl erlassen. Die maschinelle Ausfertigung erfolgt über das **Bundesrechenzentrum.**

### 2. Zahlungsbefehl (ZB)

Der Zahlungsbefehl ergeht **ohne vorherige** mündliche Verhandlung und ohne Vernehmung der Beklagten in Form eines gerichtlichen Beschlusses.[55] Der Zahlungsbefehl ist der Beklagten gemeinsam mit dem Inhalt der Klage zuzustellen. Die Eigenhandzustellung wurde mit dem Budgetbegleitgesetz 2009 beseitigt.

Der Zahlungsbefehl hat **folgenden Inhalt** aufzuweisen (§ 246 ZPO):

- die **Bezeichnung „Bedingter Zahlungsbefehl“**,
- den Hinweis an die Beklagte, **binnen 14 Tagen** nach Zustellung des Zahlungsbefehls die Forderung samt Zinsen und die vom Gericht bestimmten Kosten **zu bezahlen oder** gegen den Zahlungsbefehl **binnen vier Wochen Einspruch** zu erheben,
- den Beisatz, dass der Zahlungsbefehl **nur durch Einspruch außer Kraft gesetzt** werden kann,
- die **Belehrung**, dass der Einspruch **im Gerichtshofverfahren** den Inhalt einer **Klagebeantwortung aufweisen** muss und dass **Anwaltspflicht** besteht,
- den Hinweis, dass im Fall der Erhebung des Einspruchs das **ordentliche Verfahren** über die Klage **stattfinden** wird.

**Unzulässig** ist der Zahlungsbefehl (§ 244 Abs 2 ZPO), wenn:

- die Klage **nicht ausschließlich auf Geldzahlung** lautet oder der Klagebetrag **EUR 75.000,– übersteigt,**
- ein **Wechselzahlungsauftrag zu erlassen** ist (§§ 555–559 ZPO),
- die **Klage zurückzuweisen** ist,
- die **Forderung** nach den Klageangaben oder offenkundig:
  - **nicht klagbar** – zB Spiel- und Wettschulden,

---

**55** Dieser erwächst in Rechtskraft: 6 Ob 35/15p = ecolex 2015/281, 668.

  - **noch nicht fällig** oder
  - **von einer Gegenleistung abhängig** ist,
- die Klage gegen eine **Beklagte** mit **unbekanntem Aufenthalt** gerichtet ist,
- die **Beklagte** ihren Wohnsitz, gewöhnlichen Aufenthalt oder Sitz im **Ausland** hat oder
- die Klage **unschlüssig** ist.

Hat eine Partei durch unrichtige oder unvollständige Angaben in der Klage die Erlassung eines Zahlungsbefehls **erschlichen** oder zu erschleichen versucht, so ist über sie eine **Mutwillensstrafe** von mindestens EUR 100,– zu verhängen (§ 245 Abs 1 ZPO).

## 3. Einspruch

Der Zahlungsbefehl kann nur durch Einspruch außer Kraft gesetzt werden.[56] Im Gerichtshofverfahren muss der Einspruch den Inhalt einer Klagebeantwortung aufweisen (§ 248 Abs 1 ZPO). Im Gerichtshofverfahren besteht auch **Anwaltspflicht.**

Im **bezirksgerichtlichen Verfahren** kann dagegen ein **„leerer Einspruch"** (Einspruch ohne weitergehenden Inhalt) erhoben werden und der Einspruch unterliegt **nicht der Anwaltspflicht** (§ 448 Z 1 ZPO).

Erhebt die Beklagte rechtzeitig binnen vier Wochen ab Zustellung des Zahlungsbefehls Einspruch, so setzt dies den **Zahlungsbefehl** automatisch **außer Kraft,** ohne dass eine förmliche Aufhebung erforderlich wäre. Der Zahlungsbefehl wird daher stets **bedingt** erlassen. Der Einspruch kann sich aber auch bloß gegen einen Teil des Zahlungsbefehls richten.

Verspätete Einsprüche sind mit Beschluss zurückzuweisen. Mit Ablauf der Einspruchsfrist, ohne dass ein Einspruch erhoben worden wäre, wird der Zahlungsbefehl ipso iure rechtskräftig und vollstreckbar und stellt einen Exekutionstitel gem § 1 Z 3 EO dar. Wird gegen die Versäumung der Einspruchsfrist **Wiedereinsetzung** beantragt, so kann die Klägerin ohne Gefahrenbescheinigung **Exekution zur Sicherstellung** führen (§ 371 Z 3 EO).

Wird ordnungsgemäß **Einspruch erhoben,** so hat das Gericht das ordentliche Verfahren über die Klage einzuleiten, indem es eine **vorbereitende Tagsatzung** gem § 258 ZPO anberaumt (§ 249 Abs 2, § 257 Abs 1 ZPO).

## 4. Europäisches Mahnverfahren

Für grenzüberschreitende Rechtssachen gilt die Verordnung zur Einführung eines Europäischen Mahnverfahrens (VO [EG] 1896/2006 – EuMahnVO). Das europäische Mahnverfahren ist ein **fakultatives Alternativverfahren** für die Betreibung von bezifferten und fälligen Geldforderungen. Im Gegensatz zum österreichischen Mahnverfahren kennt das europäische Mahnverfahren **keine Wertgrenze.** Es gilt in allen Zivil- und Handelssachen und folgt im Wesentlichen den Grundsätzen für das österreichische Mahnverfahren, doch bestehen wichtige **Ausnahmen.** Der Europäische Zahlungsbefehl ist binnen 30 Tagen von der Richterin zu erlassen. Auch für den Einspruch gilt eine dreißigtägige Frist. Der Einspruch bedarf keiner Begründung.

**56** 8 Ob 12/15w = ecolex 2015/329.

Wird kein Einspruch erhoben, kann mit einem Europäischen Zahlungsbefehl im gesamten EU-Raum – ausgenommen Dänemark – ohne Vollstreckbarerklärungsverfahren Exekution geführt werden.

Für die Durchführung des Europäischen Mahnverfahrens in Österreich ist ausschließlich das Bezirksgericht für Handelssachen Wien zuständig. Diese zentrale Zuständigkeit soll ausländischen Parteien die Antragstellung erleichtern. Nach Einlangen eines fristgerechten Einspruchs hat das Gericht die Antragstellerin (Klägerin) aufzufordern, binnen 30 Tagen das für die Durchführung des ordentlichen Verfahrens zuständige Gericht namhaft zu machen. Macht die Antragstellerin kein Gericht namhaft, so ist die Klage zurückzuweisen. Bei rechtzeitiger Namhaftmachung eines Gerichts ist nach Überweisung der Rechtssache an dieses gem §§ 257 ff ZPO vorzugehen.

## Exkurs: Streitverkündung

Die Streitverkündung (§ 21 ZPO) ist die formelle **Benachrichtigung einer Dritten** vom (anhängigen oder bevorstehenden) Prozess, mit dem Zweck, diese Dritte zur **Hilfeleistung im Prozess** bzw zum **Beitritt als Nebenintervenientin** aufzufordern. In gewissen Fällen (zB § 3 Abs 1, § 4 Abs 1 DHG; § 2 Abs 2 MRG; § 10 AHG) sieht das Gesetz eine **Verpflichtung zur Streitverkündung** vor, damit die Interessen der Dritten geschützt werden. Die Streitverkündung erfolgt durch einen **Schriftsatz**, der der Dritten durch das Gericht zugestellt wird, mit der Wirkung, dass das Urteil entweder – im Fall der streitgenössischen Nebenintervention – **volle Bindungswirkung** entfaltet oder – im Fall der einfachen Nebenintervention oder bei Nichtbeteiligung trotz Streitverkündung – nach der Rsp nur insofern bindet, als im Folgeprozess keine Einreden erhoben werden dürfen, die mit „notwendigen Elementen" der früheren Entscheidung im Widerspruch stehen („Interventionswirkung" siehe dazu auch S 169 f, 177 f).[57]

Diese auf die Entscheidung eines verstärkten Senats des OGH[58] zurückgehende Rsp ist nicht ganz nachvollziehbar, da die **einfache Nebenintervenientin** bloß als Gehilfin der von ihr unterstützten Partei anzusehen ist, der keine eigenen Parteirechte[59] zukommen. Sie kann zwar für die Partei handeln und Vorbringen erstatten sowie auch in deren Namen Anträge stellen und Rechtsmittel erheben, darf sich aber damit nicht in Widerspruch zur Hauptpartei setzen.

Überdies erwachsen nach hM die Urteilsfeststellungen nicht für sich allein in Rechtskraft.

Die **streitgenössische Nebenintervenientin** wird demgegenüber durch ihren Beitritt Teil einer einheitlichen Streitpartei, sodass ihr **volle Parteistellung** zukommt.

---

**57** Zuletzt 7 Ob 61/16w = ecolex 2016/298, 689; *Schneider*, Zur notwendigen Einschränkung der Interventionswirkung, ÖJZ 2017/76, 537; *Trenker*, Interventionswirkung bei Streitverkündung und Nebenintervention, ÖJZ 2015/18, 103.

**58** 1 Ob 2123/96d = JBl 1997, 368.

**59** Ausführlich dazu *Deixler-Hübner/Klicka*, Zivilverfahren[10] 33 ff; *Kodek/Mayr*, Zivilprozessrecht[3] Rz 339 ff.

## Übersicht Mahnverfahren

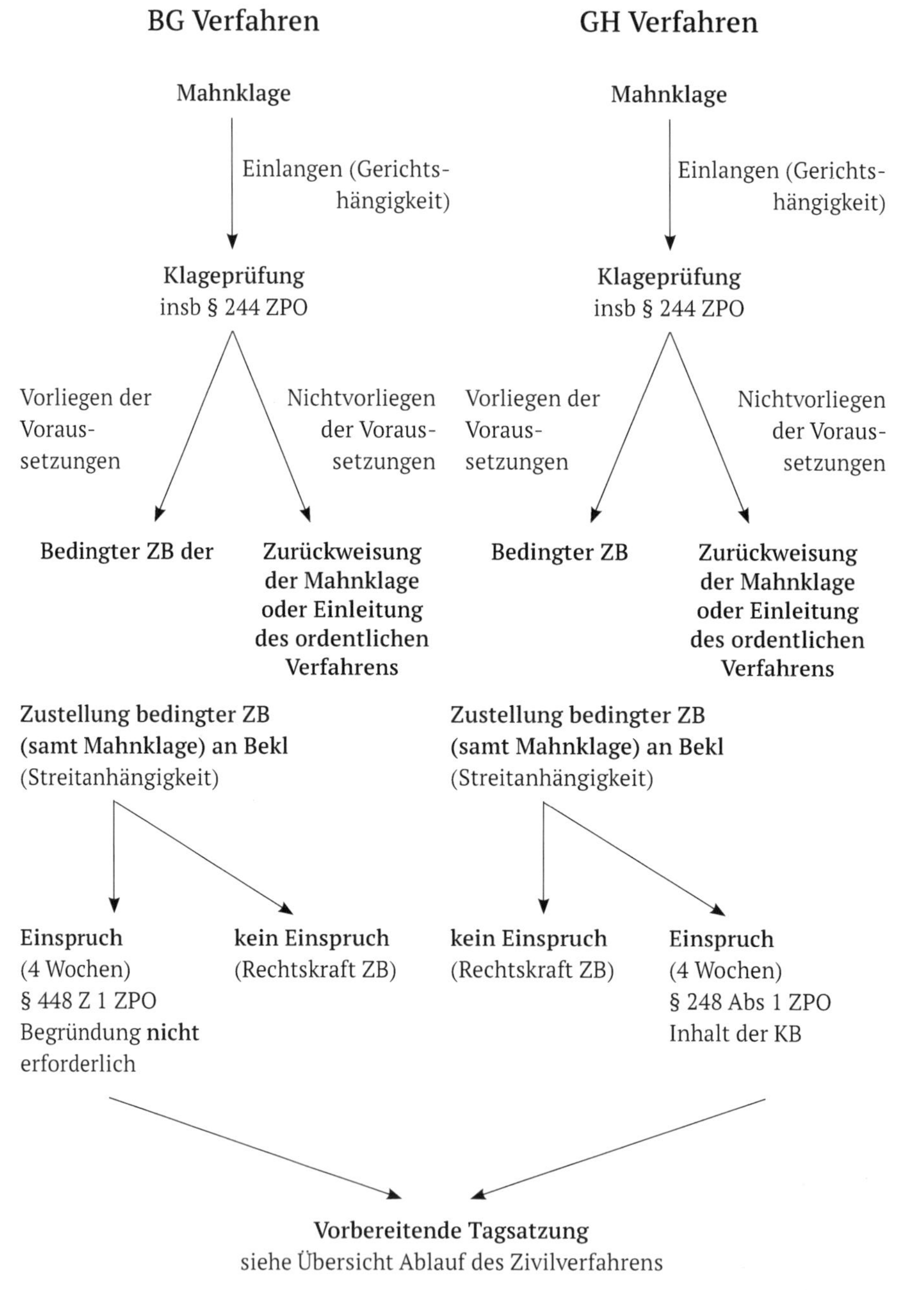


*********

# 2. Mündliche Streitverhandlung

## 2.1. Vorbereitende Tagsatzung

Die mündliche Streitverhandlung (§§ 259 ff ZPO) unterteilt sich idR in **mehrere Tagsatzungen.** Nur in relativ unkomplizierten Fällen kann die Beweisaufnahme schon im ersten Termin, nämlich der vorbereitenden Tagsatzung, abgeschlossen werden.

Die **vorbereitende Tagsatzung**, der erste Termin der mündlichen Streitverhandlung, beginnt mit den **Vorträgen der Parteien.** Die Parteien tragen die – noch strittigen – Behauptungen vor (sog Streitstand) und stellen entsprechende Beweisanträge (§ 177 Abs 1 ZPO). In der Praxis geschieht dies meist bloß dadurch, dass die Parteien auf ihre Behauptungen in der Klage bzw Klagebeantwortung oder sonstige vorbereitende Schriftsätze verweisen. Den Parteien steht grundsätzlich die Möglichkeit offen, bis zum Schluss der mündlichen Streitverhandlung neues Tatsachen- und Beweisvorbringen zu erstatten (§ 179 Abs 1 ZPO). Diese Möglichkeit sichert der Grundsatz der **Freiheit des Vorbringens.** Das Gericht kann allerdings ein **Vorbringen zurückweisen**, wenn:

- es **grob schuldhaft** nicht früher vorgebracht wurde **und**
- dessen Berücksichtigung das Verfahren **erheblich verzögern** würde (§ 179 ZPO).[60]

Nach dem Vortrag der Parteien hat das Gericht in der **vorbereitenden Tagsatzung** mit den Parteien die **Sach- und Rechtslage** zu **erörtern.**[61] Dies geschieht durch informatives Befragen, indem der Richter die strittigen von den unstrittigen Tatsachen trennt, sodass nur jene Beweisthemen übrigbleiben, die in der weiteren Verhandlung zu erörtern sind. Bevor das Gericht auf das Prozessprogramm eingeht, hat es jedenfalls einen **Vergleichsversuch** durchzuführen. Nach Scheitern dieses Versuchs hat es mit den Parteien zu erörtern, welche Beweisthemen im Lauf der mündlichen Streitverhandlung zu behandeln sind (§ 182a ZPO). Dies bildet eine Art Fahrplan für den Prozess (**Prozessprogramm**). Im Rahmen des Prozessprogramms hat der Richter zu überprüfen, ob die aufgestellten Tatsachenbehauptungen erstens **rechtserheblich** und zweitens **beweisbedürftig** sind. Nicht beweisbedürftig sind zugestandene, notorische und gesetzlich vermutete Tatsachen (§ 266 ZPO).

Ein **Beweisthema** (rechtserhebliche Tatsachenbehauptung) soll durch ein oder mehrere entsprechende Beweismittel bewiesen werden. Die ZPO nennt **fünf klassische Beweismittel:** Urkunden, Zeugen, Sachverständige, Augenschein und Parteienvernehmung. Diese Aufzählung ist nach hL nicht taxativ, sodass von den Parteien auch andere, nicht explizit genannte Beweismittel angeführt werden können – wie etwa Videoaufnahmen oder die Ergebnisse von Meinungsumfragen. Allerdings lassen sich solche Beweismittel ohnehin idR unter die fünf in der ZPO genannten einordnen. Die auf das jeweilige klassische Beweismittel anzuwendenden Normen sind daher auch auf diese anzuwenden.

Das Gericht ist nicht an die Beweisanbote der Parteien gebunden, sondern kann von Amts wegen weitere Beweismittel heranziehen, wenn ihm dies zur Aufklärung des Sachverhalts erforderlich erscheint (**diskretionäre Gewalt des Gerichts**). Allerdings ist das Gericht in Bezug

**60** Dazu *Singer*, Nichtdurchführung beantragter Beweise, Zak 2014/352, 187; *Singer*, Beweisbefristungen in der Zivilprozessordnung, Zak 2014/386, 206; *McGuire*, Prozessförderungspflicht und Präklusion, ecolex 2010, 1153.

**61** 6 Ob 112/16p = AnwBl 2016, 643.

auf zwei Beweismittel **beschränkt**, nämlich beim **Zeugen**- und beim **Urkundenbeweis**. Diese können dann nicht von Amts wegen aufgenommen werden, wenn sich **beide Parteien dagegen** aussprechen (sogenannte **nicht-richterliche Beweismittel** gem § 183 Abs 2 ZPO).

Wenn die Parteien im Lauf des Verfahrens **ergänzende Sachverhaltsbehauptungen** aufstellen und neue Beweismittel beantragen, müssen diese vom Gericht mit einem **gesonderten Beschluss** zugelassen werden. Erfolgt eine solche Beweisaufnahme ohne richterliche Zulassung, so kann dies einen Verfahrensmangel gem § 496 Abs 1 Z 2 ZPO darstellen.

Das Gesetz sieht vor, dass bereits in der vorbereitenden Tagsatzung tunlichst mit dem Beweisverfahren – also mit den Beweisaufnahmen – begonnen wird. In der Praxis betrifft dies vor allem den Urkundenbeweis: Liegen die Urkunden bereits vor, so erfolgt die Beweisaufnahme sofort durch Einsicht in diese. Die meisten anderen Beweisaufnahmen erfolgen in der Praxis erst im Lauf der weiteren mündlichen Verhandlung, weil idR die Zeugen erst geladen und Sachverständige bestellt werden müssen.

## 2.2. Beweisaufnahme

### 2.2.1. Allgemeines

Die Beweisaufnahme bildet das **Kernstück der mündlichen Streitverhandlung** und die wesentliche Grundlage für das Urteil. Durch die Beweisaufnahme soll der strittige Tatsachenkomplex geklärt werden. Beweisaufnahmen müssen grundsätzlich durch das erkennende Gericht erfolgen (**Grundsatz der sachlichen Unmittelbarkeit**).[62] Eine Beweisaufnahme im Rechtshilfeweg ist nur ausnahmsweise zulässig und ist nur dann möglich, wenn ein **gesetzlicher Ausnahmetatbestand** verwirklicht ist (zB § 328 ZPO für den Zeugenbeweis, § 375 Abs 2 Z 2 ZPO für die Parteienvernehmung, § 352 ZPO beim Sachverständigenbeweis und § 368 Abs 2 ZPO beim Augenscheinsbeweis). Die Aufnahme im **Rechtshilfeweg** hat freilich in der Praxis ihre Bedeutung zunehmend verloren, weil bei den meisten Gerichten bereits solche technischen Einrichtungen installiert sind, die eine unmittelbare Beweisaufnahme ermöglichen – zB durch **Videokonferenz** (§ 277 ZPO). Nach dem Budgetbegleitgesetz 2011 soll die Videoeinvernahme nicht bloß alternativ, sondern **primär zum Einsatz** kommen, außer die Einvernahme durch einen beauftragten oder ersuchten Richter ist aus verfahrensökonomischer Sicht zweckmäßiger oder aus besonderen Gründen erforderlich.

Mit dem 2. GeSchG 2009 wurde aus Opferschutzgründen die Möglichkeit einer **abgesonderten Vernehmung** bzw die besondere Vernehmung **minderjähriger Personen** geschaffen.[63] Diese abgesonderte Vernehmung ist nicht nur auf Personen beschränkt, die Opfer einer Straftat waren, sondern steht gem § 289a Abs 2 ZPO allen Personen zur Verfügung, denen eine unmittelbare Vernehmung bei der Verhandlung unzumutbar ist. Gem § 289b Abs 1 ZPO kann von der Vernehmung einer minderjährigen Person sowohl als Partei als auch als Zeuge gänzlich oder auch teilweise abgesehen werden, wenn die Vernehmung deren Wohl gefährden würde. Der Vernehmung kann im Interesse der minderjährigen Person auch eine Vertrauensperson beigezogen werden.

Ein Beweismittel, das in rechtswidriger Weise geschaffen wurde – etwa durch unbefugtes Abhören oder unbefugten Datenzugriff – kann grundsätzlich im Prozess verwertet werden. Eine

62 Vgl 1 Ob 39/15i = EvBl 2016/106, 738 *(Frössel)* = ÖBA 2017/2319, 124 mwN.

63 *Anzenberger*, Vernehmung von Verbrechensopfern und Minderjährigen im Zivilverfahren nach §§ 289a und 289b ZPO, ÖJZ 2017/34, 249.

Verwertung des **rechtswidrig erlangten Beweismittels** ist nur dann ausgeschlossen, wenn dadurch ein verfassungsmäßig besonders geschütztes Grund- oder Freiheitsrecht verletzt worden ist.

### 2.2.2. Urkundenbeweis

Urkunden sind Schriftstücke, die Gedanken vermitteln. Es wird im Wesentlichen zwischen **öffentlichen** und **privaten Urkunden** unterschieden. Der Urkundenbeweis wird aufgenommen, indem die Urkunde **dem Gericht vorgelegt** wird.

Befindet sich die Urkunde **nicht in Händen des Beweisführers**, so kann er deren Vorlage durch den Prozessgegner oder einen Dritten, in dessen Besitz sich die Urkunde befindet, bei Gericht beantragen (vgl im Einzelnen §§ 303 bis 309 ZPO). Bezieht sich die vorzulegende Urkunde auf verschiedene Rechtsverhältnisse, so kann das Gericht gem § 298 Abs 2 ZPO auf Antrag anordnen, dass dem Prozessgegner nur die für den Rechtsstreit relevanten Urkundenpassagen zugänglich gemacht werden.[64]

Die dem Gericht vorgelegte Urkunde muss auch dem **Prozessgegner zur Einsicht ausgehändigt** werden. Dieser hat sich dann sowohl zur Echtheit als auch zur Richtigkeit der Urkunde zu erklären. Er muss die **Echtheit** oder **Richtigkeit der Urkunde** entweder anerkennen oder bestreiten.

**Echt** ist eine Urkunde, wenn sie vom angeblichen Aussteller stammt. Eine unterschriebene Urkunde ist echt, wenn die Urkunde vom Aussteller herrührt. Die **Richtigkeit** betrifft dagegen die Beweiskraft einer Urkunde. Eine Urkunde ist daher richtig, wenn ihr Inhalt der Wahrheit entspricht. Während **öffentliche Urkunden** die **Vermutung der Echtheit** für sich haben (einfache gesetzliche Vermutung, § 310 Abs 1 ZPO), gelten Privaturkunden als echt, wenn der Gegner die Echtheit nicht bestreitet (§ 312 Abs 1 ZPO). Wird die Echtheit bestritten ohne dass es Anhaltspunkte dafür gibt, so können dem Beweisgegner auch Mutwillensstrafen auferlegt werden. Bezüglich der **Richtigkeit** liefern öffentlich beglaubigte Urkunden **vollen Beweis** darüber, was in ihnen verfügt oder bezeugt wird. Entspricht es im Einzelfall aber dennoch nicht der Wahrheit, so ist der **Gegenteilsbeweis** zulässig (§ 292 Abs 2 ZPO). Die Richtigkeit einer Privaturkunde unterliegt stets der freien Beweiswürdigung des Gerichts.

### 2.2.3. Zeugenbeweis

Zeugen sind Personen, die über ihre Wahrnehmungen von Tatsachen aussagen, die sie in der Vergangenheit außerhalb des Prozesses gemacht haben (vgl § 350 ZPO).

**Zeugnisfähig** sind alle Personen, die wahrnehmungs- und mitteilungsfähig sind. Ausgenommen davon sind:

- **Geistliche** hinsichtlich des Beichtgeheimnisses,
- **Beamte,** die unter die Amtsverschwiegenheit fallen oder
- **eingetragene Mediatoren** nach dem ZMedG über Tatsachen, die ihnen im Zuge der Mediation anvertraut wurden (§ 320 ZPO).

**64** 3 Ob 28/11f = Zak 2011/410.

Den Zeugen treffen verschiedene Pflichten, nämlich die Pflicht zum **Erscheinen**, zur **Aussage** und gegebenenfalls zur Leistung des **Eides**.

Zeugen sind **einzeln zu vernehmen**. Die Vernehmung läuft mehrstufig ab. Zunächst hat sich das Gericht durch informative Befragung ein Bild über **die persönlichen Verhältnisse** des Zeugen zu machen. Dieser hat neben seinem Geburtsdatum auch Beruf und Wohnadresse anzugeben. Darin schließt sich die **Befragung zur Person** an. Vor allem hat das Gericht hier die persönlichen Verhältnisse zu einer Partei zu ermitteln – etwa ob der Zeuge mit einer Partei verwandt ist oder sonst in einem Naheverhältnis zu dieser steht. In der letzten Stufe erfolgt die eigentliche Beweisaufnahme, nämlich die **Befragung zur Sache** selbst. Vor seiner Befragung ist der Zeuge an seine **Wahrheitspflicht** zu erinnern und an die strafgerichtlichen Folgen, die eine falsche Beweisaussage nach sich ziehen würde (§ 338 Abs 1 ZPO, § 288 StGB).

Darüber hinaus ist der Zeuge über sein **Aussageverweigerungsrecht** zu belehren (§ 339 Abs 1 ZPO). Nach § 321 ZPO kann ein Zeuge die Beantwortung von Fragen verweigern, die ihm selbst oder einem nahen Angehörigen zu Schande gereichen oder die Gefahr strafrechtlicher Verfolgung bzw eines unmittelbaren vermögungsrechtlichen Nachteils nach sich ziehen würden. Darüber hinaus darf die Aussage dann verweigert werden, wenn die Zeugen eine besondere Verschwiegenheitspflicht trifft – etwa Rechtsanwälte oder Ärzte, oder in Hinblick auf ein Kunst-, Geschäfts- oder Wahlgeheimnis. Über die Rechtmäßigkeit der Aussageverweigerung hat das Gericht beschlussmäßig zu entscheiden (§ 324 ZPO). Das Aussageverweigerungsrecht wirkt **bloß relativ**, wonach ein Zeuge in Kenntnis dieses Rechts auch aussagen kann, wenn er möchte.[65] Die **Zeugnisunfähigkeit** wirkt hingegen **absolut** und stellt für das Gericht ein **Vernehmungsverbot** dar.

In der Praxis befragt das Gericht den Zeugen zunächst über den gesamten Geschehensablauf und stellt ergänzende Fragen, um Lücken zu schließen oder Widersprüche aufzudecken. Auch die Parteien können (idR durch ihre Vertreter) Fragen stellen (§ 182 Abs 3 ZPO).

Auf den **sachverständigen Zeugen** sind die Vorschriften über den Zeugenbeweis anzuwenden (§ 350 ZPO).

### 2.2.4. Sachverständigenbeweis

Sachverständige sind Personen, die auf Grund ihrer besonderen Fachkunde den Richter bei der Sachverhaltsermittlung unterstützen und ihm insbesondere **unbekannte Erfahrungssätze** liefern und/oder daraus Schlussfolgerungen ziehen. Der bloße Tatsachenbericht wird **Befund** genannt, die daraus gezogenen Schlüsse **Gutachten**. Rechtliche Schlussfolgerungen sind den Sachverständigen zwar untersagt, doch kommen sie in der Praxis zuweilen vor. Der Sachverständige fungiert als **Gehilfe des Richters** und kann aus denselben Gründen wie dieser **abgelehnt** werden (§ 355 ZPO).[66]

Die **Auswahl des Sachverständigen** liegt – nach Anhörung der Parteien – im Ermessen des Gerichts. Öffentlich bestellte Sachverständige[67] trifft die Pflicht zur **Erstattung des**

**65** Vgl RIS-Justiz RS0108824.

**66** 2 Ob 131/14z = EF-Z 2015/133, 221; 4 Ob 194/14d = NZ 2015/57, 158.

**67** Das sind solche, die in die Sachverständigenliste eingetragen sind.

**Gutachtens.**[68] Bei groben Verzögerungen können dem Sachverständigen allenfalls die verursachten Kosten sowie Ordnungsstrafen auferlegt werden (§ 354 ZPO).

Das Gutachten hat der Sachverständige entweder **mündlich** in der Verhandlung oder **schriftlich** zu erstatten (§ 357 Abs 1 ZPO); in der Praxis dominiert die schriftliche Gutachtenserstattung. Ein schriftliches Gutachten ist auf Verlangen des Gerichts zu erläutern (Gutachtenserörterung; § 357 Abs 2 ZPO).[69] Der Sachverständige hat neben dem Anspruch auf Ersatz seiner notwendigen Reise- und Aufenthaltskosten auch **Anspruch auf Entlohnung** seiner Mühewaltung (§§ 24–52 GebAG). Dem Beweisführer, dem nicht Verfahrenshilfe bewilligt ist, hat das Gericht einen **Kostenvorschuss** aufzuerlegen (§ 365 ZPO).[70]

### 2.2.5. Augenscheinbeweis

Augenschein ist jede **unmittelbare Sinneswahrnehmung** über Zustände oder Eigenschaften von Personen oder Sachen (§§ 368–370 ZPO). Der Augenscheinbeweis kann anders als der Urkunden- oder Zeugenbeweis unbeschränkt von Amts wegen angeordnet werden. Ein Auftrag zur Vorlage von Augenschein ist gegen Dritte unzulässig. Der Augenschein wird in der Praxis häufig als **Lokalaugenschein** durchgeführt (zB Besichtigung des Unfallorts). Gegebenenfalls kann sich das Gericht eines Augenscheinsgehilfen bedienen. Dieser fungiert dann entweder als Zeuge oder Sachverständiger.

### 2.2.6. Parteienvernehmung

Die Einvernahme der Parteien folgt im Wesentlichen den **Regeln des Zeugenbeweises**. Anders als beim Zeugenbeweis zeitigt eine falsche Parteiaussage aber keine strafrechtlichen Folgen. Meineid ist allerdings auch bei der Parteiaussage strafbar. Die Partei kann ihre Aussage – anders als ein Zeuge – auch grundlos verweigern. Dieses Verhalten unterliegt allerdings der freien Beweiswürdigung des Gerichts.

Außer den Parteien selbst sind als Parteien auch der **gesetzliche Vertreter**, die **persönlich haftenden Gesellschafter einer Personengesellschaft**, Streitgenossen einer **einheitlichen Streitpartei** und der **streitgenössische Nebenintervenient** zu vernehmen (§ 373 ZPO).

## 2.3. Beweiserörterung

Die **Ergebnisse der Beweisaufnahme** hat das Gericht grundsätzlich mit den **Parteien zu erörtern** (§ 278 ZPO). Diese Beweiserörterung muss sofort im Anschluss an die Beweisaufnahme stattfinden. Ist eine Beweisaufnahme im Rechtshilfeweg erfolgt, so hat das Gericht noch eine weitere Tagsatzung zur Beweiserörterung anzuberaumen, außer die Parteien verzichten auf eine solche. In der Praxis findet eine Beweiserörterung meist beim Sachverständigenbeweis statt.

---

**68** Sie können aber die Gutachtenserstattung ablehnen, wenn es ihnen zB aus zeitlichen Gründen (etwa wegen anderen Gutachten) nicht möglich ist, dem Gutachtensauftrag innerhalb der vom Gericht gesetzten Frist nachzukommen.

**69** 6 Ob 216/14d; OLG Wien 2 R 90/14s = Sachverständiger 2014, 152.

**70** OLG Wien 1 R 107/16m = Sachverständiger 2016, 234; LGZ Wien 4 R 176/15d = Zak 2016/242, 123; OLG Wien 1 R 76/14z = Sachverständiger 2014, 153 uva; *Annerl*, Kostenvorschuss und Präklusion des Sachverständigenbeweises, ÖJZ 2016/103, 757.

## 2.4. Beweiswürdigung

Im Zivilverfahren haben die Parteien die streiterheblichen Tatsachen grundsätzlich zu beweisen, dh sie müssen das Gericht von der Richtigkeit der behaupteten Tatsachen überzeugen. Eine absolute Sicherheit mit wissenschaftlicher Exaktheit wird nicht zu erreichen sein. Der OGH fordert als **Regelbeweismaß** die **„hohe Wahrscheinlichkeit"** der Richtigkeit einer Behauptung.

Ausnahmsweise ist das Beweismaß herabgesetzt, wenn die ZPO ausdrücklich die bloße **Glaubhaftmachung** (Bescheinigung) einer Tatsache zulässt. In diesem Fall genügt die überwiegende Wahrscheinlichkeit für das Vorliegen einer Tatsache. Bloß zu bescheinigen sind zB die Ablehnungsgründe (§ 19 JN) oder die Aussageverweigerungsgründe für den Zeugen (§ 228 ZPO).

Bei der Entscheidungsfindung gilt in der ZPO der **Grundsatz der freien Beweiswürdigung**: Das Gericht hat unter sorgfältiger Berücksichtigung der Ergebnisse der gesamten Verhandlung und der Beweisführung **nach freier Überzeugung** zu beurteilen, ob eine Sache für wahr zu halten ist oder nicht (§ 272 Abs 1 ZPO).[71]

Bei der Beweiswürdigung muss das Gericht das **Beweisergebnis** mit dem **Beweisthema vergleichen** und danach beurteilen, ob der Beweis gelungen, misslungen oder ergebnislos ist.

In **drei Fällen** kann das Gericht von Amts wegen oder auf Antrag nach **freier Überzeugung** – ohne Durchführung eines förmlichen Beweisverfahrens – entscheiden (§ 273 ZPO):[72]

- wenn eine Forderung dem **Grunde nach feststeht**, aber der Beweis über die **Höhe** nicht oder nur mit **erheblichen Schwierigkeiten** erbracht werden kann (§ 273 Abs 1 ZPO) oder wenn
- von mehreren in derselben Klage geltend gemachten Ansprüchen **einzelne**, im Verhältnis zum Gesamtbetrag **unbedeutende strittig** sind und schon der **Anspruchsgrund** nur mit **unverhältnismäßigen Schwierigkeiten** festgestellt werden könnte oder wenn
- bei einzelner Einklagung der Betrag **jeweils EUR 1.000,– nicht übersteigt** (§ 273 Abs 2 ZPO).

## 2.5. Beweislast

Bringt das Beweisverfahren **kein Ergebnis**, weil sich eine rechtserhebliche Tatsache nicht aufklären lässt, so besteht ein sogenanntes **non liquet**. Auch hier muss das Gericht eine Sachentscheidung treffen und zwar auf der Grundlage der Regeln über die objektive Beweislast.

Zunächst muss der Richter ermitteln, ob ausnahmsweise das materielle Recht eine bestimmte Beweislastverteilung vorsieht (**gesetzliche Beweislastregel**).

**Beispiele: §§ 328, 369 ABGB.**

Auch **gesetzliche Vermutungen** (§ 270 ZPO) enthalten Beweislastregeln, indem dem Beweisgegner die Beweislast auferlegt wird (Umkehr der Beweislast, zB §§ 970 und 1320 ABGB).

Findet sich im Gesetz **keine ausdrückliche Verteilung der Beweislast**, so gilt der Grundsatz, wonach jede Partei die Beweislast für das Vorliegen aller tatsächlichen Voraussetzungen der

71 LGZ Wien 38 R 287/15k = MietSlg 67.658; OLG Linz 12 Rs 3/14v = SVSlg 64.750; LGZ Wien 48 R 304/13f = EFSlg 143.971 uva.

72 Zuletzt 7 Ob 128/16y.

für sie günstigen Rechtsnorm trägt. Der Kläger hat daher die rechtsbegründenden Tatsachen (**Grundnorm**), der Beklagte die rechtshindernden, rechtsvernichtenden oder rechtshemmenden Tatsachen (**Gegennorm**) zu beweisen.

Die Verletzung einer Beweislastregel ist mit dem Rechtsmittelgrund der unrichtigen rechtlichen Beurteilung geltend zu machen.

**********

## Exkurs: Besonderheiten des bezirksgerichtlichen Verfahrens

### 1. Allgemeines

Die ZPO sieht zwar als Regelverfahren das Gerichtshofverfahren vor den Landesgerichten vor, doch kommt dem bezirksgerichtlichen Verfahren in der Praxis wesentlich größere Bedeutung zu. Rein quantitativ betrachtet werden über 90 % der Streitigkeiten vor den Bezirksgerichten ausgetragen.

Grundkonzeption für das bezirksgerichtliche Verfahren ist, dass es möglichst **einfach, rasch und kostengünstig** ablaufen soll. Diesen prozessökonomischen Zielen dienen die §§ 431–447 ZPO. Dennoch stellt das bezirksgerichtliche Verfahren kein Sonderverfahren dar, weil die Vorschriften für das Gerichtshofverfahren gelten (§ 431 Abs 1 ZPO), soweit keine Abweichungen geregelt sind. Im Rahmen des bezirksgerichtlichen Verfahrens gibt es weitere Sondervorschriften für das Mahnverfahren (§ 448 ZPO), das Besitzstörungsverfahren (§§ 454–459 ZPO) und das Eheverfahren (§ 460 ZPO).

### 2. Protokollaranbringen

Eine nicht durch einen Rechtsanwalt vertretene Partei kann Klagen und alle außerhalb der Verhandlung anzubringenden Anträge auch mündlich zu Protokoll geben (§ 434 ZPO). Die Möglichkeit, auch die Berufung bzw Berufungsbeantwortung ohne Mitwirkung eines Rechtsanwalts protokollarisch zu erklären, wurde mit dem Budgetbegleitgesetz 2011 ersatzlos aufgehoben.

### 3. Amtstage – Vergleiche

Im Rahmen des bezirksgerichtlichen Verfahrens werden Amtstage[73] abgehalten, deren Zeitpunkt im Gerichtsgebäude bekannt zu machen ist (§ 439 ZPO). An den Amtstagen – üblicherweise am Dienstag am Vormittag – können die Parteien einerseits **unentgeltliche Rechtsauskünfte** einholen, andererseits Streitigkeiten bereits im Vorfeld durch einen prätorischen Vergleich bereinigen (§ 433 ZPO). Zu diesem Zweck kann die Partei den Gegner laden lassen (prätorische Ladung), der allerdings nicht verpflichtet ist, dieser Ladung zu folgen. Wird ein **prätorischer Vergleich** abgeschlossen, so bildet auch dieser einen Exekutionstitel gem § 1 Z 5 EO.

Weiters ist es möglich, dass über den Inhalt der in einem Mediationsverfahren über eine Zivilsache erzielten schriftlichen Vereinbarung vor dem Bezirksgericht ein Vergleich geschlossen wird (**Mediationsvergleich,** § 433a ZPO).

---

**73** Näher *Mayr*, Amtstag – die Rechtsgrundlagen einer österreichischen Institution, RZ 2010, 197; *Täubel-Weinreich*, Die österreichische Institution des Amtstags – abschaffen, beibehalten oder reformieren?, EF-Z 2010/152, 227.

### 4. Richterliche Anleitungspflicht

Die richterliche Anleitungspflicht gilt zwar auch für jene Parteien, die durch Rechtsanwälte vertreten sind, doch trifft das Gericht bei rechtsunkundigen und nicht anwaltlich vertretenen Parteien eine über die allgemeine Prozessleitungspflicht des § 182 ZPO hinausgehende Anleitungs- und Belehrungspflicht (§ 432 ZPO). Der Richter hat die mangelnde Gesetzeskenntnis der Parteien insofern zu substituieren, als sie diesen etwa beim Vorbringen in der Verhandlung behilflich ist und sie insbesondere beim Anbringen einer Protokollarklage intensiv anleitet. Diese Manuduktionspflicht kann allerdings nicht so weit gehen, dass der Richter mehr oder weniger auch als Rechtsvertreter der Partei fungiert.[74]

### 5. Mündliche Verhandlung

§ 436 ZPO sieht vor, dass die Tagsatzung zur mündlichen Verhandlung über die Klage in dringenden Fällen – vor allem in Besitzstörungssachen – auf **denselben Tag anberaumt** werden soll. Dies kommt freilich in der Praxis äußerst selten vor. Dennoch ist das Verfahren möglichst **zu straffen**. Die Parteien sind aufgefordert, Augenscheinsgegenstände und Urkunden zur Tagsatzung mitzubringen, sodass das Beweisverfahren tunlichst bereits in der vorbereitenden Tagsatzung durchgeführt werden kann (§ 440 Abs 1 ZPO). Ist aber nach dem Klageinhalt anzunehmen, dass sich der Beklagte nicht in den Streit einlassen wird, so kann die vorbereitende Tagsatzung auf die Entscheidung über die Prozesseinreden sowie den Vortrag der Parteien beschränkt werden (§ 440 Abs 1 Satz 2, § 258 Abs 1 Z 1 und 2 ZPO). In diesem Fall ist § 258 Abs 2 ZPO nicht anzuwenden.

Eine **Klagebeantwortung** gibt es **nicht** (§ 440 Abs 2 ZPO), doch kann das Gericht den Rechtsvertretern den Wechsel vorbereitender Schriftsätze auftragen.

**********

## 2.6. Prozessförderungspflicht

Besonders wichtig ist die Einhaltung der Prozessförderungspflicht, die die Parteien verstärkt seit der ZVN 2002 trifft (§ 178 Abs 2 ZPO). Damit wurde auch die Präklusionsvorschrift des § 179 ZPO verschärft.[75] Danach sind die Parteien gehalten, ihre Vorträge so zeitgemäß und vollständig zu erstatten, dass das Verfahren möglichst rasch durchgeführt werden kann. Der Hinweis auf die Prozessökonomie zielt daher nicht nur darauf ab, alle der Partei **bekannten Tatsachen unverzüglich** und **vollständig vorzubringen**, sondern auch darauf, nicht entscheidungswesentliche Tatsachen wegzulassen, um den Prozessstoff nicht unnötig aufzublähen. Aus § 178 Abs 2 ZPO selbst resultiert keine unmittelbare Sanktion, eine solche ergibt sich aber aus § 179 ZPO. Danach ist verspätetes Prozessvorbringen – aber nur unter den in § 179 ZPO genannten Voraussetzungen, nämlich grobes Verschulden und eine Verfahrensverzögerung – zurückzuweisen. § 179 ZPO hat daher weniger Straffunktion, sondern soll sicherstellen, dass keine Prozessverzögerung eintritt (vgl oben).

---

**74** LGZ Wien 42 R 24/15p = EFSlg 147.607; LGZ Wien 38 R 313/14g = MietSlg 67.678.

**75** Dazu *McGuire*, Prozessförderungspflicht und Präklusion. Über das Verhältnis von § 178 Abs 2 zu § 179 ZPO nach der ZVN 2002, ecolex 2010, 1153.

Auch das Gericht hat den Parteien bei Verletzung der Prozessförderungspflicht gem § 48 ZPO die zusätzlich verursachten Kosten aufzuerlegen. Diese **Mehrkosten** können der Partei sowohl in der Kostenentscheidung als auch gesondert im Verfahren selbst **auferlegt** werden. Bei mutwilliger Prozessverschleppung kann auch eine Kostenstrafe gem § 44 ZPO auferlegt werden.

Entweder aufgrund einer Vereinbarung der Parteien (§ 168 ZPO) oder wenn beide Parteien eine mündliche Verhandlung versäumen, (§ 170 ZPO) kommt es zum **Ruhen des Verfahrens**, das wie die **Unterbrechung des Verfahrens** (durch Gesetz, zB § 191 ZPO, oder richterlichen Beschluss) einen Verfahrensstillstand bewirkt.[76] Die **Wirkungen** von Ruhen und Unterbrechung sind ähnlich: Der Fristenlauf erlischt und beginnt nach Wiederaufnahme des Verfahrens (durch Wegfall des Unterbrechungsgrunds bzw Parteiantrag) neu zu laufen (§ 163 Abs 1 ZPO), verfügte Ladungen verlieren ihre Wirksamkeit, Gerichtshandlungen (ausgenommen die Entscheidung über die Verfahrensfortsetzung) sind unzulässig und die Hauptsache betreffende Parteihandlungen gegenüber der anderen Partei wirkungslos. Das Ruhen bewirkt außerdem einen Stillstand von **mindestens drei Monaten** (§ 168 Satz 3 ZPO) und **Notfristen werden nicht unterbrochen.**[77]

*********

## Exkurs: Praktische Regeln für den Rechtsanwalt/Rechtsanwaltsanwärter für die Verhandlungsführung in erster Instanz

### 1. Vorbereitung der Klage

Im Gespräch mit dem Klienten hat ein Rechtsanwalt vor allem darauf zu achten, dass alle rechtserheblichen Elemente des Sachverhalts umfassend herausgefiltert werden.

Als allerersten Schritt empfiehlt es sich jedoch, zu überprüfen, ob der Rechtsanspruch bereits **verjährt** ist. Stellt sich nämlich erst im späteren Verhandlungsverlauf – insb im Rechtsmittelstadium – heraus, dass der Klageanspruch verjährt ist, so bedeutet dies einen erheblichen frustrierenden sowie kostspieligen Verfahrensaufwand und ist für den Anwalt auch mit Haftungsfolgen verbunden. Besteht nur mehr eine kurze Zeitspanne bis zur Verjährung, so sollte auf eine rechtzeitige Klageeinbringung geachtet werden, denn mit Einbringung der Klage (= Gerichtsanhängigkeit) wird die Verjährung unterbrochen. Es ist daher in jedem Fall besser, eine kurze, nicht ganz ausgefeilte Klageschrift einzubringen, als durch weitere Recherchen zu riskieren, dass die Verjährungsfrist abläuft. Wird allerdings zur Auffassung gelangt, dass die Verjährung offenbar schon eingetreten ist, weil die – meist in der Praxis relevante dreijährige Verjährungsfrist – bereits abgelaufen ist, so ist nicht immer eine Klageführung von vornherein aussichtslos. In diesem Fall müsste noch geprüft werden, ob der Mandant mit seinem Gegner **Vergleichsgespräche** geführt hat, weil diese nach hRsp die Verjährungsfrist hemmen bzw unterbrechen. Haben keine Vergleichsgespräche stattgefunden, so sollte mit dem Mandanten geklärt werden, ob ihn der Gegner vielleicht immer wieder mit der Bezahlung der Forderung hingehalten hat. Aus einem solchen Verhalten könnte nämlich rechtlich abgeleitet werden, dass dies arglistig geschehen ist, um die Verjährung des Anspruchs zu erreichen. Ist dies nachweisbar, so kann im Prozess die **replicatio doli** eingewendet werden, was dazu führen kann, dass die Verjährung nicht wirksam

**76** 6 Ob 250/15f = Zak 2016/232, 118.

**77** Ausführlich zum Verfahrensstillstand *Deixler-Hübner/Klicka*, Zivilverfahren[10] 120 ff; *Kodek/Mayr*, Zivilprozessrecht[3] Rz 425 ff.

eingetreten ist. Finden sich auch dafür keine Anhaltspunkte, so kann noch versucht werden, vom Gegner einen **Verjährungsverzicht** zu erreichen. Das ist zwar nicht sehr einfach, kommt aber immer wieder – zB bei großen Unternehmen oder Versicherungen – vor.

Auch die Gegenseite sollte bei der Vorbereitung der Klagebeantwortung oder der mündlichen Verhandlung genau überprüfen, ob die Verjährungseinwendung möglich ist. Die Verjährung wird nämlich **nicht von Amts wegen** überprüft, sondern ist nur auf Einwendung wahrzunehmen. Das Gericht könnte zwar im Rahmen der Erörterung der Sach- und Rechtslage mit den Parteien auf die Verjährungsproblematik hinweisen, doch keine Partei kann sich darauf verlassen. Auch hier droht die Haftung, wenn der Beklagtenvertreter die Verjährungseinwendung übersieht.

Geht es um einen Schadenersatzanspruch – vor allem bei Verkehrsunfällen –, so sollte nicht bloß das eigene Verschulden bestritten, sondern stets auch einen **Mitverschuldensantrag** erstattet werden. Wird nämlich kein **Mitverschuldensantrag** gestellt, so darf das Gericht **ein solches Mitverschulden** auch nicht überprüfen, wenn keine entsprechenden Tatsachen vorgebracht werden. Selbstverständlich kann und soll das Gericht auch hier im Rahmen der Erörterung der Sach- und Rechtslage und seiner Prozessleitungspflicht die Partei auf den **Mitverschuldenseinwand** aufmerksam machen.

Der Mandant ist vor allem eindringlich darauf aufmerksam zu machen, alle möglichen Beweismittel zu nennen und bei Zeugen auch die erforderlichen Personalien und Anschriften zu eruieren.

## 2. Verfassen der Klage

In der Klage ist der rechtserhebliche Sachverhalt vollständig zu schildern und die dafür passenden Beweismittel zu den einzelnen Themen zu benennen (**Grundsatz der Beweisverbindung**). Das ist vorteilhafter, als den gesamten Sachverhalt zu schildern und danach alle beantragten Beweismittel auf einmal aufzulisten, auf diese Weise würde nur Erörterungsbedarf produziert. Die Klage sollte – so wie alle anderen Schriftsätze – möglichst sachlich und knapp gefasst sein. Vor allzu langen und umständlichen Ausführungen oder Übertreibungen ist grds zu warnen; in einer sachlichen Atmosphäre findet das keinen guten Anklang und erweckt eher den Eindruck, dass es notwendig ist, Probleme zu verschleiern oder „Stimmung zu machen".

Die **Beweise** sollten **möglichst frühzeitig** und geschlossen angeboten werden (**Prozessförderungspflicht**).

Es ist zwar möglich, bis zum Schluss der mündlichen Streitverhandlung erster Instanz neue Tatsachen vorzubringen und Beweise anzubieten, doch darf dies nicht verspätet geschehen. Hätte ein entsprechendes Beweismittel nämlich schon zu einem früheren Zeitpunkt vorgebracht werden können und wird der Beweisantrag grob schuldhaft verspätet erstattet, sodass es dadurch zu einer Verfahrensverzögerung kommt, so kann (und muss) das Gericht diesen verspäteten Beweisantrag gem § 179 Satz 2 ZPO als unzulässig zurückweisen. Davon unberührt bleibt selbstverständlich die Möglichkeit, auf Beweisanträge der Gegenpartei mit entsprechenden Beweisanboten zu reagieren, die diesen Standpunkt widerlegen sollen.

Im Schriftsatz sind auch entsprechende **Rechtsausführungen** möglich und angebracht, doch sollte eher vermieden werden, dass der Schriftsatz „vor Rechtsbelehrungen strotzt". Taktisch klüger ist es auch, bestimmte Rechtseinwendungen erst dann zu erstatten, wenn die Gegenpartei ihrerseits neue Tatsachen, Sacheinwendungen oder Rechtsausführungen vorbringt, obwohl dieses eigentlich zufolge der Prozessförderungspflicht in einem zu erstatten wäre. Ein Rechtsvertreter sollte aber mit dem Mandanten jeden Schritt dezidiert absprechen und ihm die rechtlichen Hintergründe und Konsequenzen erläutern.

## 3. Vorbereitung der Verhandlung

Eine sorgfältige Vorbereitung auf die Verhandlung stellt das A und O einer erfolgreichen Prozessvertretung dar. Dazu gehört einerseits, sich die bisherigen Schriftsätze und Protokolle nochmals durchzulesen und andererseits, das bevorstehende **Prozessprogramm** mit dem Mandanten **zu besprechen**. Dieser soll vor allem darüber befragt werden, ob sich in der Zwischenzeit Neuerungen ergeben haben, die für den weiteren Prozessverlauf relevant sind. Auch die Parteienvernehmung und Zeugenbefragung ist mit dem Mandanten detailliert abzuklären. Dabei soll ihm nochmals der genaue Prozessstandpunkt erläutert werden und ihm vor Augen geführt werden, dass bestimmte Fragen im Hinblick darauf nicht gestellt werden sollten bzw die Argumentationslinie des Anwalts und der Partei penibel darauf abgestimmt werden muss. So manche rechtliche Argumentation ist schon daran gescheitert, dass die Partei – im schlimmeren Fall der Anwalt selbst – ungünstige Sachverhaltselemente ins Spiel gebracht hat. Der Rechtsanwalt muss vor allem bei der Zeugenbefragung darauf achten, dass er nur jene Fragen stellt, deren wahrheitsgemäße Beantwortung sich günstig auf den Prozessstandpunkt auswirkt. In diesem Sinn „unrichtig" gestellte Fragen und die daraus resultierende ungünstige Beantwortung für den eigenen Rechtsstandpunkt lässt mitunter eine mühsam entwickelte, stringente Linie wie ein Kartenhaus zusammenbrechen.

Weitere vorbereitende **Schriftsatzwechsel** zwischen den Rechtsvertretern kann das Gericht von Amts wegen auftragen (§ 257 Abs 2 ZPO); diese können aber auch selbständig durch die Anwälte erfolgen. Dabei ist darauf zu achten, dass sie tatsächlich rechtliches Substrat und nicht aufgeblasenen Sachverhalt, Wiederholungen oder rechtlich Irrelevantes enthalten. Solche Aufblähungen führen nicht nur zu Erörterungsbedarf und unnötigen Verkomplizierungen, die das Gericht nicht gerne sieht, sondern auch (weil unnötig) zur Infragestellung der Entlohnung solcher Schriftsätze. In diesem Zusammenhang muss der Rechtsanwalt vor allem darauf achten, dass ein vorbereitender Schriftsatz **spätestens eine Woche vor der vorbereitenden Tagsatzung** bei Gericht und beim Gegner einlangt (§ 257 Abs 3 ZPO). Geschieht dies später, so kann das Gericht diesen Schriftsatz zurückweisen oder zumindest seine Honorierung verweigern.

## 4. Kostenverzeichnis

Für jede weitere Tagsatzung der mündlichen Streitverhandlung ist es empfehlenswert, sich hierfür von der Kanzlei eine Kostennote über die bisher aufgelaufenen Kosten vorbereiten zu lassen. Sollte es nämlich zu einem überraschenden Verhandlungsschluss oder einem Vergleich kommen, könnten womöglich aus dem Stegreif die bisher aufgewendeten Kosten nicht verzeichnet werden können. Die Nichtvorlage des Kostenverzeichnisses zieht aber gem § 54 Abs 1 ZPO den Verlust des Kostenersatzanspruches nach sich. Das Kostenverzeichnis ist in zweifacher Ausfertigung mitzunehmen, weil es gleichzeitig auch dem Gegner auszuhändigen ist, der sich dazu innerhalb einer Notfrist von 14 Tagen äußern kann (§ 54 Abs 1a ZPO).

## 5. Beweisverfahren

Ein **Sachverständigenbeweis** sollte nur dann beantragt werden, wenn dieser auch tatsächlich notwendig ist. Manche einfache Erfahrungssätze lassen sich auch auf andere Weise ermitteln bzw das Gericht kann von sich aus ohne Zuziehung von Sachverständigen entscheiden, wenn die eigene Fachkunde oder das eigene Wissen hier ausreicht und die Parteien zustimmen (§ 364 ZPO). Freilich wird oft der Richter auf den Sachverständigenbeweis reflektieren. Beantragt nur die Gegenpartei den Sachverständigen, so hat auch diese den vollen Kostenvorschuss gem § 365 ZPO zu erlegen. Die Auswahl des Sachverständigen liegt zwar im **Ermessen des Gerichts**, doch sind die Parteien idR vorher zu vernehmen (§ 352 Abs 2 ZPO). Hier ist auch darauf zu achten, ob gegen die Person des Sachverständigen erhebliche Bedenken bestehen. War dieser zB in einer anderen causa für die Gegenpartei privat als Sachverständiger tätig, so stellt dies einen **Ablehnungsgrund** gem § 355 ZPO dar.

Zu beachten ist auch, dass von den Parteien zwar ein **Privatgutachten** selbständig in Auftrag gegeben werden kann, dieses jedoch nicht mit dem Sachverständigenbeweis der ZPO gleichzusetzen ist. Das Gericht hat dieses zwar zu den Akten zu nehmen, doch hat dies vielfach nicht die gleiche Beweiskraft wie ein vom Gericht eingeholtes Gutachten. Im Sinne der Aufzählung der Beweismittel in der ZPO handelt es sich um eine Urkunde, zu der der gerichtlich bestellte Sachverständige Stellung zu nehmen hat. Weicht das Privatgutachten von der im gerichtlichen Gutachten geäußerten Ansicht ab, besteht keine Verpflichtung des Gerichts, ein weiteres Gutachten einzuholen.

In manchen schwierigen medizinischen oder technischen Fällen kann es sehr sinnvoll sein, im Vorfeld ein Privatgutachten einzuholen, damit die Prozesschancen leichter eingeschätzt werden können. Auch die Tatsachengrundlage kann danach besser ermittelt und im Prozess rascher aufgeklärt werden. Darüber hinaus können auf diese Weise auch der gerichtlich bestellte Sachverständige und das Gericht besser „überwacht“ werden.

In jenen Fällen aber, wo auch der gerichtlich bestellte Sachverständige ein entsprechendes Gutachten erstatten kann, ist vor Beauftragung eines privaten Sachverständigen eine genaue Kosten-Nutzen-Analyse anzustellen.

Das Gericht hat dem Sachverständigen für die Erstattung seines schriftlichen Gutachtens eine Frist zu bestimmen. Diese Frist kann allenfalls auch verlängert werden. Es sollte aber immer darauf geachtet werden, dass es dadurch nicht zu einer nicht hinnehmbaren Verfahrensverzögerung kommt. Nötigenfalls ist das Gericht auf die zu setzenden Maßnahmen nach § 354 ZPO hinzuweisen.

Über das **schriftlich eingelangte Gutachten** hat das Gericht die Parteien zu verständigen (§ 360 Abs 2 ZPO). Zusammen mit der Partei sollte das Gutachten sorgfältig auf dessen Richtigkeit bzw Verständlichkeit geprüft werden. Ergeben sich daraus Widersprüche oder ist es nicht nachvollziehbar, so sollte der Rechtsanwalt **die mündliche Erörterung** des Gutachtens gem § 357 Abs 2 ZPO beantragen. Führt auch die mündliche Erörterung des Gutachtens zu keiner Erhellung des Sachverhalts oder verwickelt sich der Sachverständige in Widersprüche bzw lässt die erforderliche Fachkompetenz vermissen, so sollte der Anwalt nicht zögern, eine **neuerliche Begutachtung**, möglichst unter Zuziehung eines anderen Sachverständigen, zu beantragen (§ 382 Abs 2 ZPO).

Bei **Befragung** der Zeugen, der Parteien oder des Sachverständigen sollte sehr genau darauf geachtet werden, dass das Gericht den Inhalt der Fragenbeantwortung **im Protokoll vollständig** und in **exakter Weise festhält**. Wenn dies nicht der Fall ist, muss der Anwalt das Gericht darauf aufmerksam machen und eine Korrektur der Protokollierung verlangen. Erfolgte die Befragung durch das Gericht widersprüchlich, unvollständig oder unklar, so sollte darauf geachtet werden, diese Punkte bei der eigenen Befragung nochmals anzusprechen, um für eine Klärung im Protokoll zu sorgen.

Der Anwalt muss daher der Verhandlung stets aufmerksam folgen und bei einer unrichtigen Protokollierung gleich reagieren. Weigert sich das Gericht, sollte sofort **Widerspruch** eingelegt werden, indem dem Protokoll ein entsprechender Anhang beigelegt wird (§ 212 ZPO). Dieser Widerspruch kann nur mehr **drei Tage** nach Erhalt der schriftlichen Protokollsausfertigung erstattet werden. Auf diese Frist ist penibel zu achten, weil das Protokoll als öffentliche Urkunde sonst vollen Beweis über den Verhandlungsablauf gem § 215 ZPO liefert. Im Rechtsmittelverfahren können diese grundlegenden Fehler daher nicht mehr korrigiert werden.

**Versäumt die Gegenpartei einen Termin**, bringt sie eine Vertagungsbitte ein. Verzögern in deren Sphäre weitere Umstände den Prozess, so sollte für die dadurch entstehenden Mehrkosten ein Antrag auf **Kostenseparation** gestellt werden. Das Gericht kann diesen Umstand zwar auch von sich aus wahrnehmen und die Mehrkosten der verursachenden Partei auferlegen, doch sollte darauf eher nicht vertraut werden.

Weist der Richter einen Beweisantrag ab oder zurück, ordnet er Rechtshilfevernehmungen an, obwohl die gesetzlichen Voraussetzungen nicht vorliegen. Verstößt er gegen andere Verfahrensvorschriften, so muss dieses Vorgehen **sofort gerügt** werden, um nicht den Berufungsgrund der Mangelhaftigkeit des Verfahrens zu verlieren. Ist im Einzelfall nicht eindeutig, ob es sich hier um einen reinen Formalfehler oder um einen Stoffsammlungsmangel handelt, so sollte jedenfalls gerügt werden. Es ist daher besser, einmal mehr eine Verfahrensrüge zu erheben, als im Rechtsmittelverfahren das Nachsehen zu haben.

### 6. Verhandlungsschluss

Kündigt das Gericht an, das Verfahren erster Instanz nun schließen zu wollen, muss Klarheit herrschen, ob alle Tatsachen vorgebracht bzw Beweisanträge gestellt worden sind. Zu diesem Zeitpunkt besteht nämlich die letzte Gelegenheit, den Tatsachenstoff noch erweitern zu können. Ab diesem Beschluss herrscht striktes **Neuerungsverbot**. Ist das Verfahren einmal formell gem § 193 ZPO geschlossen, so kann nur das Gericht selbst eine **Wiedereröffnung** gem § 194 ZPO veranlassen, falls sich noch eine weitere Aufklärung oder Ergänzung der Tatsachen als notwendig herausstellt oder eine Beweiserörterung notwendig ist. Die Parteien selbst haben kein solches Antragsrecht. Sie können die Wiedereröffnung der Verhandlung nur anregen. Trotzdem sollte der Anwalt zumindest einen solchen Versuch unternehmen, wenn er im Nachhinein bemerkt, dass Wesentliches nicht vorgebracht wurde oder ein Sachverständigengutachten sich doch noch als ergänzungsbedürftig erweist.

## Exkurs: Einige kurze Empfehlungen für den Richter zur Verhandlungsvorbereitung und Verhandlungsführung[78]

### 1. Vorbereitung

Es geht nichts über eine gute Vorbereitung. Vorbereitung bedeutet nicht nur, den Akt schon vor einer Verhandlung zu kennen (und nicht erst im Rahmen von Vergleichsgesprächen kennenzulernen), sondern sich als Richter auch darauf vorzubereiten, was sich in der Verhandlung ereignen kann. Gut-Vorbereitet-Sein gibt Sicherheit und fördert Ruhe und Sachlichkeit. Ein gut

---

**78** Bemerkenswerte Hinweise geben *Bouhafa/Fucik/Kleindienst-Passweg/Rath*, Verhandeln vor Gericht[2] (2016).

organisierter Richter animiert Parteienvertreter dazu, ebenfalls vorbereitet in die Verhandlung zu kommen (was typischerweise keinen ungünstigen Einfluss auf den Fortgang des Verfahrens hat). Nicht zu vergessen ist, dass Richter eine Leistung zu erbringen haben, für die der Staat von den Parteien bezahlt wird.

Auch auf einen Vergleichsvorschlag muss ein Richter vorbereiten sein. Der Vorschlag „Schlagen wir es doch in der Mitte auseinander" zeugt nicht von einem hohen Maß an juristischer Kreativität. Beweislastfragen oder schon vorhandene „sichere" Beweismittel können durchaus in die Abwägungen für einen Vergleichsvorschlag einbezogen werden.

Das Eingehen von „Koalitionen" (mit einer Partei) mag manchmal effizient sein, um einen Vergleich unter Dach und Fach zu bringen. Ungünstige Folgewirkungen sind aber dann zu gewärtigen, wenn der Vergleichsabschluss misslingt.

## 2. Ruhe und Sachlichkeit

Ruhe und Sachlichkeit wurden bereits angesprochen. Der Gedanke, dass der Prozess ein Kampf ist (in den auch der Richter involviert ist), ist zwar noch immer vorhanden, weicht aber zunehmend einem Verständnis, dass alle Beteiligten mitwirken sollen, um zu einem tragfähigen Ende des Prozesses (meist in Form eines Urteils oder eines Vergleichs) zu kommen. Vertagungsanträge und neue Beweisanträge dürfen einen Richter nicht aus der Bahn werfen – nicht alles ist der Effizienz der Arbeit unterzuordnen; es gilt hier sachlich nachzudenken, wie auf solche Anträge zu reagieren ist.

Für einen Richter ist ein Prozess Alltag, für eine Partei nicht unbedingt. Sie befindet sich meist in einer angespannten Lage und ist empfänglich für das Aufschaukeln von Emotionen. Im Prozess kann sie – relativ bequem – in ihrer „antagonistischen" Haltung verbleiben und ist Lösungsvorschlägen nicht immer leicht zugänglich. Sie weiß, dass ggf am Ende des Verfahrens von einem Dritten mit normativer Wirkung eine Entscheidung getroffen werden muss und kann daher das kompetitive Element in den Vordergrund rücken. Ein Richter sieht das naturgemäß anders und reagiert manchmal genervt auf das Argument, dass es hier „um's Prinzip" gehe. Eine sachliche Atmosphäre wird immer hilfreich wirken, verfahrene Denkmuster aufzubrechen. Ob wirklich eine „Konfliktlösung" erreicht werden kann, steht sowieso auf einem anderen Stern.

## 3. Qualität des Umgangs

Richter müssen nicht freundlich zu allen und zu allem sein. Die Qualität des Umgangs mit den Beteiligten eines Gerichtsverfahrens (vor allem Parteien und Zeugen) zeigt sich darin, dass sie respektvoll, aber bestimmt auftreten und dennoch offen und unvoreingenommen neuen Entwicklungen gegenübertreten. Ihre Autorität im Sinne von „Anerkanntwerden" in der Rolle muss sich auch ein Richter ständig neu erwerben; diese Rolle ist nicht angeboren. Es ist auch kein Affront, dass Parteienvertreter andere Interessen vertreten müssen als dem Richter zuweilen genehm ist, das gehört zum Beruf.

## 4. Offen sein und offen bleiben

Immer wird gelten: „Seien Sie offen, bleiben Sie offen." Ein Richter ist immer wieder mit Neuem konfrontiert. Offenheit für neue Entwicklungen im Prozess, Offenheit für neue Erkenntnisse in der Arbeit macht das Richterleben einfacher.

*********

# 3. Verfahrenskosten und Verfahrenshilfe

## 3.1. Allgemeines

Die ZPO versteht unter Prozesskosten „alle durch die Prozessführung verursachten, zur zweckentsprechenden Rechtsverfolgung oder Rechtsverteidigung notwendigen Kosten“ (§ 41 Abs 1 ZPO). Dazu zählen:

- die Gerichtskosten (Pauschalgebühren für das Verfahren der jeweiligen Instanz; Zeugen- und Sachverständigengebühren),
- die Kosten der Parteienvertreter (Rechtsanwaltstarif) und
- die Kosten der Parteien selbst (Verdienstentgang, Reisekosten).

Während die gerichtlichen Pauschalgebühren mit dem einleitenden Verfahrensschritt (Klage, Berufung, Revision) pauschal für eine Instanz zu entrichten sind (vgl Gerichtsgebührengesetz – GGG), werden die Rechtsanwaltskosten für jede einzelne von der Rechtsanwältin vorgenommene Handlung (Einbringung eines Schriftsatzes, Besuch einer Tagsatzung) verrechnet (vgl Rechtsanwaltstarifgesetz – RATG). Sowohl bei den gerichtlichen Pauschalgebühren als auch bei den Rechtsanwaltskosten ist die Höhe vom Streitwert abhängig.

**Beispiel:**

Bei einem Streitwert von EUR 6.700,– sind bspw folgende gerichtliche Pauschalgebühren zu entrichten (Stand: August 2017): von der Klägerin für das Verfahren erster Instanz EUR 299,–, von der Berufungswerberin für das Verfahren zweiter Instanz EUR 544,– und von der Revisionswerberin für das Verfahren dritter Instanz EUR 681,–.

Bei einem Streitwert von EUR 6.700,– beträgt der Tarifansatz der Rechtsanwältin für einen Schriftsatz **oder** für die erste Stunde einer Tagsatzung zur mündlichen Streitverhandlung in erster Instanz (TP 3 I 1. bzw II 1. RATG) EUR 216,80 zuzüglich 60 % Einheitssatz für Nebenleistungen – wie Bürokosten (§ 23 Abs 1 und 3 RATG) und 20 % Umsatzsteuer, insgesamt EUR 416,26 (= 216,80 * 1,6 * 1,2). Bei einer auswärtigen Anwältin wird der **Einheitssatz** verdoppelt (§ 23 Abs 5 RATG), sodass die tariflichen Kosten für die erste Stunde der Verhandlung EUR 572,35 (= 216,80 * **2,2** * 1,2) betragen.

## 3.2. Bestreitung der Kosten und Tragung der Kosten

Zunächst hat jede Partei die durch ihre Prozesshandlungen verursachten Kosten selbst zu **bestreiten** (§ 40 Abs 1 S 1 ZPO), dh sie hat sie vorweg selbst zu zahlen. In diesem Sinn muss die Klägerin mit der Klage die gerichtlichen Pauschalgebühren für das Verfahren erster Instanz entrichten, etwa durch Einziehung vom Konto der Anwältin. Für aufwendigere Beweisaufnahmen (insbesondere Beiziehung von Sachverständigen) muss bzw soll das Gericht einen Kostenvorschuss verlangen.

Wer endgültig die Prozesskosten zu **tragen** hat, richtet sich allein nach den Vorschriften der ZPO über den Kostenersatz (§ 40 Abs 2 ZPO). Der Kostenersatzanspruch ist ein akzessorischer Anspruch zur Hauptsache; die Kosten, deren Ersatz verlangt wird, werden vor Schluss der Verhandlung in der Kostennote „verzeichnet“.

Die ZPO geht grundsätzlich davon aus, dass die unterliegende Partei die gesamten zur zweckentsprechenden Rechtsverfolgung oder Rechtsverteidigung notwendigen Kosten zu tragen hat, also einerseits die auf ihrer Seite aufgelaufenen und andererseits (durch Kostenersatzpflicht) auch die der obsiegenden Gegnerin entstandenen (§ 41 Abs 1 ZPO).

## 3.3. Kostenersatzrecht

Die ZPO geht also beim Kostenersatz grundsätzlich vom **Erfolgshaftungsprinzip** aus. Entscheidend ist die letzte in Rechtskraft erwachsende Entscheidung (§ 50 ZPO). Wenn jede Partei teils obsiegt und teils unterliegt, sind die Kosten gegeneinander aufzuheben oder verhältnismäßig zu teilen (§ 43 Abs 1 ZPO). **Kostenaufhebung** bedeutet, dass keine Partei der anderen ihre Kosten zu ersetzen hat. In Bezug auf die Rechtsanwaltskosten lässt sie die Rsp dann eintreten, wenn sich Obsiegen und Unterliegen in etwa gleich gewichtig gegenüberstehen (zB auch bei einem Obsiegen mit 53 %, weil Abweichungen bis zu 5 % bzw bis zu 10 % toleriert werden).

Bei **anderen Obsiegens-/Unterliegens-Quoten** als (etwa) 50:50 wird zuerst der **Prozesserfolg ermittelt**, und zwar das Verhältnis von zugesprochenem zu eingeklagtem Betrag. Wenn zB EUR 20.245,– eingeklagt und EUR 14.951,– zugesprochen wurden, beträgt die Erfolgsquote etwa 75 % (die Erfolgsquote wird üblicherweise gerundet). Das Unterliegen mit 25 % würde theoretisch zu einem Kostenersatzanspruch der Gegnerin führen. Um ein Hin- und Herschieben von Prozesskosten zu vermeiden, werden die 25 % von den 75 % abgezogen, sodass sich die Ersatzquote mit 50 % errechnet (der Obsiegende hat daher Anspruch auf Ersatz von 50 % seiner Kosten, das sind idR zusammen etwa 75 % der gesamten Kosten beider Parteien die die Unterlegene daher trägt).

Die nur **einseitig** bei einer Partei **anfallenden Gebühren** (vor allem die nur von der Klägerin bzw Rechtsmittelwerberin zu entrichtenden Pauschalgebühren) sind immer nach der Erfolgsquote zu ersetzen. Wenn die Klägerin zu 50 % obsiegt, tritt grundsätzlich Kostenaufhebung ein. Da aber die Pauschalgebühren allein von der Klägerin entrichtet wurden, entspricht es der Kostenaufhebung, wenn sie am Ende des Verfahrens 50 % der Pauschalgebühren von der Beklagten ersetzt bekommt.

Sind die Erfolgsquoten einer Partei in **einzelnen Verfahrensabschnitten** (aufgrund von Klageausdehnungen und -einschränkungen) **unterschiedlich hoch**, ist das Verfahren in Abschnitte (Phasen) zu gliedern; für jede Phase sind Erfolgs- und Ersatzquote gesondert zu berechnen.

Die ZPO sieht einige **Ausnahmen** vom Erfolgshaftungsprinzip vor, etwa

- den vollen Kostenersatz trotz Teilunterliegens (§ 43 Abs 2 ZPO – bei geringfügigem Unterliegen bis ca 10 % des Streitwerts oder wenn der Zuspruch der Klageforderung von der Feststellung durch richterliches Ermessen, von der Ausmittlung durch Sachverständige oder von einer gegenseitigen Abrechnung abhängig ist),[79]
- Kostenersatz nach dem Verursachungsprinzip (§ 45 ZPO – fehlender Anlass zur Klageführung; § 48 ZPO – Kostenseparation bei von einer Partei verursachten Mehrkosten).[80]

---

**79** Vgl etwa *Obermaier*, Kostenseitig: GOG, EO, ZPO – Vermischtes aus der Rechtsprechung, ÖJZ 2016/15, 96 mwN.

**80** Dazu zB *Obermaier*, Kostenseitig: Kostenseparation wegen Verzögerung der Befundaufnahme des Sachverständigen, ÖJZ 2015/77, 588.

## 3.4. Geltendmachung des Kostenersatzes und Kostenentscheidung

Der Kostenersatzanspruch ist vor Schluss der Verhandlung durch Vorlage eines Kostenverzeichnisses geltend zu machen (§ 54 Abs 1 ZPO); geschieht dies nicht (rechtzeitig), hat dies den Verlust des Kostenersatzanspruchs zur Folge. **Nachträglich entstandene Kosten** können allerdings binnen vier Wochen ab ihrem Entstehen geltend gemacht werden (§ 54 Abs 2 ZPO). Findet keine mündliche Verhandlung statt (zB bei der Revision), ist das Kostenverzeichnis dem schriftlichen Antrag (Berufung, Revision und ihren Beantwortungen) anzuschließen.

Mit dem BBG 2009 wurde in § 54 ZPO ein Abs 1a eingefügt, wonach das vor Schluss der Verhandlung erster Instanz vorgelegte **Kostenverzeichnis** auch der **Gegnerin auszuhändigen** ist, die binnen einer Frist von 14 Tagen dazu Stellung nehmen kann. Falls die Gegnerin gegen die verzeichneten Kosten keine begründeten Einwendungen erhebt (für die es keinen Kostenersatz gibt: § 54 Abs 1a letzter Satz ZPO), hat das Gericht diese seiner Kostenentscheidung zu Grunde zu legen. Nach der Rsp des VfGH[81] müssen aber vom Gericht zumindest offenbare Unrichtigkeiten aufgegriffen werden können.

Die Kostenentscheidung ist in das Urteil bzw den Beschluss, mit dem die Streitsache für die Instanz vollständig erledigt wird, aufzunehmen. Bei besonderer Komplexität der Kostenentscheidung (zB mehrere Verfahrensabschnitte mit unterschiedlichen Streitwerten und Obsiegensquoten) kann das Gericht die **Kostenentscheidung vorbehalten**; in diesem Fall entscheidet das Erstgericht über die Kosten des gesamten Verfahrens nach Rechtskraft der Entscheidung in der Hauptsache (§ 52 Abs 1–3 ZPO).

Ihrem Wesen nach ist die Kostenentscheidung jedenfalls ein eigener **Beschluss**, weshalb dieser – wenn er allein angefochten wird – immer mit Rekurs („Kostenrekurs“) binnen 14 Tagen anzufechten ist. Die Kostenentscheidung kann aber auch im Rahmen der Berufung angefochten werden (vierwöchige Frist).

Der Kostenrekurs ist auch bei einem EUR 2.700,– nicht übersteigenden Streitwert **zulässig** (§ 517 Z 5 ZPO); **unzulässig** ist er, wenn der Betrag, dessen Zuspruch oder Aberkennung beantragt wird, EUR 50,– nicht übersteigt (§ 517 Abs 3 ZPO).[82] Ein Revisionsrekurs über den Kostenpunkt ist jedenfalls unzulässig (§ 528 Abs 2 Z 3 ZPO).

Wird der auferlegte Kostenersatzbetrag nicht vor Eintritt der Vollstreckbarkeit bezahlt, ist er ab dem Datum der Kostenentscheidung mit den gesetzlichen Zinsen zu verzinsen (§ 54a Abs 1 ZPO).

## 3.5. Verfahrenshilfe

Der Zweck der Verfahrenshilfe liegt darin, dass natürliche Personen, die außerstande sind, die zur Prozessführung erforderlichen Mittel ohne Gefährdung des notwendigen Unterhalts zu bestreiten, vorläufig von der Pflicht zur Bezahlung der – eigenen – Prozesskosten befreit werden. Mittlerweile haben allerdings der VfGH und der EuGH ausgesprochen, dass ein gänzlicher Ausschluss juristischer Personen von der Verfahrenshilfe nicht mit dem Gleichheitssatz vereinbar

**81** G 280/09, G 84/11.
**82** LG Feldkirch 2 R 36/17k.

ist bzw der EU-Grundrechtecharta widerspricht. Weitere Voraussetzung für die Verfahrenshilfe ist, dass die Prozessführung nicht offenbar mutwillig oder aussichtslos ist (§ 63 Abs 1 ZPO).[83]

Die bei der Gewährung der Verfahrenshilfe möglichen Begünstigungen sind in § 64 ZPO taxativ aufgezählt. In Betracht kommen vor allem die **einstweilige Befreiung** von der Entrichtung der **Barauslagen** (Gerichtsgebühren, Zeugen- und Sachverständigengebühren etc), der Ersatz der **Reisekosten** einer Partei (§ 64 Abs 1 Z 5 ZPO) und die **unentgeltliche Beistellung einer Verfahrenshilfevertreterin** (zB einer Rechtspraktikantin) oder einer Rechtsanwältin (vor allem in Verfahren mit Anwaltspflicht, § 64 Abs 1 Z 3 ZPO).[84]

Die Verfahrenshilfeanwältin erhält keine Prozessvollmacht von der Partei, der sie beigegeben wird; sie kann daher auch ihr Vertretungsverhältnis nicht selbständig lösen. Beschlossen wird die Beigebung einer Rechtsanwältin vom Gericht; die konkrete Anwältin wird mit Bescheid der nach dem Gerichtsort zuständigen Rechtsanwaltskammer bestellt.

Obsiegt die Partei, der die Verfahrenshilfe gewährt wurde, so hat die ihr beigegebene Rechtsanwältin Anspruch auf **Ersatz ihrer Kosten durch die Prozessgegnerin**; der Bund hat Anspruch auf Ersatz der Gerichtsgebühren uÄ. Bei Prozessverlust ist die Partei zwar von einer Entlohnung „ihrer" Verfahrenshelferin befreit, doch hat sie der Gegnerin deren Kosten – trotz der gewährten Verfahrenshilfe – zu ersetzen, weil sich die Verfahrenshilfe nur auf die eigenen Kosten bezieht.

Die Verfahrenshilfe ist beim **Prozessgericht erster Instanz** zu beantragen (§ 66 ZPO); dieses Gericht hat stets über den Antrag zu entscheiden, auch wenn er erst im Rechtsmittelverfahren gestellt wurde (§ 65 ZPO). Mit dem Antrag ist ein nicht mehr als vier Wochen altes **Vermögensbekenntnis vorzulegen**, in dem die Vermögens-, Einkommens- und Familienverhältnisse darzulegen sind. Dafür gibt es bei Gericht ein eigenes Formblatt, das auszufüllen ist (ZPForm 1). Das Gericht hat auf der Grundlage dieser Angaben die Voraussetzungen für die Bewilligung der Verfahrenshilfe zu prüfen und – nach allfälligen weiteren Erhebungen – mit **Beschluss** darüber zu entscheiden. Der Beschluss ist – auch von der Antragsgegnerin und von der Revisorin (einem Gerichtsorgan, das die finanziellen Interessen des Bundes wahrnimmt) – **anfechtbar**, sofern der **Streitwert EUR 2.700,–** übersteigt (§ 517 Abs 1 ZPO); der Revisionsrekurs ist jedenfalls unzulässig (§ 528 Abs 2 Z 4 ZPO).[85]

Zum Schutz der Antragstellerin werden durch den Antrag auf Verfahrenshilfe die **Fristen** zur Klagebeantwortung, zum Einspruch gegen einen Zahlungsbefehl, zum Widerspruch gegen ein Versäumungsurteil sowie die Rechtsmittelfristen **unterbrochen**, wenn die Beigebung einer Rechtsanwältin beantragt wird (§ 73 Abs 2 ZPO; ein solcher Antrag gilt auch als Anmeldung der Berufung, wenn er innerhalb der 14-tägigen Frist des § 461 Abs 2 ZPO gestellt wird). Die Fristen beginnen mit der Zustellung des Bescheides über die Bestellung einer Rechtsanwältin bzw mit Rechtskraft des die Verfahrenshilfe oder die Beigebung einer Rechtsanwältin ablehnenden Beschlusses neu zu laufen. Diese Unterbrechungswirkung kann aber durch einen neuerlichen Antrag auf Beigebung einer Rechtsanwältin – nach einer früheren Ablehnung – nicht mehr herbeigeführt werden (§ 73 Abs 3 ZPO).

Die **Verfahrenshilfe erlischt** einerseits von selbst mit dem **Tod der Partei**, andererseits auf Antrag (zB der Prozessgegnerin oder der Verfahrenshilfeanwältin) oder **von Amts wegen**, wenn sich die Vermögensverhältnisse der Partei entsprechend verbessert haben oder die weitere

**83** LG Linz 15 R 53/15t = EFSlg 147.426.

**84** 3 Ob 146/14p = EF-Z 2015/142, 232 = Zak 2015/284, 158; 7 Ob 182/14m = Zak 2015/211, 119 uva.

**85** 9 Ob 44/15h = EFSlg 147.634.

Rechtsverfolgung oder Rechtsverteidigung als **offenbar mutwillig** oder **aussichtslos** erscheint (§ 68 Abs 1 ZPO). Das Erlöschen tritt ex nunc ein, dh dass die gewährten Begünstigungen bis zum Tag des Erlöschens aufrecht bleiben.

Die **Entziehung** ist dann möglich, wenn sich herausstellt, dass die seinerzeit angenommenen Voraussetzungen nicht gegeben gewesen sind. Während das Erlöschen der Verfahrenshilfe ex nunc wirkt, beseitigt die Entziehung der Verfahrenshilfe deren Wirkungen ex tunc. Die Beträge, von deren Bestreitung die Partei einstweilen befreit war, sind nachzuzahlen; eine beigegebene Rechtsanwältin ist nach Tarif zu entlohnen.

Bessern sich die Einkommensverhältnisse, hat das Gericht die Partei mit vollstreckbarem Beschluss zur **Nachzahlung der Beträge**, von deren Entrichtung sie einstweilen befreit war, und zur tarifmäßigen Entlohnung der beigegebenen Rechtsanwältin zu verpflichten. Diese Nachzahlungspflicht verjährt allerdings innerhalb von drei Jahren nach Verfahrensabschluss (§ 71 ZPO), dh dass der Beschluss der Partei vor Ablauf der Dreijahresfrist zugestellt sein muss.

# 4. Urteil

## 4.1. Allgemeines

Das Urteil entscheidet über den geltend gemachten Anspruch inhaltlich, indem es entweder der Klage stattgibt oder sie abweist. Das Urteil kann auch teilabweisend sein.

Unter den Begriff des Urteils fällt eine Vielzahl **verschiedener Arten**:

**Zweiseitige** Urteile basieren auf beiderseitigem Vorbringen, **einseitige Urteile** gründen nur allein auf dem Parteivorbringen einer Partei (Versäumungs-, Anerkenntnis- und Verzichtsurteile).

Während das **Endurteil** über den gesamten Streitstoff entscheidet, ergeht das **Teilurteil** (§ 391 ZPO) nur über einen quantitativen Teil des Prozessstoffes oder über einen von mehreren geltend gemachten Ansprüchen.[86] Das **Zwischenurteil** teilt den Prozessstoff qualitativ und schafft damit die Grundlage für das Endurteil. Ein echtes Zwischenurteil ist das Zwischenurteil über den Grund des Anspruchs. Es ergeht, wenn ein Anspruch dem Grunde und der Höhe nach strittig ist und nur über den Grund vorweg entschieden werden kann (§ 393 Abs 1; sog **Grundurteil**) oder wenn die Frage der Verjährung strittig ist (§ 393a ZPO). Umstritten ist hier, ob dem Grundurteil materielle Rechtskraftwirkung zukommt.[87] Kein echtes Zwischenurteil ist das „Zwischenurteil über einen Zwischenfeststellungsantrag" (§ 393 Abs 2 ZPO; sog **Grundlagenurteil**). Dabei wird mit einem Endurteil über präjudizielle Rechte oder Rechtsverhältnisse abgesprochen – etwa im Prozess über den Mietzins, ob ein Mietverhältnis vorliegt. Dieses erwächst jedenfalls selbständig in Rechtskraft.

## 4.2. Urteilsinhalt

Das Gericht entscheidet über den Streitgegenstand idR mit Endurteil. Wegen des Dispositionsgrundsatzes darf es nur über diesen Anspruch, daher **nicht über mehr** oder etwas **anderes,** absprechen (§ 405 ZPO). Das Endurteil muss den **gesamten Anspruch** umfassen: Hat das Urteil

**86** LGZ Wien 39 R 91/15y = MietSlg 67.664.

**87** Vgl *Deixler-Hübner* in *Fasching/Konecny*² § 393 ZPO Rz 18 ff mwN.

nicht vollständig über alle geltend gemachten Ansprüche bzw Anspruchsteile entschieden, so kann der Kläger binnen 14 Tagen nach Zustellung des Urteils ein **Ergänzungsurteil** beantragen (§ 423 ZPO). Alternativ steht ihm aber auch die Berufung wegen unvollständiger Erledigung von Sachanträgen gem § 496 Abs 1 Z 1 ZPO zur Verfügung (siehe dazu S 88).

## 4.3. Urteilsaufbau

Gem § 417 Abs 1 ZPO gliedert sich das Urteil in den **Urteilskopf**, den **Urteilsspruch** und in die **Entscheidungsgründe**.

### 4.3.1. Urteilskopf

Das Urteil ergeht in feierlicher Form, nämlich **„Im Namen der Republik“** (Art 82 Abs 2 B-VG). Im Rubrum ist das Gericht, die Gerichtsbesetzung, die Parteien, deren Vertreter und der Streitgegenstand zu bezeichnen. Die Parteien sind mit Vor- und Nachnamen, Beschäftigung und Wohnort zu bezeichnen. In Personenstandssachen muss darüber hinaus der Tag und Ort der Geburt angegeben werden. Aus der Formulierung des Rubrums ist auch zu erkennen, ob das Urteil mündlich verkündet oder der schriftlichen Ausfertigung vorbehalten wurde.

### 4.3.2. Urteilsspruch

Der Urteilsspruch muss – um den Urteilswirkungen (vor allem der Vollstreckbarkeit von Leistungsurteilen) gerecht zu werden – hinreichend bestimmt formuliert werden. Er ist die „eigentliche“ gerichtliche (Sach-)Entscheidung und **erwächst** gem § 411 ZPO **in Rechtskraft.**[88] Der Urteilsspruch hat alle Sachanträge der Parteien zu erledigen und darüber hinaus eine Prozesskostenentscheidung zu enthalten. Bei einer Aufrechnungseinwendung ist auch über die vom Beklagten eingewendete Gegenforderung – bis zur Höhe der Klageforderung – zu entscheiden.

### 4.3.3. Entscheidungsgründe

Die Entscheidungsgründe spiegeln in gewisser Weise den Weg zum Urteil entsprechend dem Prozessverlauf wider. Dementsprechend untergliedern sie sich in das **Parteivorbringen** (Streitstand), die **Aufzählung der herangezogenen Beweismittel**, die **unstrittigen Tatsachen** (Sachstand), die **Sachverhaltsfeststellung**, die **Beweiswürdigung** und die **rechtliche Beurteilung**.

Das **Parteivorbringen** beinhaltet jeweils das in den Schriftsätzen und in der mündlichen Verhandlung vorgetragene Vorbringen der klagenden und der beklagten Partei. Es ist im Konjunktiv verfasst und wird idR in gekürzter bzw zusammengefasster Form wiedergegeben. Der unstrittige Sachverhalt (einschließlich der Außerstreitstellungen) wird in der Regel dem Parteivorbringen vorangestellt. Vor der Feststellung des relevanten Sachverhalts werden die für die weitere Entscheidungsbegründung notwendigen und die Beweiswürdigung herangezogenen **Beweismittel** aufgezählt.

In der **Sachverhaltsfeststellung** schildert das Gericht den von ihm als erwiesen angenommenen Sachverhalt kurz und vollständig ohne jede weiteren Begründungen. Erst in der daran anschließenden **Beweiswürdigung** hat es die Gründe anzuführen, wie und weshalb es zu den getroffenen Feststellungen gelangt ist (oder wieso es nicht in der Lage war, zu einem bestimmten

**88** 9 ObA 171/13g = MietSlg 66.707 uva.

Beweisthema eine Feststellung zu treffen). Das Gericht begründet oder rechtfertigt seine Sachverhaltsfeststellungen, indem es sich mit den einzelnen Ergebnissen der gesamten Verhandlung auseinandersetzt, dazu die Beweismittel gegeneinander abwägt und sie auch zu den Parteibehauptungen in Beziehung setzt. Darstellungen und Gegendarstellungen einzelner Aussagen sind zu vergleichen und die in der Sachverhaltsfeststellung festgehaltene Überzeugung zu begründen.

In der **rechtlichen Beurteilung** subsumiert das Gericht schließlich den festgestellten Sachverhalt unter die anzuwendenden Rechtsnormen. Die rechtliche Beurteilung beginnt idR mit der Darstellung der anzuwendenden Rechtslage, wobei der Umfang im Einzelfall vom jeweiligen Richter abhängt. Sodann wird der Sachverhalt nochmals kurz geschildert und die Subsumtion unter die entsprechende Norm vorgenommen. Daraus wird schließlich die Rechtsfolge abgeleitet.

Am Ende der Entscheidungsgründe hat das Gericht auch eine **Begründung des Kostenspruchs** aufzunehmen. Bei gänzlicher Stattgabe oder Abweisung des Klagebegehrens genügt ein Hinweis auf § 41 ZPO, wonach die unterlegene Partei dem Gegner alle seine zur zweckentsprechenden Rechtsverfolgung bzw Rechtsverteidigung notwendigen Verfahrenskosten zu ersetzen hat. Bei einem teilabweisenden bzw teilstattgebenden Urteil sind die Kosten gem § 43 Abs 1 ZPO **verhältnismäßig zu teilen**. Ist der Kläger mit der Hälfte seines Begehrens durchgedrungen (die Praxis toleriert hier auch Abweichungen bis zu 10 %), sind die Vertretungskosten **gegeneinander aufzuheben** (§ 43 Abs 2 ZPO). Jede Partei hat in diesem Fall das auf ihrer Seite aufgelaufene Rechtsanwaltshonorar endgültig selbst zu tragen. Bloß die vorerst nur von einer Seite ausgelegten Gerichtskosten und Barauslagen sind im Verhältnis der Obsiegensquote aufzuteilen. Da der Kläger die **Gerichtskosten** zu Beginn des Prozesses in Form einer Pauschalgebühr allein zu erlegen hat, hat ihm der Beklagte dementsprechend die Hälfte dieser Gerichtskosten zu ersetzen.

## 4.4. Gekürzte Urteilsausfertigung

Gem § 417a ZPO können mündlich verkündete Urteile vom Gericht gekürzt ausgefertigt werden, wenn keine der Parteien die **Berufung** rechtzeitig innerhalb der Vierzehntagefrist des § 461 Abs 2 ZPO **angemeldet** hat.[89] In diesem Fall können sich die Entscheidungsgründe auf die Angaben, die zur Beurteilung der Rechtskraftwirkung des Urteils notwendig sind, beschränken. Es entfallen daher die Ausführungen zu Beweismitteln, zur Beweiswürdigung und zur Begründung der Kostenentscheidung, da diese Punkte ohnehin bei der mündlichen Verkündung bereits erörtert worden sind. Aus prozessökonomischen Überlegungen heraus kann daher, wenn ohnehin kein Rechtsmittel angemeldet wird, auf eine ausführliche schriftliche Urteilsausfertigung verzichtet werden.

## 4.5. Urteilswirkungen

### 4.5.1. Allgemeines

Grundsätzlich kann zwischen vier Urteilswirkungen unterschieden werden:

- Rechtskraft,
- Vollstreckbarkeit,

**89** LG Salzburg 19 Cgs 141/10s = SVSlg 62.356.

- Rechtsgestaltungswirkung und
- Tatbestandswirkung eines Urteils.

Während die **Rechtskraft** jedem End- oder Teilurteil zukommt, bestehen die anderen Urteilswirkungen nur bei bestimmten Urteilen. Die **Vollstreckbarkeitswirkung** kommt nur den stattgebenden Leistungsurteilen zu (bei abweisenden Urteilen der Kostenentscheidung zugunsten des Beklagten). Grundsätzlich ist die Vollstreckbarkeit an die formelle Rechtskraft des Urteils geknüpft. Überdies muss die 14-tägige Leistungsfrist abgelaufen sein (§ 409 Abs 1 ZPO). Die Leistungsfrist läuft ab Zustellung des Urteils; wird ein Rechtsmittel erhoben ab Rechtskraft der Entscheidung.

Die **Rechtsgestaltungswirkung** besteht bei stattgebenden Urteilen über eine Rechtsgestaltungsklage. Durch den Urteilsspruch wird die Rechtslage konstitutiv gestaltet – etwa beim Scheidungsurteil. Die Rechtsgestaltungswirkung tritt idR mit formeller Rechtskraft des Urteils ein und kann **ex nunc** oder **ex tunc** wirken.

Die **Tatbestandswirkung** bzw Reflexwirkung stellt eine Nebenwirkung für bestimmte Urteile dar. Für bestimmte Tatbestände werden Rechtsfolgen ausgelöst, die meist Dritte treffen und mit dem Urteil selbst in keiner unmittelbaren Beziehung stehen. So wird etwa die Ausfallsbürgschaft erst dann schlagend, wenn der Hauptschuldner stattgebend verurteilt wurde.

### 4.5.2. Rechtskraft

Die **formelle Rechtskraft** bedeutet die **Unabänderlichkeit der Entscheidung.** Sie tritt ab dem Zeitpunkt ein, in dem die **Entscheidung unanfechtbar** wird. Die Unanfechtbarkeit tritt ein:

- mit Ablauf der Rechtsmittelfrist,
- mit Rücknahme eines Rechtsmittels, Rechtsmittelverzicht oder
- mit der letzten Entscheidung im Instanzenzug.

Die **materielle Rechtskraft** erfließt aus der formellen Rechtskraft und bedeutet die endgültige Maßgeblichkeit der gerichtlichen Entscheidung für die Parteien. Sie äußert sich in der **Einmaligkeitswirkung** und der **Bindungswirkung.** Das Neuaufrollen eines abgeschlossenen Rechtsstreits ist – abgesehen von der Nichtigkeits- und der Wiederaufnahmeklage – gem § 411 ZPO unzulässig. Über denselben Anspruch kann daher zwischen denselben Parteien nicht noch einmal prozessiert werden (ne bis in idem). Eine weitere Klage wäre wegen Rechtskraft als unzulässig zurückzuweisen.

Die Rechtskraft führt weiters dazu, dass das Bestehen oder Nichtbestehen dieses Anspruchs für künftige Prozesse, in denen diese Frage als **Vorfrage** auftaucht, zwischen denselben Parteien bindend festgestellt ist (Bindungswirkung).

## 4.6. Formulierung des Urteilsspruchs

Der Urteilsspruch stellt das Kernstück des Urteils dar und erwächst in Rechtskraft. Unterschieden werden stattgebende, abweisende und teilabweisende Urteilssprüche.

### 4.6.1. Stattgebender Spruch

**Beispiel:**

Der Klageanspruch beträgt EUR 120.000,– sA.[90] Das Gericht gelangt zur Auffassung, dass der Klageanspruch vollinhaltlich berechtigt ist.

*„Die beklagte Partei* ***ist schuldig****, der klagenden Partei EUR 120.000,– samt 4 % Zinsen seit 14.12.2016 sowie die Verfahrenskosten in Höhe von EUR ... (darin enthalten EUR .... Umsatzsteuer und EUR .... Barauslagen) binnen 14 Tagen zu bezahlen."*

### 4.6.2. Abweisender Spruch

**Beispiel:**

Hier gelangt das Gericht zur gegenteiligen Auffassung, wonach der Klageanspruch vollinhaltlich abzuweisen ist.

*„Das Klagebegehren des Inhalts, die beklagte Partei sei schuldig, der klagenden Partei EUR 120.000,– samt 4 % Zinsen seit 14.12.2016 zu bezahlen,* ***wird abgewiesen****.*

*Die klagende Partei ist schuldig, der beklagten Partei die Verfahrenskosten in Höhe von EUR ... (darin enthalten EUR .... Umsatzsteuer und EUR .... Barauslagen) binnen 14 Tagen zu ersetzen."*

### 4.6.3. Teilabweisender Spruch

**Beispiel:**

Hier gelangt das Gericht zur Auffassung, dass die Hälfte des eingeklagten Betrags von EUR 120.000,– zusteht.

*„1. Die beklagte Partei* ***ist schuldig****, der klagenden Partei EUR 60.000,– samt 4 % Zinsen seit 14.12.2016 binnen 14 Tagen zu bezahlen.*

*2. Das* ***Mehrbegehren*** *in Höhe von EUR 60.000,– samt 4 % Zinsen seit 14.12.2016 wird abgewiesen.*

*3. Die Verfahrenskosten werden gegeneinander aufgehoben. Die beklagte Partei hat der klagenden Partei die Barauslagen in Höhe von EUR ... binnen 14 Tagen zu ersetzen."*

### 4.6.4. Urteilsspruch bei Geltendmachung einer Gegenforderung

#### 4.6.4.1. Allgemeines

Hat der Beklagte gegen den Kläger ebenfalls eine Forderung, so stehen ihm zwei Möglichkeiten zur Verfügung. Er kann diese **außerhalb des Prozesses** jederzeit mit einer gleichartigen Forderung aufrechnen, indem er eine **Aufrechnungserklärung** abgibt (§ 1438 ABGB).

Klagt sein Gegner aber seine Forderung ein, so kann der Beklagte auch im Prozess mit seiner Gegenforderung aufrechnen, indem er dort die **Aufrechnungseinwendung** erhebt. Damit macht

---

90 Die häufig im Urteilskopf beim Streitgegenstand vorkommende Abkürzung „sA" oder „s.A." bedeutet „samt Anhang" und bezeichnet das Begehren nach dem Zuspruch auch von Nebenforderungen (vor allem Zinsen und Kosten).

der Beklagte eine **rechtsvernichtende Tatsache** geltend, wonach der Klageanspruch durch die Aufrechnungseinwendung – ganz oder zumindest teilweise – erloschen und daher das Klagebegehren abzuweisen sei. Die Aufrechnung wird nur **eventualiter vorgenommen**, nämlich unter der Bedingung, dass die eingeklagte Forderung – zumindest teilweise – zu Recht besteht. Der Beklagte wird daher danach trachten, dass schon seine übrigen Verteidigungsmittel – zB Bestreiten des Klagegrunds und/oder der Rechtsfolge oder Sacheinwendungen wie die Verjährungseinwendung – die Klageforderung zu Fall bringen, ohne dass er seine Gegenforderung „opfern" muss.

Die Aufrechnungseinwendung stellt eine **doppelfunktionelle Parteihandlung** dar, weil sie sowohl ein materielles Rechtsgeschäft als auch eine Prozesshandlung verkörpert. Strittig ist in diesem Zusammenhang, ob es sich dabei um eine doppelfunktionelle Prozesshandlung mit Doppelnatur oder mit Doppeltatbestand handelt. Wird die Theorie von der Doppelnatur vertreten, so zieht die Rechtsunwirksamkeit der einen Seite auch jene der anderen Seite nach sich. Bei der – herrschenden – Lehre vom Doppeltatbestand kann die materiell-rechtliche von der prozessrechtlichen Seite unabhängig bestehen.

### 4.6.4.2. Aufrechnungseinwendung

Die Aufrechnungseinwendung kann von der **Streitanhängigkeit** bis zum **Schluss der mündlichen Streitverhandlung erster Instanz** erhoben werden. Für die Gegenforderung muss allerdings die **Zulässigkeit des Rechtswegs** vorliegen, nicht notwendig ist hingegen, ob das Gericht für die Geltendmachung dieser Forderung auch zuständig wäre. Die Aufrechnungseinwendung wirkt auf den Zeitpunkt zurück, zu dem sich beide Forderungen **erstmals aufrechenbar gegenüber gestanden** sind. Dies ist vor allem für den Zinsenlauf bedeutsam. Ab diesem Zeitpunkt stehen dem Kläger nämlich nur mehr Zinsen aus dem die Aufrechnungssumme übersteigenden Betrag zu. Die Aufrechnung begründet für die Gegenforderung **keine Streitanhängigkeit** im echten Sinn.

Die Aufrechnungseinwendung stellt die einzige Einwendung dar, über die im **Urteilsspruch** zu entscheiden ist. Das Gericht hat einen **mehrgliedrigen Spruch** zu fassen. Die Aufrechnungseinwendung wird allerdings **nur** bis zur **Höhe der Klageforderung** (§ 411 ZPO) rechtskräftig.[91] Jener Teil der Gegenforderung, der die Klageforderung übersteigt, muss vom Beklagten in einem eigenen Prozess geltend gemacht werden. Dabei ist der Richter im zweiten Prozess nicht an die Beurteilung der Gegenforderung im Vorprozess gebunden.

Steht die Klageforderung mit der Gegenforderung in **keinem rechtlichen Zusammenhang,** so kann über sie auch mit **Teilurteil** (Vorbehaltsurteil) entschieden werden, wenn sie vorher entscheidungsreif ist als die Gegenforderung (§ 391 Abs 3 ZPO).

**Beispiel für einen mehrgliedrigen Urteilsspruch:**

Eingeklagt wurde eine Forderung von EUR 90.000,–. Dagegen wandte der Beklagte seine Gegenforderung in Höhe von EUR 60.000,– ein. Das Gericht gelangte nun zur Auffassung, dass die Klageforderung in Höhe von EUR 60.000,– und die Gegenforderung mit der Hälfte, nämlich mit EUR 30.000,– zu Recht besteht.

*„1. Die Klageforderung von EUR 90.000,– besteht mit EUR 60.000,– zu Recht.*

91 7 Ob 91/13b = MietSlg 65.664.

*2. Die Gegenforderung in Höhe von EUR 60.000,– besteht mit EUR 30.000,– zu Recht.*

*3. Die beklagte Partei ist schuldig, der klagenden Partei EUR 30.000,– samt 4 % Zinsen aus EUR 60.000,– von 1.10.2013 bis 15.9.2016 und 4 % Zinsen aus EUR 30.000,– ab 16.9.2016 zu zahlen.*

*4. Das Mehrbegehren von EUR 60.000,– samt 4 % Zinsen seit 16.9.2016 wird abgewiesen.*

*5. Die klagende Partei hat der beklagten Partei die Prozesskosten in Höhe von EUR ...(darin enthalten EUR ... Umsatzsteuer und EUR .... Barauslagen) zu ersetzen."*

Beachte:

Bei Bemessung der Obsiegensquote ist der ursprünglich eingeklagte Betrag zu dem tatsächlich zugesprochenen Betrag – unabhängig davon, in welcher Höhe die Klageforderung als zu Recht bestehend angenommen wurde – ins Verhältnis zu setzen. In unserem Beispiel hat der Kläger EUR 90.000,– eingeklagt und letztendlich – wenngleich durch Aufrechnung des Beklagten mit einer Gegenforderung – bloß den Betrag von EUR 30.000,– tatsächlich zugesprochen erhalten. Seine Obsiegensquote beträgt daher nur ein Drittel, jene des Beklagten aber zwei Drittel. Der Kläger muss daher dem Beklagten ein Drittel von dessen Prozesskosten ersetzen und seine eigenen Kosten endgültig selbst tragen. Für den Kläger stellt es daher ein hohes Prozesskostenrisiko dar, seinen Anspruch einzuklagen, wenn er weiß, dass dem Beklagten ebenfalls eine Gegenforderung zusteht. Nur dann, wenn er davon überzeugt ist, dass diese Gegenforderung nicht zu Recht besteht, sollte er sofort den Prozess einleiten. Andernfalls ist es besser, zunächst eine außergerichtliche Aufrechnung durchzuführen und bloß den übersteigenden Betrag einzuklagen.

# Rechtsmittelverfahren

## 1. Allgemeines

Das Verfahrensrecht stellt Rechtsmittel und Rechtsbehelfe zur Verfügung, um **fehlerhafte Entscheidungen** korrigieren lassen zu können. Auf diese Weise werden den Rechtsteilnehmerinnen nicht nur Mittel an die Hand gegeben, um zu richtigen Entscheidungen zu gelangen; vielmehr wirken die Rechtsinstitute auch schon **präventiv**. Sie veranlassen nämlich die Gerichte, von vornherein sorgfältig vorzugehen und eine möglichst (rechts-)richtige Entscheidung zu fällen.

Die **Rechtsmittel**, die von der ZPO geregelt werden, sind die **Berufung**, der **Rekurs**, die **Revision** und der **Revisionsrekurs**.

Der Begriff der **Rechtsbehelfe** wird zum Teil als – auch die Rechtsmittel einschließender – Überbegriff für alle Überprüfungsanträge im Zivilverfahren verstanden. Hier werden unter dem Begriff alle anderen Überprüfungsanträge verstanden, die nicht formell unter die schon genannten Rechtsmittel zu subsumieren sind – wie der **Einspruch** im Mahnverfahren, die **Einwendungen** im Wechselmandats- und im Bestandverfahren, die **Nichtigkeits-** und **Wiederaufnahmeklage**, der **Widerspruch**, der **Wiedereinsetzungsantrag** oder der **Fristsetzungsantrag**.

## 2. Wirkungen der Rechtsmittel

Den meisten Rechtsmitteln sind die – in die nächste Instanz – aufsteigende Wirkung (**Devolutiveffekt**) und die – den Eintritt der Rechtskraft – aufschiebende Wirkung (**Suspensiveffekt**) immanent.

Das im Instanzenzug übergeordnete Gericht entscheidet im Allgemeinen über das eingelegte Rechtsmittel: Ist das Eingangsgericht ein Bezirksgericht, so entscheidet in zweiter Instanz das Landesgericht, ist hingegen das Landesgericht Eingangsgericht, so steigt das Rechtsmittel zum Oberlandesgericht auf. In dritter und letzter Instanz entscheidet stets der Oberste Gerichtshof.

**Ausnahmen** bilden die sog **remonstrativen Rechtsmittel**. Hier kann das Erstgericht dem Rechtsmittelantrag stattgeben. Diese Möglichkeit besteht etwa bei Rechtsmitteln gegen eine **Strafverfügung**, gegen einen **prozessleitenden Beschluss** oder gegen einen Beschluss, mit dem ein **Rechtsmittel**, ein Einspruch gegen einen Zahlungsbefehl oder ein Widerspruch gegen ein Versäumungsurteil als **verspätet oder unzulässig zurückgewiesen** wurde (§ 522 Abs 1 ZPO). Gem § 469 Abs 3 ZPO besteht zudem die Möglichkeit, dass das Gericht der Berufung gegen ein **Versäumungsurteil**, das wegen Verletzung des rechtlichen Gehörs angefochten wird, **selbst stattgeben** kann.

Der **Suspensiveffekt** bewirkt, dass die **formelle Rechtskraft vorläufig hinausgeschoben** wird. Dies hemmt auch die materielle Rechtskraft und Vollstreckbarkeit der Entscheidung. Keinen Suspensiveffekt haben der Rekurs – doch ist hier eine Zuerkennung der aufschiebenden Wirkung gem § 524 ZPO möglich – und die außerordentliche Revision (§ 505 Abs 3 ZPO).[92]

Rechtsmittel sind **grundsätzlich zweiseitig**, weil beiden Parteien rechtliches Gehör gewährt werden soll. Lediglich Rekurse vor Eintritt der Streitanhängigkeit und Rekurse gegen verfahrensleitende Beschlüsse sind einseitig (§ 521a ZPO).[93]

---

**92** 1 Ob 127/15f = JBl 2016, 188.
**93** Etwa OLG Linz 4 R 96/11g = Zak 2011/487, 259; OLG Wien 4 R 36/11k = Zak 2011/248, 138.

# 3. Voraussetzungen für Rechtsmittel

Fehlt eine Zulässigkeitsvoraussetzung, so ist das Rechtsmittel mit **Beschluss zurückzuweisen.**

Wie bei der Klage wird die **Zulässigkeit** des Rechtsmittels von seiner **Begründetheit** unterschieden. Zulässig ist ein Rechtsmittel, wenn es abstrakt prozessual überhaupt (noch) gegen die Entscheidung möglich ist, begründet ist das Rechtsmittel hingegen, wenn die angefochtene Entscheidung fehlerhaft ist und daher mit der Rechtsmittelentscheidung korrigiert werden muss.

## 3.1. Statthaftigkeit des Rechtsmittels

Je nachdem, welche Entscheidung angefochten werden soll, stellt die ZPO bestimmte Rechtsmittel zur Verfügung. Gegen Urteile der ersten Instanz ist es die **Berufung**, gegen erstinstanzliche Beschlüsse der **Rekurs.** Gegen Urteile des Berufungsgerichts steht die **Revision**, gegen Beschlüsse des Berufungsgerichts der **Rekurs** zur Verfügung. Beschlüsse des Rekursgerichts sind mittels **Revisionsrekurs** zu bekämpfen.

Die **Berufung** steht grundsätzlich gegen jedes Urteil zur Verfügung, doch bestehen bei einem Streitwert von bis zu **EUR 2.700,– Beschränkungen bei den Berufungsgründen** (§ 501 ZPO). Hier ist die Berufung auf die Geltendmachung von Nichtigkeit und unrichtiger rechtlicher Beurteilung beschränkt.

Für die Revision (§ 502 ZPO) und den Revisionsrekurs (§ 528 Abs 2 ZPO) bestehen zahlreiche Beschränkungen, weil dem OGH Leitfunktion zukommt und er im Wesentlichen nur mit „erheblichen Rechtsfragen" befasst werden soll. Der **Schwerpunkt** des Verfahrens soll nach dem System der ZPO in **der ersten Instanz** liegen. Die zweite Instanz übt im Wesentlichen nur eine kontrollierende Funktion aus.

## 3.2. Rechtsmittellegitimation

In der Hauptsache sind nur die Parteien, ihre Rechtsnachfolgerinnen und die streitgenössischen Nebenintervenientinnen rechtsmittellegitimiert. In Zwischenstreitigkeiten besteht die Rechtsmittellegitimation auch für Personen, die dort antragsberechtigt sind.[94]

Die Rechtsmittellegitimation **fällt** grundsätzlich **weg** bei:

- **Rechtsmittelverzicht** (§ 472 Abs 1 ZPO)[95] und
- **Rechtsmittelzurücknahme.**

Der Rechtsmittelverzicht stellt eine Prozesshandlung dar und kann vor Erlass der Entscheidung (str) oder nach Erlass abgegeben werden.[96]

Eine Rechtsmittelzurücknahme ist nach Einlegung eines Rechtsmittels bis zum **Schluss einer mündlichen Berufungsverhandlung** bzw bis zur **Entscheidung des Senats** in nichtöffentlicher Sitzung möglich (§ 484 Abs 1 ZPO). Diese Prozesshandlungen bewirken den sofortigen

---

**94** 5 Ob 164/13y.

**95** 1 Ob 148/16w = Zak 2016/628, 333; 5 Ob 248/10x = Zak 2011/528, 279; LGZ Wien 38 R 6/08a = MietSlg 60.693 uva.

**96** Gegen Abgabe vor Erlass der Entscheidung zB LG Linz 15 R 456/15g = EFSlg 147.623; vgl *Pimmer* in *Fasching/Konecny*[2] § 472 ZPO Rz 11.

Eintritt der Rechtskraft. Hier ist auch die Einmaligkeit des Rechtsmittels zu beachten: Wird das Rechtsmittel zurückgezogen, so kann nach der Rsp[97] kein weiteres mehr eingebracht werden.

## 3.3. Rechtzeitigkeit

Die Rechtsmittelfrist beträgt für die Berufung (§ 464 Abs 1 ZPO), die Revision (§ 505 Abs 2 ZPO) und den zweiseitigen Rekurs (§ 521a ZPO; § 521 Abs 1 Satz 1 ZPO) **vier Wochen,** für den einseitigen Rekurs (§ 521 Abs 1 Satz 1 ZPO) **vierzehn Tage** ab Wirksamkeit der Entscheidung. Die **Wirksamkeit der Entscheidung** tritt mit deren Zustellung ein (§ 416 Abs 1 ZPO), ausnahmsweise auch mit der mündlichen Verkündung eines Urteils, wenn es sich um Verzichts- oder Anerkenntnisurteile handelt und beide Parteien anwesend sind (§ 416 Abs 3 ZPO).

**********

### Exkurs: Fristenüberwachung

Hinsichtlich der Fristen muss die Rechtsanwältin stets sehr sorgfältig vorgehen. Besondere Sorgfalt ist bei Rechtsmittelfristen angebracht, weil diese Notfristen darstellen. **Notfristen** kennzeichnen sich dadurch, dass sie nicht – wie die erstreckbaren Fristen – vom Gericht verlängerbar sind.

Der Fristenlauf **beginnt** mit dem der Zustellung des Urteils folgenden Tag. Bei der Zustellung im ERV gilt gem § 89d Abs 2 GOG als Zustellungszeitpunkt der auf das Einlangen im elektronischen Verfügungsbereich des Empfängers nächstfolgende Werktag.[98] Dann, wenn ein Anerkenntnisurteil oder ein Verzichtsurteil mündlich verkündet wurde, läuft die Frist ab dieser Verkündung (§§ 124 f ZPO). Weil die Rechtsmittelfrist vier Wochen beträgt, endet sie mit dem Ablauf des Tages, der durch seine Benennung oder Zahl dem Tag entspricht, an dem die Zustellung wirksam erfolgt ist.

Fristbeginn und Fristenlauf bleiben durch Sonn- und Feiertage unberührt. Nur dann, wenn das Ende der Frist auf einen Samstag, Sonntag, Feiertag oder auf den Karfreitag fällt, ist der nächste Werktag als letzter Tag der Frist anzusehen (§ 126 ZPO).

**Beispiel:**

Das Urteil wird am **Dienstag**, 8. November 2016 zugestellt. Die Rechtsmittelfrist beginnt am folgenden Tag zu laufen, dh der erste Tag der Frist ist **Mittwoch**, 9. November 2016. Die vierwöchige Rechtsmittelfrist endet daher am Dienstag, 6. Dezember 2016, 24.00 Uhr.

Würde das Urteil aber am **Donnerstag**, 10. November 2016 zugestellt werden, so würde die Frist am **Donnerstag**, 8. Dezember 2016 um 24:00 Uhr enden. Weil Donnerstag, 8. Dezember 2016 ein gesetzlicher Feiertag ist, ist der letzte Tag der Frist Freitag, 9. Dezember 2016.

Wird ein Urteil zugestellt, so hat die Rechtsanwältin dafür zu sorgen, dass ihre Kanzleikraft das Fristende sorgfältig einträgt. Empfehlenswert ist es auch, dass in der Kanzlei ein funktionierendes Überwachungssystem sichergestellt ist.

Wird die Frist trotz sorgfältiger Überwachung des Fristenlaufs versäumt, so kann versucht werden, einen **Wiedereinsetzungsantrag** einzubringen.

---

**97** RIS-Justiz RS0039897; vgl auch § 472 ZPO.

**98** Näher 10 ObS 113/12h = EvBl 2013/54 (*Schwab*); zur verfassungsrechtlichen Unbedenklichkeit s VfGH G 325/2015 = Zak 2016/73, 39.

*********

## Exkurs: Wiedereinsetzung in den vorigen Stand

Mit einem Wiedereinsetzungsantrag wird angestrebt, die gesetzlichen Folgen der Säumnis zu beseitigen. Durch die Stattgabe der Wiedereinsetzung wird der Prozess in jene Lage zurückversetzt, in der er sich vor der Säumnis befunden hat.

Ein Wiedereinsetzungsantrag ist nur möglich, wenn die Partei durch ein **unvorhergesehenes** oder **unabwendbares Ereignis** an der Vornahme der Prozesshandlung gehindert war, wobei leichte Fahrlässigkeit keinen Schaden darstellt (§ 146 ZPO).

**Beispiel:**

Als **unabwendbar** gelten vor allem Naturereignisse – etwa Stürme oder Hochwasser – die einen daran hindern, das Haus zu verlassen.

Als **unvorhergesehen** gilt ein Ereignis, das eine Partei unter normalen Voraussetzungen nicht erwarten musste – zB eine plötzliche Erkrankung. Diese stellt aber zugleich auch einen unabwendbaren Umstand dar.

Der Wiedereinsetzungsantrag ist innerhalb einer Notfrist von **14 Tagen ab Wegfall des Hindernisses** einzubringen. Im Antrag ist die versäumte **Prozesshandlung zugleich nachzuholen,** etwa indem das Rechtsmittel damit ausgeführt wird. Zuständig für den Wiedereinsetzungsantrag ist dasjenige Gericht, bei dem die versäumte Prozesshandlung vorzunehmen war (§ 148 Abs 1 ZPO), idR daher das Erstgericht. Die Wiedereinsetzungsgründe sind zu **bescheinigen.** Das Gericht entscheidet über den Wiedereinsetzungsantrag mit Beschluss, der nur im Fall der Antragsabweisung anfechtbar ist (§ 153 ZPO).

**Beachte:**

Die Gerichte sind hinsichtlich der Wiedereinsetzung in Bezug auf die Versäumung von Rechtsmittelfristen **sehr streng**, sodass bei Fristversäumnis dem Wiedereinsetzungsantrag nur dann stattgegeben wird, wenn ein solcher Fehler auch bei einer ansonsten sorgfältig arbeitenden Anwältin bzw einer stets zuverlässigen Kanzleikraft vorkommen kann.[115] Es ist allerdings keinesfalls gewährleistet, dass ein Fristversäumnis immer glimpflich ausgehen kann. Hat die Anwältin die Berufungsfrist versäumt, so können sie **Haftungsfolgen** treffen. In einem Haftungsprozess muss hypothetisch nachvollzogen werden, ob das Rechtsmittel, wäre es rechtzeitig eingebracht worden, Erfolg gehabt hätte. Wäre es ohnehin erfolglos gewesen, tritt keine Haftung ein.

Zu überdenken ist die – in der Praxis häufig anzutreffende – Vorgangsweise, das Rechtsmittel immer erst am **letzten Tag der Frist einzubringen.** Es sollte immer bedacht werden, dass am letzten Tag der Frist zB technische Probleme bei der Verfassung oder Übermittlung des Rechtsmittelschriftsatzes aufkommen können, sodass man als Rechtsmittelwerber möglicherweise darauf angewiesen ist, dass das Gericht einem Wiedereinsetzungsantrag stattgibt – eine sinnvollerweise von vornherein zu vermeidende Situation.

*********

**99** 9 ObA 40/11i: Erfolg des Wiedereinsetzungsantrags iZm Kanzleiübersiedlung.

## 3.4. Wirksamkeit

Ein Rechtsmittel ist wirksam, wenn es den notwendigen Inhalt, dh die erforderlichen **Form-** und **Inhaltsbestandteile** aufweist.

Es sind dies:

- eine **Anfechtungserklärung:** Die Partei hat anzugeben, ob sie die Entscheidung in vollem Umfang oder nur teilweise anficht. Bei bloßer Teilanfechtung erwächst der nicht angefochtene Teil der Entscheidung in **Teilrechtskraft.**
- **Anfechtungsgründe:** Diese sind bei der Berufung Nichtigkeit, Mangelhaftigkeit des Verfahrens, unrichtige Tatsachenfeststellung (einschließlich Aktenwidrigkeit) und unrichtige rechtliche Beurteilung. Die unrichtige Tatsachenfeststellung stellt keinen Revisionsgrund mehr dar.
- **Anfechtungsantrag (-anträge):** Die Partei kann Aufhebung und/oder Abänderung der Entscheidung begehren.

## 3.5. Beschwer

Obwohl die Beschwer im Gesetz nicht ausdrücklich geregelt ist, stellt sie eine **besondere Form des Rechtschutzinteresses** für die höhere Instanz dar. Nur derjenige kann ein Rechtsmittel einlegen, der durch die angefochtene Entscheidung **benachteiligt** ist. Dabei wird zwischen materieller und formeller Beschwer entschieden. Hat die Rechtsmittelwerberin durch die angefochtene Entscheidung nicht alles bekommen, was sie – verglichen mit ihrem Antrag – angestrebt hat, so liegt **formelle Beschwer** vor. Die **materielle Beschwer** ergibt sich allein aus der inhaltlichen Nachteiligkeit der Entscheidung für die Rechtsmittelwerberin. IdR genügt die formelle Beschwer. Weil aber das Gesetz in § 471 Z 4 ZPO bzw in § 371 Z 1 EO die Berufung auch zulässt, wenn die berufende Partei gar keinen Antrag gestellt hat (Versäumung) oder sich dem Standpunkt der Gegnerin angeschlossen hat (Anerkenntnis), ist in diesen Fällen die formelle Beschwer allein nicht ausreichend.

In bestimmten Fällen ist die Beschwer der Partei nicht allein aus dem Urteilsspruch ableitbar, sondern erst aus der für die anfechtende Partei benachteiligenden Entscheidungsbegründung. So kann etwa bei Aufhebungs- und Zurückverweisungsbeschlüssen durch die darin enthaltene bindende Rechtsansicht auch diejenige Partei beschwert sein, die durch ihre Berufung antragsgemäß die Aufhebung und Zurückverweisung an das Erstgericht erreicht hat; sie kann in diesem Fall im Hinblick auf die in der Begründung geäußerte bindende Rechtsansicht des Berufungsgerichts den OGH anrufen, wenn das Rechtsmittelgericht das Rechtsmittel an den OGH zulässt.

Strittig ist, ob die Beschwer die Zulässigkeit eines Rechtsmittels oder deren Begründetheit betrifft. Nach hM stellt die Beschwer eine **Zulässigkeitsvoraussetzung** dar.

## Übersicht Zulässigkeit der RM

### 1. Statthaftigkeit

**objektive**

= Möglichkeit, ein Rechtsmittel gegen eine bestimmte Entscheidung zu erheben
beschränkte Berufung (§ 501)
Beschränkungen bei Revision (§ 502 Abs 2)
und Revisionsrekurs (§ 528 Abs 2)

**subjektive**

Rechtsmittellegitimation
in der Hauptsache Parteien und deren streitgenössische Nebenintervenienten

Rechtsnachfolgerin
in Zwischenverfahren die dort antragsberechtigten Personen

### 2. Rechtzeitigkeit

**einseitige Rechtsmittel**

einseitiger Rekurs gegen verfahrensleitende Beschlüsse (§ 521 Abs 1 Satz 1)

Frist: 14 Tage

**zweiseitige Rechtsmittel**

Berufung (§ 464 Abs 1)
Revision (§ 505 Abs 2)
zweiseitiger Rekurs gegen Sachbeschlüsse (§ 521a, § 521 Abs 1 Satz 2)

Frist: vier Wochen

### 3. Wirksamkeit

**Formerfordernisse**

Allgem. Schriftsatzerfordernisse (§ 75 ZPO)
Bezeichnung des Rechtsmittels

**Inhaltserfordernisse**

Rechtsmittelerklärung

- vollinhaltliche Anfechtung
- teilweise Anfechtung

**Rechtsmittelgründe**

**formelle:** Nichtigkeit, wesentliche Verfahrensmängel

**materielle:** unrichtige Sachverhaltsfeststellung

↓

nur Berufungsgründe:
unrichtige Beweiswürdigung, mangelnde Schlüssigkeit

auch Revisionsgrund: Aktenwidrigkeit

unrichtige rechtliche Beurteilung

**Rechtsmittelanträge**

Aufhebungsantrag — Abänderungsantrag

bzw Eventualanträge

## 4. Beschwer

**materielle**

Entscheidung ist ohne Rücksicht auf Sachanträge für den Rechtsmittelwerber unvorteilhaft

**formelle**

Entscheidung weicht vom Sachantrag des Rechtsmittelwerbers ab

# 4. Beschränkung der Rechtsmittel

Nach der Intention der ZPO sollen die Rechtsmittel im Interesse der Prozessökonomie nicht inhaltlich unbeschränkt zulässig sein, weil dies durch eine völlige Neuaufrollung des Prozesses zu einer überlangen Verfahrensdauer und übermäßigen Kosten führt. Gleichermaßen führten solche neuerlichen Entscheidungen nicht zwingend immer zu sachlich richtigeren Ergebnissen. Solche Beschränkungen iSd Prozessökonomie stellen in diesem Zusammenhang das Neuerungsverbot und das Verbot der reformatio in peius dar.

## 4.1. Neuerungsverbot

Das in § 482 ZPO angeordnete Neuerungsverbot stellt sicher, dass die Überprüfung der Entscheidung nur auf **Grundlage des Verfahrens erster Instanz** stattfinden kann. Der Ausgangspunkt für den Eintritt des Neuerungsverbots ist der Schluss der mündlichen Streitverhandlung erster Instanz.[100]

Vom Neuerungsverbot umfasst sind:

- neue Ansprüche und Sacheinwendungen sowie
- neue Tatsachen und Beweismittel

Dies betrifft sowohl **nova reperta** als auch **nova producta.**

Kein **Neuerungsverbot** gilt im Verfahren mit **Untersuchungsgrundsatz** – etwa im Ehenichtigkeits- und Ehefeststellungsverfahren – und bei Rechtsmittelvoraussetzungen und Prozessvoraussetzungen, wenn sie die Nichtigkeit des Verfahrens begründen (§ 483a Abs 2 ZPO). **Hilfstatsachen** zur Beweiswürdigung oder **neue Rechtsausführungen** fallen ebenso wenig unter das Neuerungsverbot. Hinsichtlich der Ausführung von Hilfstatsachen geht die Rsp allerdings sehr restriktiv vor und lässt diese – entgegen dem Gesetzeswortlaut (§ 482 Abs 2 ZPO) – ebenfalls nicht zu.

Auch für das Verfahren über den Anspruch auf Erstattung der Kosten des Rechtsmittelverfahrens (§ 482 Abs 1 ZPO) findet das Neuerungsverbot keine Anwendung.

In **Arbeitsrechtssachen** gilt im Berufungsverfahren kein Neuerungsverbot, wenn die Partei in erster Instanz nicht qualifiziert vertreten war (§ 63 Abs 1 ASGG; zur qualifizierten Vertretung siehe § 40 Abs 1 ASGG).

## 4.2. Verschlechterungsverbot (Verbot der reformatio in peius)

Im streitigen Zivilverfahren unterliegen Rechtsmittel gänzlich dem Verbot der reformatio in peius. Das Verschlechterungsverbot bedeutet, dass die anfechtende Partei allein infolge ihrer Rechtsmittelerhebung nicht schlechter gestellt werden darf als durch die erstinstanzliche Entscheidung. Die Entscheidung kann daher nur **im Rahmen des Rechtsmittelantrags** erfolgen (§ 462 Abs 1 ZPO); dies ergibt sich auch schon aus dem **Antragsprinzip**. Das Verbot der reformatio in peius leitet sich aus der **Teilrechtskraft** der Entscheidung ab. Jener Teil der bereits in Rechtskraft erwachsen ist, kann durch das Rechtsmittelgericht nicht mehr tangiert werden.

**100** 3 Ob 243/13a = ecolex 2014/269 (*Wilhelm*); 2 Ob 229/13k; 8 Ob 111/13a = ZIK 2014/88 uva.

Eine Verschlechterung (in „beide Richtungen") ist aber dann möglich, wenn auch der Gegner ein Rechtsmittel erhoben hat.

Das Verschlechterungsverbot bedeutet allerdings nicht, dass es dem Gericht verwehrt ist, einen vom Rechtsmittelwerber nicht geltend gemachten Nichtigkeitsgrund von Amts wegen aufzugreifen.

# Übersicht Beschränkung der Rechtsmittel

## 1. Verbot der reformatio in peius

Entscheidung nur im Rahmen des Rechtsmittelantrags

→ unangefochtener Teil der Entscheidung erwächst in **Teilrechtskraft**

## 2. Neuerungsverbot

Überprüfung der Entscheidung nur auf der Grundlage
des Verfahrens erster Instanz =
Schluss der mündlichen Streitverhandlung

erfasst sind:

**nova reperta** | **nova producta**

neue Ansprüche und Sacheinwendungen

neue Tatsachen und Beweismittel

↓

Ausnahmen

- Neuerungen, die die **Nichtigkeit** des Verfahrens **begründen**
- **Hilfstatsachen zur Beweiswürdigung**
- **neue Rechtsausführungen**

**Verfahren, die davon nicht erfasst werden:**

- Anspruch auf die Kosten des Rechtsmittelverfahrens (§ 482 Abs 1 ZPO)
- Berufungsverfahren über die Nichtigkeit bzw Feststellung des (Nicht-) Bestehens einer Ehe (§ 483a Abs 2 ZPO)
- Berufungsgerichtliche Arbeitsrechtssache, wenn die Partei in erster Instanz nicht qualifiziert vertreten war (§ 63 Abs 1 ASGG)

# 5. Form der Rechtsmittelentscheidung

## 5.1. Gegen Urteile

Mit **Beschluss** hat das Rechtsmittelgericht bei folgenden Konstellationen zu entscheiden:

- Bei **Zurückweisung** des Rechtsmittels als **verspätet**,
- bei **Zurückweisung** des Rechtsmittels als **unzulässig**,
- bei **Aufhebung** der angefochtenen Entscheidung wegen festgestellter **Nichtigkeit** bzw **Verfahrensmängel** und
- bei **Abweisung** eines Rechtsmittels, weil die angegebenen **Nichtigkeitsgründe** bzw **Verfahrensmängel nicht vorliegen.** Dies wird von der Rsp als Verwerfung des Rechtsmittels bezeichnet.
- Das Rechtsmittelgericht hat **mit Urteil** zu entscheiden:
- wenn die Entscheidung der Vorinstanz **bestätigt** wird, weil das **Rechtsmittel unbegründet** ist bzw
- bei **Abänderung** der Entscheidung, weil das **Rechtsmittel begründet** ist.

## 5.2. Gegen Beschlüsse

Hier wird die Entscheidung zweiter Instanz stets in Form eines Beschlusses gefällt.

# Berufung

## 1. Allgemeines

Die Berufung ist sozusagen die „**Klage**“ **an die zweite Instanz**. Sie verkörpert einen Antrag an das Gericht zweiter Instanz, das Ersturteil auf Grund eines geltend gemachten (Entscheidungs-) Fehlers aufzuheben oder abzuändern.[101]

Die **Prüfung der Berufung** erfolgt zweistufig:

- Die Prüfung der Berufung durch das Gericht erster Instanz (iudex a quo) und
- die Prüfung in zweiter Instanz (iudex ad quem).

Von den Zulässigkeitsvoraussetzungen hat das Gericht **erster** Instanz – bei dem das Rechtsmittel eingebracht wird – **nur die Rechtzeitigkeit** selbst wahrzunehmen und bei Überschreitung der vierwöchigen Rechtsmittelfrist die Berufung als unzulässig zurückzuweisen. Alle anderen Unzulässigkeitsvoraussetzungen sind vom Gericht **zweiter** Instanz wahrzunehmen. Dies betrifft die Statthaftigkeit, die Rechtsmittellegitimation, die Wirksamkeit und die Beschwer. Die Rechtsmittelentscheidung erfolgt durch Beschluss bei **formellen** Mängeln und durch Urteil bei **materiellen** Mängeln (wie in den Übersichten auf S 75 f und 83).

## 2. Berufungsverfahren

### 2.1. Prüfung durch das Erstgericht

Die Berufung ist beim Prozessgericht **erster Instanz einzubringen** (§ 465 Abs 1 ZPO), das sie auf ihre Rechtzeitigkeit prüft. Die Berufungsfrist beträgt **vier Wochen** ab Zustellung der Entscheidung an die betreffende Partei (§ 521 Abs 1 und 2 ZPO). Weil Rechtsmittelfristen prozessuale Fristen darstellen, ist die Berufung rechtzeitig, wenn sie am letzten Tag der Frist zur Post gegeben bzw elektronisch abgesandt wird (§ 89 Abs 1 GOG).

Ein **Verfahrenshilfeantrag** unterbricht die Berufungsfrist (§ 464 Abs 3 ZPO).

Handelt es sich um den praktisch eher seltenen Fall, dass das Urteil in Anwesenheit beider Parteien mündlich verkündet wurde, muss die **Berufung** sofort mündlich oder (schriftlich) innerhalb von 14 Tagen nach Zustellung der Protokollabschrift **angemeldet** werden (§ 461 Abs 2 ZPO).

Wurde die Berufung rechtzeitig erstattet, so stellt sie das Erstgericht dem Gegner zu (§ 468 Abs 1 ZPO), dem es freisteht, binnen weiterer vier Wochen eine **Berufungsbeantwortung** zu erstatten (§ 468 Abs 2 ZPO). Sobald die Berufungsbeantwortung einlangt oder die Frist fruchtlos verstrichen ist, legt das Erstgericht den Prozessakt dem Berufungsgericht vor (§ 469 Abs 1 ZPO). **Verspätete Berufungsbeantwortungen** sind ebenfalls zu den Akten zu nehmen. Gem § 468 Abs 2 ZPO trifft den Berufungsgegner die Last, dass er für ihn **nachteilige Feststellungen** oder **Verfahrensfehler** bereits in der Berufungsbeantwortung **rügen muss**, wenn sich der Berufungswerber ausdrücklich auf bestimmte Feststellungen bezieht. Bekämpft der Berufungswerber eine Feststellung im Rahmen der Tatsachen- und Beweisrüge, so ist der Berufungsgegner zur

**101** Siehe *Kodek*, Praxistipps zum Berufungsverfahren, Zak 2016/728.

sofortigen Rüge in der Berufungsbeantwortung verpflichtet, wenn er die Feststellung ebenfalls für unrichtig hält. Hat sich der Berufungswerber ausdrücklich auf bestimmte Feststellungen berufen oder musste der Berufungsgegner die fraglichen Tatsachen gem § 468 Abs 2 ZPO rügen bzw hat diese zugestanden, so kann das Berufungsgericht seine Entscheidung auch auf die (bislang unangefochtenen) Tatsachenfeststellungen des Erstgerichts stützen. Diese komplizierten Regelungen dienen der **Wahrung des rechtlichen Gehörs** (Verbot der Überraschungsentscheidung) unter gleichzeitiger Wahrung der Prozessökonomie.

## 2.2. Prüfung durch das Berufungsgericht

### 2.2.1. Vorverfahren

Das Berufungsgericht überprüft zunächst in einem **nicht-öffentlichen Vorverfahren** die allgemeinen und besonderen Zulässigkeitsvoraussetzungen der Berufung. In diesem Zusammenhang sind vor allem Nichtigkeiten aufzugreifen. Liegt einer der in § 471 ZPO genannten Fälle vor, so ergeht in nichtöffentlicher Sitzung eine Entscheidung in **Beschlussform**. Mit diesem Beschluss wird die Berufung **zurückgewiesen** (verworfen) bzw das Ersturteil als nichtig aufgehoben und die Rechtssache an das zuständige Erstgericht überwiesen bzw die Berufung wegen Nichtvorliegens eines behaupteten Nichtigkeitsgrunds **abgewiesen**. Die Anfechtbarkeit dieser Beschlüsse richtet sich nach § 519 ZPO.

### 2.2.2. Hauptverfahren

Ist keiner der in § 471 ZPO genannten Fälle gegeben, so wird im Hauptverfahren **meritorisch entschieden**. Eine **mündliche Berufungsverhandlung** wird nur dann durchgeführt, wenn der Berufungssenat eine solche für **erforderlich** hält (§ 492 ZPO). Die Parteien haben kein Recht auf Durchführung einer Berufungsverhandlung. Findet keine Berufungsverhandlung statt, so entscheidet der Berufungssenat in nicht-öffentlicher Sitzung.

Die Berufungsentscheidung erfolgt **mittels Urteils**, wenn die erstinstanzliche Entscheidung bestätigt oder abgeändert wird (§ 497 ZPO) oder in **Beschlussform**, wenn das Ersturteil aufgehoben und die Klage zurückgewiesen bzw die Rechtssache an das Erstgericht zurückverwiesen wird (§§ 494 ff, 499 Abs 1 ZPO). Im letztgenannten Fall ist das Erstgericht im fortgesetzten Verfahren an die Rechtsansicht des Berufungsgerichts gebunden (§ 499 Abs 2 und 3 ZPO).

## Übersicht Ablauf Berufungsverfahren

**Urteil I. Instanz**

↓

**Einbringung der Berufung beim Erstgericht**

↓

**Prüfung**

**iudex a quo** (Erstrichterin)
→ nur auf Rechtzeitigkeit

↓

**Zustellung an Gegner**

↓

**Berufungsbeantwortung**

**Vorlage binnen 4 Wochen**

↓

**Vorverfahren**
in nichtöffentlicher Sitzung

**iudex ad quem (§§ 471 ff ZPO)**

Prüfung in höherer Instanz
→ auf sämtliche Rechtsmittel-
voraussetzungen
→ Zurückweisung des RM als
unzulässig oder Abweisung,
weil die angeführten Nichtigkeiten
nicht vorliegen

↓

**Hauptverfahren**
ev mündliche Verhandlung,
meist in nichtöffentlicher Sitzung

↙ ↘

**Urteil**
Entscheidung der Vorinstanz
wird bestätigt oder abgeändert

**Beschluss**
Aufhebung wegen Nichtigkeiten,
Verfahrensmängeln oder
Sachverhaltsunvollständigkeit bzw
Zurückweisung der Klage als unzulässig

# 3. Aufbau der Berufung

Die Berufungswerberin hat alle formalen und inhaltlichen Erfordernisse einzuhalten.

## 3.1. Formalerfordernisse der Berufung

Der Berufungsschriftsatz muss folgende Formerfordernisse einhalten:

- Bezeichnung des Erstgerichts (am Deckblatt) und Berufungsgerichts (in der Einleitung der Berufung),
- Bezeichnung der Prozessparteien und ihrer Vertreterinnen,
- die Unterschrift der Parteienvertreterinnen und
- die Bezeichnung des Streitgegenstands sowie des angefochtenen Urteils (§ 467 ZPO).

Fehlt ein Formalerfordernis, so ist gegebenenfalls ein **Verbesserungsverfahren durchzuführen** und die Berufung ist, bei ungenutztem Verstreichen der Verbesserungsfrist, als unzulässig **zurückzuweisen.**

## 3.2. Inhaltserfordernisse der Berufung

Zu Beginn hat die Berufungswerberin eine **Anfechtungserklärung abzugeben**, ob sie das Urteil zur Gänze bzw nur teilweise anficht (Eintritt der Teilrechtskraft gem § 490 ZPO).

Sodann hat sie die **Berufungsgründe** zu nennen und diese nachstehend auszuführen.

Die Berufungsgründe sind im Gesetz nicht taxativ geregelt. In der Praxis werden folgende Gruppen von Berufungsgründen unterschieden:

- **Nichtigkeitsgründe,**
- **sonstige Verfahrensmängel,**
- **unrichtige Sachverhaltsfeststellung** aufgrund unrichtiger Beweiswürdigung bzw mangelnde Schlüssigkeit und **Aktenwidrigkeiten** sowie
- **unrichtige rechtliche Beurteilung.**

Die Berufungsgründe sind **gesondert auszuführen.** Auf die Argumente der Berufungswerberin muss das Berufungsgericht nur dann eingehen, wenn diese den jeweils angeführten Berufungsgründen klar zugeordnet werden können. Unklarheiten gehen zu Lasten der Berufungswerberin. Ebenso wie an den Rechtsmittelantrag ist das Berufungsgericht auch an die geltend gemachten **Berufungsgründe gebunden.**

Nach Ausführung der Berufungsgründe hat die Berufungswerberin die **Berufungsanträge** zu erstatten. Mit materiellen Mängeln ist primär ein **Abänderungsantrag**, mit formellen Mängeln ein **Aufhebungsantrag** zu stellen, werden beide Mängelarten aufgezeigt, so stellt die Berufungswerberin Eventualanträge.

Der Berufung ist auch – gleichzeitig – ein **Kostenverzeichnis** anzuschließen, da idR keine mündliche Berufungsverhandlung stattfindet.

# 4. Berufungsgründe[102]

## 4.1. Nichtigkeitsgründe

Nichtigkeitsgründe stellen **besonders schwerwiegende Verstöße** gegen grundlegende Verfahrensregeln dar. Sie betreffen also formale Fehler bei der Verfahrensführung. Sie sind in jeder Verfahrenslage **von Amts wegen wahrzunehmen** (§ 471 Z 7 ZPO) und **wirken absolut**: Bei den Nichtigkeitsgründen kommt es daher nicht darauf an, ob das Ersturteil durch den Nichtigkeitsgrund in seiner Richtigkeit beeinträchtigt werden könnte. Liegt ein Nichtigkeitsgrund vor, so ist das Verfahren aufzuheben, ohne dass überprüft werden müsste, ob das Gericht zu einer anderen Entscheidung gelangt wäre, wenn der Nichtigkeitsgrund nicht vorgelegen wäre.

§ 474 ZPO beinhaltet die Aufzählung der wichtigsten Nichtigkeitsgründe. Hierbei ist nach **verschiedenen Gruppen** zu differenzieren:

### 4.1.1. Nichtigkeitsgründe, die das Gericht betreffen

- Teilnahme eines **ausgeschlossenen** oder rechtskräftig abgelehnten **Richters** (Z 1, §§ 19 ff JN)
- **vorschriftswidrige Gerichtsbesetzung** (Z 2, § 412 Abs 1 ZPO)

  Darunter fällt etwa, wenn statt des Senats ein Einzelrichter, statt eines Richters ein Rechtspfleger oder ein nach der Geschäftsverteilung unzuständiger Richter entscheidet. Dieser Nichtigkeitsgrund wirkt nur **relativ**, er ist von den Parteien bei seinem Auftreten gem § 260 Abs 4 ZPO zu **rügen.**
- **nicht geheilte**, mangelnde inländische Gerichtsbarkeit (§ 42 Abs 1 JN) oder **unprorogable Unzuständigkeit** (Z 3, § 471 Z 1 ZPO)
- **Unzulässigkeit des Rechtswegs** (Z 6)

  Dieser Nichtigkeitsgrund liegt zB dann vor, wenn der Anspruch nicht vor den Gerichten, sondern vor den Verwaltungsbehörden zu verhandeln ist.

### 4.1.2. Nichtigkeiten, die Verfahrensgrundsätze betreffen

- **Verletzung des rechtlichen Gehörs**

  In der Praxis tritt dieser Nichtigkeitsgrund besonders in dem Fall auf, in dem ein **Versäumungsurteil** trotz fehlender oder gesetzwidriger Zustellung erlassen wurde.[103] Ist das Versäumungsurteil bereits als rechtskräftig und vollstreckbar bestätigt und die Exekution im Gang, so kann mit einem Antrag auf Aufhebung der Vollstreckbarkeit (§ 7 Abs 3 EO) vorgegangen werden.

  Eine Partei wird aber auch dann vom rechtlichen Gehör ausgeschlossen, wenn über eine bestimmte Sache **nicht mündlich verhandelt** wird oder die Partei sich dort nicht äußern kann bzw wenn der Partei keine Möglichkeit eingeräumt wird, sich vor Urteilsfällung zu den Beweisergebnissen zu äußern. Auch die **Verletzung der Zweiseitigkeit** des Rechtsmittelverfahrens ist unter diesen Nichtigkeitsgrund zu subsumieren.

---

**102** Ausführlich dazu *Brugger*, Die erfolgreiche Berufung im Zivilprozess² (2014) 26 ff.
**103** Dazu *Strauss*, Die Bekämpfung von Versäumungsurteilen wegen Zustellmängel, ÖJZ 2010, 695.

- **Verletzung der Mündlichkeit des Verfahrens** (Z 8)

  Dieser Nichtigkeitsgrund wäre zB erfüllt, wenn bloß vorbereitende Schriftstücke zu Protokoll gegeben werden und hat kaum praktische Relevanz.

- **Ungerechtfertigter Ausschluss der Öffentlichkeit** (Z 7)

  Im Zivilprozess sind die Verfahren grundsätzlich volksöffentlich. Die Öffentlichkeit ist nur im **Eheverfahren ex lege ausgeschlossen** (§ 460 Z 3 ZPO). Die Öffentlichkeit kann allerdings **von Amts wegen** ausgeschlossen werden, wenn durch sie die Sittlichkeit oder die öffentliche Ordnung gefährdet erscheint oder wenn die begründete Besorgnis besteht, dass die Öffentlichkeit der Verhandlung zum **Zweck der Störung** oder der Erschwerung der Sachverhaltsfeststellung missbraucht werden könnte (§ 172 Abs 1 ZPO).

  Auf **Antrag** einer Partei kann die Öffentlichkeit dann ausgeschlossen werden, wenn **Tatsachen des Familienlebens erörtert** oder bewiesen werden müssen (§ 172 Abs 2 ZPO) bzw wenn ein Amtsgeheimnis (§ 13 Abs 2 AHG) oder Geschäfts- und Betriebsgeheimnisse (§ 26 UWG, § 30 KSchG) erörtert werden.

  Der Ausschluss der Öffentlichkeit kann für die gesamte Verhandlung oder nur für einzelne Teile erfolgen, die Verkündung des Urteilsspruchs hat allerdings stets öffentlich zu erfolgen (§ 172 Abs 3 ZPO).

- **Mangelhafte Fassung des Urteilsspruchs** (Z 9)

  Dieser Nichtigkeitsgrund wird zwar in der Praxis häufig bemüht, doch selten mit Erfolg. Nach der Rsp liegt er nur dann vor, wenn das Urteil deshalb nicht mit Sicherheit überprüft werden kann, weil es gar keinen logischen Sinn ergibt, der Urteilsspruch mit sich selbst im Widerspruch steht oder für die Entscheidung entweder überhaupt keine Gründe angegeben werden oder diese bloß eine Scheinbegründung darstellen.

- **Überschreitung des Antrags** (Z 5, § 405 ZPO)

  Der Verstoß gegen das Antragsprinzip stellt nach der Lehre einen Nichtigkeitsgrund dar, doch erblickt die Rsp darin einen bloßen Verfahrensmangel. Ein Verstoß gegen § 405 ZPO liegt dann vor, wenn der Richter über mehr entschieden hat als die Partei beantragt hat (**plus**) oder über etwas anderes (**aliud**). Die Antragsüberschreitung als Nichtigkeitsgrund kann damit gerechtfertigt werden, dass die Partei darüber im Prozess nicht wirksam vertreten war.

### 4.1.3. Nichtigkeiten, die die Parteien betreffen

- **Nicht gehörige Vertretung einer Partei** (Z 5)

  Dieser Nichtigkeitsgrund liegt vor, wenn der Vertreter ohne Vollmacht handelt oder eine prozessunfähige Partei den Prozess ohne ihren gesetzlichen Vertreter führt.

- **Mangelnde Parteifähigkeit** (§§ 4, 6a ZPO)

  Der Nichtigkeitsgrund liegt etwa vor, wenn die Klage von einer bzw gegen eine GesbR geführt wird.

  Im Fall einer GesbR müssten die einzelnen Gesellschafter als Streitgenossen geklagt werden. Wird ein Verein während des Prozesses aufgelöst, so bleibt er dennoch weiter parteifähig bis die Liquidation beendet ist.[104]

**104** Vgl *Futterknecht/Glanzer*, Die freiwillige Auflösung des Vereins während eines anhängigen Zivilverfahrens, ecolex 2011, 1108.

### 4.1.4. Sonstige Nichtigkeitsgründe

Über die in § 477 Z 1–9 ZPO demonstrativ aufgezählten Gründe hinaus bewirkt jeder Verstoß gegen die sonstigen Prozessvoraussetzungen die Nichtigkeit des Verfahrens.

- **Verstoß gegen die Rechtskraft einer Entscheidung**

  Ist eine Sache bereits rechtskräftig entschieden, so darf nicht ein zweiter Prozess über dieselbe Sache (Streitgegenstand) zwischen denselben Parteien geführt werden. Darunter fällt auch der Verstoß über die Bindungswirkung einer Vorentscheidung. Der Richter des Folgeprozesses darf die Hauptfrage des Vorprozesses, die im anhängigen Verfahren eine Vorfrage darstellt, nicht selbständig beurteilen. Die Parteien sind an diesen Vorprozess rechtskräftig gebunden.
- **Verstoß gegen die Streitanhängigkeit**
- **Klagezurücknahme unter Anspruchsverzicht** (§ 237 Abs 4 ZPO)

  Auch hier darf kein weiteres Mal über die unter Anspruchsverzicht zurückgenommene Klage entschieden werden.
- **Verstoß gegen das Zweiparteiensystem**

  Das ist dann anzunehmen, wenn die Person der klagenden Partei mit jener der beklagten Partei zusammenfällt – etwa im Erbweg.

## 4.2. Sonstige Verfahrensmängel

### 4.2.1. Allgemeines

§ 496 ZPO umschreibt drei Gruppen, die die sonstigen Verfahrensmängel regeln, wobei die Verfahrensmängel im engeren Sinn in § 496 Abs 1 Z 2 ZPO geregelt sind:

- **nicht vollständige Erledigung von Sachanträgen** (Z 1)
- **wesentliche Mängel des Verfahrens** (Z 2)
- **Nichterörterung rechtlich relevanter Tatsachen** (Z 3).

Im Gegensatz zu den Nichtigkeitsgründen sind Verfahrensmängel nicht von Amts wegen, sondern **nur auf Antrag** wahrzunehmen und führen auch nur dann zur Aufhebung des Verfahrens, wenn sie für die Entscheidung **relevant** sind. Verfahrensmängel entfalten daher nur dann eine (negative) Wirkung, wenn sie einen konkreten Einfluss auf die Entscheidung gehabt haben.

Eine **Rügepflicht** (siehe dazu auch S 99 ff) besteht vor allem dann, wenn ein den Parteien **bekannter und erkennbarer Verfahrensfehler** des Gerichts auftritt, der seiner Natur nach vor Schluss der Verhandlung gerügt werden kann. Die Rsp bezieht sich etwa in diesem Zusammenhang auf die ungerechtfertigte Ablehnung eines angebotenen Beweismittels. Dies könnte allerdings auch als Stoffsammlungsmangel angesehen werden, der nicht rügepflichtig ist. Auch dann, wenn das Gericht ohne die gesetzlichen Voraussetzungen eine Einvernahme im Rechtshilfeweg anordnet, liegt ein rügepflichtiger Formalmangel vor.[105]

Auch wenn Teile der Lehre[106] eine Rügepflicht gem § 196 ZPO überhaupt für obsolet halten und auch die Rsp die Rügepflicht eher zurückhaltend sieht, ist es im Zweifel immer **sinnvoll**, vor

**105** 9 ObA 222/99h = ZIK 2000/219.
**106** *Rechberger/Simotta*, ZPR[8] Rz 747 und *Ballon*, ZPR[12] Rz 211.

einer Einlassung in das weitere Verfahren eine **Rüge zu erheben**. Oftmals scheitern in einem Rechtsmittel aufgezeigte Verfahrensmängel in der Praxis daran, dass sie in erster Instanz von der Partei nicht gerügt wurden.

## 4.2.2. Unvollständige Erledigung von Sachanträgen

Hat das Gericht einen Sachantrag nicht erledigt, so kann die Partei dies in der Berufung mit dem Berufungsgrund des § 496 Abs 1 Z 1 ZPO geltend machen. Unter **Sachanträgen** ist zu verstehen:

- das **Klagebegehren**,
- **Zwischenfeststellungsanträge** gem § 236 und § 259 ZPO,
- die **Aufrechnungseinwendung**,
- den **Verschuldensausspruch** im streitigen Scheidungsverfahren,
- die Entscheidung über das **Zinsenbegehren** und die **Prozesskosten**,
- den Antrag auf Auferlegung eines **Entschädigungsbetrags** gem § 408 ZPO.

Im Fall der Nichterledigung von Sachanträgen hat die Partei die Möglichkeit, statt einer Berufung auch einen **Ergänzungsantrag** gem § 423 ZPO einzubringen. Ist die 14-tägige Frist für die Einbringung des Ergänzungsantrags noch offen und besteht kein weiterer Berufungsgrund, so ist der Partei zu raten, mit dem prozessökonomischeren Ergänzungsantrag vorzugehen.

## 4.2.3. Wesentliche Verfahrensmängel

Liegen wesentliche Verfahrensmängel vor, die eine erschöpfende Erörterung und gründliche Beurteilung der Streitsache zu hindern geeignet waren (§ 496 Abs 1 Z 2 ZPO), so hat die Partei diese in der Berufung geltend zu machen. Wie ausgeführt werden sie – anders als die Nichtigkeitsgründe – **nicht von Amts wegen** wahrgenommen. Dieser Tatbestand regelt die Verfahrensmängel im engeren Sinn.

Bei der Geltendmachung eines Verfahrensmangels ist für den Berufungswerber Folgendes zu beachten:

- es muss sich um einen **Gerichtsfehler** handeln,
- der Verfahrensmangel ist idR bereits im Verfahren **erster Instanz** zu **rügen** und
- in der Berufung ist neben der Ausführung des Verfahrensmangels auch dessen **Wesentlichkeit** anzugeben.

Diese Verfahrensmängel im engeren Sinn lassen sich wiederum in **verschiedene Gruppen** unterteilen:

### 4.2.3.1. Formalfehler

Formalfehler des Verfahrens liegen dann vor, wenn das Gesetz ein bestimmtes Vorgehen des Gerichts vorschreibt und dieses der Vorschrift zuwiderhandelt. Den Formalfehlern ist eigen, dass diese – auch nach der Rsp – bereits im Verfahren erster Instanz gem § 196 ZPO **gerügt** werden müssen, damit sie mittels Berufung als Verfahrensmangel überhaupt geltend gemacht werden können.

**Beispiele** für Formalfehler des Verfahrens:

- Verstoß gegen den **Unmittelbarkeitsgrundsatz** (§§ 281a, 328, 275 ZPO)
- Verstoß gegen die **Pflicht zur Bekanntgabe des Prozessprogramms** (§ 258 ZPO)
- **Verletzung von Einlassungsfristen** (zB §§ 139, 257 Abs 1 ZPO)
- **Fehlen eines Beschlusses** über den Schluss der mündlichen Streitverhandlung (§ 193 Abs 1 ZPO)
- **Unterlassung der mündlichen Gutachtenserörterung** durch einen Sachverständigen nach entsprechendem Antrag (§ 357 Abs 2 ZPO)
- **Unterlassung der Einvernahme der Parteien** über die Person des **Sachverständigen** (§ 351 ZPO)
- **Verstoß gegen den persönlichen Unmittelbarkeitsgrundsatz** iSd § 412 ZPO nach der Rsp

**Formalfehler des Urteils** bilden nach der stRsp zB einen Verstoß gegen die Antragsbindung iSd § 405 ZPO (nach der Lehre stellt dies einen Nichtigkeitsgrund dar).[107]

## 4.2.3.2. Stoffsammlungsmängel

Unter Stoffsammlungsmängel sind jene Verfahrensfehler zu subsumieren, die eine **unvollständige Sachgrundlage** für die Entscheidung darstellen.[108] Nach der stRsp und einem Teil der Lehre[109] sind Stoffsammlungsmängel im Gegensatz zu den Formmängeln **nicht rügepflichtig**.

**Beispiele** für solche Stoffsammlungsmängel sind folgende:

- **Zurückweisung von Beweisanträgen als verspätet** (§§ 179, 275 Abs 2 ZPO).

  Dieses verspätete Vorbringen müsste das Gericht zurückweisen, wenn es grob schuldhaft nicht früher erstattet wurde und dessen Zulassung eine erhebliche Verfahrensverzögerung zur Folge haben würde.
- **Nichtzulassung von (erheblichen) Beweisanträgen**
- **Zulassung des Ausforschungs- und Erkundungsbeweises**

  Ein solcher Beweis liegt dann vor, wenn der Beweisführer Beweismittel beantragt, von deren Richtigkeit er selbst nicht überzeugt ist.
- **Unrichtige Anwendung des § 273 ZPO**
- Verletzung der **richterlichen Anleitungspflicht** (§§ 182, 182a ZPO)

  Dieser Rechtsmittelgrund ist vor allem aufzugreifen, wenn das Gericht mit den Parteien wesentliche Umstände im Rahmen der Rechtsfolgenbehauptungen gar nicht erörtert hat und dann das Klagebegehren einfach abweist (**Verbot der Überraschungsentscheidung**). [110]
- Nichtzulassung von Fragen an Zeugen oder Parteien

**107** Vgl etwa OLG Wien 7 Ra 112/10g.
**108** OLG Wien 34 R 163/15p = ÖBl 2016/54, 236.
**109** *Fasching*, Zivilprozeßrecht² Rz 797.
**110** Bspw 7 Ob 125/07v = JBl 2008, 188.

## 4.3. Unrichtige Sachverhaltsfeststellung

Wie bei den Ausführungen zum „Urteil" (S 64 f) erwähnt, hat das Gericht in seiner Entscheidung die Tatsachen, die für die Subsumtion unter den rechtlichen Tatbestand erheblich sind, anzugeben und unter dem Punkt „Beweiswürdigung" zu begründen. In dieser Begründung muss das Gericht ausführen, aus welchen Erwägungen es zu seiner Tatsachenfeststellung gelangt ist. Kommt es in diesem Bereich zu Fehlern, kann eine unrichtige Sachverhaltsfeststellung vorliegen.

Unrichtige Tatsachenfeststellungen können als folgende Gründe vorkommen:

- **Unrichtige Beweiswürdigung**

  Unter diesem Berufungsgrund macht die Partei geltend, dass das Gericht die **Beweise unrichtig gewürdigt** hat – etwa dass es einen Zeugen als glaubwürdig einstuft, obwohl sich dieser selbst widersprochen hat und sich in seiner Aussage auch in Widerspruch zu anderen übereinstimmenden Zeugenaussagen gesetzt hat.

- **Mangelnde Schlüssigkeit**

  Unter diesem Berufungsgrund wirft der Berufungswerber dem Gericht eine **unrichtige Anwendung von Erfahrungssätzen** vor. Solche Erfahrungssätze betreffen etwa Regeln einer besonderen Sachkunde in der Wissenschaft, einem Gewerbe oder anderen Bereichen menschlicher Tätigkeit. Erfahrungssätze betreffen aber anderseits auch die allgemeine Lebenserfahrung.

- **Aktenwidrigkeit**

  Eine Aktenwidrigkeit ist nur dann anzunehmen, wenn die **gerichtlichen Feststellungen** auf einer **aktenwidrigen Grundlage** erschlossen wurden. Dies liegt vor, wenn der Inhalt einer Urkunde, eines Protokolls oder eines sonstigen Aktenstücks unrichtig wiedergegeben und deshalb ein fehlerhafter Sachverhalt festgestellt wird.[111] Dabei muss sich ein **Widerspruch zwischen der Entscheidung** und dem **Akteninhalt** ergeben, der nicht einer richterlichen Wertung entspringt, sondern auf einem Schreib- oder Übertragungsfehler beruht. Dem Gericht ist daher ein Irrtum unterlaufen, der auf einem bloßen Formverstoß beruht und der aus den Prozessakten selbst erkennbar und behebbar ist. Darüber hinaus kann die Aktenwidrigkeit nur dann aufgegriffen werden, wenn sie **wesentlich** ist.

**Beispiel:**

Das Gericht trifft die Feststellung, dass der Beklagte 70 km/h gefahren ist, obwohl im Akt nur eine Geschwindigkeit von 50 km/h vermerkt ist; Hinweise auf eine Geschwindigkeit von 70 km/h gibt es keine.

**Beachte: Unterschiede zur unrichtigen Beweiswürdigung**

Eine unrichtige Beweiswürdigung würde dann vorliegen, wenn das Gericht zwar wie im vorgenannten Beispiel eine Geschwindigkeit von 70 km/h annimmt, obwohl der Zeuge X von 50 km/h spricht, diese Diskrepanz aber mit der Unglaubwürdigkeit des Zeugen begründet.

---

**111** 1 Ob 249/12t.

**112** Vgl auch *Brugger*, Die erfolgreiche Berufung 52 ff.

**Beachte: Praktische Ausführung der Tatsachenrüge**

Bei der Geltendmachung dieses Berufungsgrunds geht die stRsp sehr formal vor und verlangt für die **gesetzmäßige Ausführung** einer Tatsachenrüge folgende Vorgangsweise[108]:

1. Die Angaben dafür, welche Feststellung bekämpft wird,
2. welche Ersatzfeststellung begehrt wird,
3. auf Grund welcher Beweiswürdigung das Erstgericht die bekämpfte Feststellung getroffen hat und
4. auf Grund welcher Beweisergebnisse und welcher Erwägungen das Erstgericht richtigerweise die begehrte Ersatzfeststellung hätte treffen müssen.

Es reicht daher nicht, wenn der Berufungswerber bloß die Gründe darlegt, warum seines Erachtens anderen Beweisergebnissen als den vom Gericht angenommenen mehr Glaubwürdigkeit zugekommen wäre und er bloß Bedenken gegen die erstrichterliche Beweiswürdigung aufzählt.

Auch bei der **Aktenwidrigkeit** muss der Berufungswerber formal vorgehen, um zu verhindern, dass seine Berufung wegen nicht gesetzmäßiger Ausführung unbehandelt bleibt. Auch in diesem Fall ist folgende Vorgangsweise zu empfehlen:

1. Die Ausführungen, welche Feststellung bekämpft wird,
2. welche Ersatzfeststellung begehrt wird,
3. auf welches Beweisergebnis das Gericht seine getroffene Feststellung stützt und
4. worin genau der Widerspruch von Beweisergebnis und Feststellung im Urteil liegt.

## 4.4. Unrichtige rechtliche Beurteilung

### 4.4.1. Allgemeines

Ein weiterer Berufungsgrund, der den Inhalt der Entscheidung betrifft, ist die unrichtige rechtliche Beurteilung. Hierbei werden Fehler aufgegriffen, die die Rechtsanwendung betreffen. Dazu zählen vor allem die **fehlerhafte Subsumtion** des festgestellten Sachverhalts unter die vom Erstgericht herangezogene Rechtsnorm, die **falsche Wahl der anzuwendenden Anspruchsgrundlage** oder eine **unrichtige Interpretation einer Rechtsnorm.**[113] Zu beachten ist, dass sich die rechtliche Beurteilung aus dem festgestellten Sachverhalt ergeben muss, nicht aus dem „Wunschsachverhalt“ des Berufungswerbers.

Will der Berufungswerber die Wertvorstellungen des Erstgerichts bei **unbestimmten Gesetzesbegriffen** bekämpfen, so hat er dies ebenfalls unter dem Berufungsgrund der unrichtigen rechtlichen Beurteilung und nicht jenem der Beweiswürdigung geltend zu machen. Die Ausfüllung von Begriffsinhalten und Wertvorstellungen bei der Auslegung unbestimmter Rechtsbegriffe ist ein Akt der rechtlichen Beurteilung – etwa *„nach den Lebensverhältnissen angemessener Unterhalt“* (§ 94 ABGB), *„gute Sitten“* (§ 879 ABGB) oder ein *„verschwenderischer Lebensstil“* (§ 771 ABGB). Auch die Frage der Anwendung von Erfahrungssätzen über typische Geschehensabläufe beim **Anscheinsbeweis** gehört zur rechtlichen Beurteilung, ebenso wie die Anwendung von **Beweislastregeln** und **gesetzlichen Vermutungen**.

Der Berufungswerber ist allerdings **nicht** dazu verpflichtet, eine **exakte Differenzierung dieser aufgezählten Unrichtigkeiten** vorzunehmen, sondern kann seinen Berufungsgrund schlicht als unrichtige rechtliche Beurteilung bezeichnen. Führt der Berufungswerber den Berufungsgrund der unrichtigen rechtlichen Beurteilung gar nicht an, so ist das Berufungsgericht nicht verhalten, Fehler in der Rechtsanwendung aufzugreifen. Bei **gesetzmäßiger Ausführung** der

**113** 3 Ob 141/16f; OLG Wien 10 Rs 125/13w = SVSlg 64.887 uva.

Rechtsrüge in einem Punkt hat das Berufungsgericht aber die materielle Richtigkeit der Entscheidung **nach allen rechtlichen Richtungen** hin zu prüfen.[114]

### 4.4.2. Abgrenzung von der unrichtigen Sachverhaltsfeststellung

Es ist von grundsätzlicher Bedeutung, den Berufungsgrund der unrichtigen rechtlichen Beurteilung von der unrichtigen Beweiswürdigung **abzugrenzen.** Eine solche Differenzierung der verschiedenen Berufungsgründe ist schon deshalb wichtig, weil nur die unrichtige rechtliche Beurteilung und die Aktenwidrigkeit revisibel sind, während sonstige Fehler in der Sachverhaltsfeststellung nicht mehr mit Revision bekämpft werden können. Auch in den Fällen, in denen der Entscheidungsgegenstand EUR 2.700,– nicht übersteigt, können in der Berufung nur Nichtigkeiten und Fehler in der Rechtsfindung, nicht aber Unrichtigkeiten in der Sachverhaltsfeststellung aufgegriffen werden („**Bagatellberufung**" gem § 501 Abs 1 ZPO).

Jede unrichtige Sachverhaltsfeststellung führt nämlich in der Folge stets auch zu einer unrichtigen rechtlichen Beurteilung. In diesem Fall hat das Gericht allerdings die Ergebnisse seiner unrichtigen Tatsachenfeststellung rechtlich richtig beurteilt. Dieser Mangel wurzelt daher in der mangelhaften Tatsachenfeststellung und gehört stets zum Rechtsmittelgrund der unrichtigen Sachverhaltsfeststellung, weil eben in der Rechtsrüge stets **von dem vom Erstgericht festgestellten Sachverhalt auszugehen** ist.

Beachte:

Für eine gesetzmäßige Ausführung einer Rechtsrüge ist vom Berufungswerber darauf zu achten, dass er ein konkretes Vorbringen erstattet, warum die rechtliche Beurteilung des Erstgerichts unzutreffend sein soll. Dabei muss er auch darauf achten, dass sich dieses Vorbringen strikt an den **festgestellten Sachverhalt hält.** Er darf daher **keine feststellungsfremden** Sachverhaltselemente zur Grundlage seiner Rechtsrüge machen. Weicht die Rechtsrüge vom festgestellten Sachverhalt ab, so hat dies zur Folge, dass das Berufungsgericht diese gar nicht überprüft („nicht gesetzmäßig ausgeführte Rechtsrüge").

### 4.4.3. Sekundärer Feststellungsmangel

Einen **Sonderfall** der unrichtigen rechtlichen Beurteilung stellen die sekundären Feststellungsmängel dar. Das Erstgericht ist verpflichtet, zu allen für die rechtliche Beurteilung relevanten Tatsachenbereichen Feststellungen zu treffen. **Unterlässt** es **rechtlich notwendige Feststellungen**, weil es von einer **unrichtigen Rechtsnorm** ausgeht, die solche Tatbestandsvoraussetzungen nicht enthält, so liegt ein sekundärer Feststellungsmangel vor.[115] In der Praxis unterlässt das Erstgericht solche Feststellungen bewusst, weil es die Rechtssache rechtlich unrichtig beurteilt und daher irrig davon ausgeht, die unterlassene Feststellung sei gar nicht notwendig.

114 Vgl auch *Brugger*, Die erfolgreiche Berufung, 68 ff.

115 Vgl etwa 8 ObA 30/16v mwN.

**Beispiel:**

Im Rahmen eines Schadenersatzanspruchs begehrt der Kläger ua Schmerzengeld. Das Erstgericht weist die Klage ab, weil es den Anspruch für verjährt hält, ohne Feststellungen zu den Verletzungen und Schmerzperioden zu treffen. Das Berufungsgericht ist allerdings der richtigen rechtlichen Auffassung, dass der Schadenersatzanspruch nicht verjährt ist, kann aber keine Entscheidung über das Klagebegehren fällen, weil die notwendigen Sachverhaltsfeststellungen fehlen.

Hier muss der Berufungswerber ausdrücklich unrichtige rechtliche Beurteilung aufgrund eines sekundären Feststellungsmangels geltend machen (§ 496 Abs 1 Z 3 ZPO). In diesem Fall stehen dem Berufungsgericht **zwei Wege** offen:

- Es kann die **notwendigen Feststellungen selbst treffen** und dann in der Sache selbst entscheiden, wie es § 496 Abs 3 ZPO nahelegt, wenn nicht anzunehmen ist, dass dadurch im Vergleich zur Zurückweisung die Erledigung verzögert oder ein erheblicher Mehraufwand an Kosten verursacht würde.
- In der Praxis wird freilich meist das **Ersturteil aufgehoben** und die Rechtssache mittels Beschlusses zur **ergänzenden Verhandlung** und Entscheidung an das Erstgericht **zurückverwiesen.**

  Dabei ist das Erstgericht an die rechtliche Beurteilung des Berufungsgerichts gebunden, von dem das Berufungsgericht bei seinem Beschluss ausgegangen ist (§ 499 Abs 2 ZPO).

**Beachte:**

Wurde im Verfahren erster Instanz allerdings ein bestimmter Sachverhalt **gar nicht behauptet,** dann stellt die Unterlassung entsprechender Feststellung auch dann, wenn sie auf Grund der Beweisergebnisse möglich wäre, keinen sekundären Feststellungsmangel dar. Der Berufungswerber kann daher in diesem Fall nicht mit dem Berufungsgrund der unrichtigen rechtlichen Beurteilung vorgehen.

# Revision

## 1. Statthaftigkeit der Revision

Zur Entlastung des OGH ist die Statthaftigkeit der Revision **beschränkt.** Eine Revision ist somit nicht gegen alle Berufungsurteile zulässig. Die Revision ist **jedenfalls unzulässig**, wenn

- der Streitgegenstand, über den das Berufungsgericht entschieden hat, an Geld oder Geldeswert **EUR 5.000,– nicht übersteigt** (§ 502 Abs 2 ZPO).
- Diese Wertgrenze gilt allerdings **nicht** für die in § 502 Abs 4 und 5 ZPO genannten (zB **familien-** und **arbeitsrechtlichen**) Streitigkeiten.

Ob eine Revision zulässig ist, hat sich prinzipiell schon aus der Berufungsentscheidung zu ergeben. Aus diesem Grund hat das Berufungsgericht in sein Urteil einen **Ausspruch über die Statthaftigkeit der Revision** aufzunehmen.

Es hat dabei folgende Aussprüche zu treffen:

### 1.1. Bewertungsausspruch

Besteht der Entscheidungsgegenstand nicht ausschließlich aus einem Geldbetrag, hat das Berufungsgericht auszusprechen, ob der Wert des Entscheidungsgegenstands:

- in zweiter Instanz **insgesamt EUR 5.000,–** übersteigt (§ 500 Abs 1 Z 1 lit a ZPO) und bejahendenfalls,
- in zweiter Instanz **EUR 30.000,– übersteigt** (§ 500 Abs 2 Z 1 lit b ZPO).

Übersteigt der Entscheidungsgegenstand zwar EUR 5.000,–, **nicht** aber **EUR 30.000,–**, so hat das Berufungsgericht auszusprechen, ob die **Revision zulässig** ist (§ 502 Abs 3 ZPO; „ordentliche" Revision).

Gegen den Bewertungsausspruch steht **kein Rechtsmittel** zu (§ 500 Abs 4 ZPO).

### 1.2. Ausspruch über die Zulässigkeit der (ordentlichen) Revision

Übersteigt der Streitgegenstand EUR 5.000,– bzw besteht eine Ausnahme gem § 502 Abs 4 und 5 ZPO, so muss das Berufungsgericht aussprechen, ob die **Revision zulässig** ist (§ 502 Abs 3 ZPO; „ordentliche" Revision).

Die Revision ist nur dann zulässig, wenn die Entscheidung von der Lösung einer **Rechtsfrage** des materiellen Rechts oder Verfahrensrechts abhängt, der zur Wahrung der Rechtseinheit, Rechtssicherheit oder Rechtsentwicklung **erhebliche Bedeutung** zukommt.[116] Dies liegt etwa vor, weil das Berufungsgericht:

- von der **Rechtsprechung des OGH abweicht**,
- eine solche **Rechtsprechung fehlt** oder
- diese **uneinheitlich** ist (§ 502 Abs 1 ZPO).

**116** *Gerhartl*, Voraussetzungen einer Revision, JAP 2016/2017/1, 20.

Ein Rechtszug an den OGH soll daher nur dann zur Verfügung stehen, wenn **Grundsatzfragen** oder Rechtsfragen von erheblicher Bedeutung zu bewerten sind, die über den **reinen Einzelfall hinausreichen**.

Der Ausspruch über die Zulässigkeit der ordentlichen Revision kann mittels **Zulassungsbeschwerde** beim Berufungsgericht (§ 500 Abs 4 Satz 2, § 502 Abs 3 und § 508 Abs 3 ZPO) oder mit **außerordentlicher Revision** (§ 505 Abs 4 ZPO) bekämpft werden.

### 1.3. Zulassungsbeschwerde

Im Bereich **zwischen EUR 5.000,– und EUR 30.000,–** entscheidet letztlich das Berufungsgericht über die Bekämpfbarkeit seiner eigenen Entscheidung, was rechtsstaatlich **nicht unbedenklich** ist. Bei Nichtzulassung der ordentlichen Revision muss die Berufungswerberin mit einer Zulassungsbeschwerde (bzw dem Überprüfungsantrag) vorbringen, dass doch eine **erhebliche Rechtsfrage vorliegt**. Der Antrag ist binnen **vier Wochen** beim Prozessgericht erster Instanz einzubringen. Auf diesen Antrag hin hat das Berufungsgericht die Erheblichkeitsfrage neuerlich zu beurteilen. Bereits gleichzeitig mit der Zulassungsbeschwerde ist die **Revision auszuführen**, obwohl noch gar nicht feststeht, ob sie je vor den OGH gelangen wird. Führt die Berufungswerberin unrichtigerweise eine außerordentliche Revision aus, so ist diese in eine Zulassungsbeschwerde umzudeuten und umgekehrt.

Ändert das Berufungsgericht seine rechtliche Meinung und lässt es die Revision nunmehr zu, wird das „ordentliche" Revisionsverfahren durchgeführt. Zu beachten ist allerdings, dass der OGH an die Zulassung durch das Berufungsgericht **nicht gebunden** ist.

### 1.4. Außerordentliche Revision

Übersteigt der Entscheidungsgegenstand, über den das Berufungsgericht entschieden hat, **EUR 30.000,–**, so hat die Partei die Möglichkeit einer außerordentlichen Revision an den OGH. Zu beachten ist, dass das Erheben einer außerordentlichen Revision im Gegensatz zur ordentlichen Revision nicht den Eintritt der Vollstreckbarkeit und der Rechtskraft hemmt (§ 505 Abs 4 ZPO). In einem solchen Fall bildet das Berufungsurteil einen wirksamen Exekutionstitel, mit dem die Revisionsgegnerin vollstrecken kann (**vorläufige Vollstreckbarkeit**). Im Exekutionsverfahren stellt das Einlegen einer außerordentlichen Revision einen **Aufschiebungsgrund** dar (§ 42 Abs 1 Z 2a EO).

## 2. Revisionsgründe

Anders als bei der zweiten Instanz ist zu beachten, dass der **OGH keine Tatsacheninstanz** ist. Eine Überprüfung der Tatfrage kann daher nicht mittels Revision erfolgen.

Das Gesetz nennt die Revisionsgründe in § 503 ZPO:

### 2.1. Nichtigkeit des Berufungsurteils

Die Nichtigkeit **des Berufungsverfahrens** bzw **des Urteils** ist auch vom OGH jederzeit **von Amts wegen** zu beachten (§ 501 Abs 2 ZPO). Auch der Berufungswerber kann die Nichtigkeit des Berufungsverfahrens bzw Urteils wegen eines in § 477 ZPO bezeichneten Mangels geltend machen.

Zu den Nichtigkeitsgründen gehören aber nach richtiger Ansicht auch die vom Berufungsgericht nicht behandelten Nichtigkeiten der ersten Instanz, sofern sich die Nichtigkeit auch auf das Berufungsverfahren erstreckt. Die vom **Berufungsgericht behandelten Nichtigkeiten** fallen allerdings **nicht** unter diesen Revisionsgrund, weil in diesem Fall mit Beschluss gem § 471 Z 5 ZPO zu entscheiden ist und dieser nach § 519 ZPO unanfechtbar ist.

## 2.2. Mangelhaftigkeit des Berufungsverfahrens

Auch sonstige wesentliche Verfahrensmängel des Berufungsverfahrens können mit der Revision geltend gemacht werden. **Unanfechtbar** mit Revision sind nach der (zu kritisierenden) stRsp[117] die **erstinstanzlichen Verfahrensmängel.** Darunter fallen sowohl die in der Berufung verneinten Verfahrensmängel, als auch die vom Berufungswerber in der Berufung überhaupt nicht geltend gemachten Verfahrensmängel, weil auf diese ohnehin nicht von Amts wegen einzugehen ist (s dazu S 87 ff). Nach zutreffender hL können in der Berufung bereits gerügte, aber vom Berufungsgericht zu Unrecht verneinte Mängel des Verfahrens erster Instanz auch in der Revision geltend gemacht werden, da dies eine Mangelhaftigkeit des Berufungsverfahrens begründet.[118]

## 2.3. Aktenwidrigkeit des Berufungsurteils

Auch Aktenwidrigkeiten im Berufungsurteil sind mit Revision aufgreifbar (s dazu grundsätzlich S 90).

## 2.4. Unrichtige rechtliche Beurteilung des Berufungsgerichts

Unter diesem Revisionsgrund ist die unrichtige rechtliche Beurteilung durch das Berufungsgericht geltend zu machen. Wurde bereits die unrichtige rechtliche Beurteilung des Erstgerichts in der Berufung gerügt, so kann diese nun nochmals an den OGH herangetragen werden. Wie bei der Berufung greift hier ebenfalls eine **allseitige Überprüfungspflicht** des OGH, dh der OGH kann bei gesetzmäßiger Geltendmachung eines unrichtigen Punkts in der rechtlichen Beurteilung auch alle anderen Rechtsfragen überprüfen.

# 3. Revisionsverfahren

Grundsätzlich gelten die Regeln des Berufungsverfahrens, soweit nicht etwas Besonderes angeordnet ist, auch für das Revisionsverfahren (§ 513 ZPO).

Die Revisionsschrift ist binnen einer Frist von **vier Wochen** ab Zustellung des Berufungsurteils beim Erstgericht einzubringen (§ 505 Abs 2 ZPO). In diesem Fall hat das Erstgericht **alle Zulässigkeitsvoraussetzungen** – außer die Erheblichkeit der Rechtsfrage – zu überprüfen. Eine Anmeldung der Revision gibt es nicht (§ 505 Abs 1 ZPO). Hält das Erstgericht die Revision für zulässig, so stellt es die Revision der Gegnerin zu. Hat das Berufungsgericht die Revision zugelassen, kann die Gegnerin innerhalb von weiteren **vier Wochen** eine **Revisionsbeantwortung** einbringen (§ 507a Abs 1 ZPO).[119] Von der Einbringung einer Revisionsbeantwortung ist auch

**117** Vgl RIS-Justiz RS0042963, zuletzt 9 ObA 83/16w.

**118** ZB *Deixler-Hübner/Klicka*, Zivilverfahren[10] 236 f mwN; *Rechberger/Simotta*, Zivilprozessrecht[8] Rz 1045; *Fasching*, Zivilprozessrecht[2] Rz 1909.

**119** 10 ObS 104/14p = SVSlg 64.980.

die Revisionswerberin durch Zustellung einer Ausfertigung zu verständigen (§ 507 Abs 5 ZPO); zwischen Rechtsanwältinnen wird die Revisionsbeantwortung direkt zugestellt (§ 112 ZPO). Beabsichtigt die Revisionsgegnerin zur Widerlegung der Revisionsgründe **neue Tatsachen und Beweismittel** zu benützen, so muss sie dies bei sonstigem Ausschluss schon in der Revisionsbeantwortung **bekannt geben** (§ 507 Abs 4 ZPO). Nach Einlangen der Revisionsbeantwortung bzw nach fruchtlosem Fristablauf wird der Akt dem Berufungsgericht vorgelegt, das nochmals die Revisionsvoraussetzungen überprüft. Ist die Revision zulässig, leitet das Berufungsgericht den gesamten Prozessakt dem OGH weiter.

Bei einer **erfolgreichen Zulassungsbeschwerde** (Überprüfungsantrag) gem § 508 ZPO trägt das Berufungsgericht selbst der Gegnerin die Revisionsbeantwortung auf (§ 508 Abs 5 ZPO). Bei der **außerordentlichen Revision** wird der Akt vom Erstgericht direkt dem OGH vorgelegt. Erst dann, wenn der OGH – im Gegensatz zur Ansicht des Berufungsgerichts – die Revision vorerst für zulässig hält, trägt er der Gegnerin die Revisionsbeantwortung auf (§ 507b Abs 3 und § 508a Abs 2 ZPO).

Der OGH prüft die Zulässigkeit und Begründetheit der Revision zunächst **in nicht-öffentlicher Sitzung** (§ 509 Abs 1 ZPO). Zwar könnte der OGH eine mündliche Verhandlung anberaumen (§ 509 Abs 2 ZPO), doch ist das Verfahren vor dem OGH in der Praxis ein **reines Aktenverfahren.** Verneint der OGH die Erheblichkeit der Rechtsfrage und damit die Zulässigkeit der Revision, weist er die Revision **mit Beschluss zurück.** Mit Beschluss entscheidet der OGH auch dann, wenn das Berufungsurteil wegen eines Nichtigkeitsgrunds, wegen eines wesentlichen Verfahrensmangels oder wegen einer notwendigen Sachverhaltsergänzung aufgehoben wird (§ 510 Abs 1 ZPO). Der OGH entscheidet **mit Urteil** bei Bestätigung oder Änderung des Berufungsurteils (Entscheidung in der Sache).

In der Regel stellt der OGH die Entscheidung direkt den – anwaltlich vertretenen – Parteien zu; ausnahmsweise überträgt er die Zustellung der Entscheidung dem Erstgericht.

Nach einem **Zurückweisungsbeschluss** wird das frühere Verfahren fortgesetzt. Das Erstgericht bzw das Berufungsgericht sind bei der weiteren Behandlung und Entscheidung an die rechtliche Beurteilung des OGH gebunden (§ 511 Abs 1 ZPO). Wie bei der Berufung soll der OGH idR in der Sache selbst entscheiden und nur ausnahmsweise die Rechtssache an das Untergericht zurückverweisen (§ 510 Abs 1 Satz 1 ZPO).

## 4. Kosten

Mit dem Rechtsmittel sind auch die **Kosten zu verzeichnen.** Dies kann in einer eigenen Kostennote erfolgen, wird aber in der Praxis regelmäßig direkt auf dem Schriftsatz verzeichnet. Würde dieses Kostenverzeichnis fehlen, so hätte dies den Entfall des Kostenersatzes zur Folge.

## 5. Einmaligkeit des Rechtsmittels

Bevor der Rechtsmittelschriftsatz bei Gericht eingebracht wird, ist nochmals genau zu prüfen, ob nichts Wesentliches übersehen wurde bzw dieser keine Fehler aufweist.

Der Möglichkeit, ein offenbar fehlerbehaftetes Rechtsmittels zurückzuziehen und stattdessen einen verbesserten Schriftsatz einzubringen, steht die Rechtsprechung ablehnend gegenüber. Obwohl ein Teil der Lehre einen **Austausch eines Rechtsmittels** innerhalb der Frist für zulässig erachtet, geht die Rsp hier ganz formal vor: Wurde bereits ein inhaltlich zu behandelndes Rechtsmittel eingebracht, so sind **weitere Schriftsätze als unzulässig zurückzuweisen.**[120] Würde gar ein Rechtsmittel formal zurückgezogen, so kann aufgrund der eingetretenen formellen Rechtskraft kein weiteres eingebracht werden (§ 484 ZPO).

**********

## Exkurs: Empfehlungen im Zusammenhang mit dem Verfassen einer außerordentlichen Revision bzw eines Abänderungsantrags nach § 508 ZPO

Hat das Berufungsgericht die Revision nicht zugelassen, muss in erster Linie der Nichtzulassungsausspruch bekämpft werden. Der Schriftsatz gliedert sich in zwei Teile: Die **Bekämpfung des Ausspruchs des Berufungsgerichts**, dass die Revision nicht zulässig ist (Zulassungsbeschwerde), und die **Revision selbst**, dies obwohl noch nicht klar ist, ob der OGH (das Berufungsgericht) die Revision – entgegen dem (ursprünglichen) Ausspruch des Berufungsgerichts – doch als zulässig erachtet.

In der Zulassungsbeschwerde ist auf den Punkt gebracht darzulegen, warum entgegen der (ursprünglichen) Ansicht des Berufungsgerichts doch eine erhebliche Rechtsfrage iSd § 502 Abs 1 ZPO vorliegt. Im Vordergrund steht dabei das **Abweichen** des Berufungsgerichts von höchstgerichtlicher Rsp. Ein allgemein gehaltenes Lamento, dass das Berufungsgericht falsch entschieden habe, ohne dies näher darzustellen, hat keine Aussicht auf Erfolg. Wird in der **Literatur** eine von der Rsp des OGH **abweichende Meinung** vertreten, soll nicht einfach darauf hingewiesen, sondern untermauert werden, **warum ein Abgehen** von der bisherigen Rsp **angebracht** ist.

Ändert das Berufungsgericht den ursprünglichen Zulässigkeitsausspruch ab und lässt es die Revision zu, hat es diesen **Beschluss zu begründen**. Dem Revisionsgegner stehen daher gewisse Anhaltspunkte zur Verfügung, worin die Rsp eine erhebliche Rechtsfrage sehen könnte. Stellte dagegen der Oberste Gerichtshof eine Revisionsbeantwortung frei, besteht eine gewisse Schwierigkeit darin, dass der **OGH nicht darzulegen** hat, worin er eine erhebliche Rechtsfrage sieht. Aus diesem Grund ist genau zu überlegen, in welche Richtung der OGH gehen könnte, damit das Vorbringen in der Revisionsbeantwortung entsprechend dargestellt werden kann.

Auch wenn der OGH mit seinem „Freistellungsbeschluss" kundgetan hat, dass er eine erhebliche Rechtsfrage sieht, ist es für den Revisionsgegner idR jedenfalls sinnvoll, darauf hinzuweisen und auszuführen, dass doch keine erhebliche Rechtsfrage vorliegt. Der OGH kann die Revision noch immer – mangels erheblicher Rechtsfrage – als unzulässig zurückweisen.

**********

**120** RIS-Justiz RS0041666; zuletzt 7 Ob 101/16b; 10 ObS 42/14w = SVSlg 64.938; aber: OLG Wien 7 Ra 123/15g = WR 1186.

## Exkurs: Praxistipps bei Rechtsmitteln

- Nichtigkeitsgründe/Wesentliche Verfahrensmängel
  - Wenn die Partei in erster Instanz unvertreten ist, könnte eine **unprorogable Unzuständigkeit** vorliegen, wenn es sich dabei um einen Verbraucher gehandelt hat. Wurde dieser nämlich vom Unternehmer am Gerichtsort seines Sitzes geklagt und die Partei im Verfahren erster Instanz nicht durch den Richter über die Unzuständigkeit und die Möglichkeit einer Einrede belehrt bzw diese Belehrung nicht protokolliert, so ist die Unzuständigkeit des Gerichts nicht geheilt und das Verfahren ist nichtig gem § 477 Z 3, § 471 Z 1 ZPO.
  - Hat eine **prozessunfähige Partei** den Prozess ohne ihren gesetzlichen Vertreter geführt kann eine Nichtigkeit nach § 477 Z 5 ZPO gegeben sein. Sollte sich nämlich zB herausstellen, dass der Partei wegen mangelnder Einsichtsfähigkeit ein Sachwalter (bzw ab 1.7.2018 ein gerichtlicher Erwachsenenvertreter) hätte bestellt werden müssen, so ist das gesamte Verfahren nichtig, wenn es nicht nachträglich durch den Vertreter genehmigt wird.
  - Ein **Verstoß gegen das Antragsprinzip** (§ 405 ZPO) liegt vor, wenn das Gericht über mehr oder über etwas anderes entschieden hat, als von der Partei beantragt wurde. Dies wird von der Rsp allerdings nicht als Nichtigkeitsgrund (und auch nicht als unrichtige rechtliche Beurteilung), sondern als bloßer Verfahrensmangel gesehen.[121]
  - Ein **Verstoß gegen das Zweiparteiensystem** kann auftreten, wenn durch einen Erbgang die klagende Partei mit der beklagten Partei zusammenfällt.
  - Die **mangelhafte Fassung des Urteilsspruchs** nach § 477 Z 9 ZPO wird in der Praxis zwar sehr häufig bemüht, doch hat gerade dieser Grund kaum Erfolg. Die Geltendmachung dieses Nichtigkeitsgrunds könnte allenfalls dann sinnvoll sein, wenn das Urteil eine bloß floskelhafte Scheinbegründung enthält. Liegt tatsächlich ein Nichtigkeitsgrund vor, so wird dieser vom Rechtsmittelgericht bereits in nichtöffentlicher Sitzung wahrgenommen: Die angefochtene Entscheidung wird aufgehoben und das Verfahren zur Neudurchführung an das Prozessgericht zurückverwiesen. Wenn die Nichtigkeit bereits in der Klage wurzelt, wird die Klage selbst zurückgewiesen.
- Sonstige Verfahrensmängel
  - Diese sind nicht von Amts wegen, sondern nur **auf Antrag** wahrzunehmen und führen nur dann zur Verfahrensaufhebung, wenn sie für die **Entscheidung relevant** sind (siehe dazu S 87). Dies ist abstrakt zu prüfen und auch im Rechtsmittel bei Ausführung dieses Grundes genau anzugeben.
  - Viele Verfahrensmängel müssen bereits bei ihrem **Auftreten im Verfahren erster Instanz gerügt** werden!
  - Eine Rügepflicht besteht nach der Rsp bloß bei **Formalmängeln**, doch sind diese im Einzelfall nicht immer leicht von den bloßen Stoffsammlungsmängeln abzugrenzen (vgl dazu S 89). Es empfiehlt sich daher für den Rechtsvertreter, stets eine Rüge zu erheben und diese auch protokollieren zu lassen.[122]

---

**121** RIS-Justiz RS0041089.

**122** Siehe dazu *Pochmarski/Walcher*, Zum Umfang der Rügelast nach § 196 ZPO, ÖJZ 2011, 18; 7 Ob 53/08g = Zak 2008/617, 357 (Stoffsammlungsmängel müssen nicht gerügt werden); 10 ObS 190/13h.

- Unvollständige Erledigung von Sachanträgen
  - Der Spruch hat **alle Sachanträge** der Partei **zu erledigen** – das gesamte Klagebegehren, Zwischenfeststellungsanträge, Aufrechnungseinwendungen, Entscheidung über das Zinsenbegehren und die Prozesskosten oder den Antrag auf Verhängung eines Entschädigungsbetrags (§ 408 ZPO). Im Scheidungsverfahren ist auch zu überprüfen, ob das Urteil einen Verschuldensausspruch enthält.
  - Ein **Ergänzungsantrag** gem § 423 ZPO, der binnen 14-tägiger Frist eingebracht werden kann, ist nur dann sinnvoll, wenn das Urteil nicht auch sonstige Mängel aufweist.
- Unrichtige Sachverhaltsfeststellung
  - Einen Revisionsgrund bildet nur mehr die **Aktenwidrigkeit** (siehe S 90), weil der OGH keine Tatsacheninstanz ist.
  - Besonders ist auf eine **gesetzmäßige Ausführung der Tatsachenrüge** zu achten (siehe dazu S 91)! Unzureichend wäre es in diesem Zusammenhang, dass im Rechtsmittel nur angegeben wird, dass man zu anderen Beweisergebnissen als im angefochtenen Urteil angenommen gelangen könnte, indem bloß Bedenken gegen die Beweiswürdigung dargelegt werden. Wird nicht nach dem von der Rechtsprechung entwickelten Formalschema vorgegangen, so wird riskiert, dass das Rechtsmittel wegen nicht gesetzmäßiger Ausführung **nicht behandelt wird.**
- Unrichtige rechtliche Beurteilung
  - Vor allem bei **unbestimmten Gesetzesbegriffen** ist zu überprüfen, ob die zugrunde gelegten Wertungen noch der zeitgemäß auszulegenden Rechtsordnung entsprechen – etwa bei den guten Sitten gem § 879 ABGB.
  - **Unrichtige Erfahrungssätze** über typische Geschehensabläufe beim **Anscheinsbeweis** können ebenfalls zielführend sein.
  - Bei **Beweislastentscheidungen** ist genau zu überprüfen, ob die Beweislastregeln bzw auch **gesetzliche Vermutungen** richtig angewandt wurden.
  - Obwohl das Vorbringen eines Punkts der unrichtigen rechtlichen Beurteilung dem Gericht eine **allseitige rechtliche Überprüfung** ermöglicht, sollte man sich nicht darauf verlassen, dass das Rechtsmittelgericht auch andere rechtliche Unrichtigkeiten von Amts wegen aufgreift. Es empfiehlt sich, selbst sehr sorgfältig vorgehen, wobei man sich **strikt an den festgestellten Sachverhalt zu halten** hat. Feststellungsfremde Sachverhaltselemente können niemals zur Grundlage einer Rechtsrüge gemacht werden. Weicht die Rechtsrüge vom festgestellten Sachverhalt ab, so wird diese vom Rechtsmittelgericht insoweit nicht behandelt.
  - **Sekundäre Feststellungsmängel** sind zwar in § 496 Abs 1 Z 3 ZPO genannt, stellen aber einen **Sonderfall der unrichtigen rechtlichen Beurteilung** dar (siehe S 91 ff). Hat das Gericht die für die Anwendung der vom Rechtsmittelwerber aufgezeigten richtigen Rechtsnorm rechtlich notwendigen Feststellungen unterlassen, ist dies im Rechtsmittel entsprechend aufzuzeigen. Hat die Partei in erster Instanz den rechtlich relevanten Sachverhalt allerdings **gar nicht behauptet,** kann sie die Unterlassung der rechtlich notwendigen Feststellungen auch nicht geltend machen.
  - Es empfiehlt sich, mit diesem Berufungsgrund **Eventualanträge** auf **Abänderung** (§ 496 Abs 1 Z 3 ZPO) und **Aufhebung** zu verbinden. Liegt ein sekundärer Feststellungsmangel

vor, wird das Urteil nämlich in der Praxis meist aufgehoben und die Rechtssache mit Beschluss zur ergänzenden Verhandlung und Entscheidung an das Erstgericht zurückverwiesen. Das Erstgericht ist gem § 499 Abs 2 ZPO an die rechtliche Beurteilung des Rechtsmittelgerichts gebunden. Darauf hat der Anwalt auch im zweiten Rechtsgang penibel zu achten!

*********

# Musterakt

6 Cg 73/14x (1)

An das
Landesgericht Salzburg(2)
Rudolfsplatz 2
5020 Salzburg

Gebühreneinzug durchgeführt(6)
am 06.FEB 2014.........
Der Kostenbeamte:(7)

elektronisch(3) eingebracht(4) am
06.02.2014 von
Dr. Franz Hillinger, Rechtsanwalt in Salzburg,(5)
**Vertreter der klagenden Partei**

RECHTSSACHE(8)

**Klagende Partei**
Tobias Aigner
geb. am 15.03.1990, Student
Salzachweg 5, A-5020 Salzburg

**wird vertreten durch**
*Vertreter/in der 1. Partei:*
Dr. Franz Hillinger, Rechtsanwalt
Hauptstraße 17, A-5020 Salzburg

**Beklagte Parteien**(9)
1. Sport & Fun GmbH
   Salzburgerstraße 35,
   D-83395 Freilassing
2. Istria Versicherung AG
   Ringstraße 20, A-1010 Wien

(10)
B.:
ZPForm 25 mit GS der Klage an beide Bekl. (RSb)
ZPForm 25 an KV
Frist für Klagebeantwortung 4 Wochen
Kal. 15.03. (KB)
Sbg, 06.02.2014

wegen: EUR 53.000,– s.A.(11) und Feststellung (EUR 12.000,–)(12)

---

**Vertreter/in der 1. Partei**
Code: P43215(13)
RA Dr. Franz Hillinger
Hauptstraße 17, 5020 Salzburg
E-Mail: ra.hillinger@sbg.at
Telefon: 0662/64312
Zeichen: 2014/1002(15)
Einzahlungskonto: IBAN AT81 5214 6000 0146 3259(16)
Einziehungskonto: IBAN AT63 2805 5000 0289 4892(17)

**ist Vertreter von**
klagende Partei:
Tobias Aigner

(14)
Abfertigungsvermerk:
eingelangt 07.FEB 2014
ausgefertigt ..............
verglichen ..................
abgefertigt 07.FEB 2014

---

06 Cg 73/14x

999 Nc 4351/14x Datum: 06.02.2014 06:55 Seite 1

# Klage

Original Schriftsatz als PDF-Dokument in der Anlage übermittelt.[18)]

Es wird die Ermächtigung zum Einzug der Gerichtsgebühren von folgendem Konto erteilt:
IBAN AT63 2805 5000 0289 4892

**Beilagenverzeichnis:**

| Anhangsart | Datum | ON/Beilage | RolleNr | KB | ERVQuellID | Zugriff |
|---|---|---|---|---|---|---|
| Klage | 06.02.2014 | | 1V | 223 | 569 999 NC 4351/14x | Extern/Intern |

Zeichen (Einbringer): 2014/1002

999 Nc 4351/14x Datum: 06.02.2014 06:55 Seite 2

**Anmerkungen/Erläuterungen zum Deckblatt der Klage:**

(1) Das – mit einem Stempel auf die Klage aufgedruckte – Aktenzeichen (s S 31) besteht
- aus der ziffernmäßigen Bezeichnung der Gerichtsabteilung (hier: 6),
- dem Gattungszeichen („Cg" ist das Gattungszeichen für allgemeine Zivilsachen vor dem Landesgericht),
- der Aktenzahl, die laufend nach dem Anfall in der Gerichtsabteilung im jeweiligen Kalenderjahr vergeben wird,
- (nach einem Schrägstrich) den letzten beiden Ziffern des Anfallsjahres und
- dem – nach einer mathematischen Formel zur Vermeidung von Eingabefehlern ermittelten – Prüfzeichen.

(2) Im Hinblick auf den Streitwert ist in erster Instanz das Landesgericht sachlich zuständig.

(3) Ein Rechtsanwalt als Parteienvertreter hat die Klage verpflichtend im ERV einzubringen (s S 33 f). Ein Verstoß ist wie ein Formmangel zu behandeln, der zu verbessern ist (§ 89c Abs 6 GOG).

(4) Eingangsvermerk. Außerhalb des elektronischen Rechtsverkehrs wird der Eingangsvermerk durch eine Datumsstampiglie angebracht. Zum Inhalt des Eingangsvermerks s §§ 102 f Geo.

(5) Da der Streitwert über EUR 5.000,– liegt, besteht absolute Anwaltspflicht (s S 26 f).

(6) Mit der Einbringung der Klage sind auch die Pauschalgebühren für das Verfahren erster Instanz zu entrichten (§ 2 Z 1 lit a GGG). Bei Einbringung der Klage im ERV sind die Gebühren durch Abbuchung und Einziehung zu entrichten (§ 4 Abs 4 GGG). Nähere Details sind in der Abbuchungs- und Einziehungs-Verordnung (AEV) geregelt.

(7) Der Kostenbeamte (§ 209 Geo) ist bei Gericht für die Berechnung und Einhebung der Gerichtsgebühren zuständig.

(8) Die Bezeichnung der Rechtssache im Schriftsatz ergibt sich aus § 75 Z 1 ZPO. Anzugeben sind das Gericht, die Parteien samt Parteistellung, die Parteienvertreter und der Streitgegenstand.

(9) Durch die Klage gegen zwei Beklagte entsteht auf der Beklagtenseite eine Streitgenossenschaft. Im vorliegenden Fall ist es eine materielle Streitgenossenschaft (§ 11 Z 1 ZPO), weil die beiden beklagten Parteien als solidarisch Haftende in Anspruch genommen werden.

(10) Der Richter verfügt (B. = Beschluss; gebräuchlich ist auch die Abkürzung Vfg = Verfügung) nach der Erstprüfung der Klage, dass der beklagten Partei mit einem im Bundesrechenzentrum automatisiert hergestellten Rückscheinbrief (RSb – die Zustellung ist gemäß § 106 Abs 1 ZPO auch an einen Ersatzempfänger zulässig) die Klage mit dem Auftrag zur Klagebeantwortung binnen vier Wochen (§ 230 Abs 1 S 2 ZPO) zuzustellen ist. Früher wurde auch der Vertreter der klagenden Partei („KV") davon durch Übersendung der „Halbschrift" (= erste Seite der Klage mit der Bezeichnung der Rechtssache) verständigt; seit der Einbringung der Klage im ERV ist diese Form der Verständigung nicht mehr notwendig. Das „Formblatt" (früher ein Formular, nun eine EDV-mäßige Vorgabe) ZPForm 25 bezeichnet den Auftrag zur Klagebeantwortung. „Kal" („Kalender") bedeutet, dass die Geschäftsabteilung eine Frist abzuwarten hat, hier die Frist für die Einbringung der Klagebeantwortung („Der Akt wird auf Kalender gelegt"). Wird die Frist von der/den beklagten Partei/en versäumt, kann die klagende Partei die Erlassung eines Versäumungsurteils beantragen (§ 396 Abs 1 ZPO).

(11) Die Abkürzung „s.A." oder „sA" bedeutet „samt Anhang" und bezieht sich (vor allem) auf Zinsen und Kosten, die den Wert des Streitgegenstandes nicht beeinflussen (§ 54 Abs 2 JN).

(12) Das nicht auf Geld gerichtete Feststellungsbegehren ist vom Kläger zu bewerten. Zur Bedeutung der Bewertung s S 19 f.

(13) Jedem Teilnehmer am ERV ist vom Bundesrechenzentrum ein Anschriftcode zugeordnet (§ 7 ERV 2006).

(14) Die Geschäftsabteilung hat die Anordnungen des Richters umzusetzen. Dies wird mit dem Abfertigungsvermerk (einer Stampiglie) bestätigt.

(15) Interne Aktenzahl des Klagevertreters.

(16) Die Bekanntgabe des Einzahlungskontos dient der Information der beklagten Partei(en), wohin ein geschuldeter Betrag zu zahlen ist (etwa wenn sich die beklagte Partei nicht auf das Verfahren einlässt und die eingeklagte Geldforderung zu erfüllen hat).

(17) Vom Einziehungskonto zieht das Gericht die Pauschalgebühren ein (§ 4 Abs 4 GGG).

(18) Der Eingabe im Elektronischen Rechtsverkehr wird idR die eigentliche Klage als pdf-Datei angehängt.

DR. FRANZ HILLINGER

RECHTSANWALT

PER WEB-ERV

An das
Landesgericht Salzburg
Rudolfsplatz 2
5020 Salzburg

Gebühreneinzug:
IBAN AT63 2808 5000 0289 4892

Klagende Partei: Tobias Aigner
geb. am 15.03.1990
Student
Salzachweg 5, A-5020 Salzburg

vertreten durch:
Dr. Franz Hillinger, Rechtsanwalt
Hauptstraße 17, A-5020 Salzburg

Beklagte Parteien:
1. Sport & Fun GmbH
   Salzburgerstraße 35, D-83395 Freilassing
2. Istria Versicherung AG
   Ringstraße 20, A-1010 Wien

wegen: EUR 53.000,– s.A. und Feststellung (EUR 12.000,–)

Vollmacht erteilt gem § 30 Abs 2 ZPO(19)

# KLAGE(20)

Gemäß § 19a RAO begehrt der einschreitende Rechtsanwalt die Zahlung der Kosten zu eigenen Handen.

In der außen bezeichneten Rechtssache hat der Kläger gemäß § 30 Abs 2 ZPO Vollmacht an RA Dr. Franz Hillinger erteilt.

Am 17. Juli 2013 ereignete sich in der von der erstbeklagten Partei in Salzburg, Alpenstraße 15, betriebenen Sport- und Freizeithalle, zu der auch ein Kletterbereich gehört, ein Kletterunfall, bei dem der Kläger schwere Verletzungen erlitt.

Bevor der Kläger zu klettern begann, führte er mit seiner Kletterpartnerin Christina Moser den vorgeschriebenen Partnercheck durch. Als er nach Absolvierung der vorgesehenen Route zum Abseilen bereit war und seiner Kletterpartnerin ein entsprechendes Zeichen gab, hängte er sich in das Seil und stürzte in der Folge aus einer Höhe von etwa 7 m ab, wodurch er sich Rippenbrüche, eine Steißbeinprellung, eine schwere Gehirnerschütterung sowie eine Verletzung des 7. Halswirbels zuzog. Die Ursache für den Absturz lag darin, dass die beiden vom Kläger benutzten Karabiner nicht fachgemäß im Fixseil, sondern lediglich in Kabelbindern eingehängt waren.

Die erstbeklagte Partei hat die für den Klettervorgang in der von ihr betriebenen Halle erforderlichen Vorkehrungs- bzw. Sicherungsmaßnahmen nicht ordnungsgemäß durchgeführt, sodass sie dem Kläger zum Schadenersatz verpflichtet ist. Konkret ist der erstbeklagten Partei anzulasten, dass die von ihr eingesetzte Hallenaufsicht („Safety Guides") die ihr obliegenden Sicherheitschecks nachlässig durchgeführt und dadurch nicht bemerkt hat, dass die Karabiner nur in Kabelbindern und nicht im Fixseil eingehängt waren.

Beweis:(21) Akt GZ: E1/264351/2013 der Bundespolizeidirektion Salzburg
Sachverständiger aus dem Bereich des Indoor-Kletterns
Zeugin Christina Moser, Studentin, Clemens-Krauss-Straße 23, 5020 Salzburg
PV;(22) im Bestreitungsfalle weitere Beweise vorbehalten.

Der Kläger wurde nach dem Unfall ins UKH Salzburg gebracht und dort operiert.

Die voraussehbaren Schmerzen, die der Kläger aufgrund des Unfalls zu erleiden hatte und weiter erleiden wird, rechtfertigen ein Schmerzengeld in Höhe von EUR 50.000,–.

Beweis: Verletzungsanzeige des Unfallkrankenhauses Salzburg
SV-Gutachten aus dem Bereich der Unfallchirurgie
PV.

Darüber hinaus wollte der Kläger – wie in den Jahren zuvor – in den Sommerferien arbeiten. Dabei hätte er voraussichtlich € 3.000,– netto verdient. Aufgrund seiner Verletzungen war er jedoch außerstande, sich eine Ferialarbeit zu suchen, weshalb er einen Verdienstentgang in Höhe von € 3.000,– erlitten hat.

Beweis: PV.

Die beklagten Parteien wurden mit Schreiben vom 13. Jänner 2014 aufgefordert, den begehrten Schadenersatz bis 3. Februar 2014 zu leisten, was sie jedoch abgelehnt haben. Die klagende Partei begehrt daher 4 % Zinsen aus dem Schmerzengeldbetrag ab dem 4. Februar 2014.

Aufgrund der erlittenen Verletzungen und der noch nicht vorhersehbaren medizinischen Maßnahmen, die für den weiteren Heilungserfolg notwendig sein werden, hat der Kläger ein rechtliches Interesse an der Feststellung der Ersatzpflicht der beklagten Parteien hinsichtlich künftiger Schäden. Der Kläger bewertet das Feststellungsinteresse gemäß § 56 Abs 2 JN mit EUR 12.000,–.(23)

Beweis: wie bisher.

Die internationale und örtliche Zuständigkeit[24] hinsichtlich der erstbeklagten Partei beruht auf Art 5 Nr 3 EuGVVO. Das angerufene Gericht ist im Hinblick auf die Streitgenossenschaft auch für die zweitbeklagte Partei zuständig.

Der Kläger begehrt nachstehendes

## URTEIL:[25]

1. Die beklagten Parteien sind zur ungeteilten Hand schuldig, der klagenden Partei binnen 14 Tagen bei sonstiger Exekution EUR 53.000,– samt 4 % Zinsen seit 4. Februar 2014 zu zahlen.
2. Es wird festgestellt, dass die beklagten Parteien der klagenden Partei gegenüber zur ungeteilten Hand für alle zukünftigen Schäden aus dem Unfall vom 17. Juli 2014 in der Sport- und Freizeithalle, Alpenstraße 15, 5020 Salzburg, haften.
3. Die beklagten Parteien sind weiters zur ungeteilten Hand schuldig, der klagenden Partei die Kosten dieses Rechtsstreits zu Handen des Klagevertreters[26] zu ersetzen, dies binnen 14 Tagen bei sonstiger Exekution.

Salzburg, am 06.02.2014 Tobias Aigner

**Anmerkungen/Erläuterungen zur Klage:**

(19) Ein Rechtsanwalt muss die Urkunde über die ihm erteilte Vollmacht nicht vorlegen; er kann sich auf die erteilte Vollmacht berufen (§ 30 Abs 2 ZPO).

(20) Zum Inhalt der Klage s S 29 f.

(21) Zur Angabe von Beweisanboten in der Klage s S 30.

(22) „PV“ ist die gängige Abkürzung für „Parteienvernehmung“.

(23) Das nicht auf Geld gerichtete Feststellungsbegehren ist vom Kläger zu bewerten; hier begründet der Kläger die Höhe der Bewertung. Zur Bedeutung der Bewertung s S 19 f.

(24) Die sachliche Zuständigkeit des angerufenen Landesgerichts Salzburg ergibt sich aus dem Streitgegenstand und muss daher nicht näher begründet werden. Im Hinblick darauf, dass der Sitz der beklagten Partei nicht im Sprengel des angerufenen Gerichts und auch nicht in Österreich liegt, ist in der Klage eine Begründung für die internationale Zuständigkeit (s S 17 f) und für die örtliche Zuständigkeit (s S 20 f) erforderlich.

Wendet die beklagte Partei die internationale und/oder örtliche Unzuständigkeit ein, muss das Gericht über die Frage der Zuständigkeit einen eigenen Beschluss fassen (s S 36).

(25) Das Klagebegehren bildet einen zentralen Inhalt der Klage (s S 29). Im vorliegenden Fall wird ein Leistungsbegehren mit einem Feststellungsbegehren (betreffend derzeit noch nicht vorhersehbare weitere Schäden) kombiniert. Der Zweck des Feststellungsbegehrens liegt einerseits in der Hintanhaltung von Verjährungsfolgen (1 Ob 155/97v, SZ 71/5) und andererseits in der erleichterten Beweisführung, wenn die Klärung des Unfallhergangs relativ knapp nach dem Unfall und nicht erst Jahre später erfolgt, wenn Spätfolgen des Unfalls auftreten.

(26) Der Rechtsanwalt einer Partei kann gemäß § 19a Abs 4 RAO verlangen, dass ihm die unterliegende Gegenpartei die Verfahrenskosten direkt ersetzt (s §§ 19, 19a RAO).

JUSTIZ REPUBLIK ÖSTERREICH
LANDESGERICHT SALZBURG

6 Cg 73/14x
(Bitte in allen Eingaben anführen)

Rudolfsplatz 2
5020, Salzburg

Tel.: 057 60123

1. Sport & Fun GmbH
   Salzburgerstraße 35, D-83395 Freilassing

2. Istria Versicherung AG
   Ringstraße 20, A-1010 Wien

## Auftrag zur Klagebeantwortung(27)

# BESCHLUSS

Den beklagten Parteien wird aufgetragen, die beiliegende Klage binnen 4 Wochen nach Zustellung dieser Beschlussausfertigung schriftlich zu beantworten.

Gegen diesen Beschluss ist kein Rechtsmittel zulässig.

---

**Landesgericht Salzburg, Abt 6**
**Salzburg, am 06.02.2014**
**Dr. Susanne Sonnberger, Richterin**

---

## WICHTIGE HINWEISE:

### Klagebeantwortung

Gegen Sie wurde bei Gericht eine Klage eingebracht. Wenn Sie die Behauptungen in der Klage und das, was in der Klage von Ihnen verlangt wird, bestreiten wollen, müssen Sie eine Klagebeantwortung erstatten. Dies führt dazu, dass das Gericht ein Verfahren durchführt.

Die Klagebeantwortung muss binnen vier Wochen ab Zustellung der Klage bei dem Gericht, das Ihnen die Klage zugestellt hat, eingebracht werden.

### Anwaltspflicht

Die Klagebeantwortung ist schriftlich einzubringen; sie muss durch eine Rechtsanwältin/einen Rechtsanwalt unterschrieben sein. Auch im anschließenden Verfahren müssen Sie durch eine Rechtsanwältin/einen Rechtsanwalt vertreten sein. Wenn Sie also eine Klagebeantwortung erstatten wollen, so sollten Sie sich sofort an eine Rechtsanwältin/einen Rechtsanwalt wenden.

## Versäumnisfolgen

Wenn die Klagebeantwortung nicht rechtzeitig eingebracht wird, sind die Behauptungen der klagenden Partei für wahr zu halten. Es kann auf dieser Grundlage auf Antrag der klagenden Partei gegen Sie ein Versäumungsurteil gefällt werden. In einem Versäumungsurteil wird Ihnen aufgetragen, die in diesem Urteil angeführte Verpflichtung zu erfüllen; darüber hinaus müssen Sie die Kosten der klagenden Partei ersetzen. Aufgrund eines Versäumungsurteils kann gegen Sie Exekution geführt werden.

## Fristenlauf(28)

Die Frist zur Erstattung der Klagebeantwortung beginnt am Tag der Zustellung der Klage; sie endet nach vier Wochen an dem Wochentag, der dem Wochentag der Zustellung entspricht. (Beispiel: Wurde die Klage an einem Montag zugestellt, so endet diese Frist vier Wochen später ebenfalls an einem Montag.)

Die Klagebeantwortung ist dann rechtzeitig, wenn sie innerhalb der vierwöchigen Frist zur Post gegeben wird (maßgeblich ist das Datum des Poststempels).

**Achtung!** Auch die Hinterlegung der Klage beim Postamt gilt als Zustellung. Für den Lauf der Frist ist in einem solchen Fall der Beginn der Abholfrist der hinterlegten Sendung und nicht der Tag der tatsächlichen Abholung maßgeblich.

Wenn Sie zur Zeit der Hinterlegung nicht bloß vorübergehend vom Ort der Zustellung abwesend waren und eine Klagebeantwortung erstatten wollen, so wenden Sie sich unverzüglich an das Gericht.

## Verfahrenshilfe(29)

Sie können binnen der oben genannten vierwöchigen Frist auch die vorläufige kostenlose Beigebung einer Rechtsanwältin/eines Rechtsanwalts zur Erstattung der Klagebeantwortung und für die Vertretung im nachfolgenden Verfahren beantragen, wenn Sie außer Stande sind, die hiefür auflaufenden Kosten ohne Beeinträchtigung des notwendigen Unterhalts – also des Unterhalts, den Sie für sich und Ihre Familie zu einer einfachen Lebensführung benötigen – zu bestreiten. Die beabsichtigte Rechtsverteidigung darf aber nicht offenbar mutwillig oder aussichtslos sein.

**Achtung!** Bitte beachten Sie, dass die Verfahrenshilfe Sie nur von der Entrichtung Ihrer eigenen Prozesskosten vorläufig befreit. Sollten Sie den Prozess verlieren, so müssen Sie die Prozesskosten der gegnerischen Partei (hiezu zählen insbesondere deren Gerichts- und Anwaltskosten) trotz der Ihnen gewährten Verfahrenshilfe ersetzen.

Der Antrag auf Verfahrenshilfe ist mündlich oder schriftlich bei dem Gericht einzubringen, welches Ihnen die Klage zugestellt hat. Befindet sich der Sitz dieses Gerichts außerhalb des Bezirksgerichtssprengels, in dem Sie Ihren Aufenthalt haben, so können Sie den Antrag auch beim Bezirksgericht Ihres Aufenthalts zu Protokoll erklären.

Dem Antrag ist ein vollständig und wahrheitsgemäß ausgefülltes Vermögensbekenntnis mit den entsprechenden Belegen anzuschließen; das hiefür erforderliche Formular (ZPForm 1) erhalten Sie bei jedem Gericht bzw. auf der Website des Bundesministeriums für Justiz unter http://www.justiz.gv.at.

Wird die Beigebung einer Rechtsanwältin/eines Rechtsanwalts rechtzeitig (d.h. innerhalb der für die Klagebeantwortung offen stehenden Frist) beantragt, so unterbricht dies die Frist zur Erstattung der Klagebeantwortung; diese beginnt neuerlich zu laufen, und zwar

- im Fall der Bewilligung des Antrags mit der Zustellung des Bestellungsbescheides an die Rechtsanwältin/den Rechtsanwalt;
- im Fall der Abweisung des Antrags mit dem Eintritt der Rechtskraft des abweisenden Beschlusses.

## Allgemeines

Eine Klagebeantwortung ist mit Rücksicht auf die damit verbundenen Kosten nur dann sinnvoll, wenn Sie den eingeklagten Betrag nicht schulden bzw. der eingeklagte Anspruch nicht zu Recht besteht. Sollten Sie dagegen nur Zahlungserleichterungen (z.B. Ratenzahlungen) erreichen wollen, so wird Ihnen empfohlen, sich diesbezüglich mit der/den klagenden Partei/en oder deren Vertreter ins Einvernehmen zu setzen; das Gericht kann keine Zahlungserleichterungen bewilligen.

## Zahlungen

Zahlungen sind nicht an das Gericht, sondern an die gegnerische Partei oder an deren Vertreter/in zu leisten.

**Anmerkungen/Erläuterungen zum Auftrag zur Klagebeantwortung:**

(27) Die Richterin hat nach der Prüfung der Klage „in limine litis" die Zustellung von ZPForm 25 verfügt. Die Parteien bekommen nun diese mit einem standardisierten Inhalt „befüllte" Ausfertigung zugestellt.

(28) Zur Berechnung der Länge von Fristen s S 72.

(29) Zur Verfahrenshilfe s S 61 ff.

SCHWAB MEINHARD & PARTNER

RECHTSANWÄLTE GMBH

PER WEB-ERV

An das
Landesgericht Salzburg
Rudolfsplatz 2
5020 Salzburg

6 Cg 73/14x(30)
2

Klagende Partei: Tobias Aigner
Salzachweg 5, A-5020 Salzburg

vertreten durch:

Dr. Franz Hillinger, Rechtsanwalt
Hauptstraße 17, A-5020 Salzburg

Beklagte Parteien: 1. Sport & Fun GmbH
Salzburgerstraße 35, D-83395 Freilassing

diese vertreten durch:

Schwab, Meinhard & Partner Rechtsanwälte GmbH
Linzerstraße 23, A-5020 Salzburg

2. Istria Versicherung AG
Ringstraße 20, A-1010 Wien

wegen: EUR 53.000,– s.A. und Feststellung (EUR 12.000,–)

# I. Klagebeantwortung der erstbeklagten Partei
# II. Urkundenvorlage

VM gem § 30/2 ZPO erteilt

1-fach(31)

BR/CM(32)

**Gleichschrift wird gem § 112 ZPO direkt übermittelt(33)**

**Elektronisch eingebracht am 11.03.2014, 1-fach**
P13459
Schwab, Meinhard & Partner Rechtsanwälte GmbH
Linzerstraße 23
5020 Salzburg, Österreich

Der erstbeklagten Partei wurde der Auftrag zur Klagebeantwortung vom 06.02.2014 am 11.02.2014 zugestellt. Sie erstattet innerhalb offener Frist nachstehende

# Klagebeantwortung:

1. Die erstbeklagte Partei bestreitet das Vorbringen in der Klage dem Grunde und der Höhe nach, soweit nicht im Folgenden ausdrücklich eine Außerstreitstellung erfolgt. Die erstbeklagte Partei beantragt, die Klage kostenpflichtig abzuweisen.

2. Außerstreitstellungen:(34)

Außer Streit gestellt wird, dass sich am 17.07.2013 in der von der erstbeklagten Partei betriebenen Sport- und Freizeithalle in Salzburg, Alpenstraße 15 ein Kletterunfall ereignet hat, bei dem der Kläger schwer verletzt wurde.

3. Zum Unfallgeschehen:(35)

Die erstbeklagte Partei verlangt von den Benützern des Kletterbereichs der Sport- und Freizeithalle eine Registrierung, bei der der Kunde seine jeweiligen Fähigkeiten wahrheitsgetreu anzugeben hat. Dadurch wird der erstbeklagten Partei eine Einschätzung der Kletterkenntnisse und -fähigkeiten ihrer Kunden ermöglicht. Im Rahmen der Registrierung hat der Kläger angegeben, Anfänger zu sein und nicht über Vorkenntnisse zu verfügen. Bei seiner Kletterpartnerin Christina Moser handelt es sich nach ihren eigenen Angaben um eine erfahrene Kletterin. Sie hat sich bereit erklärt, den Kläger zum Klettern mitzunehmen. Die Kletterer werden im Rahmen des Check-in sowohl mündlich als auch durch entsprechende Hinweisschilder darauf hingewiesen, dass die Betätigung in der Kletterhalle auf eigene Gefahr erfolgt. Einen entsprechenden Vermerk enthält auch das vom Kläger und von Christina Moser ausgefüllte und unterfertigte Registrierungsformular. Mit der Unterfertigung des Registrierungsformulars wird auch die Hallenordnung der erstbeklagten Partei zur Kenntnis genommen, in der unter anderem auf die Notwendigkeit eines Partnerchecks vor Beginn des Kletterns hingewiesen wird.

Christina Moser zeigte dem Kläger, wie der Sitzgurt richtig angelegt wird, und erklärte ihm den jeweils vor Beginn des Kletterns durchzuführenden Partnercheck. Dieser beinhaltet folgende Punkte:

- Der Partner kontrolliert beim anderen, ob der Klettergurt geschlossen und korrekt angelegt ist.
- Der Sicherer prüft, ob der Kletterer korrekt mit einem Anseilknoten eingebunden ist oder – wie hier beim Toprope-Klettern – die Karabiner gegengleich und zugeschraubt am Hauptanseilpunkt in den Gurt und korrekt in das Seil eingelegt sind.
- Der Kletterer prüft, ob das Kletterseil korrekt in das Sicherungsgerät eingelegt ist und ob das Sicherungsgerät an der vorgesehenen Stelle mit dem Klettergurt verbunden ist und ob das freie Seilende abgeknotet wurde.

Der Absturz des Klägers ist darauf zurückzuführen, dass die Karabiner nicht im Fixseil, sondern bloß in einem Kabelbinder eingehängt waren. Dieser konnte das Gewicht des Klägers naturgemäß nicht aushalten. Wie es zu diesem Umstand kam entzieht sich der Kenntnis der erstbeklagten Partei; sie ist dafür auch nicht verantwortlich. Die Verletzung des Klägers resultiert vielmehr aus der Nichtdurchführung bzw nicht ordnungsgemäßen Durchführung des Partnerchecks. Das richtige Anbringen des Anseilknotens beim Kletternden laut Partnercheck besteht nicht nur darin, die Karabiner ordnungsgemäß zu schließen, sondern auch darin, den Achterknoten zu kontrollieren sowie das ordnungsgemäße Einhängen der beiden gegenverkehrten Karabiner im Sitzgurt und das Zuschrauben der Karabiner zu überprüfen. Im Rahmen eines gewissenhaften Partnerchecks hätte ganz einfach erkannt werden können, dass das Sicherungsgerät des Klägers nicht ordnungsgemäß mit dem Toprope-Seil verbunden war.

Es ist daher von einem Handeln auf eigene Gefahr auszugehen, weshalb die Haftung der erstbeklagten Partei ausgeschlossen ist.

Beweis: vorzulegende Urkunden,
PV, für die der Geschäftsführer Wolfgang Haas, Chiemseepromenade 48,
D-83278 Traunstein namhaft gemacht wird.

4. Der Betreiber einer Kletteranlage ist grundsätzlich dazu verpflichtet, von den Benützern Gefahren, die nicht schon ihrer Natur nach mit der vorgesehenen Betätigung verbunden sind, nach Möglichkeit abzuwenden. Eine Haftung der erstbeklagten Partei könnte nur darin begründet sein, dass ihr Gefahrenquellen im Zusammenhang mit dem verfahrensgegenständlichen Toprope-Seil bekannt gewesen sind bzw bekannt sein hätten müssen und sie im Rahmen der sie treffenden Verkehrssicherungspflicht zumutbare Maßnahmen zur Verhütung von Gefahren treffen hätte können. Für die erstbeklagte Partei selbst war es nicht vorhersehbar, dass Karabiner bloß in Kabelbindern befestigt werden. Dies durch organisatorische Maßnahmen zu verhindern ist völlig ausgeschlossen. Faktisch müsste in diesem Fall jedem Kletterer eine eigene Aufsichtsperson beigestellt werden, was aber die Sorgfaltspflichten in einer „Selbstbedienungshalle“ völlig überspannen würde.

Die erstbeklagte Partei führt sehr wohl laufend Kontrollen hinsichtlich der Gerätschaften, der Griffe usw durch. Auch der geordnete Ablauf in der Halle wird laufend überwacht. Die erstbeklagte Partei setzt zu diesem Zweck „Safety Guides“ ein, die ständig in der Halle anwesend sind, jedoch nicht jeden einzelnen Kletterer beaufsichtigen und kontrollieren können.

5. Bezüglich des vom Kläger begehrten Verdienstentgangs gibt es bislang keinerlei Nachweis darüber, dass dieser tatsächlich im Sommer einen Ferialjob ausgeübt hätte. Darüber hinaus wird der Lebensunterhalt des Klägers ohnedies von dessen Eltern bestritten, sodass es zu keiner finanziellen Schlechterstellung infolge Nichtausübung eines Ferialjobs kommen konnte.

6. Ausdrücklich werden der begehrte Schmerzengeldbetrag und der Verdienstentgang auch der Höhe nach[(36)] bestritten.

Beweis: wie bisher

Es wird daher der Antrag wiederholt, die Klage kostenpflichtig abzuweisen.

# Urkundenvorlage:(37)

Die erstbeklagte Partei legt nachstehende Urkunden einfach dem Gericht vor:

./1 Registrierungsformular Kläger vom 17.07.2013

./2 Registrierungsformular Christina Moser vom 28.11.2012

./3 Hallenordnung und Sicherheitsbestimmungen

./4 Niederschrift Christina Moser 17.07.2013

./5 Zweite Niederschrift Christina Moser 19.07.2013

Salzburg, am 11.03.2014

Sport & Fun GmbH

**Anmerkungen/Erläuterungen zur Klagebeantwortung:**

(30) Die Klagebeantwortung ist von den Rechtsvertretern der erstbeklagten Partei elektronisch eingebracht worden; bei Gericht wird sie ausgedruckt und zum Akt genommen. Die Geschäftsabteilung fügt dem handschriftlich die fortlaufende Zahl der Aktenstücke („Ordnungsnummer" oder kurz „ON") dazu. Aktenzeichen und ON gemeinsam ergeben die „Geschäftszahl" (s S 31).

(31) „1-fach" bedeutet, dass das Schriftstück nur in einem Exemplar übermittelt wird (die „Gleichschrift" des Schriftsatzes ist dem Klagevertreter direkt übermittelt worden). Im ERV werden Schriftsätze immer „1-fach" eingebracht (§ 89c Abs 1 GOG); die Anführung „1-fach" ist daher entbehrlich.

(32) Internes Zeichen der Beklagtenvertreter.

(33) Wenn mit dem bei Gericht eingebrachten Schriftsatz keine nicht verlängerbare Frist (Notfrist, § 128 Z 1 ZPO) in Gang gesetzt wird, ist der Schriftsatz dem Rechtsanwalt der Gegenseite unmittelbar zuzustellen (§ 112 ZPO).

(34) Es ist zweckmäßig, am Beginn des Schriftsatzes anzugeben, welche Behauptungen der klagenden Partei nicht bestritten werden („unstrittiger Sachverhalt", „Außerstreitstellung"). Mit dem Außerstreitgesetz hat das nichts zu tun, sondern damit, dass über diesen unstrittigen Sachverhalt keine Beweise aufzunehmen sind (§ 266 Abs  ZPO: „zugestandene Tatsachen").

(35) Theoretisch könnte die beklagte Partei einfach das Klagevorbringen bestreiten, was dazu führt, dass die klagende Partei den Beweis für alle anspruchsbegründenden Sachverhaltselemente zu erbringen hat. Für die beklagte Partei ist es aber zielführender, den Klagebehauptungen einen „eigenen" Sachverhalt entgegenzustellen, weil dann vom Gericht auch dazu (und nicht nur zu den Klagebehauptungen) Beweise aufzunehmen sind.

(36) Der vom Kläger geltend gemachte Anspruch wird also von der erstbeklagten Partei „dem Grunde und der Höhe nach" bestritten: Sie behauptet, dass die vom Kläger geltend gemachten Schadenersatzansprüche schon dem Grunde nach unberechtigt sind; für den Fall, dass sie dem Grunde nach berechtigt sein sollten, wird ihre Höhe bestritten. Der Kläger hat dann den Beweis auch für die Höhe des Schmerzengeldes und des behaupteten Verdienstentgangs zu erbringen. Häufig wird in der Praxis – zur Reduzierung des Kostenrisikos – die Klageforderung von der beklagten Partei zwar dem Grunde nach bestritten, aber der Höhe nach außer Streit gestellt.

(37) Mit einem Schriftsatz (sonst in einem Verhandlungstermin) können auch Urkunden vorgelegt werden; sie werden als Beilagen „zum Akt genommen" (im Akt kommen sie in eine eigene Mappe, die hinten im Akt abgelegt wird). Urkunden tragen keine Ordnungsnummern, sondern eine Beilagenbezeichnung: Von der klagenden Partei vorgelegte Urkunden werden mit Großbuchstaben bezeichnet (./A, B, C ...), von der beklagten Partei vorgelegte Urkunden mit arabischen Ziffern (./1, 2, 3 ...) und von dritten Personen (zB Zeugen) vorgelegte Urkunden mit römischen Ziffern (./I, II, III ...). Um die Urkundenvorlage besser erkennbar zu machen, wird die Urkundenvorlage am Rand des Dokuments durch die entsprechende Beilagenbezeichnung festgehalten (§ 379 Abs 2 Geo).

DR. ANTON SEILER

RECHTSANWALT
GAUERMANNGASSE 24, 1010 WIEN

PER WEB-ERV

An das
Landesgericht Salzburg
Rudolfsplatz 2
5020 Salzburg

6 Cg 73/14x
3

Klagende Partei: Tobias Aigner
Salzachweg 5, A-5020 Salzburg

vertreten durch:

Dr. Franz Hillinger, Rechtsanwalt
Hauptstraße 17, A-5020 Salzburg

Beklagte Parteien: 1. Sport & Fun GmbH
Salzburgerstraße 35, D-83395 Freilassing

2. Istria Versicherung AG
Ringstraße 20, A-1010 Wien

diese vertreten durch:

Dr. Anton Seiler, Rechtsanwalt(38)
Gauermanngasse 24, A-1010 Wien

wegen: EUR 53.000,– s.A. und Feststellung (EUR 12.000,–)

# Klagebeantwortung der zweitbeklagten Partei

VM gem § 30/2 ZPO erteilt

**Gleichschrift gem § 112 ZPO direkt übermittelt**

**Elektronisch eingebracht am 11.03.2014, 1-fach**
P96751
RA Dr. Anton Seiler
Gauermanngasse 24
1010 Wien, Österreich

Der zweitbeklagten Partei wurde der Auftrag zur Klagebeantwortung vom 06.02.2014 am 11.02.2014 zugestellt. Sie erstattet folgende

# Klagebeantwortung:

Außer Streit gestellt wird, dass es sich bei der zweitbeklagten Partei um die Haftpflichtversicherin der erstbeklagten Partei handelt.

Grundsätzlich hat der Geschädigte keine unmittelbaren Ansprüche gegen den Haftpflichtversicherer seines Schädigers (*Rubin*, Direktklage des Geschädigten: Haftung des säumigen Haftpflichtversicherers, ZVR 2008/263, 538). Lediglich in bestimmten Rechtsmaterien, namentlich in § 26 KHVG, in § 52d Abs 6 ÄrzteG und in § 26c Abs 6 ZÄG ist eine Direktklage des Geschädigten gegen den Haftpflichtversicherer des Schädigers vorgesehen. Sonst ist kein direktes Klagerecht des Geschädigten vorgesehen (*Fitsch*, Über Wirkung und mögliche unerwünschte Wirkung ... fragen Sie Ihren Haftpflichtversicherer, VR 2011 H 10, 22).

Die zweitbeklagte Partei ist daher zur Klage passiv nicht legitimiert,(39) weshalb der Antrag gestellt wird, die Klage kostenpflichtig abzuweisen.

Salzburg, am 11.03.2014 Istria Versicherung AG

**Anmerkungen/Erläuterungen zur Klagebeantwortung:**

(38) In diesem Fall ist jede der beiden beklagten Parteien durch einen eigenen Rechtsanwalt vertreten. Häufiger ist es, dass die mehreren beklagten Parteien durch denselben Rechtsanwalt vertreten sind, vor allem, wenn ihre Interessen gleichgerichtet sind.

(39) Der Ausdruck „passiv nicht legitimiert" bringt zum Ausdruck, dass der in der Klage geltend gemachte Anspruch zwar bestehen mag, aber nicht gegen die als beklagte Partei in Anspruch genommene Partei.

DR. FRANZ HILLINGER

RECHTSANWALT

An das
Landesgericht Salzburg
Rudolfsplatz 2
5020 Salzburg

6 Cg 73/14x

4

Klagende Partei: Tobias Aigner
Salzachweg 5, A-5020 Salzburg

vertreten durch:

Dr. Franz Hillinger, Rechtsanwalt
Hauptstraße 17, A-5020 Salzburg

Beklagte Parteien:

1. Sport & Fun GmbH
Salzburgerstraße 35, D-83395 Freilassing

diese vertreten durch:

Schwab, Meinhard & Partner Rechtsanwälte GmbH
Linzerstraße 23, A-5020 Salzburg

2. Istria Versicherung AG
Ringstraße 20, A-1010 Wien

diese vertreten durch:

Dr. Anton Seiler, Rechtsanwalt
Gauermanngasse 24, A-1010 Wien

wegen: EUR 53.000,– s.A. und Feststellung (EUR 12.000,–)

# Zurücknahme der Klage gegen die zweitbeklagte Partei[40]

VM gem § 30/2 ZPO erteilt

1-fach

**Gleichschrift gem § 112 ZPO direkt übermittelt**

**Elektronisch eingebracht am 20.03.2014, 1-fach**
P43215
Dr. Franz Hillinger, Rechtsanwalt
Hauptstraße 17
5020 Salzburg, Österreich

Die klagende Partei zieht die Klage gegen die zweitbeklagte Partei, die Istria Versicherung AG, unter Anspruchsverzicht(41) zurück.

Salzburg, am 20.03.2014

Tobias Aigner

**Anmerkungen/Erläuterungen zur Zurücknahme der Klage:**

(40) Mit der Zurücknahme der Klage gegen die zweitbeklagte Partei verhindert die klagende Partei das weitere Auflaufen von Kosten, die mit hoher Wahrscheinlichkeit von ihr zu tragen bzw zu ersetzen sind, weil es unwahrscheinlich ist, dass sie gegen die zweitbeklagte Partei obsiegt.

(41) Da die zweitbeklagte Partei bereits eine Klagebeantwortung erstattet hat, kann die Klage gegen sie (ohne ihre Zustimmung) nur unter gleichzeitigem Verzicht auf den Anspruch gegen die zweitbeklagte Partei zurückgenommen werden (§ 237 Abs 1 Satz 2 ZPO). Die Zurücknahme unter Anspruchsverzicht hat zur Folge, dass eine neuerliche gerichtliche Geltendmachung des Anspruchs gegen die zweitbeklagte Partei ausgeschlossen ist.

6 Cg 73/14x-5

# Beschluss

Rechtssache:

Klagende Partei: Tobias Aigner
Student
Salzachweg 5, A-5020 Salzburg

vertreten durch:

Dr. Franz Hillinger, Rechtsanwalt
Hauptstraße 17, A-5020 Salzburg

Beklagte Parteien:

1. Sport & Fun GmbH
Salzburgerstraße 35, D-83395 Freilassing

diese vertreten durch:

Schwab, Meinhard & Partner Rechtsanwälte GmbH
Linzerstraße 23, A-5020 Salzburg

2. Istria Versicherung AG
Ringstraße 20, A-1010 Wien

diese vertreten durch:

Dr. Anton Seiler, Rechtsanwalt
Gauermanngasse 24, A-1010 Wien

wegen: € 53.000,– s.A.+ Feststellung (€ 12.000,–)

Die Zurücknahme der Klage gegen die zweitbeklagte Partei unter Anspruchsverzicht wird zur Kenntnis genommen.[42]

Landesgericht Salzburg

Abt. 6, am 24.03.2014

Abfertigungsvermerk:
eingelangt 25.MÄR 2014
ausgefertigt ..............
verglichen .................
abgefertigt 25.MÄR 2014

ZV: KV
Erstbeklagtenvertreter
Zweitbeklagtenvertreter mit RSb[43]

LG Salzburg

06 CG 73/14 x (FC: 99A)

# ERV-Zustellnachweis (RSB)[(44)]

Klagszurücknahme, ON: 5

Empfänger:
1. Vertreter der 2. Partei
**Dr. Anton Seiler, Rechtsanwalt, P827193**
Gauermanngasse 24, A-1010 Wien

**Zustellungszeitpunkt gemäß § 89d Abs. 2 GOG: 25.03.2014, TKA**
MessageID: mid://20140322.ZS-000123P827193.VJ@vj.erv.justiz.gv.at

**Anmerkungen/Erläuterungen zum Beschluss:**

(42) Die Klagezurücknahme hat zur Folge, dass die Klage als nicht eingebracht gilt (§ 237 Abs 3 ZPO); der Prozess ist ipso iure beendet. In der Praxis wird die Klagezurücknahme – aus Gründen der Rechtssicherheit – „zur Kenntnis genommen". Mit dem entsprechenden Beschluss wird die von der Klagezurücknahme betroffene beklagte Partei verständigt.

(43) Da der zweitbeklagten Partei Kostenersatz zusteht (§ 237 Abs 3 S 1 ZPO) und der Kostenersatzanspruch innerhalb einer Frist von vier Wochen geltend gemacht werden muss (§ 237 Abs 3 S 2 ZPO), ist die Verständigung von der Zurücknahme der Klage grds mit Rückschein zuzustellen („RSb" oder „weiß" = weißer Rückscheinbrief, der auch eine Ersatzzustellung nach § 103 ZPO ermöglicht). ERV-Teilnehmern wird statt mit Rückschein im Elektronischen Rechtsverkehr zugestellt; in der Praxis findet sich noch immer häufig der Hinweis an die Gerichtskanzlei, „weiß" oder „mit RSb" zuzustellen.

(44) Über die Zustellung im ERV erhält das Gericht einen Zustellnachweis, aus dem insb hervorgeht, zu welchem Zeitpunkt die Zustellung als wirksam gilt (siehe § 89d Abs 2 GOG: „der auf das Einlangen in dem elektronischen Verfügungsbereich des Empfängers folgende Werktag, wobei Sonntage nicht als Werktage gelten".)

DR. ANTON SEILER

RECHTSANWALT
GAUERMANNGASSE 24, 1010 WIEN

An das
Landesgericht Salzburg
Rudolfsplatz 2
5020 Salzburg

6 Cg 73/14x

6

Klagende Partei: Tobias Aigner
Salzachweg 5, A-5020 Salzburg

vertreten durch:

Dr. Franz Hillinger, Rechtsanwalt
Hauptstraße 17, A-5020 Salzburg

Beklagte Parteien:

1. Sport & Fun GmbH
Salzburgerstraße 35, D-83395 Freilassing

diese vertreten durch:

Schwab, Meinhard & Partner Rechtsanwälte GmbH
Linzerstraße 23, A-5020 Salzburg

2. Istria Versicherung AG
Ringstraße 20, A-1010 Wien

diese vertreten durch:

Dr. Anton Seiler, Rechtsanwalt
Gauermanngasse 24, A-1010 Wien

wegen: EUR 53.000,– s.A. und Feststellung (EUR 12.000,–)

# Antrag auf Kostenbestimmung nach Zurücknahme der Klage(45)

VM gem § 30/2 ZPO erteilt
BR/CM
**1 Gleichschrift wird gem § 112 ZPO direkt übermittelt**

**Elektronisch eingebracht am 04.04.2014, 1-fach**
P96751
RA Dr. Anton Seiler
Gauermanngasse 24
1010 Wien, Österreich

Die klagende Partei hat mit dem Schriftsatz vom 20.03.2014 ihre Klage gegen die zweitbeklagte Partei unter Anspruchsverzicht zurückgenommen.

Die zweitbeklagte Partei begehrt von ihr den Ersatz der nachfolgend verzeichneten Kosten:

Bemessungsgrundlage € 65.000,–

| | | |
|---|---|---|
| Klagebeantwortung TP 3A(47) | € | 754,50 |
| 100 % Einheitssatz(48) | € | 754,50 |
| 10 % Streitgenossenzuschlag(49) | € | 150,90 |
| ERV-Ersteingabe(50) | € | 3,60 |
| | € | 1.663,50 |
| 20 % Umsatzsteuer | € | 332,70 |
| Summe | € | 1.996,20 |

Es wird beantragt, der klagenden Partei den Ersatz dieser Kosten sowie der Antragskosten binnen 14 Tagen zu Handen des Vertreters der zweitbeklagten Partei (§ 19a RAO) aufzutragen.

An Kosten des Antrags werden verzeichnet:

Bemessungsgrundlage gemäß § 11 Abs 1 RATG: € 1.996,20

| | | |
|---|---|---|
| Antrag TP 1(51) | € | 13,80 |
| 60 % Einheitssatz | € | 7,98 |
| 10 % Streitgenossenzuschlag | € | 2,13 |
| ERV-Folgeeingabe | € | 1,80 |
| | € | 25,21 |
| 20 % Umsatzsteuer | € | 5,04 |
| Summe | € | 30,25 |

Wien, am 4. April 2014 Istria Versicherung AG

6 Cg 73/14x
7

# Beschluss:

Rechtssache ...

Die klagende Partei ist schuldig, der zweitbeklagten Partei die mit € 1.996,20 (darin € 332,70 Umsatzsteuer) bestimmten Kosten der Klagebeantwortung und die mit € 30,25 (darin € 5,04 Umsatzsteuer) bestimmten Kosten des Antrags binnen 14 Tagen zu ersetzen.

## Begründung:

Die klagende Partei hat die Klage gegen die zweitbeklagte Partei zurückgenommen und ist daher gemäß § 237 Abs 3 ZPO zum Ersatz der Kosten verpflichtet.

Landesgericht Salzburg

Abt. 6, am 7. April 2014

ZV: KV
Zweit-BV

Abfertigungsvermerk:
eingelangt 08.APR.2014
ausgefertigt ..............
verglichen .................
abgefertigt 08.APR.2014

**Anmerkungen/Erläuterungen zum Kostenbestimmungsantrag ON 6:**

(45) Die zweitbeklagte Partei hat nach § 237 Abs 3 S 1 ZPO Anspruch auf Kostenersatz.

(46) Bewilligt das Gericht einen Antrag in kurzer Weise, kann dafür nach der Geo ein Stampiglienaufdruck verwendet werden (§ 67 Geo). Die „Stampiglie grün" (§ 67 Abs 4 Z 2 lit a Geo) ist die „allgemeine Bewilligungsstampiglie" (§ 147 Abs 1 lit a Geo). Der Empfänger erhält das Schriftstück mit der aufgedruckten Stampiglie „**Das Gericht bewilligt diesen Antrag. Die Kosten des Antragstellers werden mit ...,... Euro bestimmt.**" Für die Zustellung im ERV sind Stampiglienaufdrucke ungeeignet. Aus diesem Grund wird nunmehr ein schriflticher Beschluss gefasst, der den Parteienvertretern im ERV zugestellt wird (§ 89c Abs 3 GOG).

(47) Die Honorierung der Klagebeantwortung erfolgt nach Tarifpost 3A des Rechtsanwaltstarifs (TP 3A I. 1. b. RATG).

(48) Zur Abgeltung der Büroleistungen (Korrespondenz, Telefonate etc) steht dem Rechtsanwalt gem § 23 RATG ein pauschaler „Einheitssatz" zu, bei der Klagebeantwortung in Höhe von 120 % des eigentlichen Honorars für die Klagebeantwortung, wenn der Streitwert bis einschließlich € 10.170,– beträgt, bzw von 100 %, wenn der Streitwert über € 10.170,– liegt (§ 23 Abs 3 und 6 RATG).

(49) Nach § 15 RATG gebührt dem RA eine Erhöhung seiner Entlohnung, wenn er mehrere Personen vertritt oder mehreren Personen gegenübersteht (Streitgenossenzuschlag). Die Erhöhung beträgt bei der ersten „zusätzlichen" Person 10 %, bei jeder weiteren 5 % (höchstens 50 %).

(50) Erhöhung der Entlohnung im ERV (§ 23a RATG): Wird der das Verfahren einleitende Schriftsatz im ERV eingebracht, gebührt dem RA dafür eine Erhöhung der Entlohnung von € 3,60. Für weitere im ERV eingebrachte Schriftsätze gebührt dem RA jeweils eine Erhöhung der Entlohnung von € 1,80.

(51) Die Honorierung eines einfachen Antrags wie eines Kostenbestimmungsantrags erfolgt nach Tarifpost 1 des Rechtsanwaltstarifs (TP 1 I. c. RATG). Bemessungsgrundlage ist der Betrag, dessen Zuspruch beantragt wird (§ 11 Abs 1 RATG).

6 Cg 73/11x-8

B.(52)

Tagsatzung zur vorbereitenden Tagsatzung

am 07.05.2014 von 11.00 Uhr bis 11.30 Uhr, Zimmer 54

Lad B1V KV

1. BV

jeweils mit dem Beisatz:

Die Tagsatzung dient der Erörterung des Streitgegenstandes, des weiteren Fortganges des Prozesses und der Bekanntgabe des Prozessprogrammes im Sinne des § 258 ZPO.

*Bis zum 23.04.2014 (klagende Partei) bzw.*
*30.04.2014 (beklagte Partei)*

sind alle Urkunden vorzulegen und allfälliges weiteres Vorbringen unter erschöpfender Angabe aller Beweismittel zu erstatten. Die zur Vernehmung als Partei vorgesehene Person bzw ein informierter und entscheidungsbefugter Vertreter ist zur informativen Befragung stellig zu machen.(53)

Salzburg, am 07.04.2014

Abfertigungsvermerk:
eingelangt 07.APR 2014
ausgefertigt ..............
verglichen ..................
abgefertigt 07.APR 2014

**Anmerkungen/Erläuterungen zur Anberaumung der vorbereitenden Tagsatzung ON 8:**

(52) Mit diesem verfahrensleitenden Beschluss beraumt das Gericht eine vorbereitende Tagsatzung an. Zum Zweck s § 258 ZPO.

(53) S § 258 Abs 2 Satz 2 ZPO. Die Parteien und ihre Vertreter haben dafür zu sorgen, dass in der vorbereitenden Tagsatzung „der Sachverhalt und allfällige Vergleichsmöglichkeiten umfassend erörtert werden können".

LG Salzburg

06 CG 73/14 x (FC: 99A)

# ERV-Zustellnachweis (RSB)

**Ladung zu einem bestimmten Termin (LAD, B1), ON: 8**

Empfänger:
1. Vertreter der 1. Partei
**Dr. Franz Hillinger, Rechtsanwalt, P643215**
Hauptstraße 17, A-5021 Salzburg

**Zustellungszeitpunkt gemäß § 89d Abs. 2 GOG: 09.04.2014, TKA**
MessageID: mid://20140406.ZS-000123P643215.VJ@vj.erv.justiz.gv.at

6 Cg 73/14x-9

Aktenvermerk vom 14.04.2014:(54)

KV Dr. Hillinger gibt telefonisch Bescheid, dass er aufgrund eines Auslandsaufenthalts die Frist für die Urkundenvorlage sowie für das Vorbringen bis zum 23.04.2014 nicht einhalten kann. Er wird aber bis zum 30.04.2014 einen Schriftsatz nachreichen. Ein formeller Fristerstreckungsantrag folgt.

Mag. Huber

RP Mag. Manuela Huber

**Anmerkungen/Erläuterungen zum Aktenvermerk ON 9:**

(54) Für das Verfahren wichtige Umstände sind in einem Aktenvermerk (Amtsvermerk), abgekürzt „AV" festzuhalten (§ 55 Abs 3 Geo).

DR. FRANZ HILLINGER
RECHTSANWALT

An das
Landesgericht Salzburg
Rudolfsplatz 2
5020 Salzburg

6 Cg 73/14x
10

Klagende Partei: Tobias Aigner
Salzachweg 5, A-5020 Salzburg

vertreten durch:

Dr. Franz Hillinger, Rechtsanwalt
Hauptstraße 17, A-5020 Salzburg

Beklagte Partei: Sport & Fun GmbH
Salzburgerstraße 35, D-83395 Freilassing

vertreten durch:

Schwab, Meinhard & Partner Rechtsanwälte GmbH
Linzerstraße 23, A-5020 Salzburg

wegen: EUR 53.000,– s.A. und Feststellung (EUR 12.000,–)

# ANTRAG
# auf
# FRISTERSTRECKUNG

Vollmacht gem § 30 Abs 2 ZPO erteilt
1-fach
Zustellung gem § 112 ZPO an BV

**Elektronisch eingebracht am 15.04.2014, 1-fach**
P43215
Dr. Franz Hillinger, Rechtsanwalt
Hauptstraße 17
5020 Salzburg, Österreich

Dem Klagevertreter wurde am 09. April 2014 die Ladung zur vorbereitenden Tagsatzung am 07. Mai 2014 zugestellt, dies mit der Aufforderung, bis 23. April 2014 allenfalls ergänzendes Prozessvorbringen zu erstatten und Urkunden vorzulegen.

Aufgrund Ortsabwesenheit des Klagevertreters kann der notwendige Besprechungstermin mit der Partei erst ab dem 24. April 2014 stattfinden.

Es wird daher ersucht, die Frist zur Einbringung eines Schriftsatzes und Vorlage der Urkunden bis zum 30. April 2014 zu erstrecken.

Salzburg, am 15.04.2014

Tobias Aigner

6 Cg 73/14x
11

Beschluss:

Das Gericht bewilligt den Antrag der klagenden Partei vom 15. April 2014 (Fristerstreckung bis 30. April 2014).

Landesgericht Salzburg

Abt. 6, am 15. April 2014

ZV: KV
BV

Zum Termin!

Abfertigungsvermerk:
eingelangt 16.APR.2014
ausgefertigt ..............
verglichen ..................
abgefertigt 16.APR.2014

DR. FRANZ HILLINGER

RECHTSANWALT

An das
Landesgericht Salzburg
Rudolfsplatz 2
5020 Salzburg

6 Cg 73/14x

12

Klagende Partei: Tobias Aigner
Salzachweg 5, A-5020 Salzburg

vertreten durch:

Dr. Franz Hillinger, Rechtsanwalt
Hauptstraße 17, A-5020 Salzburg

Beklagte Partei: Sport & Fun GmbH
Salzburgerstraße 35, D-83395 Freilassing

vertreten durch:

Schwab, Meinhard & Partner Rechtsanwälte GmbH
Linzerstraße 23, A-5020 Salzburg

wegen: EUR 53.000,– s.A. und Feststellung (EUR 12.000,–)

# VORBEREITENDER SCHRIFTSATZ
# URKUNDENVORLAGE

Vollmacht gem § 30 Abs 2 ZPO erteilt

Zustellung gem § 112 ZPO an BV

**Elektronisch eingebracht am 30.04.2014, 1-fach**
P43215
Dr. Franz Hillinger, Rechtsanwalt
Hauptstraße 17
5020 Salzburg, Österreich

Die klagende Partei erstattet in Erwiderung des Vorbringens der beklagten Partei in ihrer Klagebeantwortung nachstehenden

## vorbereitenden Schriftsatz:

Der Kläger wurde am Unfalltag auf seinen eigenen Wunsch von Christina Moser in die Sport- und Freizeithalle mitgenommen. Die Benützung der Halle ist entgeltlich. Sowohl der Kläger als auch seine Kletterpartnerin Christina Moser haben am Unfalltag die Hallenbenützungsgebühr entrichtet.

Christina Moser hat dem Kläger zunächst das richtige Anlegen des Sitzgurtes demonstriert und den Partnercheck erklärt. Im Zuge des Partnerchecks ist weder dem Kläger – der allerdings noch nicht über Klettererfahrung verfügte – noch seiner Kletterpartnerin etwas Besonderes aufgefallen. Vor allem hatten sie keine Bedenken hinsichtlich der am Seil befestigten Karabiner. Erst später stellte sich heraus, dass diese lediglich an einem Kabelbinder hingen.

Aus den Ermittlungen der Polizei ist zu schließen, dass Christian Trauner, ein bei der beklagten Partei beschäftigter Klettertrainer, am Vortag des Unfalls um etwa 18.00 Uhr noch einen Kletterkurs an der Kletterwand abgehalten hat, an der sich am Folgetag der Unfall des Klägers ereignete. Er nahm die Karabiner aus dem Knoten des Kletterseils und tauschte diese gegen Belay-Master aus. Nach der Beendigung dieses Kurses hat Trauner die Belay-Master wieder gegen Karabiner getauscht, hängte jedoch die Karabiner statt in das Seil nur in die Kabelbinder ein. Da der Kurs von Christian Trauner in etwa mit der Schließungszeit der Halle endete und der Kläger mit seiner Kletterpartnerin die Halle gleich mit der Öffnung des Kletterbereichs am folgenden Tag aufsuchte, kommt niemand anderer als Christian Trauner für das inkorrekte Anbringen der Karabiner in Betracht.

Das Fehlverhalten von Christian Trauner war für den Unfall ausschlaggebend und ist zweifelsfrei der beklagten Partei zuzurechnen.

Der Kläger war beim Klettern auf die von der beklagten Partei zur Verfügung gestellten Einrichtungen und Seilgerätschaften angewiesen. Als Anfänger kann ihm nicht angelastet werden, dass ihm die bloße Fixierung der Karabiner mit Kabelbinder am Seil im Zuge des Partnerchecks nicht aufgefallen ist. Selbst seine erfahrenere Kletterpartnerin Christina Moser hat diesen Umstand nicht erkannt.

Beweis: Zeugin Christina Moser, Studentin, 5020 Salzburg, Clemens-Krauss-Straße 23
Akt GZ: E1/264351/2013 der Bundespolizeidirektion Salzburg,
Ortsaugenschein
PV.

Wie erwähnt waren die Karabiner lediglich an Kabelbindern befestigt, sodass im vorliegenden Fall zweifelsfrei ein Organisationsverschulden auf Seiten der beklagten Partei vorliegt. Diese hat es unterlassen, durch entsprechende Aufsicht die Seilgerätschaften regelmäßig nach ihrer Benützung, vor allem nach Beendigung eines vorangegangenen Kletterkurses auf Funktionstüchtigkeit für die Allgemeinheit zu überprüfen.

Beweis: wie bisher.

Unter Bedachtnahme auf die höchstgerichtliche Rechtsprechung zu Verkehrssicherungspflichten ist zweifelsfrei eine Haftung der beklagten Partei gegeben, weil vor allem nach dem Ende des vorangegangenen Kletterkurses zumindest ein Kontrollgang der Hallenaufsicht notwendig und zumutbar gewesen wäre. Von einer Überspannung der die beklagte Partei treffenden Verkehrssicherungspflichten kann nicht gesprochen werden.

## Urkundenvorlage:

Die klagende Partei legt nachstehende Urkunden einfach dem Gericht vor:

Beilage ./A Strafanzeige

Beilage ./B Verletzungsanzeige des Unfallkrankenhauses Salzburg

Salzburg, am 30.04.2014

Tobias Aigner

Geschäftszahl 6 Cg 73/14x-13

# Öffentliche mündliche Verhandlung

Gericht: LG Salzburg
Auswärtige Amtshandlung in
Richter Dr. Susanne Sonnberger
Schriftführer(55)
Tag und Uhrzeit des Beginns 07.05.2014, 11.00 Uhr

## Rechtssache

Klagende Partei(en) Tobias Aigner
Beklagte Partei(en) Sport & Fun GmbH
wegen € 53.000,– s.A. und Feststellung (€ 12.000,–)

## Anwesende Parteien und Vertreter

1. (Die) – ~~Für die~~ klagende(n) Partei(en) – ~~(mit)~~ persönlich mit RA Dr. Hillinger

Der Vertreter der klagenden Partei(en)

☒ beruft sich auf die erteilte Bevollmächtigung.
☐ legt eine Vollmacht vom vor; diese wird zum Akt genommen.
☐ weist seine Vertretungsbefugnis nach (§ 31 Abs 2 ZPO).
☐ ersucht um Zulassung gemäß § 38 ZPO.

<u>Beschluss:</u> Der Vertreter wird zugelassen; er hat die Vollmacht oder die Genehmigung der Partei(en) beizubringen.

2. ~~(Die) –~~ Für die beklagte(n) Partei(en) – ~~(mit)~~ GF Wolfgang Haas mit RA Dr. Schwab

Der Vertreter der beklagten Partei(en)

☒ beruft sich auf die erteilte Bevollmächtigung.
☐ legt eine Vollmacht vom vor; diese wird zum Akt genommen.
☐ weist seine Vertretungsbefugnis nach (§ 31 Abs 2 ZPO).
☐ ersucht um Zulassung gemäß § 38 ZPO.

<u>Beschluss:</u> Der Vertreter wird zugelassen; er hat die Vollmacht oder die Genehmigung der Partei(en) beizubringen.

ZPForm 67 (Protokoll über eine mündliche Verhandlung, §§ 207 ff, 443 ZPO)

Von der Beiziehung eines Schriftführers wird abgesehen und für den übrigen Teil des Protokolls ein Schallträger verwendet.

Die Parteien unterschreiben nach – Verzicht auf – Wiedergabe der Aufnahme.

Der Richter: Der Schriftführer:

Ende: 11.35 Uhr

Dauer: 2/2 Stunde(n)[56]

Hinweis für die Geschäftsabteilung:

Ergebnis der Verhandlung:

- ☐ Erstreckung auf den..........
- ☐ Erstreckung auf unbestimmte Zeit
- ☐ Ruhen des Verfahrens
- ☒ Unterbrechung des Verfahrens[57]
- ☐ Urteil verkündet
- ☐ Urteil vorbehalten

Aufnahme auf Tonträger Nr. 12................; Einheiten: von 14.............. bis 22...........

**Anmerkungen/Erläuterungen zum Deckblatt des Verhandlungsprotokolls:**

(55) Ein Schriftführer ist im Zivilverfahren unüblich (s auch § 207 Abs 3 ZPO), weil für die Führung des Protokolls ein „Schallträger" verwendet wird (§ 212a ZPO). Die Richterin diktiert die wesentlichen Punkte des Verhandlungsverlaufs und die Aufnahme wird sodann von der „Schreibabteilung" übertragen.

(56) Auch wenn dies für die Kostenbemessung mittlerweile ohne Bedeutung ist, weil für den Rechtsanwaltstarif angefangene volle Stunden maßgeblich sind (s TP 3A II. RATG), wird die Dauer der Verhandlungen traditionell in halben Stunden angegeben.

(57) Die Geschäftsabteilung erfährt auf diese Weise sofort, was im Verfahren weiter passiert, also schon vor der Übertragung des Protokolls.

6 Cg 73/14x-13

Landesgericht Salzburg
Richterin: Dr. Susanne Sonnberger
Tagsatzung vom 07.05.2014

Rechtssache:

Tobias Aigner
gegen
Sport & Fun GmbH
wg € 53.000,– s.A. und Feststellung (€ 12.000,–)

Anwesend: 1. Die klagende Partei mit RA Dr. Hillinger
2. Für die beklagte Partei GF Wolfgang Haas mit RA Dr. Schwab

# Übertragung vom Schallträger

Beginn: 11.00 Uhr

Die klagende Partei trägt die Klage vor und stellt die darin enthaltenen Anträge.(58)

Die beklagte Partei bestreitet und bringt vor wie in der Klagebeantwortung ON 2.

Die klagende Partei erwidert wie im vorbereitenden Schriftsatz ON 12.

Die Parteien bestreiten wechselseitig das gegnerische Vorbringen, soweit es mit dem eigenen in Widerspruch steht.

Dargestellt wird **der Strafakt 9 U 167/13y** des BG Salzburg bis einschließlich ON 8.

Die klagende Partei hat mit dem vorbereitenden Schriftsatz folgende zwei Urkunden in Fotokopie vorgelegt:(59)

Strafanzeige vom 02.08.2013 (Beilage ./A) ./A

Verletzungsanzeige des UKH Salzburg (Beilage ./B) ./B

Nach Einsicht in die Urkunden(60) gibt die beklagte Partei dazu folgende Erklärung ab:(61) jeweils echt(62) und mit dem Original übereinstimmend, zur Richtigkeit(63) wird auf das eigene Vorbringen verwiesen.(64)

Die beklagte Partei hat mit der Klagebeantwortung die folgenden fünf Urkunden in Fotokopie vorgelegt:

Registrierungsformular Kläger vom 17.07.2013 (Beilage ./1) ./1

Registrierungsformular Christina Moser vom 28.11.2012 (Beilage ./2) ./2

Hallenordnung und Sicherheitsbestimmungen (Beilage ./3) ./3

Niederschrift Christina Moser 17.07.2013 (Beilage ./4) ./4

2. Niederschrift Christina Moser 19.07.2013 (Beilage ./5) ./5

Nach Einsicht in diese Urkunden gibt die klagende Partei folgende Urkundenerklärung ab:

Die Echtheit und die Übereinstimmung mit dem Original werden jeweils anerkannt, zur Richtigkeit wird auf das eigene Prozessvorbringen verwiesen.

Im Sinne der §§ 182a und 258 ZPO wird mit den Parteien die Sach- und Rechtslage erörtert.

Zunächst wird erörtert, wie der Kläger den Nachweis für seinen geltend gemachten Verdienstentgang erbringen will. Die klagende Partei gibt dazu an, über keinen Nachweis einer fixen Zusage eines Ferialjobs zu verfügen, da die erlittenen Verletzungen bereits die Suche nach einem Ferialjob unmöglich gemacht hätten. Auch Lohn- oder Gehaltszettel aus den Vorjahren sind nicht mehr vorhanden, die allenfalls eine Schätzung des entgangenen Verdienstes ermöglichen würden.

Die klagende Partei erklärt, das Klagebegehren in Punkt 1. um € 3.000,– sA(65) auf € 50.000,– sA einzuschränken,(66) sodass das Klagebegehren nunmehr zu lauten hat:(67)

„1. Die beklagte Partei ist schuldig, der klagenden Partei binnen 14 Tagen bei sonstiger Exekution EUR 50.000,– samt 4 % Zinsen seit 4. Februar 2014 zu zahlen.

2. Es wird festgestellt, dass die beklagte Partei der klagenden Partei gegenüber für alle zukünftigen Schäden aus dem Unfall vom 17. Juli 2013 in der Sport- und Freizeithalle, Alpenstraße 15, 5020 Salzburg, haftet.

3. Die beklagte Partei ist weiters schuldig, der klagenden Partei die Kosten dieses Rechtsstreits zu Handen des Klagevertreters zu ersetzen, dies binnen 14 Tagen bei sonstiger Exekution.“

Die Erörterung der Sach- und Rechtslage wird fortgesetzt.

Die Richterin weist darauf hin, dass weiters zu klären ist, wie es dazu kam, dass die Karabiner nicht im Fixseil, sondern bloß in einem Kabelbinder eingehängt waren. Herauszuarbeiten ist neben der Rolle des Klettertrainers Christian Trauner auch die Durchführung der Hallenaufsicht durch die beklagte Partei.

Da diese Fragen auch im Rahmen des Strafverfahrens gegenüber die dort Beschuldigten Clemens Huber und Thomas Egger („Safety Guides“) geklärt werden müssen, wird die Frage der Unterbrechung des Zivilverfahrens erörtert.(68) Aus Sicht der Richterin ist es angezeigt, vorerst die Ergebnisse des Strafverfahrens abzuwarten.

Die klagende Partei beantragt(69) nun die Unterbrechung des Zivilverfahrens bis zur rechtskräftigen Beendigung des Strafverfahrens.

Die beklagte Partei spricht sich nicht dagegen aus.

Die Richterin verkündet den

# Beschluss

Das Verfahren 6 Cg 73/14x wird bis zur rechtskräftigen Erledigung des Strafverfahrens 9 U 167/13y des Bezirksgerichts Salzburg **unterbrochen.**

Das Verfahren wird nur über Parteiantrag fortgesetzt.[70]

Ende: 11.35 Uhr

Dauer: 2/2 Stunden

Dr. Sonnberger Tobias Aigner Dr. Hillinger Wolfgang Haas Dr. Schwab

vfg

1) Protokoll ON 13 zustellen an KV + BV

2) Akt bereinigen und ablegen

Sbg, am 15. 5. 2014

**Anmerkungen/Erläuterungen zum Verhandlungsprotokoll:**

(58) Der mündliche Vortrag des Parteivorbringens kann durch Verweis auf den Inhalt von Schriftsätzen erfolgen (§ 177 Abs 2 ZPO). Es wird also nicht die Klage „vorgelesen", denn alle Beteiligten kennen ihren Inhalt schon.

(59) Die Urkunden werden in einer eigenen Beilagenmappe zum Akt genommen. Von der klagenden Partei vorgelegte Urkunden werden mit Großbuchstaben bezeichnet (./A, B, C ...), von der beklagten Partei vorgelegte Urkunden mit arabischen Ziffern (./1, 2, 3 ...) und von dritten Personen (zB Zeugen) vorgelegte Urkunden mit römischen Ziffern (./I, II, III ...). Um die Urkundenvorlage besser erkennbar zu machen, wird die Urkundenvorlage am Seitenrand des Protokolls durch die entsprechende Beilagenbezeichnung festgehalten (§ 379 Abs 2 Geo).

(60) Beim Urkundenbeweis (fast immer geht es um Schriftstücke, die in einem Zusammenhang mit dem Gegenstand des Verfahrens stehen) erfolgt die Beweisaufnahme durch Einsicht (§ 298 Abs 1 ZPO).

(61) Der Gegner der Partei, die die Urkunde vorgelegt hat, wird aufgefordert, eine Erklärung zur Echtheit und zur Richtigkeit der Urkunde abzugeben (§ 298 Abs 3 ZPO).

(62) Die Echtheit einer Urkunde besagt, dass sie tatsächlich von dem als Aussteller Bezeichneten herrührt (Gegenteil: gefälscht).

(63) Die Richtigkeit (Beweiskraft) der Urkunde bedeutet die Übereinstimmung der beurkundeten Tatsachen mit den wirklich vorgefallenen oder bestehenden Tatsachen. Besteht diese Übereinstimmung nicht, ist die Urkunde unrichtig. Die Echtheit ist Voraussetzung für die Richtigkeit (Beweiskraft) einer Urkunde.

(64) Eine in der Praxis häufig anzutreffende Erklärung zur Richtigkeit der von der Gegenseite vorgelegten Urkunden, vor allem wenn es sich um umfangreichere Urkunden handelt. Die Richtigkeit kann auch anerkannt oder ausdrücklich bestritten werden.

(65) Die Abkürzung „sA“ oder „s.A.“ bedeutet „samt Anhang“ und bezieht sich (vor allem) auf Zinsen und Kosten, die den Wert des Streitgegenstandes nicht beeinflussen (§ 54 Abs 2 JN).

(66) Die Klageeinschränkung unterliegt gem § 237 Abs 4 ZPO nicht den Voraussetzungen der Klageänderung und ist daher jederzeit im Lauf des Verfahrens zulässig.

(67) Es ist sehr zielführend, das neue Klagebegehren sofort genau zu dokumentieren, damit keinerlei Zweifel über seinen exakten Umfang (zB in Bezug auf Zinsen) bestehen.

(68) Das Gericht *kann* das Zivilverfahren bis zur rechtskräftigen Erledigung des Strafverfahrens unterbrechen (§ 191 Abs 1 ZPO); es *muss* nicht. Für die Unterbrechung spricht, dass die Rsp einem verurteilenden Straferkenntnis recht weitreichende Folgen für das Zivilverfahren zumisst (nach RIS-Justiz RS0036911 kann sich im Zivilverfahren niemand darauf berufen, die Tat, deretwegen er strafgerichtlich rechtskräftig verurteilt wurde, nicht begangen zu haben). Im vorliegenden Fall ist daran zu denken, dass allfällige Sorgfaltswidrigkeiten der Hallenaufsicht der beklagten Partei zugerechnet werden. Allerdings ist auch zu berücksichtigen, dass die beklagte Partei am Strafverfahren nicht beteiligt ist, weshalb eine sie treffende Bindungswirkung mit den Regeln eines fairen Verfahrens (Art 6 EMRK) in Konflikt käme.

(69) Ein Antrag wäre nicht unbedingt notwendig; das Gericht könnte auch von Amts wegen eine Unterbrechung verfügen. Stellt die klagende Partei, die typischerweise ein größeres Interesse an einer möglichst schnellen Erledigung des Verfahrens hat, den Antrag auf Unterbrechung, wird das Gericht dem Antrag in der Regel stattgeben, vor allem wenn sich auch die beklagte Partei nicht dagegen ausspricht.

(70) § 191 Abs 3 ZPO ermöglicht die Fortsetzung des unterbrochenen Verfahrens auf Antrag oder von Amts wegen. Da die Parteien typischerweise besser informiert sind, was im Strafverfahren weiter passiert, ist es zweckmäßig, die Unterbrechung von einem Fortsetzungsantrag der Parteien abhängig zu machen; für das Gericht ist der Akt vorerst „erledigt“ (es könnte auch sein, dass keine Fortsetzung beantragt wird).

DR. FRANZ HILLINGER

RECHTSANWALT

An das
Landesgericht Salzburg
Rudolfsplatz 2
5020 Salzburg

6 Cg 73/14x

14

Klagende Partei: Tobias Aigner
Salzachweg 5, A-5020 Salzburg

vertreten durch:

Dr. Franz Hillinger, Rechtsanwalt
Hauptstraße 17, A-5020 Salzburg

Beklagte Partei: Sport & Fun GmbH
Salzburgerstraße 35, D-83395 Freilassing

vertreten durch:

Schwab, Meinhard & Partner Rechtsanwälte GmbH
Linzerstraße 23, A-5020 Salzburg

wegen: EUR 50.000,– s.A. und Feststellung (EUR 12.000,–)

# Antrag auf Fortsetzung des Verfahrens

# Streitverkündung

Vollmacht gem § 30 Abs 2 ZPO erteilt

1-fach

Zustellung gem § 112 ZPO an BV

**Elektronisch eingebracht am 22.09.2014, 1-fach**
P43215
Dr. Franz Hillinger, Rechtsanwalt
Hauptstraße 17
5020 Salzburg, Österreich

Die klagende Partei gibt bekannt, dass das Verfahren gegen die Mitarbeiter der beklagten Partei, Clemens Huber und Thomas Egger, mit Beschluss des OLG Linz vom 11.09.2014, 9 Bs 145/14k eingestellt wurde.(71)

Weiters wird mitgeteilt, dass die Staatsanwaltschaft Salzburg gegen die Kletterpartnerin des Klägers, Christina Moser, am 09.06.2014 einen Strafantrag wegen des Vergehens der fahrlässigen Körperverletzung nach § 88 Abs 1 und 4 erster Fall StGB erhoben hat. Dieses Strafverfahren wurde diversionell erledigt.(72)

Nach Erledigung der Strafverfahren beantragt die klagende Partei die

## Fortsetzung des Verfahrens

und beantragt zum Beweis für ihr gesamtes Vorbringen die

## Beischaffung des Strafakts 9 U 167/13y des BG Salzburg.

**Ergänzend wird vorgebracht:**

Bislang ist noch kein Fall bekannt geworden, in dem Karabiner mittels Kabelbinder fixiert wurden, um sie offenbar vor Diebstahl zu schützen. Eine solche Maßnahme entspricht nicht den Sorgfaltsanforderungen. Lose Kabelbinder, wie sie auch im vorliegenden Fall verwendet wurden, stellen ein Gefahrenpotenzial speziell für unerfahrene Kletterer dar. Durch die Verwendung der Kabelbinder hat die beklagte Partei die sie treffenden Verkehrssicherungspflichten verletzt.

Die verwendeten Kabelbinder waren offenbar bereits ausgeleiert, sodass sie nicht einmal mehr den Zweck, für den sie offenbar gedacht waren, erfüllen konnten. Durch ihre geringe Festigkeit wurde es möglich, die Karabiner aus dem Seil auszuhängen und an den Kabelbindern hängen zu lassen.

Diese Umstände begründen ohne Zweifel eine Haftung der beklagten Partei gegenüber dem Kläger.

Beweis: wie bisher
SV aus dem Fach des Indoorkletterns(73)
Akt 9 U 167/13y des BG Salzburg.

## Streitverkündung(74)

Der Kläger begehrt von der beklagten Partei mit der wesentlichen Behauptung, diese habe ihre Verkehrssicherungspflichten verletzt, Schadenersatz wegen der Folgen des Kletterunfalls vom 17.07.2013. Die Ursache für den Unfall lag darin, dass die Karabiner nicht ordnungsgemäß im Fixseil, sondern lediglich durch Kabelbinder am Seil befestigt waren. Für diesen Umstand hat die beklagte Partei als Betreiberin der Sport- und Freizeithalle einzustehen.

Die beklagte Partei hat eingewendet, dass das Verschulden an dem Unfall ausschließlich den Kläger und allenfalls seine Kletterpartnerin Christina Moser treffe, weil diese den standardisierten Partnercheck nicht ordnungsgemäß durchgeführt haben.

Für den Fall seines Unterliegens im Prozess gegen die beklagte Partei hat der Kläger die Absicht, gegen

**Frau Christina Moser**, Studentin, geb. 14.06.1991,
Clemens-Krauss-Straße 23, A-5020 Salzburg

Schadenersatzansprüche geltend zu machen. Aus diesem Grund wird Frau Christina Moser der Streit verkündet; sie wird aufgefordert, dem Verfahren auf Seiten des Klägers als Nebenintervenientin beizutreten.

Salzburg, am 22.09.2014

Tobias Aigner

**Anmerkungen/Erläuterungen zum Fortsetzungsantrag ON 14:**

(71) S § 190 StPO.

(72) S § 198 StPO.

(73) Damit wird ein Sachverständigenbeweis („SV") beantragt.

(74) Die Streitverkündung (§ 21 ZPO) ist die formelle Benachrichtigung eines Dritten vom Prozess, mit dem Zweck, diesen Dritten zur Hilfeleistung im Prozess bzw zum Beitritt als Nebenintervenient aufzufordern.

6 Cg 73/14x-15

## Vfg.[74a]

1) Schriftsatz ON 14 mit RSb zustellen an Christina Moser[75] mit Hinweis auf die Anwaltspflicht, samt Klage, Klagebeantwortung der erstbeklagten Partei, Protokoll vom 07.05.2014, jeweils in Kopie

2) Tagsatzung zur mündlichen Streitverhandlung

am 27.10.2014 von 8.30 bis 9 Uhr

Verhandlungssaal 54

Lad B1 an: Klagevertreter
Beklagtenvertreter

Thema: Erörterung der weiteren Vorgangsweise (§§ 182a, 258 ZPO)[76]

Salzburg, am 25.09.2014

Abfertigungsvermerk:
eingelangt 25.SEP 2014
ausgefertigt ..............
verglichen ..................
abgefertigt 25.SEP 2014

**Anmerkungen/Erläuterungen zum Beschluss ON 15:**

(74a) Gerichtsintern wird für Beschlüsse, die als solche nicht nach außen treten, die Bezeichnung „Verfügung" verwendet.

(75) Christina Moser, der der Streit verkündet wird, ist noch unvertreten; sie muss daher bspw belehrt werden, dass Anwaltspflicht besteht, und vom Verfahrensstand informiert werden. Die Streitverkündung muss ihr mit Zustellnachweis (RSb = Rückschein weiß) zugestellt werden.

Die Zustellung an Christina Moser (die nciht in den ERV eingebunden ist) erfolgt mit der Post mit einem „Hybriden Rückscheinbrief“ (siehe S 158). Auf dem Zusstellstück wird ein Barcode angebracht, mit dem die Sendung eindeutig identifizierbar ist. Der Zusteller druckt eine Zustellkarte aus, auf der der Empfänger den Erhalt der Sendung bestätigt. Diese Karte wird anschließend an ein zentrales Scanservice der Post geschickt, dort gescannt und dem Versender (hier dem Landesgericht Salzburg) zum elektronischen Abruf zur Verfügung gestellt.

(76) In der konkreten Situation ist es sinnvoll, erneut einen Verhandlungstermin anzusetzen, in dem – wie in der vorbereitenden Tagsatzung – im Wesentlichen die weitere Vorgangsweise erörtert wird.

LG Salzburg (569)

6 Cg 73/14x-15 (1. SONSTIGE/R)

# Hinterlegungsmitteilung (RSB)

**Streitverkündung (endg. Erstent.) (25.09.2014), ON: 15**

Empfänger (1 SONSTIGE/R):
Christina Moser
Clemens-Krauss-Straße 23
5020 Salzburg

**Hinterlegt zur Abholung ab 29.09.2014**, PP 5350
BarcodeID: BB00BBJ569221012689844

Wichtige Information: Das obige Schriftstück wurde für den Empfänger zur Abholung hinterlegt, da eine persönliche Zustellung nicht erreicht werden konnte.

Wird das Schriftstück in weiterer Folge übernommen oder kommt es als nicht behoben zurück, wird dieser Status lediglich in der Fallansicht bei der Zustellung angezeigt. Darüber hinaus ergeht in der Regel keine weitere Mitteilung.

LG Salzburg (569)

6 Cg 73/14x-15 (1. SONSTIGE/R)

**VERSTÄNDIGUNG ÜBER DIE HINTERLEGUNG EINES BEHÖRDLICHEN DOKUMENTS** *RSb*

| | |
|---|---|
| Empfänger/ Empfängerin: | **Christina Moser**<br>**Clemens-Krauss-Straße 23, 5020 Salzburg** |
| Absender/ Absenderin: | **Landesgericht Salzburg** |
| Identifika-tionsnr./GZ | **569 6 Cg 73/14x**<br>**ON:15** |

Heute konnte Ihnen ein

- [ ] zu eigenen Handen zuzustellendes behördliches Dokument (z.B. RSa-Brief)
- [x] behördliches Dokument (z.B. RSb-Brief)

an Ihrer Abgabestelle nicht zugestellt werden. **Das Dokument wird daher hinterlegt.**

**WO UND WANN KÖNNEN SIE IHR DOKUMENT ABHOLEN?**

Ort: **Post Geschäftsstelle 5025 Salzburg Parsch**
**Eberhard Fugger-Straße 5/7**

Geöffnet: **Mo-Fr 6:30-12:30 u. 14:00-18:00**
**Sa 7:00-12:30**

Abholbereit ab: ☐ heute 16:30 Uhr oder MO ~~DI~~ MI DO FR ab 9:00 Uhr

| | | | | |
|---|---|---|---|---|
| **von** | **29.09.2014** | Zustellbezirk | **9030** | Namenszeichen Zusteller/in, Datum: Gi 29.9.14 |
| **bis** | **17.10.2014** | Zustellbasis | **5025** | |

Bitte bringen Sie **diese Verständigung** und einen **amtlichen Lichtbildausweis** mit.

**ÜBERNAHMEBESTÄTIGUNG**

Ausweisdaten/Übernahmeverhältnis: BH-Gmunden 14314416

Unterschrift: Christina Moser

Übernahmedatum: 30 09 2014

BB00BBJ569221012689844

Namenszeichen Postbedienstete/r

SALZBURG PARSCH 30.09.2014 17-00 5025

Beachten Sie bitte die Rückseite!

Post

SCHWAB MEINHARD & PARTNER

RECHTSANWÄLTE GMBH

An das
Landesgericht Salzburg
Rudolfsplatz 2
5020 Salzburg

6 Cg 73/14x
76

Klagende Partei: Tobias Aigner
Salzachweg 5, A-5020 Salzburg

vertreten durch:

Dr. Franz Hillinger, Rechtsanwalt
Hauptstraße 17, A-5020 Salzburg

Beklagte Partei: Sport & Fun GmbH
Salzburgerstraße 35, D-83395 Freilassing

vertreten durch:

Schwab, Meinhard & Partner Rechtsanwälte GmbH
Linzerstraße 23, A-5020 Salzburg

wegen: EUR 50.000,– s.A. und Feststellung (EUR 12.000,–)

# Replik(77)

Vollmacht gem § 30 Abs 2 ZPO erteilt

Zustellung gem § 112 ZPO an KV

**Elektronisch eingebracht am 23.10.2014, 1-fach**
P13459
Schwab, Meinhard & Partner Rechtsanwälte GmbH
Linzerstraße 23
5020 Salzburg, Österreich

In außen näher bezeichneter Rechtssache erstattet die beklagte Partei gegen die Äußerung der klagenden Partei vom 22.09.2014 nachstehende

# Replik:

Außer Streit(78) gestellt wird, dass das vor dem BG Salzburg gegen die Mitarbeiter der beklagten Partei, Clemens Huber und Thomas Egger, zu 9 U 167/13y geführte Strafverfahren eingestellt wurde. Außer Streit gestellt wird auch, dass das Strafverfahren gegen Christina Moser wegen fahrlässiger Körperverletzung gem § 88 Abs 1 und 4 erster Fall StGB diversionell erledigt wurde.

Im Strafverfahren hat sich bestätigt, dass der Partnercheck vom Kläger und seiner Kletterpartnerin nicht ordnungsgemäß durchgeführt wurde.

Beim Sportklettern muss die Durchführung des Partnerchecks als allgemein anerkannter Standard angesehen werden. Zum Partnercheck gehört zwingend die Kontrolle der korrekten Verbindung zwischen Seil und Anseilgurt. Auch wenn der Kläger noch über keinerlei Klettererfahrung verfügte, hätte ihm bei genauer Betrachtung des Knotens bzw der Karabiner sofort ins Auge stechen müssen, dass diese nur an den Kabelbindern und nicht im Knoten eingehängt waren.

Wenn es also schon einem Laien bei gewissenhafter Durchführung des Partnerchecks auffallen hätte müssen, dass die Karabiner nur mittels Kabelbinder am Seil befestigt waren, so gilt dies umso mehr für die im Klettersport erfahrene Christina Moser.

Der Antrag auf kostenpflichtige Klagsabweisung wird daher unverändert aufrechterhalten.

Salzburg, am 23.10.2014

Sport & Fun GmbH

**Anmerkungen/Erläuterungen zur Replik ON 16:**

(77) Die beklagte Partei bringt zur Vorbereitung der nächsten Verhandlung einen als „Replik" bezeichneten vorbereitenden Schriftsatz ein. Allerdings hat sie damit die Frist des § 257 Abs 3 ZPO (spätestens eine Woche vor der vorbereitenden Tagsatzung – sofern man diese zweite Tagsatzung wiederum als vorbereitende ansieht) nicht eingehalten, weshalb der Schriftsatz nicht honoriert werden wird.

(78) Mit dieser Außerstreitstellung gesteht die beklagte Partei weiteres Tatsachenvorbringen der klagenden Partei als richtig zu (§ 266 ZPO).

DR. FRANZ HILLINGER
RECHTSANWALT

An das
Landesgericht Salzburg
Rudolfsplatz 2
5020 Salzburg

6 Cg 73/14x
17

Klagende Partei: Tobias Aigner
Salzachweg 5, A-5020 Salzburg

vertreten durch:

Dr. Franz Hillinger, Rechtsanwalt
Hauptstraße 17, A-5020 Salzburg

Beklagte Partei: Sport & Fun GmbH
Salzburgerstraße 35, D-83395 Freilassing

vertreten durch:

Schwab, Meinhard & Partner Rechtsanwälte GmbH
Linzerstraße 23, A-5020 Salzburg

wegen: EUR 50.000,– s.A. und Feststellung (EUR 12.000,–)

# Mitteilung der klagenden Partei

Vollmacht gem § 30 Abs 2 ZPO erteilt

Zustellung gem § 112 ZPO

**Elektronisch eingebracht am 24.10.2014, 1-fach**
P43215
Dr. Franz Hillinger, Rechtsanwalt
Hauptstraße 17
5020 Salzburg, Österreich

Die klagende Partei gibt bekannt, dass mit der beklagten Partei und ihrer Haftpflichtversicherung erfolgversprechende Vergleichsgespräche geführt werden und daher der nächste Termin unbesucht bleibt.(79)

Salzburg am, 24.10.2014

Tobias Aigner

**Anmerkungen/Erläuterungen zur Mitteilung ON 17:**

(79) Die klagende Partei kündigt dem Gericht an, dass der Termin beiderseits unbesucht bleibt und Ruhen des Verfahrens eintreten wird (§ 170 ZPO).

6 Cg 73/14x-18

Aktenvermerk vom 27. Oktober 2014:(80)

Bei Aufruf der Sache um 8.30 Uhr ist niemand erschienen.

Das Verfahren ruht.(81)

Akt bereinigen und Urkunden zurückstellen.

**Anmerkungen/Erläuterungen zum Aktenvermerk ON 18:**

(80) Bei Gericht steht für den Vermerk über das Ruhen des Verfahrens in der Regel eine Stampiglie zur Verfügung.

(81) Die Folge des Ruhens ist, dass das Verfahren erst nach drei Monaten wieder aufgenommen werden kann (§ 168 ZPO). Die Vereinbarung zwischen den Parteien, das Verfahren – im Hinblick auf eine Einigung in der Sache – nicht wieder aufzunehmen, wird „ewiges Ruhen" genannt.

DR. FRANZ HILLINGER

RECHTSANWALT

An das
Landesgericht Salzburg
Rudolfsplatz 2
5020 Salzburg

6 Cg 73/14x
79

Klagende Partei: Tobias Aigner
Salzachweg 5, A-5020 Salzburg

vertreten durch:

Dr. Franz Hillinger, Rechtsanwalt
Hauptstraße 17, A-5020 Salzburg

Beklagte Partei: Sport & Fun GmbH
Salzburgerstraße 35, D-83395 Freilassing

vertreten durch:

Schwab, Meinhard & Partner Rechtsanwälte GmbH
Linzerstraße 23, A-5020 Salzburg

wegen: EUR 50.000,– s.A. und Feststellung (EUR 12.000,–)

# Antrag auf Fortsetzung des Verfahrens

Vollmacht gem § 30 Abs 2 ZPO erteilt

Zustellung gem § 112 ZPO

**Elektronisch eingebracht am 12.02.2015, 1-fach**
P43215
Dr. Franz Hillinger, Rechtsanwalt
Hauptstraße 17
5020 Salzburg, Österreich

Die klagende Partei gibt bekannt, dass die mit der beklagten Partei und ihrer Haftpflichtversicherung geführten Vergleichsgespräche erfolglos geblieben sind.

Es wird daher beantragt, eine Tagsatzung zur mündlichen Streitverhandlung anzuberaumen.

Salzburg, am 12.02.2015(82)

Tobias Aigner

**Anmerkungen/Erläuterungen zum Fortsetzungsantrag ON 19:**

(82) Der Fortsetzungsantrag wurde erst nach Ablauf der dreimonatigen Sperrfrist (§ 168 S 3 ZPO) gestellt.

6 Cg 73/11x-20

# Beschluss:

Tagsatzung zur mündlichen Streitverhandlung

am 20.03.2015 von 8.30 bis 9 Uhr

Verhandlungssaal 54

**Lad B1 an:**(83) Klagevertreter

Beklagtenvertreter

Thema: Erörterung der weiteren Vorgangsweise (§§ 182a, 258 ZPO)

Salzburg, am 16.02.2015

Abfertigungsvermerk:
eingelangt 16.FEB 2015
ausgefertigt ..............
verglichen .................
abgefertigt 16.FEB 2015

**Anmerkungen/Erläuterungen zur Anberaumung einer Tagsatzung:**

(83) Frau Christina Moser wurde zwar der Streit verkündet; da sie dem Verfahren aber (noch) nicht als Nebenintervenientin beigetreten ist, erhält sie keine Ladung zur Tagsatzung.

# RA DR. URSULA KLINGER

An das
Landesgericht Salzburg
Rudofsplatz 2
5020 Salzburg

6 Cg 73/14x
21

| | |
|---|---|
| Klagende Partei: | Tobias Aigner<br>Salzachweg 5, A-5020 Salzburg |
| | vertreten durch: |
| | Dr. Franz Hillinger, Rechtsanwalt<br>Hauptstraße 17, A-5020 Salzburg |
| Nebenintervenientin: auf Seite der klagenden Partei | Christina Moser<br>Clemens-Krauss-Straße 23, A-5020 Salzburg |
| | vertreten durch: |
| | Dr. Ursula Klinger, Rechtsanwältin<br>Mönchsbergstraße 19, A-5020 Salzburg |
| Beklagte Partei: | Sport & Fun GmbH<br>Salzburgerstraße 35, D-83395 Freilassing |
| | vertreten durch: |
| | Schwab, Meinhard & Partner Rechtsanwälte GmbH<br>Linzerstraße 23, A-5020 Salzburg |
| wegen: | EUR 50.000,– s.A. und Feststellung (EUR 12.000,–) |

## Beitritt als Nebenintervenientin auf der Seite der klagenden Partei(84)

Vfg.
GS an KV und BV, je weiß(85)
Zum Termin!
Sbg, am 3.3.2015
[Unterschrift]

Vollmacht gem § 30 Abs 2 ZPO erteilt

**Elektronisch eingebracht am 02.03.2015, 1-fach**
P16978
Dr. Ursula Klinger, Rechtsanwältin
Mönchsbergstraße 19
5020 Salzburg, Österreich

Ich gebe bekannt, dass ich RA Dr. Ursula Klinger mit meiner rechtsfreundlichen Vertretung beauftragt habe.

Ich erkläre meinen

## Beitritt als Nebenintervenientin

auf der Seite der klagenden Partei, die mir den Streit verkündet hat.

Da ich im Falle des Unterliegens des Klägers damit rechnen muss, dass dieser gegen mich Schadenersatzansprüche erheben wird, habe ich ein Interesse am Obsiegen des Klägers im vorliegenden Rechtsstreit. Mein rechtliches Interesse begründe ich auch damit, dass ich – würde ich nicht beitreten – im Hinblick auf die Streitverkündung in einem allfälligen späteren Prozess von sämtlichem Vorbringen, das eine Haftung der beklagten Partei begründen könnte, ausgeschlossen wäre.(86)

In der Sache schließe ich mich dem Vorbringen der klagenden Partei an, soweit dieses Vorbringen nicht mit meinem eigenen in Widerspruch steht.

1. Gerade im Hinblick auf das hohe Risiko, das mit dem Klettersport verbunden ist, hat der Betreiber einer Kletterhalle im Rahmen der ihn treffenden Verkehrssicherungspflichten dafür zu sorgen, dass die von ihm zur Verfügung gestellten Gerätschaften einwandfrei funktionieren, und jeden einzelnen Kletterer vor Gefahren, die nicht bereits aus der Natur der Sportart resultieren, zu schützen.
2. Von den Mitarbeitern der beklagten Partei werden täglich sogenannte Sichtchecks durchgeführt, die sich jedoch nur auf offensichtliche Mängel konzentrieren. Damit genügt die beklagte Partei ihrer Verkehrssicherungspflicht nicht: Gerade der vorliegende Unfall zeigt augenscheinlich, dass ein auf offensichtliche Mängel ausgelegter Kontrollgang nicht ausreichend ist.

Beweis: meine zeugenschaftliche Einvernahme.(87)

Der Verhandlungstermin am 20. 03. 2015 ist mir bereits bekannt; eine gesonderte Ladung ist daher nicht mehr erforderlich.

Salzburg, am 02.03.2015 Christina Moser

**Anmerkungen/Erläuterungen zum Beitritt ON 21:**

(84) Der Beitritt als Nebenintervenientin erfolgt mit Schriftsatz (§ 18 Abs 1 ZPO). Dieser Schriftsatz ist vom Gericht zuzustellen, nicht im direkten Weg gem § 112 ZPO (RIS-Justiz RW0000646).

(85) Ergibt die formelle Prüfung durch das Gericht, dass die Voraussetzungen gegeben sind, wird der Beitrittsschriftsatz beiden Parteien zugestellt. Damit wird die Nebenintervention wirksam (§ 18 Abs 1 ZPO), und die Nebenintervenientin kann im Prozess auftreten. Ein ausdrücklicher Beschluss über die Zulassung der Nebenintervention ist in diesem Stadium nicht erforderlich.

(86) Der Beitritt als Nebenintervenientin erfordert ein rechtliches Interesse am Obsiegen einer Partei (§ 17 ZPO). Dieses ist „bestimmt anzugeben" (§ 18 Abs 1 S 2 ZPO).

(87) Eine „einfache" Nebenintervenientin ist als Zeugin zu vernehmen.

Geschäftszahl 6 Cg 73/14x-22

# Öffentliche mündliche Verhandlung

Gericht: LG Salzburg

Auswärtige Amtshandlung in

Richter Dr. Susanne Sonnberger

Schriftführer

Tag und Uhrzeit des Beginns 20.03.2015, 8.35 Uhr

## Rechtssache

Klagende Partei(en) Tobias Aigner

Beklagte Partei(en) Sport & Fun GmbH

wegen € 50.000,– s.A. und Feststellung (€ 12.000,–)

## Anwesende Parteien und Vertreter

1. (Die) – ~~Für die~~ klagende(n) Partei(en) – ~~(mit)~~ und die Nebenintervenientin persönlich mit RA Dr. Hillinger und RA Dr. Klinger

Der Vertreter der klagenden Partei(en)

☒ beruft sich auf die erteilte Bevollmächtigung.

☐ legt eine Vollmacht vom vor; diese wird zum Akt genommen.

☐ weist seine Vertretungsbefugnis nach (§ 31 Abs 2 ZPO).

☐ ersucht um Zulassung gemäß § 38 ZPO.

<u>Beschluss:</u> Der Vertreter wird zugelassen; er hat die Vollmacht oder die Genehmigung der Partei(en) beizubringen.

2. ~~(Die)~~ – Für die beklagte(n) Partei(en) – ~~(mit)~~ GF Wolfgang Haas mit RA Dr. Schwab

Der Vertreter der beklagten Partei(en)

☒ beruft sich auf die erteilte Bevollmächtigung.

☐ legt eine Vollmacht vom vor; diese wird zum Akt genommen.

☐ weist seine Vertretungsbefugnis nach (§ 31 Abs 2 ZPO).

☐ ersucht um Zulassung gemäß § 38 ZPO.

<u>Beschluss:</u> Der Vertreter wird zugelassen; er hat die Vollmacht oder die Genehmigung der Partei(en) beizubringen.

ZPForm 67 (Protokoll über eine mündliche Verhandlung, §§ 207 ff, 443 ZPO)

Von der Beiziehung eines Schriftführers wird abgesehen und für den übrigen Teil des Protokolls ein Schallträger verwendet.

Die Parteien unterschreiben nach – Verzicht auf – Wiedergabe der Aufnahme.

Der Richter: Der Schriftführer:

Ende: 9.15 Uhr

Dauer: 2/2 Stunde(n)

Hinweis für die Geschäftsabteilung:

Ergebnis der Verhandlung:

☐ Erstreckung auf den..........

☒ Erstreckung auf unbestimmte Zeit

☐ Ruhen des Verfahrens

☐ Unterbrechung des Verfahrens

☐ Urteil verkündet

☐ Urteil vorbehalten

Aufnahme auf Tonträger Nr. 13................; Einheiten: von 0.............. bis 5...........

6 Cg 73/14x-22

Landesgericht Salzburg
Richterin: Dr. Susanne Sonnberger
Tagsatzung vom 20. März 2015

Rechtssache:

Tobias Aigner
gg
Sport & Fun GmbH
wg € 50.000,– s.A. und Feststellung (€ 12.000,–)

Anwesend: 1. Die klagende Partei und die Nebenintervenientin persönlich mit RA Dr. Hillinger und RA Dr. Klinger
2. Für die beklagte Partei GF Wolfgang Haas mit RA Dr. Schwab

# Übertragung vom Schallträger

Beginn: 08.35 Uhr

Gemäß § 138 ZPO wird das bisherige Verfahren dargestellt und daran der Fortgang der Verhandlung geknüpft.(88)

Die klagende Partei trägt den Schriftsatz ON 14 vor.

Die beklagte Partei bestreitet und repliziert wie im Schriftsatz ON 16.

Die Nebenintervenientin bringt vor wie im Schriftsatz ON 21.

Die beklagte Partei spricht sich gegen die Nebenintervention aus(89) und bringt vor:

Der Nebenintervenientin fehlt das erforderliche rechtliche Interesse, weil der Ausgang des Verfahrens des Klägers gegen die beklagte Partei die Rechtsposition der Nebenintervenientin nicht verändert. Die Nebenintervenientin verfolgt ausschließlich wirtschaftliche Interessen.(90) Darüber hinaus liegt im Einverständnis mit der diversionellen Erledigung des gegen sie geführten Strafverfahrens ohnehin eine Art Schuldeingeständnis, sodass kein Raum mehr für ein rechtliches Interesse am Obsiegen der klagenden Partei im vorliegenden Verfahren verbleibt.

Die Nebenintervenientin bestreitet und erwidert, dass eine diversionelle Erledigung keinesfalls als Schuldeingeständnis gewertet werden kann. Darüber hinaus liegt bei der Nebenintervenientin auch ein rechtliches Interesse am Obsiegen des Klägers vor, weil die klagende Partei in der Streitverkündung bereits angekündigt hat, für den Fall ihres Unterliegens in diesem Prozess von der Nebenintervenientin Schadenersatz zu verlangen. Sie könnte sich, würde sie nicht als Nebenintervenientin zugelassen, im Folgeprozess nicht auf die Sorgfaltswidrigkeit der hier beklagten Partei berufen. Der Ausgang des Verfahrens hat daher sehr wohl Auswirkung auf die Rechtsposition der Nebenintervenientin.

Die beklagte Partei bestreitet.

Die Richterin verkündet den

**B e s c h l u s s**

Die Nebenintervention der Christina Moser wird zugelassen.(91)

Die beklagte Partei beantragt Beschlussausfertigung.(92)

Im Sinne der §§ 182a und 258 ZPO wird von der Richterin dargelegt, dass die bisherigen Beweisergebnisse dafür sprechen, dass sowohl der Kläger als auch die Nebenintervenientin die nicht ordnungsgemäße Fixierung der Karabiner am Seil übersehen haben; ein anderer Unfallhergang ist aus Sicht der Richterin nicht denkbar.

Es ist daher eine reine Rechtsfrage, ob und wie weit diese Unachtsamkeit dem Kläger und der ihm zuzurechnenden Nebenintervenientin im Sinne des § 1304 ABGB zuzurechnen ist. Die Richterin stellt in den Raum, ob diese Rechtsfragen nicht auf Basis der bisherigen Beweisergebnisse beurteilt werden können, weshalb an die Parteien die Frage gerichtet wird, ob sie mit einer Verlesung der Beweisergebnisse des Strafverfahrens einverstanden sind.

Die klagende Partei beantragt, jedenfalls den Zeugen Christian Trauner sowie die Nebenintervenientin und die Parteien vor dem erkennenden Gericht einzuvernehmen. Darüber hinaus ist die Bestellung eines Sachverständigen aus dem Bereich des „Indoor-Kletterns" bezüglich der Frage der Einhaltung technischer Standards durch die beklagte Partei in deren Kletterhalle unumgänglich.

Der Beklagtenvertreter spricht sich weder gegen die Verlesung noch gegen die Beiziehung eines Sachverständigen aus.

Die Richterin weist darauf hin, dass es aus prozessökonomischen Gründen sinnvoll ist, das Verfahren auf den Grund des Anspruchs einzuschränken.(93)

Erörtert wird weiters die Frage, welcher Sachverständige aus dem Fachbereich des Indoor-Kletterns bestellt werden soll.(94) Die Richterin schlägt die Beiziehung von Frau DI Ulrike Hasler vor. Seitens der Parteien gibt es dagegen keine Einwände.

Die Richterin verkündet den

## Beschluss

1. Zur Deckung der voraussichtlich auflaufenden Sachverständigengebühren wird der klagenden Partei aufgetragen, binnen 14 Tagen einen Kostenvorschuss in Höhe von 2.000 Euro bei Gericht zu erlegen.(95)

2. Das Verfahren wird auf den Grund des Anspruchs eingeschränkt.(96)

3. Die mündliche Streitverhandlung wird erstreckt auf

**u n b e s t i m m t e  Z e i t .**

Ende: 09.15 Uhr

Dauer: 2/2 Stunden

| | | | |
|---|---|---|---|
| Dr. Sonnberger | Tobias Aigner | Dr. Hillinger | Christina Moser |
| | Dr. Klinger | Wolfgang Haas | Dr. Schwab |

**Anmerkungen/Erläuterungen zum Protokoll ON 22:**

(88) In der Praxis mehr oder weniger eine „Leerformel", weil den Beteiligten der bisherige Gang der Verhandlung bekannt ist.

(89) § 18 Abs 2 ZPO ermöglicht es jeder der beiden Parteien, einen Antrag auf Zurückweisung der Nebenintervention zu stellen. Dieser Antrag kann so lange gestellt werden, als sich die Partei nicht in Kenntnis der Nebenintervention in die Verhandlung in der Hauptsache eingelassen hat.

(90) Die Rsp legt das „rechtliche Interesse" weit aus; ein bloß wirtschaftliches Interesse am Obsiegen einer Partei reicht aber nicht aus, auch nicht ein Interesse am Erzielen bestimmter Beweisergebnisse.

(91) Ein Antrag auf Zurückweisung der Nebenintervention löst ein Zwischenverfahren aus, an dem nur die den Zurückweisungsantrag stellende Partei und der Nebenintervenient beteiligt sind und in dem das rechtliche Interesse materiell geprüft wird. Das Gericht entscheidet dann mit anfechtbarem Beschluss, ob die Nebenintervention zurückgewiesen oder (wie hier sinngemäß) der Zurückweisungsantrag abgewiesen wird.

(92) Die Zustellung einer schriftlichen Beschlussausfertigung hat bei den in einer Tagsatzung gefassten Beschlüssen etwa dann zu erfolgen, wenn einer Partei oder beiden Parteien ein Rechtsmittel gegen den Beschluss zusteht (§ 426 Abs 1 ZPO). In diesem Sinn wäre eine explizite Antragstellung hier nicht notwendig gewesen. Die beklagte Partei hätte umgekehrt auf Zustellung einer Beschlussausfertigung und Rechtsmittel verzichten können.

(93) Die Richterin kann nach ihrem Ermessen (aus Gründen der Konzentration, Vereinfachung und Verbilligung des Verfahrens) die Verhandlung bei mehreren selbständigen Streitpunkten zunächst auf einen oder einige dieser Streitpunkte beschränken (§ 189 ZPO). Diese Anordnungen sind unanfechtbar (§ 192 Abs 2 ZPO). So kann es dann, wenn auch die Höhe des eingeklagten Anspruchs bestritten ist, sinnvoll sein, vorweg nur den Grund des Anspruchs zu prüfen. Ein Zwischenurteil gem § 393 Abs 1 ZPO über den Grund des Anspruchs kann dann selbständig angefochten werden.

(94) Die Bestellung eines Sachverständigen erfolgt immer – auch dann, wenn ein Beweisantrag einer Partei vorliegt – von Amts wegen; das Gericht ist auch nicht an Vorschläge der Parteien gebunden. Nach § 351 Abs 1 ZPO soll das Gericht die Parteien zur Person des Sachverständigen befragen, vor allem um einer Ablehnung des Sachverständigen (§ 355 ZPO) vorzubeugen.

(95) Nach § 365 ZPO hat das Gericht dem „Beweisführer" zur Deckung der voraussichtlichen Kosten des Sachverständigen einen Kostenvorschuss aufzutragen. Unter „Beweisführer" ist diejenige Partei zu verstehen, die den Beweisantrag stellt. Auch im Fall amtswegiger Beiziehung eines Sachverständigen (ohne Antrag einer Partei) wird in der Praxis unter Berufung auf § 3 GEG ein Kostenvorschuss aufgetragen, und zwar abhängig vom Interesse an der Beweisaufnahme, das wiederum mit der Beweislast zusammenhängt. Zuweilen übernehmen Rechtsanwälte zugunsten der von ihr vertretenen Partei „die persönliche Haftung" für die auflaufenden Sachverständigenkosten, was von den Gerichten und den Sachverständigen akzeptiert wird.

(96) Die – von Amts wegen zu treffende – Anordnung des Gerichts, das Verfahren auf den Grund des Anspruchs einzuschränken, ist unanfechtbar (§ 192 Abs 2 ZPO).

6 Cg 73/14x-23

# Beschluss

Rechtssache:

| | |
|---|---|
| Klagende Partei: | Tobias Aigner<br>Student<br>Salzachweg 5, A-5020 Salzburg |
| | vertreten durch: |
| | Dr. Franz Hillinger, Rechtsanwalt<br>Hauptstraße 17, A-5020 Salzburg |
| Nebenintervenientin: auf Seite der klagenden Partei | Christina Moser<br>Clemens-Krauss-Straße 23, A-5020 Salzburg |
| | vertreten durch: |
| | Dr. Ursula Klinger, Rechtsanwältin<br>Mönchsbergstraße 19, A-5020 Salzburg |
| Beklagte Partei: | Sport & Fun GmbH<br>Salzburgerstraße 35, D-83395 Freilassing |
| | vertreten durch: |
| | Schwab, Meinhard & Partner Rechtsanwälte GmbH<br>Linzerstraße 23, A-5020 Salzburg |
| wegen: | € 50.000,– s.A. und Feststellung (€ 12.000,–) |

Die Nebenintervention der Christina Moser, geb. 14.06.1991, Studentin, Clemens-Krauss-Straße 23, A-5020 Salzburg wird zugelassen.(97)

## Begründung:(98)

Für den Beitritt eines Verfahrens als Nebenintervenient/in ist das Vorliegen eines rechtlichen Interesses erforderlich (§ 17 Abs 1 ZPO). Dies wird grundsätzlich dann als gegeben angenommen, wenn durch das Obsiegen der Hauptpartei die Rechtslage der/des Dritten verbessert oder durch deren Unterliegen verschlechtert wird (RIS-Justiz RS0035724). Für die Zulassung der Nebenintervention reicht es aus, dass der Rechtsstreit die Rechtssphäre des Nebenintervenienten berührt (RIS-Justiz RS0035638). Ein rechtliches Interesse ist insbesondere im Falle drohender Regressnahme in einem Folgeprozess als Folge des Prozessverlustes der streitverkündenden Partei im Hauptprozess zu bejahen (RIS-Justiz RS0106173).

Im vorliegenden Fall muss Christina Moser, die als Kletterpartnerin des Klägers an dem Unfallgeschehen wesentlich beteiligt war, ernsthaft mit der Möglichkeit rechnen, vom Kläger auf Schadenersatz in Anspruch genommen zu werden. In einem allfälligen Folgeprozess steht ihr aber nur der Kläger gegenüber, weshalb sie sich nicht mehr auf eine Sorgfaltswidrigkeit der beklagten Partei berufen kann. Aufgrund dieser Umstände wird ihre Rechtssphäre berührt, weshalb ihr Beitritt als Nebenintervenientin zuzulassen ist (vgl OGH 7 Ob 203/12x).

**LG Salzburg, Abt 6**
**Salzburg, am 20.03.2015**
**Dr. Susanne Sonnberger, Richterin**

ZV: (je weiß)[99]

KV

BV

NIV

Kal 20.5.(14 Tage – Rekurs?)

Abfertigungsvermerk:
eingelangt 24.APR 2015
ausgefertigt ..............
verglichen ..................
abgefertigt 24.APR 2015

**Anmerkungen/Erläuterungen zum Beschluss ON 23:**

(97) Schriftliche Ausfertigung des mündlich verkündeten Beschlusses. Das Gericht hat den Beschluss in der Tagsatzung in dieser Form gefasst und es ist auch eindeutig, was das Gericht „will" (korrekterweise müsste der Zurückweisungsantrag der beklagten Partei abgewiesen werden, wogegen der beklagten Partei ein Rechtsmittel zusteht).

(98) Während sich die Gründe für die Entscheidung bei Beschlüssen unter der Überschrift „Begründung" finden, wird bei Urteilen die Überschrift „Entscheidungsgründe" verwendet.

(99) Gegen den Beschluss steht jedenfalls der beklagten Partei ein Rechtsmittel zu, weshalb jedenfalls ihr der Beschluss mit Zustellnachweis (hier im ERV) zugestellt werden muss. Es ist aber nicht ausgeschlossen, dass auch die klagende Partei oder die Nebenintervenientin ein Rechtsmittel erheben könnte, weshalb auch ihnen der Beschluss „weiß" (hier im ERV) zugestellt wird, damit dokumentiert ist, wann die Rechtsmittelfrist beginnt.

6 Cg 73/14x-24

PSK BANK

09.05.2012 120000354568
UEBERW. DURCH 34714

GUTSCHRIFT

PSK BANK
VD/000322704

| IBAN d. Empfängers | Empfänger |
|---|---|
| AT36 6000 0000 0545 0806 | Landesgericht Salzburg |

Zahlungsgrund
6 Cg 73/14x, Kostenvorschuss für Sachverständige

ZUO Nr 12 2748
Gebucht 07.05.2015
FiNr 112/218834

EUR
2.000,--

| IBAN des Auftraggebers | Auftraggeber | Wert |
|---|---|---|
| AT63 2805 5000 0289 4812 | RA Dr. Franz Hillinger | |

00005450806+ 00060000> 00000200000< 43+

**Anmerkungen/Erläuterungen zum Erlag des Kostenvorschusses:**

(100) Der von der klagenden Partei (bzw deren Vertreter) erlegte Kostenvorschuss wird bei Gericht vom Rechnungsführer unter einer bestimmten Nummer als Parteiengeld verbucht.

SCHWAB MEINHARD & PARTNER

RECHTSANWÄLTE GMBH

PER WEB-ERV

Folgeeingabe zu
6 Cg 73/14x

25

An das
Landesgericht Salzburg(101)
Rudolfsplatz 2
5020 Salzburg

DVR: 0648645(102)

Klagende Partei: Tobias Aigner
Salzachweg 5, A-5020 Salzburg
vertreten durch:
Dr. Franz Hillinger, Rechtsanwalt
Hauptstraße 17, A-5020 Salzburg

Nebenintervenientin: auf Seiten der klagenden Partei: Christina Moser
Clemens-Krauss-Straße 23, A-5020 Salzburg
vertreten durch:
Dr. Ursula Klinger, Rechtsanwältin
Mönchsbergstraße 19, A-5020 Salzburg

Beklagte Partei: Sport & Fun GmbH
Salzburgerstraße 35, D-83395 Freilassing
vertreten durch:
Schwab Meinhard & Partner Rechtsanwälte GmbH
Linzerstraße 23, A-5020 Salzburg

wegen: EUR 50.000,– s.A. und Feststellung (EUR 12.000,–)

Vfg.
GS an KV und NIV
Kal.10.6. (14 Tg – Rekurs-
beantwortung)
Sbg, am 13.5.2015

Abfertigungsvermerk:
eingelangt 15.MAI 2015
ausgefertigt ..............
verglichen .................
abgefertigt 15.MAI 2015

# Rekurs

Vollmacht gem § 30 Abs 2 ZPO erteilt

Es wird die Ermächtigung zum Einzug der Gerichtsgebühren von folgendem Konto erteilt:(103)

IBAN AT92000013400975

**Elektronisch eingebracht am 13.05.2015,(104) 1-fach**
P13459
Schwab, Meinhard & Partner Rechtsanwälte GmbH
Linzerstraße 23
5020 Salzburg, Österreich
Zeichen: 2015/1431

999 Nc 4654/12s

In außen bezeichneter Prozesssache erhebt die beklagte Partei gegen den Beschluss des Landesgerichts Salzburg vom 20.03.2015, 6 Cg 73/14x-25, zugestellt am 29.04.2015,

# Rekurs

Der Beschluss wird zur Gänze angefochten.(105) Als Rekursgrund wird unrichtige rechtliche Beurteilung geltend gemacht.(106)

Nach herrschender Lehre und ständiger Rechtsprechung reicht ein bloß wirtschaftliches Interesse für den Beitritt als Nebenintervenient/in nicht aus.

Entgegen der Ansicht des Erstgerichts besteht bei Christina Moser kein rechtliches Interesse am Beitritt des Verfahrens als Nebenintervenientin. Die bloße Möglichkeit, im Fall des Unterliegens der klagenden Partei mit Schadenersatzansprüchen konfrontiert zu werden, ist lediglich als wirtschaftliches Interesse zu qualifizieren, zumal sich an der Rechtsstellung der Beitrittswerberin nichts ändert (vgl RIS-Justiz RS0035724).

Der Nebenintervenient muss sein rechtliches Interesse im Beitrittsschriftsatz bestimmt angeben und glaubhaft machen, wobei die Zulässigkeit der Nebenintervention nicht aus anderen als den von ihm vorgebrachten Tatsachen abgeleitet werden kann (RIS-Justiz RS0035678; 7 Ob 201/97b). Christina Moser stützt sich in ihrem Schriftsatz lediglich darauf, dass sie möglicherweise vom Kläger in einem Folgeprozess auf Schadenersatz in Anspruch genommen werden könnte. In dieser Behauptung liegt keine ausreichend schlüssige Darlegung des rechtlichen Interesses.

Darüber hinaus bestreitet Christina Moser jegliches ihr vorwerfbares Fehlverhalten.

Zur Begründung eines rechtlichen Interesses ist es zwar nicht erforderlich, dass der Partei tatsächlich ein Anspruch gegen den Nebenintervenienten zusteht, sondern es genügt schon, wenn sie der erklärten Ansicht ist, ein solcher stünde ihr zu, doch reicht die bloß theoretische Möglichkeit, dass ein Anspruch der Klägerin gegenüber der Beitrittswerberin bestehe, nicht aus; der Anspruch muss vielmehr gut wahrscheinlich sein, da es sonst allein im Bereich der Partei läge, einem Dritten Zutritt zum Verfahren zu verschaffen (*Deixler-Hübner*, Die Nebenintervention im Zivilprozess 96). Wenn Moser nach den bisherigen Prozessbehauptungen jedoch kein Fehlverhalten anzulasten ist, ist es auch nicht „gut wahrscheinlich", dass die klagende Partei ihr gegenüber einen allfälligen Schadenersatzanspruch geltend machen kann. Daher handelt es sich bei dem von der Beitrittswerberin behaupteten rechtlichen Interesse um eine rein theoretische Möglichkeit, deren Bestehen jedoch für einen Beitritt ebenfalls nicht ausreicht.

Da kein Fall einer zulässigen Nebenintervention vorliegt, stellt die beklagte Partei den

ANTRAG:(107)

das OLG Linz als Rekursgericht wolle dem Rekurs stattgeben und

1. den angefochtenen Beschluss dahin gehend abändern, dass die Nebenintervention der Christina Moser zurückgewiesen wird und
2. der klagenden Partei den Ersatz der Kosten dieses Rekurses an die beklagte Partei gem § 19a RAO zu Handen des Beklagtenvertreters binnen 14 Tagen bei sonstiger Exekution auferlegen.

Das Landesgericht Salzburg wolle dem Rekurs bis zur Zustellung der Entscheidung des Rekursgerichts hemmende Wirkung zuerkennen.

Salzburg, am 13.05.2015

Sport & Fun GmbH

An Kosten werden verzeichnet:

Bemessungsgrundlage € 62.000,–

| | | |
|---|---|---|
| Rekurs TP 3B | € | 939,40 |
| 50 % Einheitssatz | € | 469,70 |
| ERV-Folgeeingabe | € | 1,80 |
| | € | 1.410,90 |
| 20 % Umsatzsteuer | € | 282,18 |
| Summe | € | 1.693,08 |

**Anmerkungen/Erläuterungen zum Rekurs:**

(101) Das Rechtsmittel ist (innerhalb einer Frist von 14 Tagen ab Zustellung) beim Erstgericht einzubringen.

(102) Eine DVR-Nummer ist eine siebenstellige Registernummer, die vom Datenverarbeitungsregister (DVR) vergeben wird. Jeder Auftraggeber einer Datenanwendung muss eine DVR-Nummer führen, sofern es keine Ausnahme von der Meldepflicht gibt.

(103) Im vorliegenden Fall fallen allerdings für den im Rahmen des erstinstanzlichen Zivilprozesses erhobenen Rekurs keine gerichtlichen Pauschalgebühren an.

(104) Die Rekursfrist beträgt 14 Tage. Sie beginnt mit der Zustellung der schriftlichen Beschlussausfertigung an den Beklagtenvertreter (nicht mit der mündlichen Verkündung) des Beschlusses zu laufen.

(105) Anfechtungserklärung.

(106) Die Rekursgründe werden in der ZPO nicht aufgezählt. Als Rekursgründe kommen jedenfalls alle Revisionsgründe (§ 503 ZPO) in Frage: Nichtigkeit, sonstige Verfahrensmängel, Aktenwidrigkeit und unrichtige rechtliche Beurteilung. Unrichtige Tatsachenfeststellung (außer Aktenwidrigkeit) kann nur dann, wenn schon die Beweisaufnahme in erster Instanz zulässigerweise mittelbar war (zB im Rechtshilfeweg oder iSd § 281a ZPO) oder die Beweismittel selbst in den Akten liegen (Urkunden, Augenscheinsgegenstände) und sich das Erstgericht allein auf solche Beweismittel gestützt hat, geltend gemacht werden.

(107) Rechtsmittelantrag.

# RA DR. URSULA KLINGER

An das
Landesgericht Salzburg
Rudolfsplatz 2
5020 Salzburg

6 Cg 73/14x
26

Klagende Partei:
Tobias Aigner
Salzachweg 5, A-5020 Salzburg

vertreten durch:

Dr. Franz Hillinger, Rechtsanwalt
Hauptstraße 17, A-5020 Salzburg

Nebenintervenientin:
auf Seite der
klagenden Partei
Christina Moser
Clemens-Krauss-Straße 23, A-5020 Salzburg

vertreten durch:

Dr. Ursula Klinger, Rechtsanwältin
Mönchsbergstraße 19, A-5020 Salzburg

Beklagte Partei:
Sport & Fun GmbH
Salzburgerstraße 35, D-83395 Freilassing

vertreten durch:

Schwab, Meinhard & Partner Rechtsanwälte GmbH
Linzerstraße 23, A-5020 Salzburg

wegen:
EUR 50.000,– s.A. und Feststellung (EUR 12.000,–)

## Rekursbeantwortung

Vollmacht gem § 30 Abs 2 ZPO erteilt

Zustellung gem § 112 ZPO an KV und BV

**Elektronisch eingebracht am 02.06.2015, 1-fach**
P16978
Dr. Ursula Klinger, Rechtsanwältin
Mönchsbergstraße 19
5020 Salzburg, Österreich

In außen bezeichneter Prozesssache erstattet die Nebenintervenientin durch ihre ausgewiesene Vertreterin gegen den von der beklagten Partei erhobenen Rekurs nachstehende

# Rekursbeantwortung

und führt aus wie folgt:

Die Rechtsausführungen der beklagten Partei in ihrem Rekurs sind unrichtig. Es ist ganz herrschende Ansicht, dass bei der Beurteilung, ob die Nebenintervention zulässig ist, kein strenger Maßstab anzulegen ist. Es genügt, dass der Rechtsstreit die Rechtssphäre des Nebenintervenienten berührt (RIS-Justiz RS0035638).

Die Rechtsprechung nimmt im Allgemeinen ein rechtliches Interesse dann an, wenn durch das Obsiegen der Hauptpartei die Rechtslage des Dritten verbessert oder durch deren Unterliegen verschlechtert wird (RIS-Justiz RS0035724 [T3]). Dies ist etwa dann der Fall, wenn dem Dritten in einem Folgeprozess Regressansprüche als Folge des Prozessverlusts der Partei im Hauptprozess drohen (5 Ob 67/10d; RIS-Justiz RS0106173 [T2]).

Der OGH hat bezüglich des rechtlichen Interesses bei etwaigen Regressprozessen in 6 Ob 140/12z ausgesprochen, dass schon die Gefahr der künftigen Inanspruchnahme im Wege eines Regressprozesses oder einer Anfechtung des Vergleichs ein ausreichendes rechtliches Interesse für den Beitritt als Nebenintervenient bildet. Im Hinblick auf die ausdrückliche Ankündigung der (dort) beklagten Partei musste die Nebenintervenientin jedenfalls mit der ernsthaften Möglichkeit ihrer künftigen Inanspruchnahme rechnen. Hingegen kann von einem Beitretenden nicht erwartet werden, dass er in seinem Beitrittsschriftsatz auch die rechtlichen Grundlagen für die Geltendmachung von Regressansprüchen gegen ihn substantiiert darlegt. Es genügt die ernsthafte Möglichkeit, dass solche Ansprüche erhoben werden.

Auch im vorliegenden Fall muss die Nebenintervenientin ernsthaft mit einem Regressprozess im Fall des Unterliegens der klagenden Partei rechnen, zumal ihr dies explizit angedroht wurde. Aus dieser möglichen Inanspruchnahme durch die klagende Partei resultiert das rechtliche Interesse der Nebenintervenientin am Beitritt zum Verfahren. Das Erstgericht hat die Nebenintervention zu Recht zugelassen.

Zusammenfassend stellt die Nebenintervenientin den Antrag, dem Rekurs nicht Folge zu geben.

Salzburg, am 02.06.2015

Christina Moser

An Kosten werden verzeichnet:

| Bemessungsgrundlage € 62.000,– | | |
|---|---|---|
| Rekursbeantwortung TP 3B | € | 939,40 |
| 50 % Einheitssatz | € | 469,70 |
| ERV-Folgeeingabe | € | 1,80 |
| | € | 1.410,90 |
| 20 % Umsatzsteuer | € | 282,18 |
| Summe | € | 1.693,08 |

4R 217/15w

Gerichtsabteilung: 006 LG Salzburg **006 CG 73/14x**

27

| | | | |
|---|---|---|---|
| Einbringungsdatum: | 06.02.2014 | Status: offen | |
| Streitgegenstand: | sonstiger Streitgegenstand – allgem. Streitsache (Fallcode: 99A) | | |

Urteil/Beschluss
streitig händisch

| | | | |
|---|---|---|---|
| Streitwert: | 62.000,00 EUR | Gebührenindikator: 1 | |
| Kapitalforderung: | 50.000,00 EUR | BM f. Gerichtsgeb.: | 62.000,00 EUR |
| Nebenforderung: | 12.000,00 EUR | Gebühreneinzug | |

1. Kläger: Tobias Aigner, geb. 15.03.1990
1. Beklagter: Sport & Fun GmbH
2. NI: Christina Moser, geb. 14.06.1991

Einlaufstelle des OLG Linz (108)
Eingelangt am 05.06.2015

1 Akt

Bemerkung 1: 13.05.2015 rek;

VB Vorlagebericht – Zivil

# Vorlagebericht (109)

des **Salzburg, LG** Vorzahl 1. Instanz: 569 006 CG 73/14x
Vorlage an: **Linz, OLG (459)**

**angefochtene Entscheidung(en):**

1. **Beschluss** vom 20.03.2015, Ordnungsnummer 23
zugestellt an:
1. Rechtsmittelwerber: 1. Bekl Sport & Fun GmbH

**Rechtsmittelwerber:**

1. **Rechtsmittelwerber: 1. KL Sport & Fun GmbH**
1. Rechtsmittel: **Rekurs**, Ordnungsnummer 25, zu Beschluss ON 23
eingebracht mittels eines bei Gericht überreichten Schriftsatzes, am 13.05.2015
der Gegenseite zugestellt am 15.05.2015
1. **Rekursbeantwortung**, Ordnungsnummer 26
eingebracht von 1. NI mittels eines bei Gericht überreichten Schriftsatzes, am 02.06.2015

**Sonstiges:**
Die Akten werden vorgelegt.

03.06.2015

(Unterschrift des Entscheidungsorgans)

**Anmerkungen/Erläuterungen zum Vorlagebericht:**

(108) Das Datum des Einlangens des Aktes beim Rekursgericht (Oberlandesgericht Linz) wird mit dem Eingangsvermerk festgehalten.

(109) Die Geo nennt Mitteilungen an übergeordnete Stellen „Berichte" (§ 178 Abs 1 Geo). Berichte, womit Rechtsmittel an eine höhere Instanz vorgelegt werden, heißen Vorlageberichte. Mit dem Vorlagebericht wird der gesamte Akt nach Einlangen aller Rechtsmittelschriften und Rechtsmittelbeantwortungen (bzw nach Ablauf aller Rechtsmittel- bzw Rechtsmittelbeantwortungsfristen) dem Rechtsmittelgericht vorgelegt. Im Vorlagebericht sind die angefochtene Entscheidung und das Rechtsmittel anzuführen, weiters „die zur Beurteilung der Rechtzeitigkeit notwendigen Umstände".

JUSTIZ

REPUBLIK ÖSTERREICH(110)

OLG Linz

Einlaufstelle des LG Salzburg
Eingelangt am
10.08.2015
1-fach; 1 Akt

6 Cg 73/14 x
28

4 R 217/15w(111)

# Beschluss

Das Oberlandesgericht Linz als Rekursgericht hat durch die Senatspräsidentin Dr. Hufnagl als Vorsitzende und die Richter Dr. Kastner und Dr. Hafner in der Rechtssache der klagenden Partei **Tobias Aigner**, Student, Salzachweg 5, 5020 Salzburg, vertreten durch Dr. Franz Hillinger, Rechtsanwalt in Salzburg, und der auf Seite der klagenden Partei beigetretenen Nebenintervenientin **Christina Moser**, Studentin, Clemens-Krauss-Straße 23, 5020 Salzburg, vertreten durch Dr. Ursula Klinger, Rechtsanwältin in Salzburg, gegen die beklagte Partei **Sport & Fun GmbH**, Salzburgerstraße 35, D-83395 Freilassing, Deutschland, vertreten durch Schwab, Meinhard & Partner Rechtsanwälte GmbH in Salzburg, **wegen (eingeschränkt) € 50.000,– s.A. und Feststellung (€ 12.000,–)**, über den Rekurs der beklagten Partei gegen den Beschluss des Landesgerichts Salzburg vom 20.03.2015, 6 Cg 73/14 x-23, den

Beschluss

gefasst:

Dem Rekurs wird Folge gegeben.

Der angefochtene Beschluss wird dahin abgeändert, dass die Nebenintervention zurückgewiesen wird.

Die Nebenintervenientin ist schuldig, der beklagten Partei die mit EUR 1.693,08 (darin EUR 282,18 Umsatzsteuer) bestimmten Kosten des Rekursverfahrens zu ersetzen.(112)

Der Revisionsrekurs ist nicht zulässig.

**Begründung:**

Der Kläger hat sich bei einem Kletterunfall in der von der beklagten Partei betriebenen Sporthalle schwere Verletzungen zugezogen. Mit seiner Klage nimmt der Kläger die beklagte Partei mit der Behauptung, sie habe ihre Verkehrssicherungspflichten verletzt, auf Schadenersatz und auf Feststellung der Haftung für künftige Schäden in Anspruch. Die beklagte Partei bestritt ein sorgfaltswidriges Verhalten ihrerseits und wendete ein, der Unfall sei darauf zurückzuführen, dass der Kläger und seine Kletterpartnerin Christina Moser vor dem Klettergang den vorgeschriebenen Partnercheck nicht entsprechend durchgeführt hätten.

Nach Streitverkündung durch den Kläger ist Christina Moser dem Verfahren als Nebenintervenientin auf der Seite der klagenden Partei beigetreten. Zu ihrem rechtlichen Interesse hat sie zusammengefasst ausgeführt, dass der Kläger angekündigt habe, sie im Fall seines Unterliegens im vorliegenden Verfahren auf Schadenersatz in Anspruch zu nehmen.

Die beklagte Partei hat die Zurückweisung der Nebenintervention wegen Fehlens eines rechtlichen Interesses beantragt.

Mit dem angefochtenen Beschluss hat das Erstgericht die Nebenintervention zugelassen. Christina Moser müsse ernsthaft mit der Möglichkeit rechnen, vom Kläger auf Schadenersatz in Anspruch genommen zu werden. In einem allfälligen Folgeprozess stehe ihr aber nur der Kläger gegenüber, weshalb sie sich nicht mehr auf eine Sorgfaltswidrigkeit der beklagten Partei berufen könne. Aufgrund dieser Umstände werde ihre Rechtssphäre berührt, was für die Zulassung der Nebenintervention ausreiche.

Gegen diese Entscheidung richtet sich der Rekurs der beklagten Partei aus dem Rekursgrund der unrichtigen rechtlichen Beurteilung mit dem Antrag, den angefochtenen Beschluss dahin abzuändern, dass die Nebenintervention zurückgewiesen wird.

Die Nebenintervenientin beantragt in ihrer Rekursbeantwortung, dem Rekurs nicht Folge zu geben.

Der Rekurs ist berechtigt.

Nach der Rechtslage bis zur Zivilverfahrens-Novelle 2009, BGBl I 2009/30, konnte die Zulassung der Nebenintervention nicht durch ein abgesondertes Rechtsmittel angefochten werden. Die entsprechende Bestimmung des § 18 Abs 4 ZPO wurde jedoch mit Wirkung vom 1. April 2009 aufgehoben.

Die beklagte Partei wiederholt in ihrem Rekurs ihren Rechtsstandpunkt, der Nebenintervenientin fehle es am erforderlichen rechtlichen Interesse; sie habe lediglich ein wirtschaftliches Interesse am Obsiegen des Klägers.

Die Rechtsprechung ist in Bezug auf die Zulassung der Nebenintervention großzügig, indem sie betont, dass bei der Beurteilung der Zulässigkeit der Nebenintervention kein strenger Maßstab anzulegen ist. Es genügt, dass der Rechtsstreit die Rechtssphäre des Nebenintervenienten berührt (RIS-Justiz RS0035638). Die Nebenintervention ist aber zurückzuweisen, wenn schon aus den vorgebrachten Tatsachen kein rechtliches Interesse zu erkennen ist (RIS-Justiz RS0035638 [T6]). In diesem Sinn hat der Beitretende sein rechtliches Interesse iSd § 18 Abs 1 ZPO zu spezifizieren, insbesondere auch dahin gehend, dass dieses Interesse am Obsiegen derjenigen Prozesspartei besteht, auf deren Seite der Nebenintervenient beitritt (hier also auf Seite des Klägers).

Nach ihrem Vorbringen stützt die Nebenintervenientin ihr rechtliches Interesse auf eine mögliche Inanspruchnahme in einem vom Kläger gegen sie eingeleiteten weiteren Prozess; sie bezeichnet diese mögliche Inanspruchnahme als Regress. Ein Fall eines Rückgriffs liegt hier aber nicht vor. Der Kläger begehrt im vorliegenden Verfahren Schadenersatz von der Hallenbetreiberin. Es muss ihm unbenommen bleiben, auch andere Personen mit der Behauptung, diese hätten im Zusammenhang mit seinem Unfall Sorgfaltswidrigkeiten zu verantworten, auf Schadenersatz in Anspruch zu nehmen. Zweifellos hat die Nebenintervenientin ein Interesse daran, dass der Kläger gegen die beklagte Partei obsiegt, weil sie dann damit rechnen kann, dass sie nicht in Anspruch genommen wird. Dieses Interesse hat aber nichts mit der Rechtsposition der Nebenintervenientin zu tun; es ist leidglich als wirtschaftliches Interesse zu qualifizieren.

Die von der Nebenintervenientin ebenfalls aufgeworfene Bindungsproblematik bestünde nur dann, wenn sie ein rechtliches Interesse hätte. Die Beurteilung der Voraussetzungen eines Schadenersatzanspruchs im vorliegenden Verfahren entfaltet keine Bindungswirkung für einen allfälligen Prozess des Klägers gegen die Nebenintervenientin.

Mangels entsprechender Darlegung eines rechtlichen Interesses am Obsiegen des Klägers ist die Nebenintervention zurückzuweisen.

Die Kostenentscheidung beruht auf § 50 iVm § 41 ZPO. Im Zwischenstreit über die Zulassung des Nebenintervenienten wird auch dieser kostenersatzpflichtig (RIS-Justiz RS0035436).

Oberlandesgericht Linz,
Abt. 4, am 07.07.2015
**Dr. Christa Hufnagl, Senatspräsidentin**

Gesehen:(113)
Sbg, am 11.08.2015
Die Präsidentin des Landesgerichts

6 Cg 73/14x
29

B.

Rekursentscheidung zustellen an KV, NIV und BV

Kal 5.9. (14 Tage – Revisionsrekurs?)(114)

Sbg., am 11.08.2015

Abfertigungsvermerk:
eingelangt 11.AUG.2015
ausgefertigt ..............
verglichen ..................
abgefertigt 11.AUG.2015

**Anmerkungen/Erläuterungen zur Rekursentscheidung ON 28:**

(110) Das Datum des Rücklangens des Akts (mit der Rekursentscheidung) beim Erstgericht wird mit dem Eingangsvermerk festgehalten. Das Erstgericht hat die Rekursentscheidung zuzustellen und druckt drei Ausfertigungen (für die klagende Partei, die beklagte Partei und die Nebenintervenientin) aus.

(111) Beim Rekursgericht wird ein eigener Akt (hier mit der Aktenzahl 4 R 217/12x) geführt. An das Erstgericht werden nur Ausfertigungen der Rekursentscheidung geschickt, der Akt des Oberlandesgerichts Linz bleibt dort (§ 471 Abs 2 Geo).

(112) Im Zwischenstreit über die Zulassung des Nebenintervenienten wird auch dieser kostenersatzpflichtig, wenn er nicht zugelassen wird (RIS-Justiz RS0035436).

(113) Im Rahmen seiner Pflicht, sich laufend Übersicht über den Geschäftsgang bei Gericht zu verschaffen, ist dem Präsidenten des Landesgerichts jede das Gericht betreffende Rechtsmittelentscheidung vorzulegen (§ 9 Abs 3 Geo).

(114) Da das Rekursgericht den Beschluss des Erstgerichts abgeändert hat, ist ein Revisionsrekurs nicht ausgeschlossen (§ 528 Abs 2 Z 2 ZPO).

6 Cg 73/14x-30

AV. vom 03.09.2015:

Kein Revisionsrekurs eingelangt.

# Beschluss

Rechtssache:

Klagende Partei: Tobias Aigner

Beklagte Partei: Sport & Fun GmbH

wegen: € 50.000,– s.A. und Feststellung (€ 12.000,–)

1. Zur Sachverständigen wird Frau Dipl.-Ing. Ulrike Hasler, Dammgasse 11, 5600 St. Johann im Pongau, bestellt.
2. Die Sachverständige erhält den Auftrag, binnen zwei Monaten ab Zustellung dieses Auftrags(115) ein schriftliches Gutachten(116) zur Frage zu erstatten, ob die beklagte Partei die zum Zeitpunkt des Unfalls am 17.07.2013 geltenden technischen Standards eingehalten hat, die vom Betreiber einer Kletterhalle gefordert werden, insbesondere ob die im Bereich der Seilschlaufe des Topropeseils angebrachten Kabelbinder dem Stand der Technik für das Kletterhallen-Klettern entsprachen oder nicht.

   Das Gutachten samt Gebührennote möge einerseits im Wege des Dokumenteneinbringungs-service (BES) erfolgen; eine ausgedruckte Ausfertigung möge dem Gericht übermittelt werden. Sollten die technischen Voraussetzungen für eine Einbindung im Wege des Dokumenteinbringungsservice nicht vorliegen, möge das Gutachten samt Gebührennote in dreifacher Ausfertigung (117) eingebracht werden.

   Die Sachverständige wird ermächtigt, allenfalls erforderliche Unterlagen aus eigenem von den Parteien direkt einzuholen.

   Die Beurteilung der Notwendigkeit und Zweckmäßigkeit einer Befundaufnahme an Ort und Stelle bleibt der Sachverständigen überlassen. Von einer allfälligen Befundaufnahme(118) mögen die Parteienvertreter verständigt werden; die Parteien und ihre Vertreter haben das Recht, an der Befundaufnahme teilzunehmen.

   Der Sachverständigen wird unter Hinweis auf die Bestimmung des § 25 Abs 1a GebAG mitgeteilt, dass für die Sachverständigengebühren ein Kostenvorschuss der klagenden Partei in Höhe von 2.000 Euro erliegt.(119)

   Gemäß § 38 GebAG sind die Gebühren vom Sachverständigen binnen 14 Tagen nach Abschluss seiner Tätigkeit bei sonstigem Verlust schriftlich in vierfacher Ausfertigung(120) (in dreifacher Ausfertigung, wenn auf Zahlung der Gebühren aus Amtsgeldern verzichtet wird oder die Gebühr zur Gänze aus dem erlegten Kostenvorschuss bezahlt werden kann) beim Landesgericht Salzburg geltend zu machen. Die Umstände, die für die Gebührenbestimmung bedeutsam sind, sind anzuführen.

**Landesgericht Salzburg**
**Abteilung 6, am 03.09.2015**
**Dr. Susanne Sonnberger, Richterin**

KV und BV je weiß

SV DI Hasler mit Akt mit RSb

Ausfertigung auf Kal 10.11. (Einlangen des Gutachtens)[121]

AV 422/15[122]

Abfertigungsvermerk:
eingelangt 04.SEP 2015
ausgefertigt ..............
verglichen ..................
abgefertigt 04.SEP 2015

**Anmerkungen/Erläuterungen zur Sachverständigenbestellung ON 30:**

(115) Das Gericht hat der Sachverständigen für die Erstattung des Gutachtens eine angemessene Frist zu setzen (§ 357 Abs 1 S 2 ZPO).

(116) Auch wenn die ZPO davon ausgeht, dass ein Gutachten grundsätzlich mündlich erstattet werden soll, ist die schriftliche Begutachtung mittlerweile der Regelfall (§ 357 ZPO). Die Zeugenaussage kann demgegenüber nur mündlich abgelegt werden.

(117) Ein Exemplar ist für das Gericht bestimmt, die beiden weiteren Exemplare für die beiden Parteien (die Nebenintervention wurde – rechtskräftig – nicht zugelassen).

(118) Dabei ist vor allem an eine Befundaufnahme an Ort und Stelle in der Kletterhalle zu denken.

(119) Nach § 25 Abs 1a GebAG trifft den Sachverständigen eine Warnpflicht gegenüber dem Auftraggeber, wenn die Sachverständigengebühren voraussichtlich die Höhe des Kostenvorschusses übersteigen werden.

(120) Falls Sachverständigengebühren aus Amtsgeldern (also nicht nur Parteigeldern wie einem Kostenvorschuss) bezahlt werden müssen, ist auch der Revisor in das Verfahren zur Bestimmung der Sachverständigengebühren einzubeziehen, weshalb in diesem Fall die Gebührennote des Sachverständigen vierfach einzubringen ist (§ 40 Abs 1 Z 3 GebAG; §§ 280 ff Geo).

(121) Um die Fristeinhaltung durch die Sachverständige besser überwachen zu können, empfiehlt es sich bspw, eine Ausfertigung des Auftrags „auf Kalender“ zu legen; die Geschäftsabteilung hat dann der Richterin den Auftrag am 10.11.2015 wieder vorzulegen.

(122) Die Versendung von Akten an eine andere Stelle ist – außer bei der Vorlage an ein Rechtsmittelgericht – in das Abgangsverzeichnis einzutragen (§ 526 Geo); dieses ist zur Kontrolle allmonatlich durchzusehen.

6 Cg 73/14x
31

DI Ulrike Hasler

Allgemein beeidete und gerichtlich zertifizierte Sachverständige für Indoor-Klettern
Dammgasse 11, 5600 St.Johann/Pongau

An das
Landesgericht Salzburg
Rudolfsplatz 2
5020 Salzburg

St. Johann im Pongau, am 06.11.2015

| | |
|---|---|
| Betrifft: | Aktenzeichen: 6 Cg 73/14x |
| **Rechtssache:** | |
| Klagende Partei: | Tobias Aigner |
| Beklagte Partei: | Sport & Fun GmbH |
| wegen: | € 50.000,– s.A. und Feststellung (€ 12.000,–) |

# GUTACHTEN[(123)]

## 1. Auftrag

Mit Beschluss vom 3. September 2015 hat mich das Landesgericht Salzburg beauftragt, ein Sachverständigengutachten zur Frage zu erstatten, ob die beklagte Partei die zum Zeitpunkt des Unfalls am 17.07.2013 geltenden technischen Standards eingehalten hat, die vom Betreiber einer Kletterhalle gefordert werden, insbesondere ob der in der Seilschlaufe des Toprope-Seils angebrachte Kabelbinder dem Stand der Technik im Bereich des Kletterhallen-Kletterns entsprach.

Ich wurde ermächtigt, allenfalls erforderliche Unterlagen aus eigenem von den Parteien direkt einzuholen.

Eine weitere Befundaufnahme war im Hinblick auf den ausführlichen Inhalt des Strafakts nicht erforderlich; auch weitere Unterlagen mussten nicht eingeholt werden.

## 2. Befund[(124)]

Am 17.07.2013 stürzte der Kläger im Kletterbereich der von der beklagten Partei betriebenen Sport- und Freizeithalle in Salzburg im Zuge des Abseilens aus einer Höhe von 7 Metern zu Boden und erlitt dabei schwere Verletzungen. Bereits im Zuge der Erstermittlungen durch die Polizei stellte sich heraus, dass die Karabiner nicht fix mit dem Seil verbunden waren, sondern lediglich mittels Kabelbinder. Ein Kabelbinder hält nur eine Gewichtsbelastung von 30 kg aus, weshalb es zu dem Absturz des Klägers kam, als er nach dem Klettergang die Hände von der Kletterwand nahm und sich ins Seil fallen ließ.

Aufgrund der bisherigen Verfahrensergebnisse kann davon ausgegangen werden, dass das Restseil des Knotens mit Kabelbindern umschlagen war und dass zusätzlich auch die am Knoten des Toprope-Seils verwendeten Schraubkarabiner mit Kabelbindern an der Schlaufe des Knotens befestigt waren. Beim Versuch des Klägers, sich abzuseilen, sind die Kabelbinder gerissen. Kabelbinder sind nicht dazu geeignet, das Gewicht einer erwachsenen Person zu halten.

## 3. Gutachten(125)

Das Toprope-Klettern ist die am einfachsten zu erlernende Art des Kletterns und Sicherns. Das Toprope-Seil bleibt oben in einer Umlenkung eingehängt und der Partner sichert den Kletternden vom Boden aus, indem er laufend Seil einnimmt, während der Partner klettert. Dabei kann sich der Kletterer jederzeit ohne Sturz in das Seil setzen, etwa um sich auszuruhen, oder er kann von seinem Sicherungspartner durch Nachgeben des Seils wieder auf den Boden „abgelassen" werden.

An sich ist das Toprope-Sichern eine risikoarme Sicherungsmethode, weil der Kletternde nicht weiter stürzen kann als es durch die Lockerheit und Dehnung des Seils vorgegeben ist. Das Sichern setzt aber die korrekte Handhabung durch den Sichernden voraus, der beispielsweise zu keinem Zeitpunkt das Bremsseil loslassen darf. Trotzdem kann auch das Toprope-Klettern insbesondere bei mangelnden Kenntnissen gewisse Risiken beinhalten, wie sich auch im vorliegenden Fall gezeigt hat, in dem der Sitzgurt des Kletternden nicht korrekt mit dem Ende des Toprope-Seils verbunden war. Um solchen Gefahren vorzubeugen, müssen die Kletterpartner vor Beginn des Klettergangs verpflichtend einen „Partnercheck" durchführen. Diese allgemeine Sicherheitsempfehlung, die sich als Standard sowohl beim Indoor- als auch beim Outdoor-Klettern durchgesetzt hat, beruht auf dem Vier-Augen-Prinzip, indem sich die Kletterpartner gegenseitig kontrollieren, ob der Anseilknoten, der Gurtverschluss, das Sicherungsgerät und die Karabiner-Verschlusssicherung korrekt sind und das Seilende verknotet ist. Der Partnercheck betrifft die Kontrolle des Anseilknotens, des Gurtverschlusses, des Sicherungsgeräts, der Karabinerverschlusssicherung und des Seilendes.

Vor allem bei fix eingehängten Toprope-Seilen wie in der Halle der beklagten Partei muss typischerweise von einem sehr niedrigen Ausbildungsstand der Kletterer ausgegangen werden, weshalb der Sicherheit besondere Bedeutung zukommt. Aus Sicht eines Hallenbetreibers muss jede Situation vermieden werden, die dazu führt, dass Karabiner – vor allem von unerfahrenen Kletterern – „falsch" eingehängt werden.

Vor allem aus diesen Sicherheitserwägungen versuchen Hallenbetreiber, die Möglichkeit von Veränderungen im Bereich des Endes des Toprope-Seils (Knoten, Auge, Seilrest und Karabiner) zu verhindern. Die im Klammerausdruck verwendeten Begriffe können so erklärt werden: Der Knoten am Seilende bildet eine Schlaufe (das „Auge") aus. In dieses Auge müssen die Karabiner eingehängt werden, mit denen die fixe Verbindung mit dem Anseilring am Klettergurt hergestellt wird. Werden die Karabiner woanders eingehängt als in das Auge, wird eine potenziell gefährliche Situation herbeigeführt. So kann sich der Knoten öffnen, wenn Karabiner in eine Öffnung des Knotens eingehängt werden. Der Seilrest bezeichnet das nach dem Knoten übrig bleibende Seil; dieses wurde nach den bisherigen Beweisergebnissen mit Kabelbindern fixiert. Zusätzlich wurden auch die Karabiner mit Kabelbindern im Auge fixiert. Beim Klettern muss immer – also auch bei jeder Fixierung mit Kabelbindern darauf geachtet werden, dass keine nichttragende Schlaufe entsteht, in die fälschlich die Karabiner eingehängt werden können. Dies gilt sowohl für die Fixierung des Seilrests als auch für die Fixierung der Karabiner im Auge.

Die Frage, inwieweit im Zusammenhang mit Toprope-Seilen Kabelbinder verwendet werden dürfen, wird weder in einer Norm geregelt, noch existieren Empfehlungen dazu. Ein einheitlicher „Stand der Technik" bei der Sicherung von Karabinern und Knoten bei Toprope-Seilen existiert nicht. Die bei der beklagten Partei zum Unfallzeitpunkt (aber offenbar jetzt nicht mehr) angewandte Methode, einerseits mit Kabelbindern den Seilrest zu fixieren, um den Knoten vor dem Öffnen zu sichern, andererseits auch mit Kabelbindern eine Veränderung bei den Karabinern zu unterbinden, ist eine von vielen Möglichkeiten und ist nicht von vornherein abzulehnen. Mit der Fixierung der Karabiner mit Kabelbindern wird die gegengleiche Positionierung der Karabiner gesichert; daneben ist auch das Motiv, die Karabiner vor Diebstahl zu bewahren, durchaus nachvollziehbar.

Allerdings muss, wie oben beschrieben, darauf geachtet werden, dass keine Situationen gefördert werden, in denen Karabiner „falsch", etwa in eine nichttragende Schlaufe eingehängt werden. Es ist daher notwendig, dass die Kabelbinder äußerst fest angebracht sind. Sind sie zu lose, besteht die Gefahr, dass Karabiner leicht entfernt und falsch eingehängt werden. Die von Kabelbindern an den Karabinern ausgehende Gefahr wird vergrößert, wenn Karabiner immer wieder bei den Kabelbindern aus- und eingefädelt werden. In diesem Sinn ist ein oftmaliger Austausch von Karabinern gegen Belay-Master und umgekehrt wenig zweckmäßig. Durch die konkret gewählte Lösung wird das Gefahrenpotenzial vergrößert, auch wenn der Sachverständigen ein Unfall wie der vorliegende in der Vergangenheit noch nicht bekannt geworden ist. Ohne der rechtlichen Beurteilung durch das Gericht vorgreifen zu wollen, ist es aus technischer Sicht ex ante kaum voraussehbar, dass sich die geschilderte Gefahr tatsächlich realisieren wird.

Eine Usance, in welchem Ausmaß die Hallenbetreiber die Seile samt Karabinern nach der Nutzung durch die Kunden kontrollieren müssen, gibt es nicht. Schon faktisch ist es unmöglich, ein ständig funktionierendes Kontrollsystem gegen Fehler von Kunden aufzubauen und aufrecht zu erhalten. Theoretisch könnte ja jeder Kunde ständig an den Gerätschaften manipulieren.

Klettern ist eine Risikosportart, die ein hohes Maß an Eigenverantwortung erfordert. Der verpflichtende Partnercheck ist Ausdruck dieses Gedankens. Die Kontrolle der Verbindung von Seil, Karabiner und Gurt fällt in den Verantwortungsbereich der Kletterer.

Dennoch wird im Folgenden versucht, aus technischer Sicht Maßnahmen zu erläutern, die den Unfall verhindern hätten können.

Eine Anweisung, Kabelbinder nach jeder Verwendung bzw bei Lockerung gegen neue auszutauschen und zu ersetzen, hätte den Unfall mit hoher Wahrscheinlichkeit verhindern können.

Um Gefahrenquellen zu verringern, wenn Karabiner ständig in der Seilschlaufe belassen werden, ist die Verwendung von so genannten Augenkarabinern vorteilhafter. Durch die besondere Bauart dieser Karabiner mit Schraubsicherung und einem „Auge" können sie nicht vom Seil entfernt werden, ohne den gesamten Knoten zu öffnen. Solche Karabiner wären auch schon zum Unfallzeitpunkt auf dem Markt gewesen.

Bei einer ordnungsgemäßen Durchführung des verpflichtend vorgeschriebenen Partnerchecks hätte der Umstand, dass die Karabiner lediglich mittels Kabelbinder mit dem Seil verbunden waren, nicht übersehen werden können. Dafür muss man weder ein Techniker noch ein erfahrener Kletterer sein, denn eine solche Fixierung und die damit einhergehende Gefahr ist auch für einen bloßen Laien erkennbar.

## 4. Zusammenfassende Beantwortung der Fragen des Gerichts:[(126)]

Die Unfallursache ist in einer inkorrekten Verbindung zwischen Seil und Karabiner zu sehen. Die korrekte Durchführung des verpflichtenden Partnerchecks durch die Kletterpartner hätte den Unfall verhindert.

Technische Vorgaben, die einen Bezug zum Unfallgeschehen haben, existierten zum Unfallszeitpunkt nicht. Das Anbringen von Kabelbindern in der Seilschlaufe des Toprope-Seils, um ein

Entfernen der Karabiner zu verhindern oder zumindest zu erschweren, entsprach dem Stand der Technik im Bereich des Kletterhallen-Kletterns. Allerdings gab und gibt es Lösungen, die den beabsichtigten Zweck der Verwendung der Kabelbinder ebenfalls erreichen und in Bezug auf die Unfallverhinderung günstiger gewesen wären.

**Anmerkungen/Erläuterungen zum Sachverständigengutachten:**

(123) Das schriftliche Gutachten ist sinnvollerweise in vier Teile zu gliedern: Die Wiedergabe des Auftrags, den erhobenen Befund, das Gutachten im engeren Sinn und eine Zusammenfassung, in der die Frage(n) des Gerichts beantwortet wird bzw werden.

(124) Der Befund enthält die Feststellung aller Tatsachen, die die Sachverständige ermittelt hat (zB aus dem Akteninhalt oder aus einer Besichtigung; § 362 Abs 1 ZPO). Der Befund bildet die Grundlage für die Schlussfolgerungen der Sachverständigen im Gutachten (Gutachten im engeren Sinn).

(125) Im Gutachten (im engeren Sinn) erläutert die Sachverständige – auf der Grundlage des Befundes – Erfahrungssätze, zieht daraus Schlussfolgerungen und/oder stellt aufgrund von Erfahrungssätzen Tatsachen fest.

(126) Es ist zweckmäßig, dass die Sachverständige am Ende ihres Gutachtens die Ergebnisse zusammenfasst und die Frage(n) des Gerichts kurz beantwortet. Die Begründung dafür findet sich im Gutachten (im engeren Sinn).

DI Ulrike Hasler

6 Cg 73/14 x
32

Allgemein beeidete und gerichtlich zertifizierte Sachverständige für Indoor-Klettern
Dammgasse 11, 5600 St.Johann/Pongau

An das
Landesgericht Salzburg
Rudolfsplatz 2
5020 Salzburg

Gutachten zum Kletterunfall vom 17.07.2013 6 Cg 73/14x

## Gebührennote

gemäß § 38 Abs 1 GebAG:(127)

| | | Betrag |
|---|---|---|
| **1. Reise- und Aufenthaltskosten – Zeitversäumnis gem. §§ 32, 33 GebAG** | | |
| Fahrt von St. Johann/Pongau nach Salzburg, Polizeidirektion (Akteneinsicht) | | |
| Hin- und Rückfahrt 120 km à 0,42 Euro, am 30.09.2015 | € | 50,40 |
| Zeitversäumis 2 h | € | 56,40 |
| **2. Mühewaltung gem. §§ 34 – 48 GebAG** | | |
| Aktenstudium (§ 36) | € | 35,00 |
| Gutachtenerstellung | € | 800,00 |
| Anfertigen eines Demonstrationsknotens samt Kabelbindern und Sicherungskarabiner | € | 100,00 |
| Internetrecherche | € | 200,00 |
| **3. Sonstige Kosten gem. § 30 – 32 GebAG** | | |
| Postspesen, Telefongebühren, Demonstrationsmaterial | € | 15,00 |
| Schreibgebühr Gutachten | € | 12,80 |
| Postweg, Zeitversäumnis 1 h | € | 22,70 |
| Summe netto | € | 1.292,30 |
| + 20 % USt | € | 258,46 |
| Gesamt | € | 1.550,76 |

Ich ersuche um Bestimmung der Gebühren gem. § 39 Abs 1 GebAG und Überweisung vor Rechtskraft des Beschlusses gem. § 42 Abs 1 GebAG auf mein Konto:

IBAN AT21 5448 2006 3458 7952

Für den Fall der antragsgemäßen Bestimmung der Gebühren verzichte ich auf Berichtigung aus Amtsgeldern.

**Anmerkungen/Erläuterungen zur Gebührennote:**

(127) Die einzelnen Ansätze für die Gebühren der Sachverständigen sind relativ niedrig. Wenn allerdings die Parteien damit einverstanden sind und die Sachverständige auf die Berichtigung ihrer Gebühren aus Amtsgeldern verzichtet (etwa weil ein Kostenvorschuss in ausreichender Höhe vorhanden ist), kann die Sachverständige gem § 37 Abs 2 GebAG auch höhere (oder pauschale) Gebühren verzeichnen, wovon im Zivilverfahren auch typischerweise Gebrauch gemacht wird.

6 Cg 73/14x-33

# Beschluss

Rechtssache:

Klagende Partei: Tobias Aigner

Beklagte Partei: Sport & Fun GmbH

wegen: € 50.000,– s.A. und Feststellung (€ 12.000,–)

1. Die Sachverständige Dipl.-Ing. Ulrike Hasler hat dem Gericht Befund und Gutachten überreicht und einen Gebührenanspruch von 1.550,76 Euro geltend gemacht.

   Den Parteien wird Gelegenheit gegeben, sich binnen 14 Tagen zur Gebührennote der Sachverständigen zu äußern. (§ 39 Abs 1 GebAG).

2. Die Sachverständige wird zur Gutachtenserörterung zur Verhandlung geladen, wenn dies eine der Parteien binnen 14 Tagen nach Zustellung des Beschlusses schriftlich beantragt (§ 357 ZPO). Die Parteien werden aufgefordert, in einem solchen Antrag die Bereiche des Sachverständigengutachtens, deren Erläuterung für erforderlich gehalten wird, und die Fragen, die zur Ergänzung des Gutachtens an die Sachverständige zu stellen beabsichtigt sind, zwecks Mitteilung an die Sachverständige zu ihrer Vorbereitung bekannt zu geben.

   Für den Fall eines Antrags auf Gutachtenserörterung wird der antragstellenden Partei aufgetragen, einen Kostenvorschuss von 1.000,– Euro zur Deckung der weiteren Sachverständigengebühren binnen 14 Tagen beim Rechnungsführer des Landesgerichts Salzburg zu erlegen (§ 3 GEG).

**Landesgericht Salzburg**
**Abteilung 6, am 12.11.2015**
**Dr. Susanne Sonnberger, Richterin**

ZV: KV und BV, je mit Gutachten ON 31 und Gebührennote

Kal 5.12. (14 Tage: Erlag des Kostenvorschusses, Ausschreibung)

Abfertigungsvermerk:
eingelangt 13.NOV.2015
ausgefertigt ..............
verglichen ..................
abgefertigt 13.NOV.2015

6 Cg 73/14x-34

AV. vom 05.12.2015:

Ein Antrag auf Gutachtenserörterung ist nicht eingelangt.

## Beschluss:

Tagsatzung zur mündlichen Streitverhandlung an Ort und Stelle in Salzburg, Alpenstraße 15 am 07.01.2016 von 8.30 bis 12.00 Uhr

Lad B1: KV

BV

Lad C1:(128) KV

BV

Lad D1(129) an Zeugen: Christian Trauner (10.00 Uhr)

Christina Moser (9.30 Uhr)

Thema: Kletterunfall des Klägers vom 17.07.2013

Salzburg, am 05.12.2015

Abfertigungsvermerk:
eingelangt 05.DEZ.2015
ausgefertigt ..............
verglichen ...............
abgefertigt 05.DEZ.2015

**Anmerkungen/Erläuterungen zur Anberaumung einer Tagsatzung:**

(128) C1 ist das Ladungsformular zur Parteienvernehmung. Die Zustellung erfolgt – anders als bei Zeugen – nicht direkt an die Empfänger, sondern an die Parteienvertreter (§ 93 Abs 1 ZPO).

(129) D1 ist das Ladungsformular zur Zeugenvernehmung. Anzugeben ist das Beweisthema, damit der Zeuge weiß, warum er zu Gericht kommen muss. Die erstmalige Ladung hat ohne Zustellnachweis zu erfolgen (§ 329 Abs 1 ZPO).

SCHWAB MEINHARD & PARTNER
RECHTSANWÄLTE GMBH

An das
Landesgericht Salzburg
Rudolfsplatz 2
5020 Salzburg

6 Cg 73/14x
35

Klagende Partei: Tobias Aigner
Salzachweg 5, A-5020 Salzburg
vertreten durch:
Dr. Franz Hillinger, Rechtsanwalt
Hauptstraße 17, A-5020 Salzburg

Beklagte Partei: Sport & Fun GmbH
Salzburgerstraße 35, D-83395 Freilassing
vertreten durch:
Schwab, Meinhard & Partner Rechtsanwälte GmbH
Linzerstraße 23, A-5020 Salzburg

wegen: EUR 50.000,– s.A. und Feststellung (EUR 12.000,–)

# Vertagungsantrag

Vollmacht gem § 30 Abs 2 ZPO erteilt
1-fach
Zustellung gem § 112 ZPO an KV

**Elektronisch eingebracht am 07.12.2015, 1-fach**
P13459
Schwab, Meinhard & Partner Rechtsanwälte GmbH
Linzerstraße 23
5020 Salzburg, Österreich

In der außen bezeichneten Rechtssache hat das Gericht für 07.01.2016 einen Verhandlungstermin an Ort und Stelle ausgeschrieben, bei dem die Parteien und Zeugen vernommen werden sollen.

Bedauerlicherweise befindet sich der Geschäftsführer der beklagten Partei vom 27.12.2015 bis zum 07.07.2016 auf einem bereits vor längerer Zeit gebuchten Kletterurlaub im Ausland.

Da seine Anwesenheit bei der Verhandlung an Ort und Stelle unbedingt erforderlich ist, wird höflich der

## Antrag

gestellt, die Verhandlung auf einen Termin nach seiner Urlaubsrückkehr zu verlegen.

Salzburg, am 07.12.2015

Sport & Fun GmbH

6 Cg 73/14 x
36

B.

Tagsatzung zur mündlichen Streitverhandlung verlegt auf 08. Jänner 2016, 8.30h (voraussichtlich bis 12.00h) an Ort und Stelle

Lad E1 an KV, BV, Zeugen Trauner (10.00h), Zeugin Moser (9.30h)

Grund: Verhinderung des Geschäftsführers der beklagten Partei.

Landesgericht Salzburg

Abt. 6, am 07. Dezember 2015

Abfertigungsvermerk:
eingelangt 09.DEZ.2015
ausgefertigt ..............
verglichen ................
abgefertigt 09.DEZ.2015

Geschäftszahl 6 Cg 73/14x-37

# Öffentliche mündliche Verhandlung

Gericht: LG Salzburg
Auswärtige Amtshandlung in Salzburg, Alpenstraße 15
Richter Dr. Susanne Sonnberger
Schriftführer
Tag und Uhrzeit des Beginns 08.01.2013, 8.40 Uhr

## Rechtssache

Klagende Partei(en) Tobias Aigner
Beklagte Partei(en) Sport & Fun GmbH
wegen € 50.000,– s.A. und Feststellung (€ 12.000,–)

## Anwesende Parteien und Vertreter

1. (Die) – ~~Für die~~ klagende(n) Partei(en) – ~~(mit)~~ persönlich mit RA Dr. Hillinger

Der Vertreter der klagenden Partei(en)

☒ beruft sich auf die erteilte Bevollmächtigung.
☐ legt eine Vollmacht vom vor; diese wird zum Akt genommen.
☐ weist seine Vertretungsbefugnis nach (§ 31 Abs 2 ZPO).
☐ ersucht um Zulassung gemäß § 38 ZPO.

Beschluss: Der Vertreter wird zugelassen; er hat die Vollmacht oder die Genehmigung der Partei(en) beizubringen.

2. ~~(Die) –~~ Für die beklagte(n) Partei(en) – ~~(mit)~~ GF Wolfgang Haas mit RA Dr. Schwab

Der Vertreter der beklagten Partei(en)

☒ beruft sich auf die erteilte Bevollmächtigung.
☐ legt eine Vollmacht vom vor; diese wird zum Akt genommen.
☐ weist seine Vertretungsbefugnis nach (§ 31 Abs 2 ZPO).
☐ ersucht um Zulassung gemäß § 38 ZPO.

Beschluss: Der Vertreter wird zugelassen; er hat die Vollmacht oder die Genehmigung der Partei(en) beizubringen.

ZPForm 67 (Protokoll über eine mündliche Verhandlung, §§ 207 ff, 443 ZPO)

Von der Beiziehung eines Schriftführers wird abgesehen und für den übrigen Teil des Protokolls ein Schallträger verwendet.

Die Parteien unterschreiben nach – Verzicht auf – Wiedergabe der Aufnahme.

Der Richter: Der Schriftführer:

Ende: 12.00 Uhr

Dauer: 1/2 Stunde(n)

Hinweis für die Geschäftsabteilung:

Ergebnis der Verhandlung:

- ☐ Erstreckung auf den..........
- ☐ Erstreckung auf unbestimmte Zeit
- ☐ Ruhen des Verfahrens
- ☐ Unterbrechung des Verfahrens
- ☐ Urteil verkündet
- ☒ Urteil vorbehalten

Aufnahme auf Tonträger Nr. 9................; Einheiten: von 0.............. bis 28...........

# DR. FRANZ HILLINGER

RECHTSANWALT

An das
Landesgericht Salzburg
Rudolfsplatz 2
5020 Salzburg

## KOSTENVERZEICHNIS

Vorlage bei Gericht – keine Rechnung gem. § 11 Abs 2 UStG
GZ: 6 Cg 73/14x
Wegen: Schadenersatzklage
Tobias Aigner gg Sport & Fun GmbH

Rechnungsdatum: 08.01.2016
Abrechnungsart: ES
Aktart: Zivil

Streitwert: EUR 53.000,–, ab 07.05.2014: EUR 50.000,– s.A. + Feststellung (EUR 12.000,–)

| Datum | Leistung | Tarif | Betrag in EUR | PG in EUR |
|---|---|---|---|---|
| 06.02.2014 | Klage im ERV | TP3A | 751,50 | 1.389,00 |
| | | 100 % ES | 751,50 | |
| | | ERV-Ersteingabe | 3,60 | |
| 20.03.2014 | Klagezurücknahme | TP2 | 381,40 | |
| | | 50 % ES | 190,70 | |
| | | ERV-Folgeeingabe | 1,80 | |
| 15.04.2014 | Antrag auf Fristerstreckung | TP2 | 381,40 | |
| | | 50 % ES | 190,70 | |
| | | ERV-Folgeeingabe | 1,80 | |
| 30.04.2014 | vorbereitender Schriftsatz | TP3A | 751,50 | |
| | | 50 % ES | 375,75 | |
| | | ERV-Folgeeingabe | 1,80 | |
| 07.05.2014 | Streitverhandlung | TP3A (1 Std) | 751,50 | |
| | | 50 % ES | 375,75 | |
| 22.09.2014 | Äußerung | TP3A | 751,50 | |
| | | 50 % ES | 375,75 | |
| | | ERV-Folgeeingabe | 1,80 | |
| 24.10.2014 | Mitteilung | TP3A | 751,50 | |
| | | 50 % ES | 375,75 | |
| | | ERV-Folgeeingabe | 1,80 | |

| | | | | |
|---|---|---|---|---|
| 12.02.2015 | Antrag auf Forts. | TP3A | 751,50 | |
| | | 50 % ES | 375,75 | |
| | | ERV-Folgeeingabe | 1,80 | |
| 20.03.2015 | Streitverhandlung | TP3A (1 Std) | 751,50 | |
| | | 50 % ES | 375,75 | |
| 08.01.2016 | Streitverhandlung | TP3A (7/2 Std) | 2.100,30 | 1.551,00 |
| | | 50 % ES | 1.050,15 | |

| | |
|---|---|
| Nettohonorar inkl ERV-Kosten | 12.576,05 |
| 20 % USt aus Honorar | 2.515,21 |
| USt-freie Barauslagen und Pauschalgebühren | 2.940,00 |
| **Rechnungsbetrag/Zahlbetrag** | **18.031,26** |

SCHWAB MEINHARD & PARTNER

RECHTSANWÄLTE GMBH

An das
Landesgericht Salzburg
Rudolfsplatz 2
5020 Salzburg

**GZ: 6 Cg 73/14x**

Tobias Aigner gg Sport & Fun GmbH

Bemessungsgrundlage € 53.000,–, ab 07.05.2014: € 50.000,– s.A. + Feststellung (€ 12.000,–)

## Kostenverzeichnis der beklagten Partei

| **Datum** | **Leistung** | **Verdienst** | **Barauslagen** |
|---|---|---|---|
| 04.03.2014 | Klagebeantwortung TP3A | 751,50 | |
| | 100 % ES | 751,50 | |
| | ERV-Ersteingabe | 3,60 | |
| 07.05.2014 | Streitverhandlung TP3A (1 Std) | 751,50 | |
| | 50 % ES | 375,75 | |
| 23.10.2014 | Replik TP3A | 751,50 | |
| | 50 % ES | 375,75 | |
| | ERV-Folgeeingabe | 1,80 | |
| 20.03.2015 | Streitverhandlung TP3A (1Std) | 751,50 | |
| | 50 % ES | 375,75 | |
| 07.12.2015 | Vertagungsantrag TP1 | 84,40 | |
| | 50% ES | 42,20 | |
| | ERV-Folgeeingabe | 1,80 | |
| 08.01.2016 | Streitverhandlung TP3A (4 Std) | 2.100,30 | |
| | 50 % ES | 1.050,15 | |
| Zwischensumme (inkl ERV-Kosten) | | 8.169,50 | |
| 20% Umsatzsteuer | | 1.633,90 | |
| **Summe** | | **9.803,40** | |

6 Cg 73/14x-37

Landesgericht Salzburg
Richterin: Dr. Susanne Sonnberger
Tagsatzung vom 08. Jänner 2016 an Ort und Stelle in Salzburg, Alpenstraße 15

Rechtssache:

Tobias Aigner gg Sport & Fun GmbH

wegen: € 50.000,– s.A. und Feststellung (€ 12.000,–)

Anwesend:
1. Die klagende Partei persönlich mit RA Dr. Hillinger
2. Für die beklagte Partei GF Wolfgang Haas mit RA Dr. Schwab

# Übertragung vom Schallträger

Beginn: 8.40 Uhr

Gemäß § 138 ZPO werden die bisherigen Verfahrensergebnisse dargetan.

Verlesen wird das Gutachten der Sachverständigen DI Ulrike Hasler. Eine Gutachtenserörterung wurde nicht beantragt. Gegen die verzeichneten Sachverständigengebühren wurde kein Einwand erhoben.

Der Kläger **Tobias Aigner**, geboren am 15.03.1990, Student, 5020 Salzburg, Salzachweg 5, gibt nach Wahrheitserinnerung und Belehrung nach § 376 ZPO vorerst unbeeidet(130) als Partei vernommen an:

Frau Moser und ich haben schon seit langem davon gesprochen, dass sie mich einmal in die Kletterhalle mitnimmt. Ich wollte herausfinden, ob mir der Klettersport gefällt.

Wir haben uns dann für den besagten 17.07.2013 verabredet, gleich als der Kletterbereich geöffnet wurde. Ich hatte bis dahin absolut keine Erfahrung mit Klettern. Wir sind zuerst zur Kasse der Sport- und Freizeithalle gegangen und haben beide die Benützungsgebühr bezahlt. Ich musste ein Registrierungsformular ausfüllen und unterschreiben. Dabei habe ich angegeben, dass ich Kletteranfänger bin und über keine Klettererfahrung verfüge.

Danach haben wir uns umgezogen. Ich habe den Sitzgurt angezogen und wir sind zum Kletterbereich gegangen. Wir haben die von der beklagten Partei zur Verfügung gestellten Seile und Karabiner verwendet. Beim Topropebereich waren sonst keine anderen Kletterer.

Frau Moser hat mir zuerst meine Kletterroute gezeigt. Danach hat sie mir erklärt, dass vor Beginn des Kletterns immer ein Partnercheck durchzuführen ist. Sie hat mir die wesentlichen Punkte, auf die es dabei ankommt erklärt und ich habe diese auch verstanden.

Die einzelnen Punkte des Partnerchecks weiß ich jetzt nicht mehr.

Wir haben jedenfalls bei den Karabinern geschaut, ob das alles passt. Ich hatte das Gefühl, dass wir den Partnercheck sorgfältig gemacht haben.

Ich habe dann die Karabiner im Sitzgurt eingehängt und ich bin daraufhin nach den Anweisungen von Frau Moser losgeklettert.

Über Befragen durch den Klagevertreter:[131]

Hätte ich bemerkt, dass die Karabiner nur in den Kabelbindern eingehängt sind, wäre mir natürlich das Gefahrenpotenzial aufgefallen und ich hätte entsprechend reagiert. Mir ist aber nichts Besonderes aufgefallen. Ich habe schon damit gerechnet, dass mit den Seilen und Karabinern alles in Ordnung ist.

Es wurde mir gegenüber weder von Frau Moser noch von den Mitarbeitern der Sport- und Freizeithalle erwähnt, dass die von ihnen zur Verfügung gestellten Gerätschaften und das Equipment kontrolliert werden müssen.

Über Befragen durch den Beklagtenvertreter:

Wir haben beide nicht bemerkt, dass die Karabiner lediglich in den Kabelbindern und nicht im Seil eingehängt waren.

An die letzten Augenblicke vor meinem Sturz kann ich mich nicht erinnern. Ich weiß nur, dass ich total begeistert war, die Kletterroute beim ersten Versuch geschafft zu haben. Als ich oben angekommen war, gab ich Frau Moser das Zeichen zum Abseilen. Danach weiß ich nichts mehr.

Keine weiteren Fragen, kein Einwand gegen das Diktat.[132]

Die Zeugin **Christina Moser**, geboren am 14.06.1991, Studentin, 5020 Salzburg, Clemens-Krauss-Straße 23, nicht verwandt oder verschwägert mit den Parteien, gibt nach Wahrheitserinnerung und Belehrung nach den §§ 321 ff ZPO vorerst unbeeidet vernommen an:[133]

Ich kann mich auf meine beiden Aussagen vor der Polizei beziehen, ich habe immer die Wahrheit gesagt.

Wenn ich kurz zusammenfasse, so habe ich mit dem Kläger ausgemacht, dass ich ihn am 17.07.2013 in die Kletterhalle mitnehme. Ich möchte aber gleich sagen, dass ich nicht zugesagt habe, ihm das Klettern beizubringen. Er wollte es einfach nur einmal versuchen, um herauszufinden, ob ihm dieser Sport gefällt und er sich dann für einen Kletterkurs anmelden soll. Wir sind am Vormittag in die Halle gegangen, gleich nachdem sie geöffnet hat. Wir dürften wohl die ersten Klettergäste im Topropebereich gewesen sein.

Ich selbst klettere schon seit etwa 2007, aber es ist nicht so, dass ich mich als sehr erfahrene Kletterin bezeichnen würde.

Es ist bei den Kletterbereichen eigentlich immer so, dass dort schon alles vorbereitet ist, das heißt, dass das Seil eingehängt und der Karabiner am Seil befestigt ist und das Toprope-Seil hängt von oben herunter.

Als wir bei der Kletterwand angekommen sind, habe ich dem Kläger die Route gezeigt, die er klettern sollte; ich sagte ihm auch, dass ich die Sicherung übernehme. Danach habe ich ihm genau erklärt, dass vor dem Klettern immer der Partnercheck durchzuführen ist. Ich habe ihm die wesentlichen Punkte erklärt und ihn auch immer gefragt, ob er das auch verstehe. Er hat es immer bejaht. Der Kläger hat sich danach in den Karabinern eingehängt. Ich habe dann kontrolliert, ob die Karabiner auch wirklich gegengleich eingehängt und ordnungsgemäß befestigt bzw eingehängt sind.

Über Befragen durch den Klagevertreter:

Nein, ich habe die Kabelbinder-Konstruktion nicht gesehen, obwohl ich die Karabiner kontrolliert habe. Ich habe aber auch nicht damit gerechnet, dass sie bloß in Kabelbindern und nicht im Fixseil angebracht sind, deshalb habe ich da gar nicht so genau darauf geachtet. Hätte ich es bemerkt, hätte ich natürlich Alarm geschlagen. Auffällig war das auf keinen Fall.

Natürlich weiß ich die wesentlichen Punkte des Partnerchecks:

- Der Partner kontrolliert beim anderen, ob der Klettergurt geschlossen und korrekt angelegt ist.
- Der Sicherer prüft, ob der Kletterer korrekt mit einem Anseilknoten eingebunden ist oder – wie hier beim Toprope-Klettern – die Karabiner gegengleich und zugeschraubt am Hauptanseilpunkt in den Gurt und korrekt in das Seil eingelegt sind.
- Der Kletterer prüft, ob das Kletterseil korrekt in das Sicherungsgerät eingelegt ist und ob das Sicherungsgerät an der vorgesehenen Stelle mit dem Klettergurt verbunden ist und ob das freie Seilende abgeknotet wurde.

Keine weiteren Fragen. Kein Einwand gegen das Diktat.

Die Zeugin beansprucht keine Zeugengebühren.(134)

**Wolfgang Haas**, geboren am 04.04.1967, Geschäftsführer der beklagten Partei, 5020 Salzburg, Chiemseepromenade 48, D-83278 Traunstein, gibt nach Wahrheitserinnerung und Belehrung nach § 376 ZPO vorerst unbeeidet als Partei vernommen an:

Grundsätzlich ist es so, dass wir nur im Rahmen der Registrierung die Kletterfähigkeiten des Kunden abfragen. Wenn das Registrierungsformular von dem Kunden unterschrieben wird, werden auch gleichzeitig die Hallenordnung und die Sicherheitsbestimmungen der Sport- und Freizeithalle akzeptiert. Es wird sodann ein Exemplar der Hallenordnung dem Kunden ausgehändigt. Zusätzlich sind aber auch in der Halle selbst mehrfach Exemplare der Hallenordnung samt Sicherheitsbestimmungen ausgehängt.

Die Halle ist für den eigenständigen Gebrauch durch die Kunden konzipiert. Man könnte sagen, es ist eine „Selbstbedienungshalle". Ab dem Betreten der Halle übernehmen wir keine Kontrolle mehr und der Kunde handelt auf eigene Gefahr.

Die Qualifikation des einzelnen Kunden wird von unserer Seite nicht überprüft. Das ist auch nicht vorgeschrieben. Wir haben auch keine durchgehende Aufsicht, die alles kontrolliert.

Für die Hallenwartung haben wir zwei Teams. Das erste sorgt dafür, dass die Routen in Ordnung und die Griffe gewaschen sind. Das zweite Team kontrolliert die Materialien und die Gerätschaften auf Ordnungsmäßigkeit und Funktionstüchtigkeit.

Über Befragen durch die Richterin:

Wir wollen, dass unser Toprope-Bereich auch von Personen in Anspruch genommen wird, die noch nicht so erfahren sind. Deshalb haben wir uns verschiedene Sicherungssysteme angeschaut, wobei wir uns dann für die Möglichkeit mit der Befestigung der Karabiner mit Kabelbindern entschieden haben. Es gilt seit einiger Zeit die Lehrmeinung, dass zwei Karabiner gegengleich verwendet werden sollen. Um zu gewährleisten, dass das nicht verändert wird, haben wir die beiden Karabiner mittels Kabelbinder miteinander und mit dem Seil fixiert. Genau gesagt ist es so, dass man zwei „Kabelbinderkonstruktionen" unterscheiden muss: Die Topropeseile sind in der Kletterhalle fix montiert; sie haben an dem für den Kletterer bestimmten Ende einen sogenannten „Achterknoten". Das freie Seilende ist mit einem Kabelbinder am Knoten festgebunden. Dieser Kabelbinder soll ein Öffnen des Knotens verhindern. Dann gibt es noch zwei weitere Kabelbinder: In die Schlaufe des Knotens sind zwei Karabiner gegengleich eingehängt, und diese Karabiner sind mit zwei weiteren Kabelbindern in der Schlaufe festgebunden. Eine derartige Absicherung mit Kabelbindern ist in der Literatur auch durchaus so beschrieben. Man erreicht damit, dass die Karabiner nicht ausgehängt und falsch eingehängt werden können. Ein Nebeneffekt ist der Schutz vor Diebstahl.

Über Befragen durch den Beklagtenvertreter:

Unsere Kursleiter handeln im Rahmen ihrer fachlichen Kompetenz eigenverantwortlich. Sie wählen ihre Ausrüstung und die technischen Hilfsmittel selber. Diesbezüglich gibt es keine Vorgaben.

Auch jeder Kunde klettert auf eigene Gefahr. Natürlich gibt es Kontrollen, etwa der bereits erwähnten Wartungsteams, um zu schauen, ob irgendwelche Bereiche mangelhaft sind. Es werden täglich von unseren Mitarbeitern so genannte Sichtchecks durchgeführt. Das ist nur in Bezug auf offensichtliche Mängel möglich. Von den Safety Guides werden aber laufend die einzelnen Kletterbereiche durchgeklettert, um so zu kontrollieren, dass auch wirklich alles in Ordnung ist. Diese Safety Guides schauen auch, dass in der Halle alles geordnet abläuft; sie sind sozusagen die Hallenaufsicht.

Ich hätte nie und nimmer damit gerechnet, dass jemand Karabiner nur in die Kabelbinder einhängt, das war für mich absolut unvorstellbar, dass das jemand tut.

Ich selbst war am Unfalltag nicht in der Halle und kann daher nicht über eigene Wahrnehmungen zum Unfall berichten.

Über Befragen durch den Klagevertreter:

Auch als Konsequenz der Erfahrungen aus dem Unfall des Klägers verwenden wir keine Kabelbinder mehr zur Sicherung der Knoten. Wir sind nun auf so genannte Augenkarabiner umgestiegen. Solche Augenkarabiner waren zum Zeitpunkt des Unfalls noch eher „exotisch". Außerdem dienen sie eigentlich einem anderen Zweck.

Keine weiteren Fragen, kein Einwand gegen das Diktat.

Der Zeuge **Christian Trauner**, geboren am 15.2.1979, Angestellter, 5020 Salzburg, Waldweg 32, nicht verwandt oder verschwägert mit den Parteien, gibt nach Wahrheitserinnerung und Belehrung nach den §§ 321 ff ZPO vorerst unbeeidet vernommen an:

Ich bin bei der beklagten Partei auf Werkvertragsbasis als Klettertrainer beschäftigt; ich werde auch von der beklagten Partei bezahlt. Eine Direktverrechnung mit den Kursteilnehmern findet nicht statt.

Ich habe am 16.07.2013 um 18.00 Uhr einen Kletterkurs in dem Bereich abgehalten, wo am nächsten Tag der Unfall des Klägers passierte.

Zum Zeitpunkt des Unfalls war ich nicht in der Halle.

Wir sind von Seiten des Betreibers der Halle durchaus ermächtigt, unseren Arbeitsbereich bei den Kursen so herzurichten, wie wir es für am sinnvollsten halten. Ich habe daher bei den Seilen die Karabiner gegen sogenannte Belay-Master ausgetauscht. Diese Belay-Master wurden normal in die Achterschlaufe eingehängt, nicht mit den Kabelbindern. Als ich mit dem Kurs fertig war, habe ich wieder den Zustand hergestellt, den ich vorgefunden habe, also die Belay-Master wiederum gegen die Karabiner ausgetauscht.

Die Kabelbinder habe ich jedoch nicht erneuert, sondern die bestehenden verwendet, wobei ich beim Einhängen genau darauf geachtet habe, dass die Karabiner sowohl im Seil als auch in den Kabelbindern hängen.

Ja, ich bin mir zu 100 % sicher, dass ich meinen Kletterbereich wieder ordnungsgemäß verlassen habe. Ein Versehen beim Einhängen der Karabiner kann ich mit Sicherheit ausschließen. Ich habe die Karabiner in das Seil eingehängt. Ich wäre ja verrückt, wenn ich das nicht täte.

Über Befragen durch den Klagevertreter:

Ich kann mich zwar nicht mehr genau erinnern, schließe aber aus der üblichen Vorgangsweise, dass mein Kurs kurz vor dem Schließen des Kletterbereichs endete. Ich kann mir eigentlich nicht vorstellen, dass von meinen Kursteilnehmern noch jemand zum Klettern in die Halle zurückgegangen ist. Ausschließen kann ich es nicht. Der Kurs war für Jugendliche, eher Anfänger, die aber schon eine gewisse Klettererfahrung hatten.

Ich bin auch noch in drei weiteren Kletterhallen als Trainer tätig, aber eine solche Konstruktion mit Kabelbindern habe ich sonst noch nirgends gesehen.

Keine weiteren Fragen.

Kein Einwand gegen das Diktat.

Der Zeuge beansprucht keine Zeugengebühren.

An Ort und Stelle werden folgende Feststellungen getroffen:

Im Kletterbereich der Sport- und Freizeithalle werden im Kletterbereich fix montierte Toprope-Seile angeboten. Darunter befinden sich Matten. Die Seile werden inspiziert; Kabelbinder zur Sicherung der Knoten werden aktuell nicht verwendet.

Die Richterin ruft in Erinnerung, dass das Verfahren auf den Grund des Anspruchs eingeschränkt ist und dass in diesem Kontext das Verfahren spruchreif ist.

Sie lädt die Parteienvertreter in diesem Zusammenhang zu einem allfälligen ergänzenden Vorbringen ein.

Die klagende Partei bringt ergänzend vor:(135)

Sowohl das Toprope-Seil, die Karabiner und auch die Kabelbinder sind Bestandteile der Anlage und wurden – entgegen der Hallenordnung – nicht funktionstüchtig zur Verfügung gestellt, sodass die beklagte Partei ihrer vertraglichen Verpflichtung, eine sichere und funktionstüchtige Anlage zur Verfügung zu stellen, nicht nachgekommen ist.

Darüber hinaus ist die zusätzliche Sicherung durch Verwendung von Kabelbindern eine unübliche Methode und wird seit dem Unfall auch nicht mehr verwendet. Diese Methode ist eindeutig gefährlich, weil die verhängnisvolle Möglichkeit geschaffen wird, die Karabiner nur in die Kabelbinder einzuhängen.

Beweis: vorliegende Beweisergebnisse.

Die Gefährlichkeit der „Kabelbinder-Konstruktion" war für einen Kletterer – insbesondere für einen Kletteranfänger – praktisch nicht erkennbar. Frau Anna Sonnwender hat die Zeugin Moser und den Kläger beim Partnercheck unterstützt und auch ihr ist nicht aufgefallen, dass der Karabiner nicht im Seil, sondern nur im Kabelbinder eingehängt war.

Beweis: vorliegende ZV Moser und vorliegende PV des Klägers;

Zeugin Anna Sonnwender, Forellenweg 24, 5101 Bergheim bei Salzburg.

Die beklagte Partei bestreitet und erwidert, dass in der Hallenordnung ausdrücklich angeführt ist, dass die beklagte Partei keine Verantwortung für mangelnde Kenntnis bei Ausübung des Klettersports übernimmt. Der Unfall ist allein auf die nicht korrekte Durchführung des Partnerchecks zurückzuführen. Auch für einen Laien wäre die Gefährlichkeit der Konstruktion erkennbar gewesen.

Im Übrigen wird auf das bisherige Vorbringen verwiesen und die Zurückweisung des Beweisantrags wegen Verspätung beantragt. Die Zeugin hätte bereits früher beantragt werden können. Jedenfalls wird Kostenseparation beantragt,(136) sollte eine weitere Verhandlung notwendig sein.

Beweis: vorliegende Beweisergebnisse.

Die klagende Partei bestreitet und weist darauf hin, dass sich die Notwendigkeit der Vernehmung der Zeugin Sonnwender erst durch die heutigen Beweisergebnisse ergeben hat, weshalb keine Verspätung vorliegt.

Die Richterin verkündet den

Beschluss

auf Abstandnahme von weiteren Beweisaufnahmen.

Beide Parteienvertreter legen Kostennote;(137) sie händigen jeweils eine Gleichschrift dem Gegenvertreter aus (§ 54 Abs 1a ZPO).(138)

# Schluss der Verhandlung(139)

Die Entscheidung ergeht schriftlich.(140)

Ende: 12.00 Uhr

Dauer: 7/2 Stunden

**Anmerkungen/Erläuterungen zum Protokoll ON 37:**

(130) Eine Beeidigung ist sowohl bei der Parteienvernehmung als auch bei der Zeugenvernehmung unüblich geworden.

(131) Die Befragung von Parteien und Zeugen beginnt mit der Fragestellung durch die Richterin (und einen allfälligen Sachverständigen), dann folgt der Vertreter derjenigen Partei, die die Vernehmung beantragt hat, dann der Gegenvertreter.

(132) In der Praxis wird die Abkürzung „l.d.k.E." verwendet („laut diktiert, kein Einwand").

(133) Anders als die Parteien stehen Zeugen unter strafrechtlich abgesicherter Wahrheitspflicht. Auch die unbeeidete falsche Zeugenaussage erfüllt den Straftatbestand des § 288 StGB; im Falle der falschen Aussage unter Eid besteht eine bedeutend höhere Strafdrohung.

(134) Zeugen haben nach dem GebAG Anspruch auf Ersatz ihrer Auslagen (vor allem Fahrtkosten). Verdienstentgang ist in den Hintergrund getreten, da in der Regel ein Anspruch gegenüber dem Arbeitgeber auf Entgeltfortzahlung besteht.

(135) § 179 S 1 ZPO erlaubt an sich die Erstattung von ergänzendem Vorbringen bis zum Schluss der Verhandlung erster Instanz. Ausnahmsweise kann es zur Vermeidung von Verfahrensverzögerungen zurückgewiesen werden, etwa wenn ein neuer Zeuge beantragt wird, obwohl ein solcher Beweisantrag bereits früher möglich gewesen wäre (§ 179 S 2 ZPO).

(136) Für den Fall, dass das Gericht im Hinblick auf den Beweisantrag der klagenden Partei die Verhandlung auf einen neuen Termin erstreckt und dadurch weitere Kosten entstehen, beantragt die klagende Partei Kostenseparation (§ 48 ZPO), dh sie will erreichen, dass die Kosten der erstreckten Tagsatzung unabhängig vom Prozessausgang jedenfalls von der klagenden Partei zu tragen sind.

(137) Die Kostennoten, die gem § 54 Abs 1 ZPO vor Schluss der Verhandlung zu legen sind, werden dem Protokoll über die Verhandlung, in der sie vorgelegt wurden, angeschlossen (s S 55 und 61).

(138) Die Parteienvertreter haben die Möglichkeit, innerhalb von 14 Tagen zur Kostennote des Gegners Stellung zu nehmen (§ 54 Abs 1a ZPO). Die Nichterhebung von Einwendungen hat Präklusionsfolgen.

(139) Die Sachlage zum Zeitpunkt des Schlusses der Verhandlung ist maßgeblich für das Urteil. Tatsachen, die vor diesem Zeitpunkt bereits vorhanden gewesen wären (nova reperta), aber nicht vorgebracht wurden, können nicht mehr vorgebracht werden. Nur bei Vorliegen eines Wiederaufnahmegrundes (insbesondere unverschuldete Unkenntnis) ist eine Wiederaufnahme nach § 530 Abs 1 Z 7 ZPO möglich. Änderungen des rechtserzeugenden Sachverhalts nach Schluss der Verhandlung (nova producta; etwa Zahlung) können nach dem Schluss der Verhandlung, mit negativer Feststellungsklage oder – wenn der Gläubiger bereits Exekution führt – durch Oppositionsklage (§ 35 EO) geltend gemacht werden.

(140) Der Regelfall in der Praxis ist, dass das Gericht das Urteil nicht mündlich verkündet, sondern der schriftlichen Ausfertigung vorbehalten wird (§ 415 ZPO). Die schriftliche Fassung des Urteils ist binnen vier Wochen ab Schluss der Verhandlung der Geschäftsabteilung zur Ausfertigung zu übergeben. Gegen das – in der Praxis häufige – Nichteinhalten der Frist ist ein Fristsetzungsantrag nach § 91 GOG möglich.

6 Cg 73/14x-38

**Landesgericht Salzburg**
Rudolfsplatz 2
5020 Salzburg
Tel.: +43 57 60123

Bitte obige Geschäftszahl
in allen Eingaben anführen

DVR: 00648645

569 6 Cg 73/14x-38

Rechnungsführer
des Landesgerichtes Salzburg
eingel. am 12.01.2016

RECHTSSACHE:

**Kläger:**
Tobias Aigner
Salzachweg 5
5020 Salzburg

**vertreten durch:**
RA Dr. Franz Hillinger
Hauptstraße 17
5020 Salzburg
Tel.: 0662/64312

**Beklagter:**
Sport & Fun GmbH
Salzburgerstraße 35
D-83395 Freilassing

**vertreten durch:**
Schwab, Meinhard & Partner
Rechtsanwälte GmbH
Linzerstraße 23
5020 Salzburg

WEGEN: EUR 50.000,– s.A. und Feststellung (EUR 12.000,–) (Sonstiger Anspruch – allgemeine Streitsache)

Die Buchhaltungsagentur des Bundes wird angewiesen, aus dem zu ZUO Nr 12 2748 erliegenden Kostenvorschuss von € 2.000,– (in Worten zweitausend Euro)

a) einen Betrag von € 1.551,00 an die Sachverständige DI Ulrike Hasler, Dammgasse 11, 5600 St. Johann im Pongau, auf deren Konto IBAN AT21 5448 2006 3458 7952 zu überweisen und

b) den Restbetrag von € 449,00 an den Einzahler RA Dr. Franz Hillinger auf Konto IBAN AT63 2805 5000 0289 4892, rückzuüberweisen.

---

**Landesgericht Salzburg, Abteilung 6**
**am 08.01.2016**
**Dr. Susanne Sonnberger, Richterin**

---

ZV: KV
BV
SV
Rechnungsführer mit eigenhändiger Unterschrift

durchgeführt zu
FiNr 113/118971 am
12.01.2016

Landesgericht Salzburg

Rechnungsführer

Rudolfsplatz 2
5020 Salzburg

# Buchung

6 Cg 73/14 x
39

Auswahl: Aktueller Datensatz

Buchungsmonat:01/2016

| Buchungsnummer: | Buchungsmonat: | Datum: | Belegdatum: |
|---|---|---|---|
| 7140 | Jänner | 14.01.2016 | 14.01.2016 |

| DKZ | Buchungsart | Belegtext |
|---|---|---|
| | Zahlung | 6 Cg 73/14x-38 |

| Buchungstext | Anmerkung |
|---|---|
| DI Ulrike Hasler SV Gebühren<br>Aigner gg. Sport & Fun GmbH | ZUO Nr 12 2748 |

| VA-Ansatz | VA-Konto | BE-Konto | Personenkonto |
|---|---|---|---|
| | | | |

| AE-Stelle | KOST | KOTR | Zahlungsmittelkonto |
|---|---|---|---|
| | | | |

| Kontoauszug Datum | Kontoauszug Nr |
|---|---|
| | |

| Währungscode | Kurs | Fremdwährungsbetrag |
|---|---|---|
| | | |

| Offene Post Nr. | Umsatzsteuer | Betrag d. Ausgabe | Betrag d. Einnahme |
|---|---|---|---|
| | | | |

erstellt am 14.01.2016 14:24:31 Seite 1 von 1

DR. FRANZ HILLINGER
RECHTSANWALT

An das
Landesgericht Salzburg
Rudolfsplatz 2
5020 Salzburg

6 Cg 73/14x
40

| | |
|---|---|
| Klagende Partei: | Tobias Aigner<br>Salzachweg 5, A-5020 Salzburg<br>vertreten durch:<br>Dr. Franz Hillinger, Rechtsanwalt<br>Hauptstraße 17, A-5020 Salzburg |
| Beklagte Partei: | Sport & Fun GmbH<br>Salzburgerstraße 35, D-83395 Freilassing<br>vertreten durch:<br>Schwab, Meinhard & Partner Rechtsanwälte GmbH<br>Linzerstraße 23, A-5020 Salzburg |
| wegen: | EUR 50.000,– s.A. und Feststellung (EUR 12.000,–) |

# Einwendungen gegen das Kostenverzeichnis

Vollmacht gem § 30 Abs 2 ZPO erteilt

Zustellung gem § 112 ZPO

**Elektronisch eingebracht am 18.01.2016, 1-fach**
P43215
Dr. Franz Hillinger, Rechtsanwalt
Hauptstraße 17
5020 Salzburg, Österreich

In umseits bezeichneter Rechtssache erhebt die klagende Partei gegen das in der Streitverhandlung vom 08.01.2016 vorgelegte Kostenverzeichnis der beklagten Partei fristgerecht nachstehende

## Einwendungen

gemäß § 54 Abs 1a ZPO.

Die folgenden, im Kostenverzeichnis der beklagten Partei angeführten Schriftsätze

- Replik vom 23.10.2014
- Vertagungsantrag vom 07.12.2015

waren zur zweckentsprechenden Rechtsverfolgung nicht notwendig.

Im Einzelnen:

Das in der Replik vom 23.10.2014 Enthaltene hätte in der Tagsatzung vom 27.10.2014 vorgebracht werden können. Zudem wurde die Replik nicht fristgerecht vor der Tagsatzung vom 27.10.2014 eingebracht (§ 257 Abs 3 ZPO) und ist auch aus diesem Grund nicht zu honorieren. Überdies ist der Inhalt letztlich nur eine Wiederholung des bereits früher artikulierten Prozessstandpunkts der beklagten Partei, weshalb das Vorbringen nicht zur zweckentsprechenden Rechtsverfolgung notwendig war.

Die Vertagungsbitte vom 07.12.2015 ist nicht zu honorieren, weil sie nur aufgrund des Urlaubs des Geschäftsführers der beklagten Partei gestellt wurde und sohin in die Sphäre der beklagten Partei fällt.

Salzburg, am 18.01.2016

Tobias Aigner

REPUBLIK ÖSTERREICH
Landesgericht Salzburg

6 Cg 73/14x-41

**Teil-Zwischenurteil**[141]

# Im Namen der Republik

Das Landesgericht Salzburg erkennt durch die Richterin Dr. Susanne Sonnberger in der Rechtssache der klagenden Partei **Tobias Aigner**, Student, 5020 Salzburg, Salzachweg 5, 5020 Salzburg, vertreten durch Dr. Franz Hillinger, Rechtsanwalt in Salzburg, gegen die beklagte Partei **Sport & Fun GmbH**, Salzburgerstraße 35, D-83395 Freilassing, Deutschland, vertreten durch Schwab, Meinhard & Partner Rechtsanwälte GmbH in Salzburg, **wegen (eingeschränkt) € 50.000,– s.A. und Feststellung (€ 12.000,–)**, nach öffentlicher mündlicher Streitverhandlung zu Recht:[142]

Das Klagebegehren, die beklagte Partei sei schuldig, der klagenden Partei EUR 50.000,– samt 4 % Zinsen seit 4. 2. 2014 zu bezahlen, besteht dem Grunde nach im Ausmaß von einem Drittel zu Recht und zu zwei Drittel nicht zu Recht.

Das Klagebegehren,

- die beklagte Partei sei schuldig, der klagenden Partei EUR 33.333,33 samt 4 % Zinsen seit 4. 2. 2014 zu bezahlen und
- es werde festgestellt, dass die beklagte Partei der klagenden Partei gegenüber für alle zukünftigen Schäden aus dem Unfall vom 17. Juli 2013 in der Sport- und Freizeithalle, Alpenstraße 15, 5020 Salzburg, im Umfang von mehr als 1/3 hafte,

wird abgewiesen.

Die Kostenentscheidung bleibt der Endentscheidung vorbehalten.[143]

## E n t s c h e i d u n g s g r ü n d e:[144]

Unstrittig ist, dass der Kläger am 17.07.2013 in der von der beklagten Partei betriebenen Sport- und Freizeithalle in Salzburg, Alpenstraße 15, einen Kletterunfall erlitten hat, bei dem er sich schwere Verletzungen zuzog. Der Kläger besuchte den Kletterbereich der Sport- und Freizeithalle gemeinsam mit seiner Kletterpartnerin Christina Moser.

Im Zusammenhang mit dem Unfall wurden gegen zwei Mitarbeiter der beklagten Partei, Clemens Huber und Thomas Egger, zu 9 U 167/13y des Bezirksgerichts Salzburg Strafverfahren eingeleitet, die eingestellt wurden. Ein gegen die Kletterpartnerin Christina Moser wegen fahrlässiger Körperverletzung gemäß § 88 Abs 1 und 4 1. Fall StGB eingeleitetes Strafverfahren wurde diversionell erledigt.

Der **Kläger** begehrt von der beklagten Partei Schadenersatz in Höhe von (eingeschränkt) EUR 50.000,– sowie die Feststellung, dass die beklagte Partei ihm gegenüber für alle künftigen Schäden aus dem Kletterunfall vom 17. Juli 2013 hafte. Er bringt dazu vor, am 17.07.2013 auf sein Ersuchen von Christina Moser zum Klettern in die Sport- und Freizeithalle mitgenommen worden zu sein. Es sei sein erster Kletterversuch gewesen. Christina Moser habe ihm zunächst seine Kletterroute und dann den „Partnercheck" erklärt. Der Kläger habe sich sodann in den von der beklagten Partei zur Verfügung gestellten Karabiner eingehängt und die beiden Kletterpartner hätten ordnungsgemäß den Partnercheck durchgeführt. Dabei sei ihnen nicht aufgefallen, dass die Karabiner selbst nicht im Seil eingehängt, sondern lediglich mittels Kabelbindern mit dem Seil verbunden gewesen seien. Beide Kletterpartner seien davon ausgegangen, die von der beklagten Partei zur Verfügung gestellten Gerätschaften bedenkenlos verwenden zu können. Allerdings habe am Vortag des Unfalls eine Lehrperson der beklagten Partei an der Kletterwand, an der sich dann der Unfall ereignet habe, einen Kurs abgehalten und die Karabiner aus den Kletterseilen herausgenommen, jedoch sodann offensichtlich falsch befestigt, indem er die Karabiner statt in das Seil nur in die Kabelbinder eingehängt habe.

Die beklagte Partei habe den Unfall zu verantworten, weil die von ihr zur Verfügung gestellten Gerätschaften nicht funktionstüchtig gewesen seien. Überdies liege ein Organisationsverschulden auf Seiten der beklagten Partei vor, da sie es unterlassen habe, Aufsichtsorgane einzusetzen, um laufend die Funktionsbereitschaft der Geräte zu überprüfen. Schließlich sei der beklagten Partei auch die Sorgfaltswidrigkeit des bei ihr beschäftigen Kletterlehrers, der die Karabiner unrichtig befestigt habe, zuzurechnen.

Die **beklagte Partei** bestreitet das Klagebegehren sowohl dem Grunde als auch der Höhe nach, beantragt kostenpflichtige Klagsabweisung und wendet ein, dass sich die Kletterhalle zum Unfallszeitpunkt in einem einwandfreien Zustand befunden habe; ein Vorfall wie derjenige, der zum Unfall des Klägers geführt habe, sei nicht vorhersehbar. Das Klettern in der Halle finde auf eigene Gefahr statt. Es würde die Sorgfaltspflichten der beklagten Partei überspannen, jedem Kletterer eine Kontroll- und Aufsichtsperson zur Verfügung zu stellen; dies sei auch nicht vereinbart gewesen.

Die alleinige Verantwortung für den Unfall treffe den Kläger und seine Kletterpartnerin, zumal ihnen im Zuge eines sorgfältig durchgeführten Partnerchecks auffallen hätte müssen, dass die Karabiner nicht in das Fixseil, sondern in die Kabelbinder eingehängt gewesen seien.

**Beweis** wurde erhoben durch Einsicht in den Akt 9 U 167/13y des BG Salzburg sowie die Urkunden Beilagen ./A – ./B und ./1 – ./5, durch ein Gutachten der Sachverständigen DI Ulrike Hasler (ON31), durch Vernehmung der Zeugen Christina Moser und Christian Trauner sowie durch Vernehmung des Klägers und des Geschäftsführers der beklagten Partei als Partei (ON37).

Abstand genommen wurde von der Vernehmung der Zeugin Anna Sonnwender.

Demnach steht folgender

## Sachverhalt

als erwiesen fest:

Die beklagte Partei betreibt in Salzburg eine Sport- und Freizeithalle mit einem „Indoor-Kletterbereich" (unstrittig). Die Halle ist als „Selbstbedienungshalle" organisiert (PV Wolfgang Haas). Beim erstmaligen Besuch hat jeder Kunde ein Registrierungsformular auszufüllen, in dem er seine in der jeweiligen Sportart vorhandenen Kenntnisse und Fähigkeiten wahrheitsgetreu anzugeben hat

(PV Wolfgang Haas; Blg./1 und 2). Diese Angaben werden von der beklagten Partei nicht auf ihre objektive Richtigkeit überprüft; es wird auch nicht jedem einzelnen Kunden eine Kontroll- oder Aufsichtsperson beigestellt (PV Wolfgang Haas). Die beklagte Partei beschäftigt ein Wartungsteam, das sich laufend über die Funktionstüchtigkeit der im Kletterbereich verwendeten Materialien vergewissert, und „Safety Guides", die regelmäßig verschiedene Bereiche durchklettern und dabei kontrollieren, ob beispielsweise Griffe gelockert sind. Diese „Safety Guides" üben auch die Funktion einer Hallenaufsicht aus (PV Wolfgang Haas).

Die beklagte Partei beschäftigt – auf Werkvertragsbasis – Trainer, die in der Halle Kletterkurse abhalten. Die Trainer können die Ausrüstung und die technischen Hilfsmittel, die bei den Kursen verwendet werden, eigenverantwortlich auswählen. Sie sind auch dafür verantwortlich, dass nach jedem Kurs wieder der ursprüngliche Zustand hergestellt wird (Zeuge Trauner).

Die in der Kletterhalle fix montierten Topropeseile haben an dem für den Kletterer bestimmten Ende einen so genannten „Achterknoten", dessen Seilende zum Schutz vor dem Öffnen mit einem Kabelbinder gesichert ist. In die Schlaufe des Achterknotens („Auge") sind zwei Karabiner gegengleich eingehängt, die mit zwei weiteren Kabelbindern in der Schlaufe fixiert sind (Zeuge Trauner).

Am 16. Juli 2013 hielt der Klettertrainer Christian Trauner um 18.00 Uhr einen Kletterkurs in dem Bereich der Halle ab, an dem sich am folgenden Tag der Unfall des Klägers ereignete. Im Zusammenhang mit diesem Kurs tauschte Trauner die Karabiner gegen sogenannte Belay-Master aus. Nachdem er seinen Kurs beendet hatte, tauschte er die Belay-Master wieder gegen die Karabiner aus (Zeuge Trauner). Es ist nicht feststellbar, dass Trauner die Karabiner in die Kabelbinder und nicht in das Seil einhängte (Beweiswürdigung). Es ist nicht feststellbar, dass zwischen dem Ende des Kletterkurses und dem Unfall des Klägers jemand anderer in dem Bereich geklettert war, in dem sich der Unfall ereignete (Beweiswürdigung).

Am 17. Juli 2013 nahm die Zeugin Christina Moser den Kläger auf sein Ersuchen in die Kletterhalle mit, damit er sich im Klettern versuchen kann (PV des Klägers, Zeugin Moser). Christina Moser klettert bereits seit etwa 2007 und war bei der beklagten Partei bereits registriert (Zeugin Moser). Sie betraten die Halle am Vormittag, unmittelbar nachdem die Halle geöffnet hatte (Kläger). Der Kläger musste ein Registrierungsformular ausfüllen, in dem er zur wahrheitsgemäßen Beantwortung von sechs Fragen über seine Kletterkenntnisse aufgefordert wurde. Der Kläger gab an, Anfänger zu sein und über keinerlei Vorkenntnisse und Kletterfähigkeiten zu verfügen (Kläger, Blg./1). Insbesondere verneinte er auch die Frage danach, ob er mit den Punkten des Partnerchecks vertraut sei (Blg./1). Auch die Zeugin Moser hatte seinerzeit ein Registrierungsformular ausgefüllt (Zeugin Moser).

Nach dem Inhalt des Registrierungsformulars durfte er aufgrund seiner verneinenden Antworten nur den Topropebereich der Kletteranlage verwenden, und zwar nur gemeinsam mit einem/einen Partner/in, der/die in korrekter Weise die gebotenen Handlungsweisen zeigen kann, und sofern diese Person die Verantwortung für die Beaufsichtigung der Kletterübungen übernimmt. Weiters anerkannte der Kläger mit seiner Unterschrift auf dem Registrierungsformular, die „Hallenordnung und Sicherheitsbestimmungen" gelesen zu haben und zu akzeptieren und über die mit dem Klettern verbundenen Gefahren unterrichtet worden zu sein. Das Registrierungsformular enthält oberhalb der Unterschrift des Klägers auch einen Hinweis auf die Eigenverantwortung beim Klettern sowie darauf, dass der Betreiber für die Funktionstüchtigkeit der Anlage sorgt, er aber keine Verantwortung für mangelnde Kenntnis bei Ausübung des Klettersports und die damit verbundenen Gefahren übernimmt (Blg./1).

In der Urkunde „Hallenordnung und Sicherheitsbestimmungen“ wird darauf hingewiesen, dass es sich beim Klettern um eine Risikosportart handelt, die ein hohes Maß an Eigenverantwortlichkeit und sicherungsspezifischem Können erfordert, und dass die Benützung des Kletterbereichs der Sport- und Freizeithalle auf eigene Gefahr erfolgt. Der Betreiber der Kletterhalle sorgt gemäß Punkt 2.2. für die Funktionstüchtigkeit der Anlage; er übernimmt aber keine Verantwortung für mangelnde Kenntnis bei der Sportausübung und die damit verbundenen Gefahren. Laut Punkt 3.1. dürfen nur diejenigen Teile der Kletteranlage benützt werden, für die die erforderlichen Fertigkeiten laut Registrierungsformular vorhanden sind. Im Vorstiegsbereich ist nach Punkt 3.3. vor jedem Klettergang der standardisierte Partnercheck durchzuführen, dessen Inhalt den Abbildungen im Kletterbereich zu entnehmen ist (Blg./3).

Der Kläger und Christina Moser entrichteten das Benützungsentgelt für die Hallenbenützung (Kläger).

Unterhalb der Kletterwand im Toprope-Bereich zog der Kläger den Sitzgurt von Christina Moser an. Christina Moser zeigte dem Kläger die Kletterroute, die er klettern sollte; sie übernahm die Sicherung. Danach erklärte sie ihm die wesentlichen Punkte des Partnerchecks; sie wies ihn auch darauf hin, dass der Partnercheck vor jedem Klettergang durchgeführt werden muss. Der Partnercheck beinhaltet folgende Punkte:

- Der Partner kontrolliert beim anderen, ob der Klettergurt geschlossen und korrekt angelegt ist.
- Der Sicherer prüft, ob der Kletterer korrekt mit einem Anseilknoten eingebunden ist oder – wie hier beim Toprope-Klettern – die Karabiner gegengleich und zugeschraubt am Hauptanseilpunkt in den Gurt und korrekt in das Seil eingelegt sind.
- Der Kletterer prüft, ob das Kletterseil korrekt in das Sicherungsgerät eingelegt ist und ob das Sicherungsgerät an der vorgesehenen Stelle mit dem Klettergurt verbunden ist und ob das freie Seilende abgeknotet wurde.

Nach diesen Instruktionen griff der Kläger nach den Karabinern und hängte das Topropeseil mit den vorhandenen Karabinern in den Anseilring seines Sitzgurts ein. Danach führten der Kläger und seine Kletterpartnerin den Partnercheck durch, wobei Christina Moser die Karabiner kontrollierte, insbesondere, ob diese auch gegengleich eingehängt waren (Zeugin Moser).

Sowohl der Kläger als auch Christina Moser übersahen, dass die Karabiner nicht im Achterknoten des Seils, sondern lediglich in den am Seil hängenden Kabelbindern eingehängt waren (Kläger, Zeugin Moser).

Bei einem ordnungsgemäß durchgeführten Partnercheck kann ein solcher Umstand nicht übersehen werden, zumal dies auch für einen bloßen Laien erkennbar ist (SV-Gutachten).

Der Kläger kletterte in der Folge die von der Zeugin Moser vorgeschlagene Route bis an deren Ende in ca 7 m Höhe aus. Danach gab er der Zeugin Moser das Zeichen zum Abseilen, ließ die Griffe los und hängte sich in das Seil. Dabei rissen die beiden Kabelbinder, die nur eine Reißfestigkeit von rund 30 kg aufweisen und daher das Gewicht einer erwachsenen Person nicht tragen konnten (Polizeianzeige im Akt 9 U 167/13y des BG Salzburg). Der Kläger stürzte in die Tiefe und zog sich dabei schwere Verletzungen zu.

Es kann nicht festgestellt werden, wer die Karabiner nur in die Kabelbinder und nicht auch in das Seil eingehängt hat (Beweiswürdigung).

Die Verwendung von Kabelbindern, um zu gewährleisten, dass die Karabiner nicht falsch in die Achterschlaufe eingehängt und auch nicht so leicht gestohlen werden können, entspricht und widerspricht keiner Norm; die Methode ist in Kletterhallen eher unüblich. Dennoch ist es eine von vielen möglichen Varianten, die nicht von vornherein abzulehnen ist (SV-Gutachten). Aktuell werden von der beklagten Partei keine Kabelbinder zur Sicherung der Knoten mehr verwendet; vielmehr stehen so genannte Augenkarabiner in Verwendung (PV des Wolfgang Haas). Augenkarabiner wären zum Unfallszeitpunkt bereits auf dem Markt erhältlich gewesen (SV-Gutachten).

Diese Feststellungen wurden getroffen aufgrund folgender

**Beweiswürdigung:**

Die einzelnen Feststellungen gehen auf die jeweils in Klammer angeführten Beweismittel zurück.

Weder der Unfallhergang noch die unmittelbare Unfallursache sind strittig: Der Unfall ist darauf zurückzuführen, dass die Karabiner nur in den Kabelbindern und nicht auch im Seil eingehängt waren.

Beweisergebnisse dazu, wer tatsächlich die Karabiner nur in die Kabelbinder eingehängt hat, sind nicht vorhanden. Zwar hat der Zeuge Christian Trauner am Vorabend des Unfalls die Karabiner im Bereich, in dem sich sodann der Unfall ereignet hat, gegen Belay-Master ausgetauscht; er gibt aber glaubwürdig an, diese wieder ordnungsgemäß gegen Karabiner getauscht und den ursprünglichen Zustand wiederhergestellt zu haben. Es fehlt an Anhaltspunkten, dass dem Zeugen angelastet werden könnte, die Karabiner nur in die Kabelbinder eingehängt zu haben. Er ist Kletterexperte und weiß über die Gefahren Bescheid, die daraus resultieren können, dass Karabiner nicht wieder ordnungsgemäß in den Achterknoten eingehängt werden. Es kann ihm nicht zugetraut werden, dass er bewusst eine solche Gefahrensituation schafft. Dafür, wer sonst in Betracht kommt, die Karabiner in die Kabelbinder eingehängt zu haben, gibt es keine Beweisergebnisse. Das Gericht hat daher eine Negativfeststellung zur Frage getroffen, wer die Karabiner nur in die Kabelbinder eingehängt hat.

Für das Gericht ist nicht feststellbar, dass zwischen dem Ende des Kletterkurses am Vorabend und dem Unfall des Klägers jemand anderer in dem Bereich geklettert ist, in dem sich dann der Unfall ereignete. Nach der Aussage des Zeugen Trauner dauerte der Kurs praktisch bis zum Ende der Öffnungszeit der Halle; der Kläger betrat die Halle gleich nach Beginn der Öffnungszeit am nächsten Tag. Es ist daher davon auszugehen, dass niemand anderer in der Zwischenzeit im fraglichen Bereich geklettert ist.

An der Feststellung, dass der Kläger und die Zeugin Moser einen Partnercheck durchgeführt haben, besteht aufgrund der übereinstimmenden Aussagen des Klägers und der Zeugin Moser kein Zweifel. Bei unvoreingenommener Betrachtung der Kabelbinder-Karabiner-Konstruktion scheint es durchaus denkbar, dass Kletterer die Problematik und Gefahr dieser Konstruktion nicht bemerken, insbesondere, wenn sie nicht damit rechnen. Zur Auffälligkeit hat die Sachverständige DI Hasler in ihrem Gutachten nachvollziehbar ausgeführt, dass diese „Fehlkonstruktion“ bei ordnungsgemäßer Durchführung des Partnerchecks selbst einem Laien auffallen hätte müssen.

Der Kläger hat unmittelbar vor Schluss der Verhandlung zum Beweis dafür, dass keine Auffälligkeit in diesem Maß vorhanden war, die Vernehmung der Zeugin Anna Sonnwender beantragt. Als Grund dafür, dass der Beweisantrag erst so spät gestellt wurde, hat er angegeben, dass sich die Notwendigkeit dieses Beweises erst durch die zuvor aufgenommenen Beweise ergeben habe.

Tatsächlich hat der Kläger aber bereits im Schriftsatz vom 30. April 2014 (ON 12) vorgebracht, dass die Auffälligkeit der Gefahr für ihn nicht gegeben war. Es wäre daher nahe liegend gewesen, zum Beweis dafür – neben der Zeugin Moser – auch die Zeugin Sonnwender zu beantragen. Da die Vernehmung der Zeugin eine weitere Tagsatzung erfordert und damit zu einer erheblichen weiteren Verzögerung des Verfahrens geführt hätte, war der Beweisantrag als verspätet zurückzuweisen (vgl *Pimmer*, Zur Befugnis des Richters zur Zurückweisung verspäteten Vorbringens und Beweisanbietens nach § 179 Abs 1 Satz 2 ZPO, JBl 1983, 129).

Der Sachverhalt führt zu folgender

**rechtlichen Beurteilung:**

Der Betreiber einer Kletterhalle haftet im Rahmen der Vertragshaftung für die schuldhafte Verletzung von vertraglichen Schutz- und Sorgfaltspflichten nach dem Sorgfaltsmaßstab eines Sachverständigen gemäß § 1299 ABGB. Die Sorgfalts- und Verkehrssicherungspflichten beziehen sich dabei auf Konstruktion, Erhaltung und Absicherung der Kletterwand. Ein Haftungsausschluss für Personenschäden ist unwirksam (6 Ob 304/02b, ZVR 2005/2).

Im Rahmen des Vertragsverhältnisses, das durch das Lösen einer Eintrittskarte entsteht, besteht für den Betreiber die vertragliche Nebenpflicht, die dem Besucher zur Ausübung des Sports überlassene Anlage in verkehrssicherem und gefahrlosem Zustand zu erhalten (7 Ob 51/00a). Auch wenn nach ständiger Rechtsprechung die Anforderungen an Sicherungspflichten nicht überspannt werden dürfen (RIS-Justiz RS0023397; 7 Ob 51/00a), muss doch darauf geachtet werden, dass die mit der Sportausübung an sich verbundene Selbstgefährdung nicht durch eine von der Anlage ausgehende, für Benutzer nicht leicht erkennbare Gefahrenquelle erhöht wird (RIS-Justiz RS0023704; 6 Ob 333/00i).

Im vorliegenden Fall konnten der Kläger und seine Kletterpartnerin, die mit der beklagten Partei einen entgeltlichen Vertrag zur Benützung der Halle geschlossen haben, mit der Funktionstüchtigkeit der Halle – im Sinne eines ordnungsgemäßen Zustands der von der beklagten Partei zur Verfügung gestellten Gerätschaften – rechnen und auf einen solchen Zustand vertrauen.

Mit der Verwendung von Kabelbindern im Bereich der Verbindung von Seil und Karabiner hat die beklagte Partei eine zusätzliche Gefahrenquelle für ein falsches Einhängen der Karabiner geschaffen. Zwar ist diese Sicherungsvariante nicht von vornherein unzulässig, dennoch ist ihre Verwendung in Kletterhallen unüblich, zumal auch andere, sichere Möglichkeiten zur Gewährleistung der richtigen Anbringung der Karabiner samt Diebstahlsverhinderung am Markt vorhanden sind. Dabei ist besonders zu bedenken, dass Toprope-Anlagen typischerweise von unerfahrenen Kletterern verwendet werden, sodass die Hallenbetreiberin eine erhöhte Sorgfaltspflicht trifft. Gerade angesichts dieses Umstands wäre es der beklagten Partei zumutbar gewesen, auf eine sichere Möglichkeit der Sicherung zurückzugreifen, ohne dass dabei ihre Sicherungspflichten überspannt worden wären. Mit der Verwendung der auf dem Markt erhältlichen Augenkarabiner wäre sichergestellt gewesen, dass Karabiner gegengleich verwendet werden und gegen Diebstahl gesichert sind, ohne dass ein zusätzliches Sicherheitsrisiko geschaffen worden wäre. In diesem Sinn ist ein Sorgfaltsverstoß, für den die beklagte Partei einzustehen hat, zu bejahen.

Gemäß § 1304 ABGB trägt der Geschädigte mit dem Schädiger den Schaden verhältnismäßig, wenn auch ihm selbst eine Sorgfaltswidrigkeit anzulasten ist, die zum Schadenseintritt geführt hat.

Dem Kläger und der Zeugin Moser ist vorzuwerfen, dass sie eine Überprüfung der Verbindung von Seil und Karabiner im Zuge des Partnerchecks unterlassen haben. Hätten sie diesen Check vorgenommen, hätten sie – insbesondere die Zeugin Moser, die bereits seit 2007 den Klettersport ausübt – die vom Einhängen der Karabiner in einen Kabelbinder ausgehende Gefahr erkannt. Da sie dies jedoch unterließen, ist dem Kläger gemäß § 1304 ABGB ein Mitverschulden anzulasten, wobei das Fehlverhalten der Zeugin Moser dem Kläger zuzuordnen ist, weil sie als Hilfsperson des Klägers zu qualifizieren ist.

Bei Gegenüberstellung des Gewichts der Sorgfaltsverstöße ist von einer Schadensteilung im Verhältnis von 1 : 2 zu Lasten des Klägers auszugehen. Somit hat der Kläger dem Grunde nach Anspruch auf Ersatz von einem Drittel seines auf Schmerzengeld gerichteten Leistungsbegehrens. Neben der Ausmittlung der Höhe des angemessenen Schmerzengelds bleibt auch die Prüfung des Feststellungsbegehrens dem weiteren Verfahren vorbehalten.

Im Umfang eines Betrags von EUR 33.333,33 sA ist das Leistungsbegehren nicht berechtigt, ebenso wenig das Feststellungsbegehren, soweit damit eine über den Ersatz von 1/3 des Schadens hinausgehende Haftung der beklagten Partei begehrt wird. Insoweit ist ein abweisendes Teilurteil zu fällen.

Der Kostenvorbehalt beruht auf § 393 Abs 4 iVm § 52 Abs 2 ZPO.

---

**Landesgericht Salzburg, Abteilung 6**
**Salzburg, am 26.02.2016**
**Dr. Susanne Sonnberger**

---

Elektronische Ausfertigung gem § 79 GOG

Abfertigungsvermerk:
eingelangt 29.FEB 2016
ausgefertigt ..............
verglichen ..................
abgefertigt 29.FEB 2016

ZV: KV } je mit Protokoll ON 37
BV

Kal. 01.04. (4 Wochen – Berufung?)

**Anmerkungen/Erläuterungen zum Teil-Zwischenurteil:**

(141) Ein Teilurteil (§ 391 ZPO) ist eine abschließende Entscheidung über einen quantitativen Teil des Prozessstoffs: Das Gericht entscheidet hier über einen Teil des Leistungsbegehrens (Abweisung von EUR 33.333,33 sA) und einen Teil des Feststellungsbegehrens abschließend; über einen weiteren Teil des Leistungsbegehrens entscheidet es nur dem Grunde nach, weshalb das Urteil auch Zwischenurteil ist (§ 393 ZPO). Teil- und Zwischenurteile sind ausdrücklich als solche zu bezeichnen (§ 114 Abs 1 Geo).

(142) Dieser erste Teil des Urteils mit der Bezeichnung des Gerichts, der Parteien und ihrer Vertreter sowie des Streitgegenstands ist der „Kopf" des Urteils. Er wird gefolgt vom Urteilsspruch und von den Entscheidungsgründen (bei Beschlüssen wird die Überschrift „Begründung" verwendet).

(143) Der Kostenvorbehalt findet seine Grundlage in § 52 ZPO. Da der Ausgang des Verfahrens noch nicht abzusehen ist, kann aktuell noch nicht über den Ersatz von Verfahrenskosten entschieden werden.

(144) Die Entscheidungsgründe werden regelmäßig unterteilt in den unstrittigen Sachverhalt, das Vorbringen der Parteien, die Angabe der aufgenommenen (und abgelehnten) Beweise, die Sachverhaltsfeststellungen, die Beweiswürdigung, die rechtliche Beurteilung und die Begründung für die Kostenentscheidung.

6 Cg 73/14x

42

| | |
|---|---|
| eingebracht am: 31.3.2016<br>Dr. Franz Hillinger, Rechtsanwalt<br>5020 Salzburg, Hauptstraße 17<br>GEBÜHRENEINZUG<br>IBAN AT63 2805 5000 0289 4892[145] | Zu: **569 06 CG 73/14 x**<br>(1 – fach) |

## LG SALZBURG (569)[146]

RECHTSSACHE:

1. Klagende Partei und Berufungswerberin
Tobias Aigner, geb. am: 15.3.1990
Salzachweg 5, A-5020 Salzburg

Klagevertreter (Vertretung für 1. Klagende Partei und Berufungswerberin)
Dr. Franz Hillinger, Rechtsanwalt
Hauptstraße 17, A-5020 Salzburg
Akt: 2015/292
Telefon: 0662/46213

2. Beklagte Partei und Berufungsgegnerin
Sport & Fun GmbH
Salzburgerstraße 35, D-83395 Freilassing

Beklagtenvertreter (Vertretung für 2. Beklagte Partei und Berufungsgegnerin)
Schwab, Meinhard & Partner Rechtsanwälte GmbH
Linzerstraße 23, A-5020 Salzburg,

WEGEN: EUR 50.000,– s.A. + Feststellung (EUR 12.000,–)

Berufungsgegenstand: EUR 20.666,67[147]

# Berufung der klagenden Partei

Vfg.[148]
GS an BV
Kal. 5.5. (Berufungsbeantwortung)
Sbg, am 1.4.2016

Abfertigungsvermerk:
eingelangt 01.APR.2016
ausgefertigt ..............
verglichen ................
abgefertigt 01.APR.2016

In der außen bezeichneten Rechtssache erhebt die klagende Partei gegen das Teil-Zwischenurteil des LG Salzburg vom 26.02.2016, 6 Cg 73/14x-41,

## Berufung

an das Oberlandesgericht Linz.

Das Teil-Zwischenurteil wird insoweit angefochten,(149) als das Erstgericht das Leistungsbegehren (Punkt 1. des Urteilsbegehrens) lediglich mit 1/3 – und nicht zu 2/3 – als dem Grunde nach zu Recht bestehend erachtet hat und das Leistungsbegehren zu 1/3 (EUR 16.666,67 samt 4 % Zinsen seit 4. 2. 2014) sowie das Feststellungsbegehren im Umfang von 1/3 künftiger Schäden abgewiesen hat. Richtigerweise besteht der Leistungsanspruch der klagenden Partei dem Grunde nach zu 2/3 zu Recht. Dementsprechend wäre auch das Feststellungsbegehren nur in einem Ausmaß von 1/3 abzuweisen gewesen.

Als Berufungsgründe(150) werden unrichtige rechtliche Beurteilung, unrichtige Tatsachenfeststellung aufgrund unrichtiger Beweiswürdigung und Mangelhaftigkeit des Verfahrens geltend gemacht.

1. Zum Berufungsgrund der unrichtigen rechtlichen Beurteilung:(151)

Selbst ausgehend von den Tatsachenfeststellungen des Erstgerichts wäre zutreffender Weise das Leistungsbegehren als dem Grunde nach zu 2/3 zu Recht bestehend zu erkennen gewesen.

Das Erstgericht legt seiner rechtlichen Beurteilung zugrunde, dass der Kläger und die Zeugin Moser im Zuge des Partnerchecks eine Überprüfung der Verbindung von Seil und Karabiner unterlassen hätten, sodass sie die von der Kabelbinder-Konstruktion ausgehende Gefahr nicht erkannt hätten. Die Unterlassung sei dem Kläger gemäß § 1304 ABGB als Mitverschulden anzulasten, wobei das Fehlverhalten der Zeugin Moser dem Kläger zuzuordnen sei.

Der Kläger gesteht zu, dass ihm – ausgehend von den Feststellungen – ein Mitverschulden wegen des inkorrekt durchgeführten Partnerchecks anzulasten ist, das aber nicht über 1/3 hinausgeht. Unrichtig ist die Zurechnung des Fehlverhaltens der Zeugin Moser zum Kläger.

Seit der Entscheidung 4 Ob 204/08s (= SZ 2009/7 = Zak 2009/140, 96 [*Leitner*]) folgt der Oberste Gerichtshof der „Gleichbehandlungsthese" (dazu näher *Schörghofer*, Gehilfenzurechnung auf Geschädigtenseite, Zak 2009/379, 246). Demnach entspricht die Gehilfenzurechnung auf Geschädigtenseite jener der gesetzlich geregelten Gehilfenzurechnung auf Schädigerseite. Besteht zwischen Schädiger und Geschädigtem ein Vertragsverhältnis, ist dem Geschädigten in der Regel analog zu § 1313a ABGB das Verhalten seiner Gehilfen zuzurechnen. Außerhalb eines Schuldverhältnisses muss sich der Geschädigte bei Einschaltung einer Hilfsperson deren Verschulden nur dann (analog § 1315 ABGB) wie eigenes anrechnen lassen, wenn die Hilfsperson untüchtig ist oder der Geschädigte deren Gefährlichkeit kennt, sowie bei Auswahl- oder Überwachungsverschulden.

Im vorliegenden Fall besteht zwischen dem Kläger und der beklagten Partei eine vertragliche Beziehung, sodass die analoge Anwendung des § 1313a ABGB in Betracht zu ziehen ist. Der Vollständigkeit halber muss noch angemerkt werden, dass es keine Hinweise gibt, dass in Bezug auf die Zeugin Moser die Voraussetzungen des § 1315 ABGB (Untüchtigkeit, bekannte Gefährlichkeit) vorlägen; auch ein Auswahl- oder Überwachungsverschulden des Klägers kann auf der Grundlage der getroffenen Feststellungen nicht angenommen werden.

Die analoge Anwendung des § 1313a ABGB würde voraussetzen, dass es sich bei der Zeugin Moser um die Erfüllungsgehilfin des Klägers – nämlich bei Erfüllung des Vertrags mit der beklagten Partei – handelt. Der prototypische Anwendungsbereich der Erfüllungsgehilfenhaftung liegt bei der Zurechnung des Fehlverhaltens des Gehilfen im Rahmen der Erfüllungshandlung. Ob ein solches Fehlverhalten vorliegt, ist danach zu bestimmen, worin der zwischen dem Geschäftsherrn und dem Dritten vereinbarte Leistungsinhalt besteht (*Huber* in *Schwimann*, ABGB-TaKomm² § 1313a Rz 4). Der Kläger schuldete die Erfüllung seiner Zahlungspflicht; dabei war ihm die Zeugin Moser aber nicht behilflich und es hat sich auch der Unfall nicht im Zusammenhang mit dieser Leistungserfüllung ereignet. Der Kläger war völlig frei, was er nach der Zahlung des Eintrittspreises in der Halle tut. Er hätte der Zeugin Moser und anderen Kletterern zuschauen können, er hätte sich beim Bouldern betätigen können etc. Zu irgendeiner weiteren Erfüllungshandlung gegenüber der beklagten Partei nach der Leistung des Eintrittspreises war er nicht verpflichtet.

Richtigerweise ist daher das Fehlverhalten der Zeugin Moser nicht dem Kläger zuzurechnen.

Darüber hinaus hat das Erstgericht die Sorgfaltswidrigkeit des Klägers zu stark gewichtet. Es ist zu bedenken, dass der Kläger vollkommener Kletteranfänger war und für ihn die gefährliche Konstruktion mit den an Kabelbindern befestigten Karabinern nicht leicht erkennbar war.

Stellt man die Sorgfaltswidrigkeiten beider Seiten einander gegenüber, so trifft den Kläger eine Sorgfaltswidrigkeit insoweit, als er – als Kletteranfänger – nicht erkannt hat, dass die Karabiner nicht in das Topropeseil, sondern nur in Kabelbinder eingehängt waren. Der beklagten Partei fällt demgegenüber zur Last, dass sie durch die Verwendung der Kabelbinder eine gefahrenträchtige Situation geschaffen hat, die gerade für Kletteranfänger nicht leicht erkennbar war. Dadurch, dass sie die Voraussetzungen zum Toprope-Klettern mehr oder weniger unveränderbar für die Kletterer vorgegeben hat, konnten diese umso mehr darauf vertrauen, dass das gesamte Klettermaterial zum bedungenen Zweck tauglich ist. Dies geht auch aus Punkt 2.2. der Hallenordnung hervor, wonach der Betreiber der Kletterhalle für die Funktionstüchtigkeit der Anlage sorgt. Das Gefahrenpotenzial wird noch erheblich vergrößert, wenn die Kabelbinder bereits ausgeleiert sind. In diesem Fall sind sie zwecklos und nur gefahrenträchtig, weshalb entweder eine laufende Kontrolle oder ein Zurückgreifen auf die schon am Markt erhältlichen Augenkarabiner angebracht gewesen wäre; beide Sicherheitsmaßnahmen hat die beklagte Partei unterlassen. Insgesamt wäre die Haftungsaufteilung im Verhältnis 2:1 zugunsten des Klägers vorzunehmen gewesen.

2. Zum Berufungsgrund der unrichtigen Tatsachenfeststellung:(152)

2.1. Das Erstgericht hat folgende Feststellung getroffen:

„Es kann nicht festgestellt werden, wer die Karabiner nur in die Kabelbinder und nicht auch in das Seil eingehängt hat."

In der Beweiswürdigung hat das Erstgericht diese Negativfeststellung damit erklärt, dass der Zeuge Trauner glaubwürdig angegeben habe, nach dem Kletterkurs die Belay-Master wieder ordnungsgemäß gegen Karabiner getauscht und den ursprünglichen Zustand wiederhergestellt zu haben; es könne ihm nicht zugetraut werden, dass er bewusst eine Gefahrensituation geschaffen habe.

Diese Feststellung wird als unrichtig bekämpft. Zu treffen wäre die Feststellung gewesen:

„Der Zeuge Trauner hat nach dem Ende seines Kletterkurses, im Zuge dessen er die Karabiner gegen Belay-Master ausgetauscht hatte, die Karabiner nur in die Kabelbinder und nicht auch in das Seil eingehängt."

Das Erstgericht hat eine Reihe von Indizien außer Acht gelassen, die dafür sprechen, dass es der Zeuge Trauner war, der die Karabiner nicht wieder richtig eingehängt hat. Nach seiner eigenen Aussage war er es, der die Karabiner entfernt hat. Nur er hat an den Karabinern hantiert. Das Einfädeln der Karabiner sowohl in das Seil als auch in die Kabelbinder ist mühsam, weil die Kabelbinder, um ihren Zweck zu erfüllen, straff gebunden sein müssen. Hinweise darauf, dass irgendjemand anderer an den Karabinern und Kabelbindern hantiert hätte, gibt es nicht. Es liegt daher nahe, dass der Zeuge Trauner nach dem Ende seines Kurses die Karabiner nicht wieder richtig eingehängt hat. Dazu kommt der zeitliche Ablauf: Trauner war mit hoher Wahrscheinlichkeit der Letzte, der im Bereich des Toprope-Seils tätig war, weil sein Kurs kurz von dem Zusperren endete; der Kläger wiederum kam am Unfalltag ziemlich zeitgleich mit dem Aufsperren des Kletterbereichs in die Halle. Wenn das Erstgericht trotzdem die bekämpfte Negativfeststellung getroffen hat, kann das nur als blauäugig qualifiziert werden: Die erwähnten Beweisergebnisse, vor allem seine eigene Aussage, deuten ganz klar in die Richtung, dass der Zeuge Trauner die Karabiner nicht wieder in das Seil gehängt hat.

Die begehrte Feststellung ist auch rechtlich relevant: Der Zeuge Trauner ist als Erfüllungsgehilfe der beklagten Partei zu qualifizieren. Seine Sorgfaltswidrigkeit ist daher der beklagten Partei zuzurechnen, was sich in der Verschuldensteilung niederschlägt.

2.2. Das Erstgericht hat weiters folgende Feststellung getroffen:

„Bei einem ordnungsgemäß durchgeführten Partnercheck kann ein solcher Umstand [dass die Karabiner nicht im Achterknoten des Seils, sondern lediglich in den am Seil hängenden Kabelbindern eingehängt waren] nicht übersehen werden, zumal dies auch für einen bloßen Laien erkennbar ist."

Das Erstgericht stützt diese Feststellung auf das Sachverständigengutachten. Sie wird als unrichtig bekämpft. Zu treffen wäre die Feststellung gewesen:

„Der Umstand, dass die Karabiner nicht im Achterknoten des Seils, sondern lediglich in den am Seil hängenden Kabelbindern eingehängt waren, kann von einem Kletteranfänger leicht übersehen werden."

Der Sachverständige hat hier der Beweiswürdigung des Erstgerichts vorgegriffen. Die Wertung, dass auch ein bloßer Laie die gefährliche Konstruktion erkennt, beruht auf einer Ex post-Sicht eines Experten. Ein Kletteranfänger ist mit vielen neuen Eindrücken konfrontiert, er ist meist unsicher und kann nicht einordnen, worauf er im Besonderen achten muss. Er kann die Bedeutung von Kabelbindern und insbesondere deren Belastungsfähigkeit nicht einschätzen. Es ist durchaus denkbar und sogar wahrscheinlich, dass er meint, die Konstruktion müsse genau so sein wie im vorliegenden Fall. Auch der Zeugin Moser und dem Kläger ist – ihrer Aussage folgend – im konkreten Fall nichts Besonderes aufgefallen. Es wäre daher nahe gelegen, die oben angeführte Ersatzfeststellung zu treffen.

Die begehrte Feststellung ist rechtlich insofern von Bedeutung, als sie erhebliche Auswirkung auf die Verschuldensabwägung hat.

3. Zum Berufungsgrund der Mangelhaftigkeit des Verfahrens:(153)

Die klagende Partei hat in der Streitverhandlung vom 08. 01. 2016 den Antrag gestellt, die Zeugin Anna Sonnwender zum Beweis dafür zu vernehmen, dass die Gefährlichkeit der „Kabelbinder-Konstruktion" für einen Kletterer – insbesondere für einen Kletteranfänger – kaum erkennbar war. Frau Anna Sonnwender hat die Zeugin Moser und den Kläger beim Partnercheck unterstützt und auch ihr ist nicht aufgefallen, dass der Karabiner nicht im Seil, sondern nur im Kabelbinder eingehängt war.

Das Erstgericht hat diesen Beweisantrag mit der Begründung, er hätte naheliegender Weise bereits früher gestellt werden können, als verspätet zurückgewiesen. Die Voraussetzungen für eine Zurückweisung liegen jedoch nicht vor. Dem Kläger liegt es fern, das Verfahren zu verschleppen – im Gegenteil ist er an einer effizienten Verfahrensführung interessiert. Daher hat der Kläger vorerst abgewartet, ob der Beweis, dass die Kabelbinder-Konstruktion nicht auffällig war, schon mit den beantragten Beweismitteln erbracht werden kann. Da am Ende der Beweisaufnahme nicht abzusehen war, ob das Gericht den Beweis als erbracht ansieht, hat der Kläger vorsichtshalber auch noch die Zeugin Sonnwender beantragt. Die von § 179 ZPO aufgestellten Voraussetzungen für die Zurückweisung des Beweisantrags als verspätet liegen nicht vor. Das Urteil, in dem die Annahme der Sachverständigen unreflektiert übernommen wurde, zeigt, dass das Gericht eine andere Feststellung getroffen hätte, hätte die Zeugin entsprechend dem Beweisantrag ausgesagt, sodass der Mangel für den Verfahrensausgang relevant ist.

4. Berufungsantrag:

Die klagende Partei stellt den Antrag,

4.1. das angefochtene Teilzwischenurteil dahin abzuändern, dass festgestellt wird, dass das Begehren, die beklagte Partei sei schuldig, der klagenden Partei EUR 50.000,– samt 4 % Zinsen seit 4.2.2014 zu zahlen, dem Grunde nach im Ausmaß von zwei Drittel zu Recht und im Ausmaß von einem Drittel nicht zu Recht besteht,

4.2. in eventu die angefochtene Entscheidung aufzuheben und die Rechtssache zur neuerlichen Entscheidung nach Ergänzung der Beweisaufnahme an das Erstgericht zurückzuverweisen.

Salzburg, am 31.03.2016 Tobias Aigner

An Kosten werden verzeichnet:
Bemessungsgrundlage EUR 20.666,67

| | | |
|---|---|---|
| Tarif TP 3B | EUR | 652,20 |
| 150 % ES(154) | EUR | 978,30 |
| ERV-Folgeeingabe | EUR | 2,10 |
| Zwischensumme | EUR | 1.632,60 |
| 20 % USt | EUR | 326,52 |
| | EUR | 1.959,12 |
| Pauschalgebühren | EUR | 1.088,00 |
| sohin gesamt | EUR | 3.047,12 |

**Anmerkungen/Erläuterungen zur Berufung:**

(145) Mit der Einbringung der Berufung sind auch die Pauschalgebühren für das Verfahren zweiter Instanz zu entrichten (§ 2 Z 1 lit c GGG). Bei Einbringung der Berufung im ERV sind die Gebühren durch Abbuchung und Einziehung zu entrichten (§ 4 Abs 4 GGG). Nähere Details sind in der Abbuchungs- und Einziehungs-Verordnung (AEV) geregelt.

(146) Die Berufung ist – auch wenn sie sich an das Berufungsgericht (OLG Linz) richtet – beim Erstgericht einzubringen.

(147) Die gerichtlichen Pauschalgebühren und der Rechtsanwaltstarif richten sich nach dem Berufungsgegenstand. Die klagende Partei führt den Wert des Berufungsgegenstands an, den sie im Berufungsverfahren erreichen will.

(148) Das Erstgericht hat im vorliegenden Fall die Rechtzeitigkeit der Berufung zu prüfen (§ 468 Abs 1 ZPO); eine verspätete Berufung wäre zurückzuweisen. Eine rechtzeitige Berufung ist dem Berufungsgegner („weiß") zuzustellen.

(149) Anfechtungserklärung.

(150) Die Berufungsgründe sind in der ZPO nicht aufgezählt. Grundsätzlich werden vier Gruppen von Berufungsgründen unterschieden: Nichtigkeitsgründe, sonstige wesentliche Verfahrensmängel, unrichtige Sachverhaltsfeststellung (einschließlich Aktenwidrigkeit) und unrichtige rechtliche Beurteilung.

(151) Da eine gesetzmäßig ausgeführte Rechtsrüge vom festgestellten Sachverhalt auszugehen hat, empfiehlt es sich tendenziell, die Rechtsrüge als ersten Punkt auszuführen, um zu vermeiden, dass man – beeinflusst von der Tatsachenrüge – einen „Wunschsachverhalt" unterstellt.

(152) Eine gesetzmäßig ausgeführte Tatsachenrüge muss zumindest deutlich zum Ausdruck bringen, welche konkrete Feststellung bekämpft wird, infolge welcher unrichtigen Beweiswürdigung sie getroffen wurde, welche Feststellung ersatzweise begehrt wird und aufgrund welcher Beweisergebnisse und Erwägungen diese begehrte Feststellung zu treffen gewesen wäre. Häufig ist es auch zweckmäßig darauf hinzuweisen, welchen Einfluss die begehrte Feststellung auf die rechtliche Beurteilung hat. Es hat keinen Sinn, nur zu erklären, dass das Erstgericht die Feststellungen genauso gut anders treffen hätte können. Im Zweifel wird das Berufungsgericht der Beweiswürdigung des Erstgerichts folgen, das die Beweise unmittelbar aufgenommen hat. Die Funktion des Berufungsgerichts ist eine kontrollierende.

(153) Die unter diesen Berufungsgrund fallenden Mängel können nicht von Amts wegen, sondern nur bei ausdrücklicher Geltendmachung im Rechtsmittel wahrgenommen werden. Im Rechtsmittel ist die Erheblichkeit des Mangels (§ 496 Abs 1 Z 2 ZPO) – wenn sie nicht offenkundig ist – darzulegen.

(154) Nach § 23 Abs 9 RATG gebührt in Berufungsverfahren, wenn keine Berufungsverhandlung stattfindet, der dreifache Einheitssatz (im Fall einer Berufungsverhandlung der vierfache). Bei einem Berufungsstreitwert von über € 10.170,– beträgt der einfache Einheitssatz 50 %, bis zu einem Berufungsstreitwert von € 10.170,– 60 % (§ 23 Abs 3 RATG).

Gebühreneinzug!

SCHWAB MEINHARD & PARTNER

RECHTSANWÄLTE GMBH

An das
Landesgericht Salzburg
Rudolfsplatz 2
5020 Salzburg

GZ 6 Cg 73/14x

43

| | |
|---|---|
| Klagende Partei: | Tobias Aigner<br>Salzachweg 5, A-5020 Salzburg |
| | vertreten durch: |
| | Dr. Franz Hillinger, Rechtsanwalt<br>Hauptstraße 17, A-5020 Salzburg |
| Beklagte Partei: | Sport & Fun GmbH<br>Salzburgerstraße 35, D-83395 Freilassing |
| | vertreten durch: |
| | Schwab, Meinhard & Partner Rechtsanwälte GmbH<br>Linzerstraße 23, A-5020 Salzburg |
| wegen: | EUR 50.000,– s.A. und Feststellung (EUR 12.000,–) |
| Berufungsstreitwert: | EUR 16.666,67 |

# Berufung

VM gem. § 30/2 ZPO erteilt

3-fach

PL/CM

B.
GS an KV weiß
Kal. 1.5. (Berufungsbeantwortung)
Sbg, am 1.4.2016
[Unterschrift]

Abfertigungsvermerk:
eingelangt 01.APR.2016
ausgefertigt ..............
verglichen ................
abgefertigt 01.APR.2016

**Elektronisch eingebracht am 31.03.2016, 1-fach**
P13459
Schwab, Meinhard & Partner Rechtsanwälte GmbH
Linzerstraße 23
5020 Salzburg, Österreich

In der außen bezeichneten Rechtssache erhebt die beklagte Partei gegen das am 3. 3. 2016 zugestellte Teil-Zwischenurteil des LG Salzburg vom 26. Februar 2016, 6 Cg 73/14x-41,

# Berufung

an das Oberlandesgericht Linz.

Das Teil-Zwischenurteil wird insoweit angefochten, als das Erstgericht darin ausgesprochen hat, dass das Leistungsbegehren (Punkt 1. des Urteilsbegehrens) mit 1/3 zu Recht besteht.

Als Berufungsgrund wird unrichtige rechtliche Beurteilung geltend gemacht.

1. Zum Berufungsgrund der unrichtigen rechtlichen Beurteilung:

Ausgehend von den erstgerichtlichen Feststellungen wäre richtigerweise das gesamte Klagebegehren abzuweisen gewesen, weil der beklagten Partei keine relevante Sorgfaltswidrigkeit vorzuwerfen ist.

Die Streitparteien haben ihrem Vertragsverhältnis unter anderem die in der Hallenordnung niedergelegten Geschäftsbedingungen zugrunde gelegt. Demnach hat der Betreiber der Kletterhalle für die Funktionstüchtigkeit der Anlage zu sorgen; er übernimmt aber keine Verantwortung für mangelnde Kenntnis bei der Sportausübung und die damit verbundenen Gefahren. Dass die beklagte Partei für die Funktionstüchtigkeit der Kletterhalle zu sorgen hat, bedeutet keineswegs, dass ihre Haftung immer schon dann begründet wäre, wenn an irgendeinem in der Halle verwendeten Material ein Fehler auftritt. Der Hallenbetreiber haftet also nach den Bedingungen nicht – wie bei einer Garantie – objektiv für jeden Defekt. Vielmehr muss ihm eine Sorgfaltswidrigkeit anzulasten sein.

Die Halle ist sozusagen eine Selbstbedienungshalle. Die beklagte Partei kann darauf vertrauen, dass ihre Kunden sorgfältig vorgehen und eigenverantwortlich für ihre Sicherheit sorgen. Den Kunden muss bewusst sein, dass die beklagte Partei nicht hinter jeden Kletterer einen Aufpasser hinstellen kann, der für Sicherheit sorgt (vgl zu einer Wasserrutsche 1 Ob 114/08h). Vielmehr ist ausreichend, dass die Anlage „sicher" errichtet und die verwendeten Materialien regelmäßig auf ihre Tauglichkeit und Sicherheit gecheckt werden, was auch geschehen ist. Nach den auf dem Sachverständigengutachten beruhenden Feststellungen ist die Verwendung von Kabelbindern eine durchaus akzeptable Möglichkeit, den Zweck zu erreichen, dass nämlich Karabiner nicht ausgehängt und wieder unrichtig eingehängt werden. Ein dem entgegenstehender Sorgfaltsstandard besteht nicht.

Die beklagte Partei muss nicht damit rechnen, dass in völlig unsinniger und daher auch unvorhersehbarer Weise an den Materialien manipuliert wird. Selbst wenn dies passiert, gibt es noch eine weitere – von der beklagten Partei auch vorgeschriebene – Sicherheitsstufe in Form des verpflichtenden Partnerchecks, den der Kläger und seine Kletterpartnerin in sträflicher Weise vernachlässigt haben, indem sie nicht auf die korrekte Verbindung zwischen Seil und Hüftgurt geachtet haben. Dieser Leichtsinn ist so gravierend, dass ein allfälliges Mitverschulden der beklagten Partei jedenfalls in den Hintergrund zu treten hätte. Selbst einem Laien wäre nach den Feststellungen das Gefahrenpotenzial aufgefallen, das in den bloß in einen Kabelbinder eingehängten Karabinern lauerte. Das entsprechende Gefahrenpotenzial belastet daher den Kläger und nicht den Hallenbetreiber, der – wie erwähnt – nicht lückenlos kontrollieren kann, ob an den verwendeten Materialien in gefährlicher Weise manipuliert wurde. Eine Sicherungspflicht kann sich immer nur auf erkennbare Gefahren beziehen, damit ihnen von vornherein begegnet werden kann. Die Gefahr, die sich im vorliegenden Fall realisiert hat, ist aber für einen Hallenbetreiber nicht erkennbar.

Als sekundärer Feststellungsmangel wird in diesem Zusammenhang gerügt, dass das Erstgericht keine Feststellungen dazu getroffen hat, dass der beklagten Partei das diesbezügliche Gefahrenpotenzial nicht bekannt war. Aufgrund der Aussage des Geschäftsführers der beklagten Partei wäre die folgende Feststellung zu treffen gewesen:

„Bis zum Unfall des Klägers war der beklagten Partei das von der Verwendung von Kabelbindern ausgehende Gefahrenpotenzial nicht bekannt."

Wäre diese Feststellung getroffen worden, hätte sich in rechtlicher Hinsicht ergeben, dass eine Haftung der beklagten Partei schon mangels Erkennbarkeit der Gefahr bei einer Betrachtung ex ante abzulehnen gewesen wäre.

2. Berufungsantrag:

Die beklagte Partei stellt den Antrag,

2.1. das angefochtene Teilzwischenurteil dahin abzuändern, dass das Klagebegehren zur Gänze abgewiesen wird;

2.2. in eventu wird beantragt, die angefochtene Entscheidung aufzuheben und die Rechtssache zur ergänzenden Verhandlung und neuerlichen Entscheidung an das Erstgericht zurückzuverweisen.

Salzburg, am 31. März 2016

Sport & Fun GmbH

An Kosten werden verzeichnet:

Bemessungsgrundlage € 16.666,67

| | | |
|---|---|---|
| Berufung TP3B | € | 543,00 |
| 150 % ES | € | 814,50 |
| ERV-Kosten | € | 2,10 |
| 20 % USt | € | 271,92 |
| Pauschalgebühr | € | 1.088,00 |
| **Summe** | **€** | **2.719,52** |

LG SALZBURG (569)
GZ 6 Cg 73/14x

44

RECHTSSACHE:
Klagende Partei
Tobias Aigner, geb. am 15.3.1990
Salzachweg 5, A-5020 Salzburg

Klagevertreter (Vertretung für klagende Partei)
Dr. Franz Hillinger, Rechtsanwalt
Hauptstraße 17, A-5020 Salzburg
Akt: 2015/292
Telefon: 0662/46213

Beklagte Partei
Sport & Fun GmbH
Salzburgerstraße 35, D-83395 Freilassing

Beklagtenvertreter (Vertretung für beklagte Partei)
Schwab, Meinhard & Partner Rechtsanwälte GmbH
Linzerstraße 23, A-5020 Salzburg,

WEGEN: EUR 50.000,– s.A. + Feststellung (EUR 12.000,–)
Berufungsstreitwert: EUR 16.666,67 s.A.

# Berufungsbeantwortung der klagenden Partei

Zustellung gem. § 112 ZPO an BV

**Elektronisch eingebracht am 02.05.2016, 1-fach**
P43215
Dr. Franz Hillinger, Rechtsanwalt
Hauptstraße 17
5020 Salzburg, Österreich

Zu der Berufung der beklagten Partei erstattet die klagende Partei nachstehende

## Berufungsbeantwortung:

Der von der beklagten Partei geltend gemachte Berufungsgrund der unrichtigen rechtlichen Beurteilung liegt nicht vor. Die Rechtsmittelausführungen gehen am Kern des Themas vorbei.

Der angefochtenen Entscheidung liegt zugrunde, dass der Kläger und seine Kletterpartnerin mit der Funktionstüchtigkeit der Halle rechnen und auf einen solchen Zustand vertrauen durften. Die beklagte Partei hat allerdings mit der Verwendung von Kabelbindern im Bereich der Verbindung von Seil und Karabiner eine zusätzliche Gefahrenquelle für ein falsches Einhängen der Karabiner – gerade durch Kletteranfänger – geschaffen, weshalb die Hallenbetreiberin eine erhöhte Sorgfaltspflicht getroffen hätte, der evidenten Gefahr zu begegnen.

Der Umstand, dass es keine Norm in diesem Bereich gegeben hat, ist irrelevant. Grundlage der Haftung der beklagten Partei ist das mit dem Kläger abgeschlossene Vertragsverhältnis. Diesem liegt zugrunde, dass die beklagte Partei für die Funktionstüchtigkeit der Halle sorgt. Der entsprechende Passus in der Hallenordnung kann nur so verstanden werden, dass die beklagte Partei für die Verkehrssicherheit der Halle einzustehen hat. Evidentermaßen war die Halle aber zum Unfallszeitpunkt keineswegs verkehrssicher.

Im Hinblick auf § 6 Abs 1 Z 9 KSchG kann sich die beklagte Partei in Bezug auf Körperschäden nicht durch entsprechende Klauseln in ihren AGB freizeichnen (näher *Kathrein* in KBB[3] § 6 KSchG Rz 15). Würde man die Klausel betreffend die von der beklagten Partei übernommene Verpflichtung so verstehen, dass sie sich nur durch Kontrollen um die prinzipielle Funktionsfähigkeit der Halle kümmern muss, diese aber nicht garantieren muss, könnte sie sich von ihrer Haftung für Körperschäden freizeichnen, weshalb die Klausel keinesfalls so interpretiert werden kann wie es die beklagte Partei tut.

Ganz unabhängig von der vertraglichen Regelung trifft jeden, der eine Gefahrenquelle für Gesundheit und Leben von Vertragspartnern schafft, die Verpflichtung, in zumutbarer Weise dafür zu sorgen, dass sich die Gefahr nicht verwirklicht. Die beklagte Partei durfte sich nicht allein darauf verlassen, dass die Benützer der Halle selbst die Gefahren erkennen und verhindern. Gerade bei Kletteranfängern muss damit gerechnet werden, dass sie auch Fehler machen, die dann aber lebensgefährdend sind. Aus diesem Grund muss in einem verstärkten Ausmaß Augenmerk auf die Sicherheit gelegt werden, was die beklagte Partei aber unterlassen hat.

Der angebliche sekundäre Feststellungsmangel liegt nicht vor. Relevant kann nicht sein, ob der beklagten Partei das von der Kabelbinderkonstruktion ausgehende Gefahrenpotenzial bekannt war, sondern nur, ob diese Gefahr unter Anlegung des Maßstabs nach § 1299 ABGB erkennbar war. Dies ist aufgrund der obigen Ausführungen – in Übereinstimmung mit der Rechtsansicht des Erstgerichts – zu bejahen.

Aus all diesen Gründen stellt die klagende Partei den

Antrag,

das Oberlandesgericht Linz als Berufungsgericht wolle der Berufung der beklagten Partei nicht Folge geben und sie zum Kostenersatz an die klagende Partei verpflichten.

Salzburg, am 2. Mai 2016

Tobias Aigner

**An Kosten werden verzeichnet:**

| | | |
|---|---|---|
| Schriftsatz TP3B | € | 543,00 |
| 150 % ES | € | 814,50 |
| ERV-Kosten | € | 2,10 |
| Zwischensumme | € | 1.359,60 |
| 20 % USt | € | 271,92 |
| **Summe** | **€** | **1.631,52** |

SCHWAB MEINHARD & PARTNER

RECHTSANWÄLTE GMBH

An das
Landesgericht Salzburg
Rudolfsplatz 2
5020 Salzburg

GZ 6 Cg 73/14x

45

Klagende Partei: Tobias Aigner
Salzachweg 5, A-5020 Salzburg

vertreten durch:

Dr. Franz Hillinger, Rechtsanwalt
Hauptstraße 17, A-5020 Salzburg

Beklagte Partei: Sport & Fun GmbH
Salzburgerstraße 35, D-83395 Freilassing

vertreten durch:

Schwab, Meinhard & Partner Rechtsanwälte GmbH
Linzerstraße 23, A-5020 Salzburg

wegen: EUR 50.000,– s.A. und Feststellung (EUR 12.000,–)

Berufungsstreitwert: EUR 20.666,67

# Berufungsbeantwortung

VM gem. § 30/2 ZPO erteilt

PL/CM

**Gleichschrift gem § 112 ZPO direkt dem KV zugestellt.**

**Elektronisch eingebracht am 02.05.2016, 1-fach**
P13459
Schwab, Meinhard & Partner Rechtsanwälte GmbH
Linzerstraße 23
5020 Salzburg, Österreich

In der außen bezeichneten Rechtssache erstattet die beklagte Partei gegen die Berufungsschrift der klagenden Partei vom 31. März 2016 nachstehende

# Berufungsbeantwortung

an das Oberlandesgericht Linz:

Die beklagte Partei folgt der von der klagenden Partei gewählten Reihenfolge der Berufungsgründe.

1. Zum Berufungsgrund der unrichtigen rechtlichen Beurteilung:

Zu Recht hat das Erstgericht das Verschulden der Zeugin Moser dem Kläger zugerechnet. Wie der Kläger seine Sorgfaltspflichten in eigenen Angelegenheiten organisiert, ist allein seine Sache. Wenn er das auch für einen Laien wie ihn erkennbare Phänomen, dass die Karabiner nur in einem Kabelbinder eingehängt waren, nicht selbst überprüft, sondern die Überprüfung an eine dritte Person delegiert, ist das seine Sache – ihn kann dieser Umstand jedenfalls nicht entlasten. Dazu kommt, dass der Kläger in dem von ihm ausgefüllten und unterfertigten Registrierungsformular angegeben hat, die Halle nur mit einem kundigen Begleiter zu benützen; ein etwaiges Verschulden dieser Person ist auch aus diesem Grund dem Kläger zuzurechnen.

Dazu kommt, dass der Kläger in dem von ihm ausgefüllten und unterfertigten Registrierungsformular angegeben hat, die Halle nur mit einem kundigen Begleiter zu benützen. Wie auch aus dem vom Kläger ausgefüllten und unterfertigten Registrierungsformular hervorgeht, musste er als Kletteranfänger in der Selbstbedienungskletterhalle dafür sorgen, dass ihm eine kundige Person zur Verfügung steht, damit er überhaupt im Topropebereich klettern darf. Mit dieser Person steht der Kläger in einer vertraglichen oder zumindest vertragsnahen Beziehung, weshalb diese Person, derer er sich bedient, unzweifelhaft als sein Erfüllungsgehilfe zu qualifizieren ist; etwaige Sorgfaltswidrigkeiten dieser Person sind zur Gänze dem Kläger zuzurechnen.

Auf dieser Grundlage ist das Verschulden des Klägers mitsamt dem ihm zuzurechnenden Verschulden seiner Erfüllungsgehilfin so gravierend, dass selbst ein allfälliges Verschulden der beklagten Partei nicht ins Gewicht fiele.

Allerdings ist der beklagten Partei von vornherein keine Sorgfaltswidrigkeit anzulasten. Die vom Erstgericht beanstandete Verwendung von Kabelbindern war normgemäß. Vom Betreiber einer Kletterhalle kann nicht verlangt werden, dass die Ausstattung der Halle dem jeweils höchstmöglichen entspricht; vielmehr muss sie den geltenden Sorgfaltsstandards entsprechen. Andernfalls würden die einzuhaltenden Sorgfaltspflichten weit überzogen. So muss generell eine genehmigte Anlage nicht laufend verbessert werden.

Den auf dem Sachverständigengutachten beruhenden erstgerichtlichen Feststellungen ist zu entnehmen, dass die Verwendung von Kabelbindern zur Sicherung der Karabiner keiner Norm widerspricht; es handelt sich um eine von vielen möglichen Varianten, die nicht von vornherein abzulehnen ist. Es ist nicht richtig, dass damit eine gefahrenträchtige Situation geschaffen wird. Der beklagten Partei kann nur eine erkennbare Sorgfaltswidrigkeit zugerechnet werden. Ausgehend von den Feststellungen ist eine gefährliche Situation, wie sie zum bedauerlichen Unfall des Klägers geführt hat, selbst für einen mit äußerster Sorgfalt handelnden Hallenbetreiber nicht vorhersehbar: Dass irgendjemand in einer geradezu wahnwitzigen Aktion die durch die Kabelbinder gesicherten Karabiner aus dem Seil aushängt und dann nur in die Kabelbinder einhängt, war absolut nicht vorhersehbar.

2. Zum Berufungsgrund der unrichtigen Tatsachenfeststellung:

2.1. Zu der vom Kläger bekämpften Negativfeststellung, wonach die Person, die die Karabiner nur in die Kabelbinder und nicht auch in das Seil eingehängt hat, nicht feststellbar sei, hat das Erstgericht in seiner Beweiswürdigung ausführlich Stellung bezogen und nachvollziehbar erklärt, warum es zu dieser Negativfeststellung gelangt ist. Die dagegen sprechenden Ausführungen des Klägers sind nicht überzeugend. Es mag schon sein, dass gewisse Indizien darauf hindeuten, dass es der Zeuge Trauner war, der nach dem Kletterkurs die Karabiner nur in die Kabelbinder und nicht auch in das Seil eingehängt hat. Letztlich begründen diese Indizien aber höchstens eine Vermutung zu Lasten des Zeugen. Um dem Regelbeweismaß zu entsprechen, müsste eine hohe Wahrscheinlichkeit dafür sprechen, dass wirklich Zeuge Trauner der „Übeltäter" war (vgl OGH 2 Ob 97/11w, Zak 2011/631, 338). Davon kann aber keine Rede sein; genauso gut kann irgendein anderer Klettergast in der Halle – aus welchen Gründen auch immer – diese Aktion gesetzt haben. Gegen eine Täterschaft des Zeugen Trauner spricht, dass er klettererfahren ist und um die Gefährlichkeit seines Tuns weiß. Noch dazu würde er gegen sein eigenes Geschäft als Kletterlehrer handeln, wenn er das Abstürzen von Kletterern in Kletterhallen fördern und den Klettersport dadurch in Verruf bringen würde.

2.2. Die vom Kläger weiters bekämpfte Feststellung über die leichte Erkennbarkeit des Umstands, dass die Karabiner nur in die Kabelbinder eingehängt waren, beruht auf dem Sachverständigengutachten. Dem Kläger wurde der Inhalt des Sachverständigengutachtens im Laufe des erstinstanzlichen Verfahrens bekannt; er hätte die Möglichkeit gehabt, den Sachverständigen zu einer Gutachtenserörterung zu laden. Wenn er das unterlassen hat, kann er nicht erwarten, dass das Erstgericht eine dem Inhalt des Sachverständigengutachtens entgegenstehende Feststellung trifft.

Darüber hinaus ist die begehrte Feststellung nicht von rechtlicher Relevanz, weil nicht zu ersehen ist, warum diese Feststellung erhebliche Auswirkung auf die Verschuldensabwägung haben soll. Wäre das Einhängen der Karabiner nur in die Kabelbinder für die Kletterer nicht erkennbar, muss in gleicher Weise für die beklagte Partei gelten, dass auch für sie nicht erkennbar war, dass irgendjemand die Karabiner nur in die Kabelbinder eingehängt und dadurch eine Gefahrensituation geschaffen hat. Rechtlich ist dieser Umstand sozusagen „neutral".

3. Zum Berufungsgrund der Mangelhaftigkeit des Verfahrens:

Mit überzeugender Begründung hat das Erstgericht den Antrag auf Vernehmung der Zeugin Anna Sonnwender als verspätet abgelehnt. Die Ablehnung wäre im Übrigen auch anders zu begründen: Ob die Gefährlichkeit der „Kabelbinder-Konstruktion" für einen Kletterer erkennbar ist oder nicht, ist objektiv zu beurteilen. Der maßgebliche Beweis ist der Sachverständigenbeweis, der nicht durch die Vernehmung einer Zeugin ausgehebelt werden kann, die ebenso wie der Kläger und seine Kletterpartnerin subjektiv viel zu wenig auf die Sicherheit geachtet hat. Die Sachverständige hat die leichte Erkennbarkeit überzeugend dargelegt.

4. Zusammenfassend ist festzuhalten, dass die geltend gemachten Berufungsgründe nicht vorliegen, weshalb der

## Antrag

gestellt wird, das Oberlandesgericht Linz als Berufungsgericht möge der Berufung der klagenden Partei nicht Folge geben und die klagende Partei zum Kostenersatz verpflichten.

Salzburg, am 2. Mai 2016

Sport & Fun GmbH

**An Kosten wird verzeichnet:**

| | | |
|---|---|---|
| Tarif TP 3B | EUR | 652,20 |
| 150 % ES | EUR | 978,30 |
| ERV-Folgeeingabe | EUR | 2,10 |
| Zwischensumme | EUR | 1.632,60 |
| 20 % USt | EUR | 326,52 |
| | EUR | 1.959,12 |

3R 165/16s

| Gerichtsabteilung: 006 | LG Salzburg | **006 CG 73/14x** |
|---|---|---|

46

| | | | |
|---|---|---|---|
| Einbringungsdatum: | 06.02.2014 | Status: offen | |
| Streitgegenstand: | sonstiger Streitgegenstand – allgem. Streitsache (Fallcode: 99A) | | |

Urteil/Beschluss
streitig händisch

| | | | |
|---|---|---|---|
| Streitwert: | 62.000,00 EUR | Gebührenindikator: 1 | |
| Kapitalforderung: | 50.000,00 EUR | BM f. Gerichtsgeb.: | 62.000,00 EUR |
| Nebenforderung: | 12.000,00 EUR | Gebühreneinzug | |

1. Kläger: Tobias Aigner, geb. 15.03.1990
1. Beklagter: Sport & Fun GmbH

Termin:
Kalender:
Fristvormerk:

Einlaufstelle des OLG Linz
Eingelangt am 06.05.2016

1 Akt

Bemerkung 1: 31.03.2016 ber; 31.03.16 ber01;

VB Vorlagebericht – Zivil

# Vorlagebericht(155)

des **Salzburg, LG** Vorzahl 1. Instanz: 569 006 CG 73/14x
Vorlage an: **Linz, OLG (459)**

**angefochtene Entscheidung(en):**

1. **Urteil** vom 26.02.2016, Ordnungsnummer 41
zugestellt an:

| | | | |
|---|---|---|---|
| 1. Rechtsmittelwerber: | 1. KL | Tobias Aigner, am 04.03.2016 |
| 2. Rechtsmittelwerber: | 1. BK | Sport & Fun GmbH am 04.03.2016 |

**Rechtsmittelwerber:**

1. **Rechtsmittelwerber:** 1. KL **Tobias Aigner**, geb. am 15.03.1990
1. Rechtsmittel: **Berufung**, Ordnungsnummer 42, zu 1. Urteil
   eingebracht mittels eines bei Gericht überreichten Schriftsatzes, am 31.03.2016

der Gegenseite zugestellt am 04.04.2016

1. **Berufungsbeantwortung**, Ordnungsnummer 45
eingebracht von 1. BK mittels eines bei Gericht überreichten Schriftsatzes, am 02.05.2016

2. **Rechtsmittelwerber:** 1. BK **Sport & Fun GmbH**

2. Rechtsmittel: **Berufung**, Ordnungsnummer 43, zu 1. Urteil
eingebracht mittels eines bei Gericht überreichten Schriftsatzes, am 01.04.2016
der Gegenseite zugestellt am 04.04.2016
2. **Berufungsbeantwortung**, Ordnungsnummer 44
eingebracht von 1. KL mittels eines bei Gericht überreichten Schriftsatzes, am 02.05.2016

Sonstiges:

Angeschlossene Beiakten:

9 U 167/13y des Bezirksgerichts Salzburg

Beilagen zu 6 Cg 73/14x

Die Akten werden vorgelegt.

(Unterschrift des Entscheidungsorgans)

**Anmerkungen/Erläuterungen zum Vorlagebericht ON 46:**

(155) Zum Vorlagebericht s S 190.

REPUBLIK ÖSTERREICH
Oberlandesgericht Linz



3 R 165/16s

6 Cg 73/14x
47

# Im Namen der Republik

4 R 165/13s

Das Oberlandesgericht Linz hat als Berufungsgericht durch die Senatspräsidentin Dr. Hufnagl als Vorsitzende und die Richter Dr. Kastner und Dr. Hafner in der Rechtssache der klagenden Partei **Tobias Aigner**, Student, Salzachweg 5, 5020 Salzburg, vertreten durch Dr. Franz Hillinger, Rechtsanwalt in Salzburg, gegen die beklagte Partei **Sport & Fun GmbH**, Salzburgerstraße 35, D-83395 Freilassing, Deutschland, vertreten durch Schwab, Meinhard & Partner Rechtsanwälte GmbH in Salzburg, **wegen (eingeschränkt) € 50.000,– sA und Feststellung (€ 12.000,–)**, über die Berufungen der klagenden und der beklagten Partei gegen das Teil-Zwischenurteil des Landesgerichts Salzburg vom 26. Februar 2016, 6 Cg 73/14x-41, in nichtöffentlicher Sitzung zu Recht erkannt:

Den Berufungen wird **nicht Folge** gegeben.

Die Entscheidung über die Kosten des Berufungsverfahrens wird der Endentscheidung vorbehalten.

Der Wert des Entscheidungsgegenstandes übersteigt insgesamt EUR 30.000,–.(156)

Die Revision ist nicht zulässig.(157)

## Entscheidungsgründe:

Die beklagte Partei betreibt in Salzburg eine Sport- und Freizeithalle, die auch mit einem Kletterbereich ausgestattet ist. Der Kläger, der am 17. Juli 2013 die Halle gemeinsam mit seiner Kletterpartnerin Christina Moser besuchte, stürzte im Toprope-Bereich ab und zog sich dabei schwere Verletzungen zu.

Jeder Kletterkunde der beklagten Partei muss beim ersten Besuch in der Halle ein Registrierungsformular ausfüllen, in dem er seine Kletterfähigkeiten anzugeben hat. Die Mitarbeiter der beklagten Partei überprüfen weder die Qualifikation der Kletterkunden noch fungieren sie als permanente Aufsicht im Kletterbereich. Die beklagte Partei beschäftigt ein Wartungsteam, das sich laufend über die Funktionstüchtigkeit der im Kletterbereich verwendeten Materialien vergewissert, und Safety Guides, die regelmäßig verschiedene Bereiche durchklettern und dabei kontrollieren, ob beispielsweise Griffe gelockert sind. En passant wird die Einhaltung der Hallenordnung von den Safety Guides überwacht.

In der – auch vom Kläger unterfertigten – Urkunde „Hallenordnung und Sicherheitsbestimmungen" wird darauf hingewiesen, dass es sich beim Klettern um eine Risikosportart handelt, die ein hohes Maß an Eigenverantwortlichkeit und sicherungsspezifischem Können erfordert, und dass die Benützung des Kletterbereichs der Sport- und Freizeithalle auf eigene Gefahr erfolgt. Der Betreiber der Kletterhalle sorgt gemäß Punkt 2.2. für die Funktionstüchtigkeit der Anlage; er übernimmt aber keine Verantwortung für mangelnde Kenntnis bei der Sportausübung und die damit verbundenen Gefahren. Laut Punkt 3.1. dürfen nur diejenigen Teile der Kletteranlage benützt werden, für die die erforderlichen Fertigkeiten laut Registrierungsformular vorhanden sind. Im Vorstiegsbereich ist nach Punkt 3.3. vor jedem Klettergang der standardisierte Partnercheck durchzuführen, dessen Inhalt den Abbildungen im Kletterbereich zu entnehmen ist.

Die beklagte Partei beschäftigt – auf Werkvertragsbasis – Trainer, die in der Halle Kletterkurse abhalten. Die Trainer können die Ausrüstung und die technischen Hilfsmittel, die bei den Kursen verwendet werden, eigenverantwortlich auswählen. Sie sind auch dafür verantwortlich, dass nach jedem Kurs wieder der ursprüngliche Zustand hergestellt wird.

Die in der Kletterhalle fix montierten Topropeseile haben an dem für den Kletterer bestimmten Ende einen so genannten „Achterknoten“, dessen Seilende zum Schutz vor dem Öffnen mit einem Kabelbinder gesichert ist. In die Schlaufe des Achterknotens sind zwei Karabiner gegengleich eingehängt, die mit zwei weiteren Kabelbindern in der Schlaufe fixiert sind.

Am 16. Juli 2013 um 18.00 Uhr hielt der Klettertrainer Christian Trauner einen Kletterkurs in dem Bereich der Halle ab, an dem sich am folgenden Tag der Unfall des Klägers ereignete. Im Zusammenhang mit diesem Kurs tauschte Trauner die Karabiner gegen sogenannte Belay-Master aus. Nachdem er seinen Kurs beendet hatte, tauschte er die Belay-Master wieder gegen die Karabiner aus. Es ist nicht feststellbar, dass zwischen dem Ende des Kletterkurses und dem Unfall des Klägers am folgenden Tag jemand anderer als der Kläger in dem Bereich geklettert ist, in dem sich der Unfall ereignete.

Der Kläger war Kletteranfänger ohne jegliche Vorkenntnisse (auch der „Partnercheck“ war ihm unbekannt); entsprechend füllte er auch das Registrierungsformular aus. Seine Begleiterin Christina Moser kletterte bereits seit etwa 2007. Nach dem Inhalt des Registrierungsformulars durfte er aufgrund seiner verneinenden Antworten die Vorstiegsbereiche der Kletteranlage nur mit einem versierten Partner verwenden. Mit seiner Unterschrift auf dem Registrierungsformular anerkannte der Kläger, die Hallenordnung und Sicherheitsbestimmungen gelesen und akzeptiert zu haben und über die mit dem Klettern verbundenen Gefahren unterrichtet worden zu sein. Das Registrierungsformular enthält oberhalb der Unterschrift des Klägers auch einen Hinweis auf die Eigenverantwortung beim Klettern sowie darauf, dass der Betreiber für die Funktionstüchtigkeit der Anlage sorgt, er aber keine Verantwortung für mangelnde Kenntnis bei Ausübung des Klettersports und die damit verbundenen Gefahren übernimmt.

Der Kläger und Christina Moser entrichteten ein Benützungsentgelt für die Hallenbenützung.

Der Kläger, der mit einem Sitzgurt ausgestattet war, wurde von Christina Moser im Toprope-Bereich der Halle instruiert. Sie zeigte ihm die Route, die er klettern sollte. Danach erklärte sie ihm die Bedeutung des vor jedem Klettergang durchzuführenden Partnerchecks, der unter anderem die Kontrolle des richtigen Anbringens des Anseilknotens beim Kletternden enthält. Nach diesen Instruktionen hängte der Kläger das Topropeseil mit den vorhandenen Karabinern in seinen Sitzgurt ein. Im Zuge des Partnerchecks kontrollierte Christina Moser die Karabiner, insbesondere darauf, dass diese gegengleich eingehängt waren. Sowohl der Kläger als auch Christina Moser übersahen, dass die Karabiner nicht im Achterknoten des Seils, sondern lediglich in den am Seil hängenden Kabelbindern eingehängt waren. Bei einem ordnungsgemäß durchgeführten Partnercheck kann ein solcher Umstand nicht übersehen werden.

Der Kläger kletterte die von Christina Moser vorgeschlagene Route bis an deren Ende in ca 7 m Höhe und gab ihr ein Zeichen zum Abseilen. Er ließ die Griffe los und hängte sich in das Seil. Dabei rissen die beiden Kabelbinder, die bei einer Reißfestigkeit von rund 30 kg das Gewicht einer erwachsenen Person nicht tragen konnten. Der Kläger stürzte in die Tiefe und zog sich dabei schwere Verletzungen zu.

Die Verwendung von Kabelbindern zur Sicherung der Karabiner entspricht und widerspricht keiner Norm; die Methode ist in Kletterhallen eher unüblich. Dennoch ist es eine von vielen möglichen Varianten, die nicht von vornherein abzulehnen ist. Aktuell werden von der beklagten Partei keine Kabelbinder zur Sicherung der Knoten mehr verwendet; vielmehr stehen so genannte Augenkarabiner in Verwendung. Augenkarabiner wären zum Unfallszeitpunkt bereits auf dem Markt erhältlich gewesen.

Der Kläger begehrt von der beklagten Partei in diesem Rechtsstreit Schmerzengeld in Höhe von EUR 50.000,– sowie die Feststellung der Haftung für alle künftigen Schäden aus dem Kletterunfall. Er brachte im Wesentlichen vor, die beklagte Partei hafte als Betreiberin der Halle, weil die von ihr zur Verfügung gestellten Gerätschaften nicht funktionstüchtig gewesen seien. Überdies liege ein Organisationsverschulden vor, weil es die beklagte Partei unterlassen habe, Aufsichtsorgane einzusetzen, um laufend die Funktionsbereitschaft der Geräte zu überprüfen. Schließlich sei der beklagten Partei auch die Sorgfaltswidrigkeit des bei ihr beschäftigen Kletterlehrers zuzurechnen, der die Karabiner unrichtig befestigt habe.

Die beklagte Partei wendet ein, dass sich die Kletterhalle zum Unfallszeitpunkt in einem einwandfreien Zustand befunden habe. Das Klettern in der Halle finde auf eigene Gefahr statt. Es würde die Sorgfaltspflichten der beklagten Partei überspannen, jedem Kletterer eine Kontroll- und Aufsichtsperson zur Verfügung zu stellen; dies sei auch nicht vereinbart gewesen. Ein Vorfall wie derjenige, der zum Unfall des Klägers geführt habe, sei für sie nicht vorhersehbar gewesen. Die alleinige Verantwortung für den Unfall treffe den Kläger und seine Kletterpartnerin, weil ihnen im Zuge eines sorgfältig durchgeführten Partnerchecks auffallen hätte müssen, dass die Karabiner nicht in das Fixseil, sondern in die Kabelbinder eingehängt gewesen seien.

Mit dem angefochtenen Teil-Zwischenurteil sprach das Erstgericht aus, dass das auf Schmerzengeld gerichtete Leistungsbegehren des Klägers dem Grunde nach zu einem Drittel zu Recht und zu zwei Drittel nicht zu Recht bestehe und wies das Klagebegehren hinsichtlich eines Teilbetrags von EUR 33.333,33 sA sowie der Feststellung der Haftung der beklagten Partei insoweit ab, als ein Haftungsumfang von mehr als 1/3 begehrt wurde.

Dem Urteil des Erstgerichts liegen die eingangs zusammengefasst wiedergegebenen Feststellungen zugrunde. Zusätzlich traf das Erstgericht die (vom Kläger bekämpfte) Negativfeststellung, dass nicht festgestellt werden kann, wer die Karabiner nur in die Kabelbinder und nicht auch in das Seil eingehängt hat, weiters die (ebenfalls vom Kläger bekämpfte) Feststellung, dass der Umstand, dass die Karabiner nur in die Kabelbinder und nicht auch im Seil eingehängt waren, auch für einen Laien erkennbar ist.

In rechtlicher Hinsicht vertrat das Erstgericht unter Hinweis auf die Sicherungspflichten eines Sportstättenbetreibers die Auffassung, dass die beklagte Partei mit der Verwendung von Kabelbindern im Bereich der Verbindung von Seil und Karabiner eine zusätzliche Gefahrenquelle für ein falsches Einhängen der Karabiner geschaffen habe. Auch wenn diese Sicherungsvariante nicht von vornherein unzulässig sei, wäre es der beklagten Partei möglich und zumutbar gewesen, auf „Augenkarabiner“ zurückzugreifen, die ebenfalls sicherstellten, dass Karabiner gegengleich verwendet werden und auch den Aspekt der Diebstahlssicherung erfüllten, ohne ein Sicherheitsrisiko zu schaffen. Diesem Sorgfaltsverstoß der beklagten Partei stehe gegenüber, dass der Kläger und die Zeugin Moser eine Überprüfung der Verbindung von Seil und Karabiner im Zuge des Partnerchecks unterlassen hätten; das Fehlverhalten der Zeugin Moser sei dabei dem Kläger zuzuordnen, weil sie als Hilfsperson des Klägers zu qualifizieren sei. Bei Gegenüberstellung des Gewichts der Sorgfaltsverstöße sei von einer Schadensteilung im Verhältnis von 1 : 2 zu Lasten des Klägers auszugehen.

Gegen diese Entscheidung richten sich die Berufungen beider Parteien.

Der Kläger, der den Ausspruch des Zurechtbestehens seines Klagebegehrens im Ausmaß von 2/3 anstrebt, bekämpft das Ersturteil aus den Berufungsgründen der Mangelhaftigkeit des Verfahrens, der unrichtigen Tatsachenfeststellung und der unrichtigen rechtlichen Beurteilung. Die beklagte

Partei bekämpft den stattgebenden Teil wegen unrichtiger rechtlicher Beurteilung und beantragt die Abänderung im Sinne einer gänzlichen Klageabweisung.

Beide Berufungswerber stellen hilfsweise einen Aufhebungs- und Zurückverweisungsantrag.

In ihren Berufungsbeantwortungen beantragen die Parteien jeweils, der gegnerischen Berufung nicht Folge zu geben.

Die Berufungen sind nicht begründet.

1. Zur Mängelrüge des Klägers:

In seiner Mängelrüge wendet sich der Kläger gegen die Zurückweisung seines Antrags, eine Zeugin zur Frage der schweren Erkennbarkeit der Gefährlichkeit der „Kabelbinder-Konstruktion" insbesondere für einen Kletteranfänger zu vernehmen, als verspätet.

Es mag dahingestellt bleiben, ob die von § 179 ZPO aufgestellten Voraussetzungen für die Zurückweisung des Beweisantrags als verspätet hier vorliegen. Ob jemand Kenntnis von einem bestimmten Sachverhalt hat, ist eine Tatfrage; die entsprechende Feststellung (sei sie positiv, sei sie negativ) ist das Ergebnis der Beweiswürdigung der Vorinstanzen. Ob jemand eine bestimmte Tatsache hätte bekannt sein müssen, sprich, ob sie erkennbar war und ob in ihrer Unkenntnis ein Verschulden liegt, ist hingegen eine Rechtsfrage (RIS-Justiz RS0043606 [T1] und [T3]; RS0031795). Aus rechtlicher Sicht ist nicht maßgeblich, ob der Kläger und die Zeugin Moser die Gefährlichkeit persönlich erkannt haben, sondern ob die Gefährlichkeit der Situation – objektiv betrachtet – für einen Kletterer erkennbar gewesen wäre. Dazu hat das Erstgericht eine (vom Kläger bekämpfte) Feststellung getroffen. Mangels rechtlicher Relevanz des vom Kläger angegebenen Beweisthemas hat das Erstgericht dem Beweisantrag im Ergebnis zu Recht nicht Folge geleistet.

Die gerügte Mangelhaftigkeit liegt daher nicht vor.

2. Zu den Tatsachenrügen des Klägers:

2.1. Der Kläger bemängelt die Negativfeststellung, wonach nicht festgestellt werden kann, wer die Karabiner nur in die Kabelbinder und nicht auch in das Seil eingehängt hat. Anstatt dieser Feststellung begehrt der Kläger die Ersatzfeststellung, dass der Zeuge Trauner nach dem Ende seines Kletterkurses, im Zuge dessen er die Karabiner gegen Belay-Master ausgetauscht hatte, die Karabiner nur in die Kabelbinder und nicht auch in das Seil eingehängt hat.

Wie der Kläger in seiner Berufung selbst zugesteht, kann die begehrte Ersatzfeststellung nur auf gewissen Indizien beruhen, die den Zeugen Trauner belasten könnten, aber nicht zwingend müssen. Das Erstgericht hat sich in seiner Beweiswürdigung mit der maßgeblichen Frage auseinandergesetzt und schlüssig dargelegt, warum es nicht davon überzeugt ist, dass der Zeuge Trauner die Karabiner nur in die Kabelbinder und nicht auch in das Seil eingehängt hat. Gerade der nicht unbeträchtliche zeitliche Abstand zwischen dem Ende des Kletterkurses und dem Unfall des Klägers konnte es ermöglichen, dass ein anderer – wenn auch nicht kletternder – Besucher oder Benützer der Kletterhalle den Austausch vorgenommen hat. Dem Kläger ist durchaus zuzugestehen, dass der Zeuge Trauner an den Karabinern manipuliert hat und es nicht ersichtlich ist, welches Motiv eine dritte Person gehabt haben könnte, die Karabiner aus dem Seil auszuhängen und nur in die Karabiner einzuhängen. Insgesamt betrachtet verbleibt aber in Bezug auf eine mögliche „Täterschaft" des Zeugen Trauner doch eine gewisse Unsicherheit, weshalb das Berufungsgericht keinen Anlass sieht, von der getroffenen Feststellung abzugehen. Im Übrigen wird bei der Behandlung der Rechtsrüge gezeigt werden, dass sich diese Negativfeststellung zu Lasten der beklagten Partei auswirkt, weshalb der Kläger durch sie gar nicht belastet wäre.

2.2. Der Kläger bekämpft weiters die Feststellung, dass der „gefährliche Umstand“ (dass die Karabiner nicht im Achterknoten des Seils, sondern lediglich in den am Seil hängenden Kabelbindern eingehängt waren) nicht übersehen werden konnte und auch für einen bloßen Laien erkennbar ist. Er begehrt die Ersatzfeststellung, dass dieser Umstand von einem Kletteranfänger leicht übersehen werden kann.

Die Feststellung des Erstgerichts beruht auf den Ausführungen der Sachverständigen in ihrem Gutachten. Zweifellos ist richtig, dass gerade ein Kletteranfänger meist unsicher ist und die Bedeutung von Kabelbindern nicht einschätzen kann. Wenn aber – entsprechend den weiteren Feststellungen des Erstgerichts – ein „Partnercheck“ Punkt für Punkt durchgeführt wird, wird erkennbar, dass die Befestigung der Karabiner im Seil von maßgebender Bedeutung ist. Auch ein Laie müsste sich fragen, warum ein Karabiner nicht in einem Knoten des Seils befestigt wird, sondern lediglich in daran befestigten Plastikschlaufen (den Kabelbindern). Auch wenn es sein mag, dass in Einzelfällen ein unbedarfter Kletteranfänger glaubt, die Konstruktion müsse genau so sein wie im vorliegenden Fall, ist es doch nachvollziehbar, dass unter durchschnittlichen Umständen auch für einen Laien die Gefährlichkeit der Konstruktion erkennbar ist. Die erstgerichtliche Feststellung begegnet daher keinen Bedenken.

2.3. Das Berufungsgericht übernimmt daher die erstgerichtlichen Feststellungen als Ergebnis einer unbedenklichen und mängelfreien Beweiswürdigung.

3. <u>Zu den Rechtsrügen:</u>

3.1. Der Kläger strebt im Berufungsverfahren die Erhöhung des Mitverschuldensanteils der beklagten Partei an, weil diese eine – gerade für Kletteranfänger – nicht leicht erkennbare Gefahrensituation geschaffen habe und die naheliegende Verwendung von „Augenkarabinern“ unterlassen habe. Weiters sei ihm die Sorgfaltswidrigkeit der Zeugin Moser nicht zuzurechnen.

Die beklagte Partei steht dagegen auf dem Standpunkt, dass die Verwendung von Kabelbindern nicht sorgfaltswidrig gewesen sei; außerdem sei ihr die potenzielle Gefährlichkeit der Verwendung von Kabelbindern nicht erkennbar gewesen. Der Unfall habe sich in einer von Eigenverantwortung der Kletterer geprägten „Selbstbedienungshalle“ ereignet und sei allein auf die nicht korrekte Durchführung des in der Hallenordnung vorgeschriebenen Partnerchecks durch den Kläger und seine Begleiterin zurückzuführen.

3.2. Der Abschluss eines Vertrages erzeugt Nebenpflichten, zu denen die Schutz- und Sorgfaltspflichten gehören (vertragliche Verkehrssicherungspflichten: RIS-Justiz RS0023239). Der Schuldner hat die geschuldete Hauptleistung so sorgfältig zu erbringen, dass alle Rechtsgüter des Gläubigers, mit denen er in Berührung kommt, nach Tunlichkeit vor Schaden bewahrt und beschützt bleiben (RIS-Justiz RS0017049; RS0013999).

Auch den Betreiber einer Sportanlage trifft nach der Rechtsprechung die vertragliche Nebenpflicht, die Anlage für die befugten Benutzer in einem verkehrssicheren und gefahrlosen Zustand zu erhalten und die Benutzer vor erkennbaren Gefahren zu schützen (6 Ob 333/00i, ZVR 2002/49, 200). Eine Sportanlage ist so zu gestalten und zu erhalten, dass von Benützern Gefahren, die nicht schon ihrer Natur nach mit der vorgesehenen Betätigung verbunden sind, nach Möglichkeit abgewendet werden. Die Anlage muss demnach sachgerecht und zweckgerecht konstruiert sein, sodass bei normalem, bestimmungsgemäßen Gebrauch keine durch die Art der Anlage (mit) verursachten Schäden auftreten können. Die Anlage darf somit nicht selbst gefahrenträchtig sein. Die mit der Sportausübung an sich verbundene Selbstgefährdung darf nicht durch von der

Anlage ausgehende, nicht erkennbare Gefahrenquellen erhöht werden (RIS-Justiz RS0023427). Diese Grundsätze gelten auch für Betreiber von Kletterhallen oder Kletterwänden (6 Ob 17/07d, JBl 2008, 114; *Joeinig*, Fitnesscenter, Kletterwände, Sporthallen – Die Haftung des Betreibers, in *Hinteregger/Reissner* [Hrsg], Sport und Haftung [2006] 145 [150 ff]). Ihre Verkehrssicherungspflichten beziehen sich jedenfalls auf die Konstruktion, Erhaltung und Absicherung der Kletterwand und auf die Instruktion und Überwachung der Sportausübenden (*Joeinig* 153).

Für sportart- und sportstättentypische Gefahren haftet der Betreiber einer Sportanlage hingegen im Regelfall nicht. Insoweit obliegen ihm keine Verkehrssicherungspflichten (*Joeinig* 151 mwN). Wer einen gefährlichen Sport ausübt, nimmt das damit verbundene, in der Natur der betreffenden Sportart gelegene Risiko, jedenfalls soweit er es kennt oder kennen muss, auf sich und handelt auf eigene Gefahr. Ihm wird eine Selbstsicherung zugemutet (RIS-Justiz RS0023400 [T5] und [T10]).

3.3. Im konkreten Fall traf die beklagte Partei als Kletterhallenbetreiberin jedenfalls die vertragliche Schutzpflicht, dafür zu sorgen, dass die den Benutzern entgeltlich zur Verfügung gestellten Kletterwände sach- und zweckgerecht konstruiert und auch in einem Zustand erhalten werden, dass bei bestimmungsgemäßem Gebrauch keine Gefahren auftreten, die nicht sport- und sportstättentypisch, also mit dem Klettersport in einer Kletterhalle an sich schon verbunden sind. Da sie den Benutzern im Topropebereich aber auch – aus welchen Motiven auch immer – fix montierte Kletterseile mit bereits vorgeknüpften Anseilknoten („Achterknoten") und darin gegengleich eingehängten Karabinern, die aus den festgestellten Gründen zusätzlich mit Kabelbindern gesichert waren, zur Verfügung stellte, den Benutzern demnach eine bestimmte Seilsicherung in diesem Kletterbereich vorgegeben war, traf sie auch die vertragliche Schutzpflicht, dass von dieser Art der Sicherung beim Klettern keine Gefahren ausgehen, die nicht schon mit dem Klettersport allein typischerweise verbunden sind. Sie war daher – im Rahmen des Zumutbaren – auch dafür verantwortlich, dass das Seil und die zur Verfügung gestellten Karabiner keine Mängel aufweisen und auch der Knoten sowie die gegengleich eingehängten Karabiner die ihnen zugedachte Sicherungsfunktion erfüllen.

3.4. Auch vertragliche Verkehrssicherungspflichten dürfen allerdings nicht überspannt werden (2 Ob 265/06v, Zak 2007/204, 117 = ZVR 2007/185, 303 [*Kathrein*]). Auch für den Betreiber einer Sportstätte besteht daher nur die vertragliche Nebenpflicht, die Benützer durch zumutbare Maßnahmen vor Schäden zu bewahren und vor erkennbaren Gefahren zu schützen. Voraussetzung ist, dass die Möglichkeit der Verletzung von Rechtsgütern Dritter bei objektiver sachkundiger Betrachtung zu erkennen ist (RIS-Justiz RS0023801 [T4]; RS0023726 [T1]; RS0023487 [T5] uva).

Den Feststellungen ist nicht zu entnehmen, dass es bereits vor dem Unfall des Klägers zu ähnlichen Vorfällen gekommen ist. Entgegen der Ansicht des Erstgerichts kann der beklagten Partei bloß aus der Verwendung von Kabelbindern zum festgestellten Zweck, die zwar nicht üblich, aber auch nicht verboten ist, noch keine Verletzung der nebenvertraglichen Schutzpflichten angelastet werden. Diese Kabelbinder hatten nur die Funktion, die Veränderung der gegengleich in der Seilschlaufe eingehängten Karabiner zu unterbinden und den Diebstahl von Karabinern zu vermeiden, dienten aber selbst nicht der Sicherung beim Klettern.

3.5. Dennoch hat das Erstgericht eine Haftung der beklagten Partei dem Grunde nach im Ergebnis zu Recht bejaht:

Es steht fest, dass ein Kletterlehrer der beklagten Partei am Vortag des Unfalls – erlaubterweise – die in den Seilschlaufen eingehängten und mit Kabelbindern gesicherten Karabiner ausgehängt hat, um für seinen Kletterkurs Spezialkarabiner zu verwenden. Nach dem Ende des Kurses hat er diese Belay-Master gegen die ursprünglichen Karabiner ausgetauscht. Ganz offensichtlich sind in diesem Kletterbereich bis zur Benutzung durch den Kläger am Folgetag keine anderen Personen geklettert, weil der Zeuge Trauner den Kletterbereich vor dem Schließen verlassen und der Kläger ihn sofort nach der Wiedereröffnung am nächsten Tag betreten hat. Weder der Kläger noch Christina Moser haben die Konstruktion verändert. Zu dem Zeitpunkt, als der Kläger mit dem Klettern startete, waren die Karabiner nicht in die Seilschlaufe, sondern nur in den am Seil hängenden Kabelbindern eingehängt. Dieser Sachverhalt rechtfertigt die Anwendung der Grundsätze des Anscheinsbeweises, der darauf beruht, dass bestimmte Geschehensabläufe typisch sind und es daher wahrscheinlich ist, dass auch im konkreten Fall ein derartiger gewöhnlicher Ablauf und nicht ein atypischer gegeben ist. Wenn ein Kletterlehrer vor dem Kurs die Karabiner aus der Seilschlaufe und den Kabelbindern ausgehängt und nach dem Kurs die ursprünglichen Karabiner wieder angebracht hat, in der Zwischenzeit niemand dieses Seil zum Klettern verwendet hat und die Karabiner bei der nächsten Benutzung durch einen Kletterer, der selbst keine Veränderung vorgenommen hat, nicht in der Seilschlaufe, sondern nur in dem mit der Seilschlaufe verbundenen Kabelbindern eingehängt waren, so ist nach der Lebenserfahrung mit erheblicher Wahrscheinlichkeit (vgl RIS-Justiz RS0022664) als typischer Geschehensablauf anzunehmen, dass der Kletterlehrer, dessen Sorgfaltswidrigkeit der beklagten Partei zuzurechnen ist (siehe 3.6.), diese mangelhafte Verbindung zwischen Seil und Karabiner hergestellt hat. Es ist daher auch im konkreten Fall ein derartiger Geschehensablauf wahrscheinlich. Damit ist dem Kläger der Beweis des ersten Anscheins gelungen, dass die Karabiner vom Kletterlehrer auf diese Art eingehängt worden sind.

Der Anscheinsbeweis wird dadurch entkräftet, dass der Gegner Tatsachen beweist, aus denen sich die konkrete, ernsthafte Möglichkeit eines anderen Geschehensablaufes als des typischen ergibt (RIS-Justiz RS0040272; RS0040196). Diese Entkräftung ist der beklagten Partei nicht gelungen, zumal vom Erstgericht nicht festgestellt werden konnte, wer die Karabiner nur in die Kabelbinder eingehängt hat, und die beklagte Partei auch sonstige Tatsachen nicht bewiesen hat, die für eine andere ernstlich in Betracht zu ziehende Möglichkeit sprechen. Das Berufungsgericht konnte daher aus den erstgerichtlichen Feststellungen – im Sinne des Anscheinsbeweises – andere tatsächliche Schlussfolgerungen ziehen und diese seiner rechtlichen Beurteilung zu Grunde legen, weil das Erstgericht den natürlichen Kausalzusammenhang zwischen einem Verhalten des Kletterlehrers und dem Schaden des Klägers in seinen Feststellungen nicht ausgeschlossen, sondern insoweit nur eine negative Feststellung getroffen hat, die den Beweis des ersten Anscheins zulässt.

3.6. Für das Verhalten des Kletterlehrers hat die beklagte Partei nach § 1313a ABGB einzustehen, zumal die von der beklagten Partei werkvertraglich beschäftigten Kletterlehrer die einzigen waren, die Veränderungen an der von ihr den übrigen Benutzern vorgegebenen Art der Seilsicherung vornehmen durften, und auch dafür verantwortlich waren, dass der ursprüngliche Zustand wieder hergestellt wird. Insoweit waren sie Erfüllungsgehilfen der beklagten Partei in der Wahrnehmung der bereits dargestellten vertraglichen Schutzpflichten gegenüber allen Benutzern dieses Kletterbereiches (10 Ob 96/08b; *Harrer* in *Schwimann*, ABGB[3] § 1313a Rz 12 f).

3.7. Im Ergebnis hat das Erstgericht daher zu Recht die Haftung der beklagten Partei für die dem Kläger durch den Kletterunfall entstandenen Schäden bejaht. Daran vermag auch die Tatsache nichts zu ändern, dass der Kläger und seine Kletterpartnerin die Grundsätze eines sorgfältigen Partnerchecks nicht beachtet haben. Dieser Umstand kann nur zu einem Mitverschulden führen. Der Kläger gesteht in der Berufung selbst zu, dass ihn am Eintritt des Schadens ein Mitverschulden trifft. Strittig ist die Höhe dieses Mitverschuldens.

3.8. In der vom Kläger und der Zeugin Moser akzeptierten Hallenordnung ist die Durchführung eines Partnerchecks vor Beginn des Kletterns vorgeschrieben (zu dessen Bedeutung etwa *Kocholl*, Sportkletterer im Fall. Anforderungen an Verhalten und Partnersicherung, ZVR 2009, 4). Bei Verwendung einer (hier vom Hallenbetreiber vorgefertigten) Achterschlinge und (bereits eingehängten) Karabinern erfasst der Partnercheck auch deren korrekte und sichere Verbindung. Bei einem ordnungsgemäß durchgeführten Partnercheck und bei einer – schon im Hinblick auf das mit dem Klettersport verbundene Risiko notwendigen – sorgfältigen Selbstkontrolle hätte die fehlerhafte Verbindung zwischen Seil und Karabinern erkannt werden müssen. Unter Bedachtnahme auf die besondere Bedeutung dieser Selbstkontrolle und des Partnerchecks auch beim Hallenklettern ist die erstgerichtliche Verschuldensteilung zu Lasten des Klägers nicht zu beanstanden.

4. Aus diesen Gründen war den Berufungen ein Erfolg zu versagen und das angefochtene Zwischen- und Teilurteil zu bestätigen. Zutreffenderweise hat das Erstgericht bereits abschließend über die jedenfalls nicht berechtigten Teile des Leistungs- und Feststellungsbegehrens im Sinne einer Abweisung entschieden.

5. Der Kostenvorbehalt beruht auf § 52 Abs 2 iVm § 393 Abs 4 ZPO.

6. Da sich der Entscheidungsgegenstand des Berufungsgerichts nicht ausschließlich auf ein Geldleistungsbegehren bezieht, war – mit Rücksicht auf die Höhe des Leistungsbegehrens von EUR 50.000,– und auf das zusätzlich gestellte Feststellungsbegehren – auszusprechen, dass dieser Wert insgesamt EUR 30.000,– übersteigt (§ 500 Abs 2 Z 1 lit b ZPO).

7. Die Revision ist mangels erheblicher Rechtsfrage (§ 502 Abs 1 ZPO) nicht zulässig. Das Berufungsgericht konnte sich zu Fragen der Haftung eines Sportstättenbetreibers auf die angeführte Rechtsprechung des Obersten Gerichtshofs stützen. Fragen der Verschuldensteilung kommt im Regelfall keine über die besonderen Verhältnisse des Einzelfalles hinausgehende Bedeutung zu (RIS-Justiz RS0087606).

Oberlandesgericht Linz,

Abt. 4, am 7. Juli 2016

**Dr. Christa Hufnagl, Senatspräsidentin**

Gesehen:

Sbg, am 1.8.2016

Der Präsident des Landesgerichts

B.

Berufungsentscheidung zustellen an KV und BV

Kal 20.9. (4 Wochen – Außerordentliche Revision?)

Sbg., am 2.8.2016

Abfertigungsvermerk:
eingelangt 03.AUG.2016
ausgefertigt ..............
verglichen ................
abgefertigt 03.AUG.2016

**Anmerkungen/Erläuterungen zur Berufungsentscheidung ON 47:**

(156) Da der Entscheidungsgegenstand des Berufungsgerichts nicht ausschließlich in einem Geldbetrag besteht (er umfasst auch einen Teil des Feststellungsbegehrens), ist er vom Berufungsgericht zu bewerten (§ 500 Abs 2 Z 1 ZPO).

(157) Das Berufungsgericht hat gem § 500 Abs 2 Z 3 ZPO auszusprechen, ob die „ordentliche Revision“ zulässig ist oder nicht. Richtig müsste es eigentlich heißen: ob die „Revision“ zulässig ist oder nicht. Eine ordentliche Revision ist nämlich eine Revision, die zulässig ist, während im Fall der Nichtzulassung der Revision – abhängig vom Wert des Entscheidungsgegenstands des Berufungsgerichts – ein Abänderungsantrag nach § 508 ZPO oder eine außerordentliche Revision erhoben werden kann.

SCHWAB MEINHARD & PARTNER

RECHTSANWÄLTE GMBH

An das
Landesgericht Salzburg(158)
Rudolfsplatz 2
5020 Salzburg

GZ 6 Cg 73/14x
48

Klagende Partei: Tobias Aigner
Salzachweg 5, A-5020 Salzburg

vertreten durch:

Dr. Franz Hillinger, Rechtsanwalt
Hauptstraße 17, A-5020 Salzburg

Beklagte Partei: Sport & Fun GmbH
Salzburgerstraße 35, D-83395 Freilassing

vertreten durch:

Schwab, Meinhard & Partner Rechtsanwälte GmbH
Linzerstraße 23, A-5020 Salzburg

wegen: EUR 50.000,– s.A. und Feststellung (EUR 12.000,–)

Revisionsstreitwert: EUR 16.666,67

# Außerordentliche Revision

VM gem. § 30/2 ZPO erteilt

PL/CM

vfg

GS an KV

Vorlagebericht an OGH(159)

Sbg, am 2.9.2016

**Elektronisch eingebracht am 31.08.2016, 1-fach**
P13459
Schwab, Meinhard & Partner Rechtsanwälte GmbH
Linzerstraße 23
5020 Salzburg, Österreich

In der außen bezeichneten Rechtssache erhebt die beklagte Partei gegen das Urteil des Oberlandesgerichts Linz vom 7. Juli 2016, 3 R 165/13s,

## außerordentliche Revision

an den Obersten Gerichtshof.(160)

Das Urteil wird insoweit angefochten, als das Berufungsgericht das Teil-Zwischenurteil des Erstgerichts insoweit bestätigt hat, als das Leistungsbegehren (Punkt 1. des Urteilsbegehrens) als mit 1/3 zu Recht bestehend erkannt wurde.

Als Revisionsgrund wird unrichtige rechtliche Beurteilung geltend gemacht.(161)

1. Zur Zulässigkeit der Revision:(162)

Das Berufungsgericht hat die Revision mangels erheblicher Rechtsfrage (§ 502 Abs 1 ZPO) nicht zugelassen. In der Begründung wird ausgeführt, das Berufungsgericht habe sich zu Fragen der Haftung eines Sportstättenbetreibers auf Rechtsprechung des Obersten Gerichtshofs stützen können; den Fragen der Verschuldensteilung komme im Regelfall keine über die besonderen Verhältnisse des Einzelfalles hinausgehende Bedeutung zu.

Der Ausspruch über die Unzulässigkeit der Revision ist unrichtig. Eine erhebliche Rechtsfrage iSd § 502 Abs 1 ZPO liegt nämlich in den folgenden beiden Rechtsfragen, in denen das Berufungsgericht von der Rechtsprechung des Obersten Gerichtshofs abgewichen ist, vor:

1.1. Kann das Berufungsgericht eine Negativfeststellung des Erstgerichts durch die Anwendung des Anscheinsbeweises übergehen und dadurch das rechtliche Ergebnis ins Gegenteil verkehren?

1.2. Ist das Gericht zur Vermeidung einer Überraschungsentscheidung verpflichtet, mit den Parteien zu erörtern, dass es die Möglichkeit eines Anscheinsbeweises als gegeben ansieht, wenn sich keine Partei im Verfahren auf die Anwendung des Anscheinsbeweises berufen hat?

Zu 1.1. Das Berufungsgericht hat die Anwendung des Anscheinsbeweises darauf gegründet, dass ein typischer Geschehensablauf vorliege, der zum Unfall geführt habe: Der Kletterlehrer, der am Vorabend vor dem Unfall im Zusammenhang mit einem Kletterkurs die Karabiner ausgetauscht habe, habe prima facie die Karabiner nur mehr in die Kabelbinder und nicht in das Seil eingehängt. Auf diese Weise „umschifft" das Berufungsgericht die entsprechende Negativfeststellung des Erstgerichts, sodass sich diese nicht mehr zu Lasten des Klägers, sondern zu Lasten der beklagten Partei auswirkt.

Eine solche Vorgehensweise widerspricht der Rechtsprechung zur Beweiserleichterung mittels Anscheinsbeweis. Bei Anwendung des Anscheinsbeweises nimmt die Rechtsprechung eine anspruchsbegründende Tatsache – wie etwa die Kausalität – prima facie als erwiesen an, wenn sich aufgrund von Erfahrungssätzen die zu beweisende Tatsache aus anderen feststehenden Tatsachen ergibt. Die angewendeten Erfahrungssätze zeigen die Typizität eines bestimmten Geschehensablaufs, weshalb als wahrscheinlich angenommen werden kann, dass auch im konkreten Fall ein gewöhnlicher Ablauf und nicht ein atypischer gegeben ist (siehe die Nachweise aus der Judikatur bei *Karner* in KBB³ § 1296 Rz 3). Vom Gegner kann der Anscheinsbeweis schon dadurch entkräftet werden, dass er Tatsachen darlegt, aus denen sich die ernsthafte Möglichkeit eines anderen Geschehensablaufes als des typischen ergibt (1 Ob 785/83 = SZ 56/181; RIS-Justiz RS0022664).

In dem hier zu beurteilenden Fall liegt allerdings schon gar kein typischer Geschehensablauf vor, der die Anwendung des Anscheinsbeweises rechtfertigen würde. Es ist nicht bekannt, dass es einen ähnlichen Vorfall bereits früher gegeben hätte, sodass aus Erfahrungssätzen geschlossen werden könnte, dass auch im vorliegenden Fall ein Kletterlehrer – im Zusammenhang mit dem Austausch der Karabiner – die Karabiner nur mehr in die Kabelbinder eingehängt hat. Das Berufungsgericht legt entsprechende Erfahrungssätze auch gar nicht dar.

Die Unanwendbarkeit des Anscheinsbeweises zeigt sich im Übrigen auch in der – vom Berufungsgericht übernommenen – Negativfeststellung des Erstgerichts zur Frage, wer die Karabiner ausgetauscht hat. In Wirklichkeit ist das Berufungsgericht in unzulässiger Weise (weil ohne Neudurchführung des Beweisverfahrens) von den Feststellungen des Erstgerichts abgewichen. Nach der Rechtsprechung (RIS-Justiz RS0022504) darf das Berufungsgericht, das die erstgerichtlichen Feststellungen über das Fehlen eines behaupteten Kausalzusammenhangs übernimmt, davon ohne Beweiswiederholung auch nicht über den Umweg der Bejahung eines Prima facie-Beweises eines Kausalzusammenhangs abweichen (in diesem Sinn auch 1 Ob 513/92).

Zu 1.2. Im Verfahren hat sich keine der Parteien auf die Möglichkeit eines Anscheinsbeweises berufen. Um eine unzulässige Überraschungsentscheidung (§ 182a ZPO) zu vermeiden (vgl 7 Ob 125/07v, JBl 2008, 188 uva), hätte das Gericht mit der beklagten Partei zu erörtern gehabt, dass es den Anscheinsbeweis der Kausalität im vorliegenden Fall als zulässig ansieht. Nur auf diese Weise hätte die beklagte Partei die Möglichkeit erhalten, Vorbringen zur Erschütterung des Anscheinsbeweises zu erstatten.

Zusammengefasst ist das Erstgericht in beiden eingangs angeführten Fragen von der höchstgerichtlichen Rechtsprechung abgewichen, weshalb die Revision entgegen dem Ausspruch des Berufungsgerichts zulässig ist.

2. Zum Berufungsgrund der unrichtigen rechtlichen Beurteilung:

Unter diesem Revisionsgrund verweist die beklagte Partei vorweg auf die Ausführungen unter Punkt 1. zur Zulässigkeit der Revision und erhebt dieses Vorbringen ausdrücklich auch zum Vorbringen unter dem Revisionsgrund der unrichtigen rechtlichen Beurteilung.

Darüber hinaus wird Folgendes ergänzt:

2.1. Eine Negativfeststellung und ein Anscheinsbeweis schließen einander aus. Der Anscheinsbeweis bedarf eines Erfahrungssatzes, der auf einen typischen Geschehensablauf schließen lässt. Wird aber nun vom Gericht „negativ" festgestellt, dass der Geschehensablauf eben nicht feststellbar ist, kann es keinen Anschein mehr geben, dass es doch so war. Wenn das Berufungsgericht gemeint hätte, dass die Negativfeststellung zur Frage, wer die Karabiner nur in die Kabelbinder eingehängt hat, unrichtig ist, hätte es davon – nach Beweiswiederholung – abgehen können, was aber gerade nicht geschehen ist. Das Berufungsgericht ist aber nicht befugt, via Anscheinsbeweis diese Feststellung in ihr Gegenteil zu verkehren, indem es einen nicht festgestellten Kausalzusammenhang doch prima facie bejaht. Es wurde bereits darauf hingewiesen, dass es im Übrigen an jeder Typizität der Annahmen des Erstgerichts fehlt: Natürlich gibt es gewisse Indizien, dass der Kletterlehrer die Karabiner falsch eingehängt hat; genauso kommen aber auch andere Personen in Betracht, etwa Teilnehmer des Kletterkurses.

2.2. Ausgehend von den vom Berufungsgericht übernommenen Feststellungen ist der beklagten Partei keine relevante Sorgfaltswidrigkeit vorzuwerfen.

Nach der dem Rechtsverhältnis der Streitparteien zugrunde liegenden Hallenordnung hat der Betreiber der Kletterhalle für die Funktionstüchtigkeit der Anlage zu sorgen; er übernimmt aber keine Verantwortung für mangelnde Kenntnis bei der Sportausübung und die damit verbundenen Gefahren. Dass die beklagte Partei für die Funktionstüchtigkeit der Kletterhalle zu sorgen hat, bedeutet keineswegs, dass ihre Haftung immer schon dann begründet wäre, wenn an irgendeinem in der Halle verwendeten Material ein Fehler auftritt; vielmehr muss ihr eine Sorgfaltswidrigkeit anzulasten sein.

Nach der Rechtsprechung zur Haftung von Sportstättenbetreibern reicht es aus, dass die Anlage „sicher" errichtet und die verwendeten Materialien regelmäßig auf ihre Tauglichkeit und Sicherheit gecheckt werden, was auch geschehen ist. Die Verwendung von Kabelbindern ist nach den Feststellungen eine durchaus akzeptable Möglichkeit, den Zweck zu erreichen, dass nämlich Karabiner nicht ausgehängt und wieder unrichtig eingehängt werden. Ein dem entgegenstehender Sorgfaltsstandard besteht nicht.

Die beklagte Partei muss nicht damit rechnen, dass in völlig unsinniger und daher auch unvorhersehbarer Weise an den Materialien manipuliert wird. Selbst wenn dies passiert, gibt es noch eine weitere – von der beklagten Partei auch vorgeschriebene – Sicherheitsstufe in Form des verpflichtenden Partnerchecks, den der Kläger und seine Kletterpartnerin in sträflicher Weise vernachlässigt haben, indem sie nicht auf die korrekte Verbindung zwischen Seil und Hüftgurt geachtet haben. Diese Gefahr resultiert nicht aus der Anlage selbst, sondern daraus, dass der Kläger und seine Partnerin die Anlage nicht ordnungs- und vereinbarungsgemäß benutzt haben. Ihr Leichtsinn ist so gravierend, dass ein allfälliges Mitverschulden der beklagten Partei jedenfalls in den Hintergrund zu treten hätte. Selbst einem Laien wäre nach den Feststellungen das Gefahrenpotenzial aufgefallen, das in den bloß in einen Kabelbinder eingehängten Karabinern lauerte. Das entsprechende Gefahrenpotenzial belastet daher den Kläger und nicht den Hallenbetreiber, der nicht lückenlos kontrollieren kann, ob an den verwendeten Materialien in gefährlicher Weise manipuliert wurde. Eine Sicherungspflicht kann sich immer nur auf erkennbare Gefahren beziehen, damit ihnen von vornherein begegnet werden kann. Die Gefahr, die sich im vorliegenden Fall realisiert hat, ist aber für einen Hallenbetreiber nicht erkennbar.

Zutreffend hat bereits das Erstgericht darauf hingewiesen, dass sich der Kläger auch eine Sorgfaltswidrigkeit seiner Kletterpartnerin zurechnen lassen muss. Dies resultiert schon aus den vertraglichen Bedingungen, wonach der Kläger in der Selbstbedienungshalle verpflichtet war, nur gemeinsam mit einem entsprechend versierten Partner zu klettern.

3. Revisionsantrag:

Die beklagte Partei stellt den Antrag,

3.1. die Urteile der Vorinstanzen dahin abzuändern, dass das Klagebegehren zur Gänze abgewiesen wird;

3.2. in eventu wird beantragt,

– die angefochtene Entscheidung bzw

– die Entscheidungen der Vorinstanzen

aufzuheben und die Rechtssache zur neuerlichen Entscheidung an das Berufungsgericht bzw an das Erstgericht zurückzuverweisen.

Salzburg, am 31.08.2016

Sport & Fun GmbH

An Kosten werden verzeichnet:

| | | |
|---|---|---|
| Revision TP3C | € | 651,50 |
| 50 % ES | € | 325,75 |
| ERV-Kosten | € | 2,10 |
| Zwischensumme | € | 979,35 |
| 20 % USt | € | 195,87 |
| Pauschalgebühr | € | 1.362,00 |
| **Summe** | **€** | **2.537,22** |

**Anmerkungen/Erläuterungen zur außerordentlichen Revision:**

(158) Auch die – an den Obersten Gerichtshof gerichtete – außerordentliche Revision ist wie jedes Rechtsmittel beim Erstgericht einzubringen.

(159) Die außerordentliche Revision ist mit dem Akt unmittelbar dem OGH vorzulegen (§ 507b Abs 3 ZPO).

(160) Die außerordentliche Revision gliedert sich in zwei Teile: Die Bekämpfung des Ausspruchs des Berufungsgerichts, dass die Revision nicht zulässig ist (Zulassungsbeschwerde), und die Revision selbst – dies obwohl noch nicht klar ist, ob der OGH die Revision – entgegen dem Ausspruch des Berufungsgerichts – doch als zulässig erachtet.

(161) Die Revisionsgründe (§ 503 ZPO) entsprechen den Berufungsgründen mit der Maßgabe, dass dem OGH die Überprüfung der Tatfrage – außer Aktenwidrigkeit – verwehrt ist. Abgesehen von dem in § 503 Abs 1 Z 3 ZPO ausdrücklich genannten Sondertatbestand der Aktenwidrigkeit kann daher unrichtige Tatsachenfeststellung in der Revision nicht geltend gemacht werden. Betreffend die Mangelhaftigkeit des Berufungsverfahrens ist zu bedenken, dass die Rsp Mängel des erstinstanzlichen Verfahrens, die entweder nicht Gegenstand der Berufung waren oder vom Berufungsgericht verneint wurden, nicht als Revisionsgrund zulässt.

(162) Die Zulassungsbeschwerde ist der zentrale Teil der außerordentlichen Revision. Auf den Punkt gebracht ist darzulegen, warum entgegen der Ansicht des Berufungsgerichts doch eine erhebliche Rechtsfrage iSd § 502 Abs 1 ZPO vorliegt. Im Vordergrund steht dabei das Abweichen des Berufungsgerichts von höchstgerichtlicher Rsp. Ein allgemein gehaltenes Lamento, dass das Berufungsgericht falsch entschieden habe, ohne dies näher darzustellen, hat bspw wenig Aussicht auf Erfolg.

10 Ob 369/16t

Gerichtsabteilung: 006 LG Salzburg **006 CG 13/14 x**

49

| | | | |
|---|---|---|---|
| Einbringungsdatum: | 06.02.2014 | Status: | offen |
| Streitgegenstand: | sonstiger Streitgegenstand – allgem. Streitsache (Fallcode: 99A) | | |

Urteil/Beschluss
streitig händisch

| | | | |
|---|---|---|---|
| Streitwert: | 62.000,00 EUR | Gebührenindikator: 1 | |
| Kapitalforderung: | 50.000,00 EUR | BM f. Gerichtsgeb.: | 62.000,00 EUR |
| Kapitalforderung: | 12.000,00 EUR | Gebühreneinzug | |

Erstentscheidung: kba (Auftrag z. Klagebeantw. (endg. Erstentsch.))

1. Kläger: Tobias Aigner, geb. 15.03.1990
1. Beklagter: Sport & Fun GmbH

Oberster Gerichtshof
Einlaufstelle
Eingelangt am
07.09.2016
Akt

Termin:
Kalender:
Fristvormerk:

Bemerkung 1: 31.03.2016 ber; 31.03.2016 ber01;
04.05.2016 bev; 04.05.2016 bev 01; 07.07.2016 ben

VB Vorlagebericht – Zivil

## Vorlagebericht(163)

des **Salzburg, LG**
Außerordentliche Vorlage an: **OGH (002)**

Vorzahl 1. Instanz: 569 006 CG 73/11x
Vorzahl 2. Instanz: 459 004 R 165/13s

**angefochtene Entscheidung(en):**

**1. Urteil** vom 07.07.2016, Ordnungsnummer 47
zugestellt an:
1. Rechtsmittelwerber: 1. BK Sport & Fun GmbH, am 05.08.2016
Weitere Zustellungen:
1. KL, am 05.08.2016

**Rechtsmittelwerber:**

1. **Rechtsmittelwerber: 1. BK Sport & Fun GmbH**
1. Rechtsmittel: **außerordentliche Revision**, Ordnungsnummer 49, zu 1. Urteil eingebracht mittels eines bei Gericht überreichten Schriftsatzes, am 31.08.2016

**Sonstiges:**

Angeschlossene Beiakten:

9 U 167/13y des Bezirksgerichts Salzburg

Die Akten werden vorgelegt.

(Unterschrift des Entscheidungsorgans)

**Anmerkungen/Erläuterungen zum Vorlagebericht:**

(163) Zum Vorlagebericht s S 190. Die außerordentliche Revision ist – mit dem Akt – sofort dem OGH vorzulegen.

REPUBLIK ÖSTERREICH
OBERSTER GERICHTSHOF

Oberster Gerichtshof
Schmerlingplatz 11
1011 Wien
Tel.: +43 (0)1 52152 – 0

| |
|---|
| **10 Ob 369/16t** |
| Bitte obige Geschäftszahl in allen Eingaben anführen! |

50

DVR: 2405458

002 10 Ob 369/16t – 2

Soweit in diesem Formular personenbezogene Ausdrücke verwendet werden, umfassen sie Frauen und Männer gleichermaßen.

RECHTSMITTELSACHE:

| | |
|---|---|
| 1. Partei | vertreten durch |
| Tobias Aigner | Dr. Franz Hillinger |
| geb. am: 15.3.1990 | Rechtsanwalt |
| Salzachweg 5 | Hauptstraße 17 |
| 5020 Salzburg | 5020 Salzburg |
| | |
| 2. Partei | vertreten durch |
| Sport & Fun GmbH | Schwab, Meinhard & Partner |
| Salzburger Straße 35 | Rechtsanwälte GmbH |
| 83395 Freilassing | Linzerstraße 23 |
| Deutschland | 5020 Salzburg |

Angefochtene Entscheidung: Urteil vom 07.07.2016 des Oberlandesgerichts Linz, 638 3 R 165/13s

Gemäß § 508a Abs 2 ZPO wird dem Revisionsgegner die Beantwortung der außerordentlichen Revision (§ 507a ZPO) freigestellt.(164)
Sie ist beim Obersten Gerichtshof einzubringen (§ 507a Abs 3 Z 2 ZPO).

Dem Berufungsgericht wird die Vorlage der Akten 3 R 165/16s aufgetragen (§ 507 Abs 1 ZPO).

Oberster Gerichtshof

Abt. 10, am 04.10.2016

| |
|---|
| Oberster Gerichtshof<br>Gerichtsabteilung 10 |
| Dr. Laurenz Glaninger<br>(RICHTER) |

**Anmerkungen/Erläuterungen zur Freistellung der Revisionsbeantwortung:**

(164) In diesem Fall hat der zuständige Senat des OGH beschlossen, dass entgegen dem Ausspruch des Berufungsgerichts doch eine erhebliche Rechtsfrage vorliegt, weshalb die Einbringung einer Revisionsbeantwortung „freigestellt" wird. Das Berufungsgericht hat den Berufungsakt vorzulegen.

An
OGH (002)[165]
RECHTSSACHE:

| |
|---|
| |
| **Eingabe zu: (002) 10 Ob 369/16t**<br>Elektronisch eingebracht am 04.11.2016<br>Dr. Franz Hillinger, Rechtsanwalt<br>(P43215)<br>Hauptstraße 17, 5020 Salzburg<br>Zeichen: 2014/1002 |

**1. Kläger:**
Tobias Aigner, geb. am 15.3.1990
Salzachweg 5, A-5020 Salzburg

**1. Beklagter**
Sport & Fun GmbH
Salzburgerstraße 35, D-83395 Freilassing

**Vertreter von 1. Kläger:**
Dr. Franz Hillinger, Rechtsanwalt
Hauptstraße 17, A-5020 Salzburg
Akt: 2015/292
Telefon: 0662/46213

**Vertreter von 1. Beklagter:**
Schwab, Meinhard & Partner Rechtsanwälte GmbH
Linzerstraße 23, A-5020 Salzburg,

WEGEN: EUR 50.000,– s.A. + Feststellung (EUR 12.000,–)

# Beantwortung der außerordentlichen Revision

Vollmacht erteilt
Gem § 19a RAO wird Zahlung an den/die Rechtsvertreter begehrt
Gleichschrift für klagende Partei deren Vertreter gemäß § 112 ZPO direkt zugestellt

Das weitere Vorbringen wird im PDF-Dokument in der Anlage übermittelt.

**Kostenverzeichnis:**

| | | |
|---|---|---|
| Schriftsatz TP 3C | EUR | 651,50 |
| 50 % Einheitssatz | EUR | 325,75 |
| ERV-Kosten | EUR | 2,10 |
| 20 % Umsatzsteuer | EUR | 195,87 |
| **Summe** | **EUR** | **1.175,22** |

**Anmerkungen/Erläuterungen zum Deckblatt der Revisionsbeantwortung:**

(165) Die Beantwortung der außerordentlichen Revision ist in diesem Fall direkt beim OGH (und nicht beim Erstgericht) einzubringen (§ 507a Abs 3 Z 2 ZPO).

DR. FRANZ HILLINGER

RECHTSANWALT

An den
Obersten Gerichtshof
Schmerlingplatz 11
1011 Wien

10 Ob 369/16 t

Klagende Partei: Tobias Aigner
Salzachweg 5, A-5020 Salzburg

vertreten durch:

Dr. Franz Hillinger, Rechtsanwalt
Hauptstraße 17, A-5020 Salzburg
Vollmacht gemäß § 30 Abs 2 ZPO erteilt

Beklagte Partei: Sport & Fun GmbH
Salzburgerstraße 35, D-83395 Freilassing

vertreten durch:

Schwab, Meinhard & Partner Rechtsanwälte GmbH
Linzerstraße 23, A-5020 Salzburg

wegen: EUR 50.000,– s.A. und Feststellung (EUR 12.000,–)
Revisionsstreitwert: EUR 16.666,67

# Beantwortung der außerordentlichen Revision

**Gleichschrift gem. § 112 ZPO direkt übermittelt**

Zu der außerordentlichen Revision der beklagten Partei erstattet die klagende Partei nachstehende

# Revisionsbeantwortung:(166)

Trotz des Umstands, dass der Oberste Gerichtshof der beklagten Partei die Revisionsbeantwortung freigestellt hat, ist die Revision mangels erheblicher Rechtsfrage unzulässig.(167) Selbst wenn der Oberste Gerichtshof entgegen der zutreffenden Ansicht des Berufungsgerichts über die Unzulässigkeit der Revision der Auffassung sein sollte, dass die Revision der beklagten Partei zulässig sei, wäre ihr nicht Folge zu geben. Die Vorinstanzen haben die Rechtsfrage, inwieweit der beklagten Partei eine Sorgfaltswidrigkeit im Zusammenhang mit dem Kletterunfall des Klägers anzulasten ist, übereinstimmend und im Ergebnis auch richtig gelöst.

Der geltend gemachte Revisionsgrund der unrichtigen rechtlichen Beurteilung liegt nicht vor.

1. Zur Unzulässigkeit der Revision:

Die Anwendung des Anscheinsbeweises hinsichtlich der Kausalität des Handelns des Kletterlehrers der beklagten Partei steht im Einklang mit der Rechtsprechung des Obersten Gerichtshofs. Es liegen Tatsachenfeststellungen vor, die auf einen typischen Geschehensablauf schließen lassen. Völlig zu Recht und in Einklang mit der Lehre (*Pimmer* in *Fasching/Konecny*[2] § 498 ZPO Rz 7; *Kodek* in *Rechberger*[3] § 498 Rz 1) hat das Berufungsgericht aus den erstgerichtlichen Feststellungen – im Sinne des Anscheinsbeweises – andere tatsächliche Schlussfolgerungen gezogen und diese seiner rechtlichen Beurteilung zugrunde gelegt; eine Beweisergänzung oder Beweiswiederholung war nicht notwendig.

Der von der beklagten Partei beschäftigte Kletterlehrer hat eindeutig als Letzter vor dem Unfall des Klägers an den Karabinern manipuliert. Es liegt daher nahe, dass der Unfall des Klägers darauf zurückzuführen ist, dass der Kletterlehrer die Karabiner nur in die Kabelbinder eingehängt hat. Die vom Berufungsgericht übernommene Negativfeststellung spricht nicht dagegen: Beim Beweis des ersten Anscheins muss ja nur dargelegt werden, dass ein Fall eines typischen Geschehensablaufs vorliegt; ein Beweis im strengen Sinn muss nicht erbracht werden. Im Kontext auch mit der Beweiswürdigung kann die Negativfeststellung nur so verstanden werden, dass zwar ein 100 %-iger Beweis für die Täterschaft von Trauner nicht erbracht wurde, dass aber die Wahrscheinlichkeit dafür durchaus gegeben ist. Durch die Negativfeststellung bleibt ja nur offen, wie sich der Hergang wirklich – mit Sicherheit – abgespielt hat; für einen auf weitere Feststellung gegründeten ersten Anschein bleibt dabei aber ohne weiteres Platz.

Die Frage, ob ein Fall vorliegt, in dem ein Anscheinsbeweis zulässig ist, ist eine solche der rechtlichen Beurteilung. Da das Gericht im Fall einer zulässigen Rechtsrüge die rechtliche Beurteilung in jede Richtung überprüfen darf (nach dem Grundsatz „iura novit curia"), konnte das Berufungsgericht zulässigerweise den Anscheinsbeweis heranziehen. Die beklagte Partei konnte davon auch nicht überrascht werden, ist es doch gang und gäbe, dass im Schadenersatzrecht bei der Beurteilung von Kausalitätsfragen der Anscheinsbeweis zulässig ist. Es wäre daher an der beklagten Partei gelegen, im Verfahren erster Instanz den ersten Anschein zu entkräften, was sie aber nicht getan hat. Im Übrigen stellt die Frage, ob ein Anscheinsbeweis erbracht wurde, eine nicht revisible Tatsachenfrage dar (nur die Frage, ob der Anscheinsbeweis zulässig ist, ist eine Rechtsfrage).

Wenn die beklagte Partei in der Revision die Ansicht vertritt, das Berufungsgericht sei von den erstgerichtlichen Feststellungen abgewichen, ist ihr zu entgegnen, dass sich das Berufungsgericht strikt an diese Feststellungen – einschließlich der monierten Negativfeststellung – gehalten hat; es hat im Zusammenhang mit der berechtigten Anwendung des Anscheinsbeweises nur andere Schlussfolgerungen gezogen.

Zutreffend hat das Berufungsgericht auch darauf hingewiesen, dass Fragen der Verschuldensteilung in aller Regel keine erheblichen Rechtsfragen iSd § 502 Abs 1 ZPO sind (RIS-Justiz RS0042405).

Insgesamt steht die Berufungsentscheidung im Einklang mit der höchstgerichtlichen Rechtsprechung, weshalb die Revision unzulässig ist.

2. Zum Revisionsgrund der unrichtigen rechtlichen Beurteilung:

Die klagende Partei verweist grundsätzlich auf das unter Punkt 1. zur Unzulässigkeit der Revision erstattete Vorbringen.

2.1. Die vom Berufungsgericht gezogene Schlussfolgerung, angesichts der Feststellungen zum zeitlichen Hergang (Manipulation an den Karabinern durch den Kletterlehrer; keine weiteren Kletterer in dem entsprechenden Bereich der Halle bis zum Unfall des Klägers) müsse prima facie davon ausgegangen werden, dass der Kletterlehrer Christian Trauner die Karabiner nicht in das Seil eingehängt hat, ist nachvollziehbar und begegnet auch aus rechtlicher Sicht keinen Bedenken. Auf die Zulässigkeit des Anscheinsbeweises in einem Fall wie dem vorliegenden wurde bereits unter 1. hingewiesen, ebenso darauf, dass es der beklagten Partei nicht gelungen ist, den ersten Anschein zu erschüttern.

Für das Verhalten „ihres" Kletterlehrers hat die beklagte Partei jedenfalls nach § 1313a ABGB einzustehen; er hatte für die beklagte Partei die Pflicht übernommen, den ordnungsgemäßen Zustand des Topropeseils (einschließlich richtig eingehängter Karabiner) wiederherzustellen. Es würde keinerlei Zweifel unterliegen, dass die – eine ähnliche Funktion ausübenden – Safety Guides der beklagten Partei als ihre Erfüllungsgehilfen zu qualifizieren sind.

Daraus folgt aber auch eine gravierende Sorgfaltsverletzung der beklagten Partei: Es ist ausgeschlossen, dass sie am Unfalltag vor der Öffnung der Halle die Sicherheit des zur Verfügung gestellten Topropeseils überprüft hat.

2.2. Selbst wenn man den Anscheinsbeweis nicht zulassen würde, wäre für die beklagte Partei nichts gewonnen, weil sie für die Unterlassung zumutbarer und naheliegender Kontroll- und Überprüfungsmaßnahmen einzustehen hat.

Ganz allgemein trifft jeden, der eine Gefahrenquelle für Gesundheit und Leben von Vertragspartnern schafft, die Verpflichtung, in zumutbarer Weise dafür zu sorgen, dass sich die Gefahr nicht verwirklicht. Die Anlage der beklagten Partei befand sich aufgrund der Verwendung von Kabelbindern in einem latent gefährlichen Zustand. Die beklagte Partei durfte sich nicht allein darauf verlassen, dass die Benützer der Halle selbst die latenten Gefahren erkennen und – sozusagen als Ausgleich der Unterlassungen der beklagten Partei – gefahrenverhindernd tätig werden. Gerade aufgrund der gewählten Konstruktion mit den Kabelbindern waren vor allem bei Kletteranfängern Fehler nicht auszuschließen, die lebensgefährdende Auswirkungen haben. Aus diesem Grund wäre die beklagte Partei gehalten gewesen, in einem verstärkten Ausmaß und in vorausschauender Weise Augenmerk auf die Sicherheit zu legen, was sie aber unterlassen hat. Insbesondere hat sie in der Halle keine Augenkarabiner verwendet, obwohl diese Karabiner das Gefahrenpotenzial von Fehlmanipulationen massiv verringert hätten.

Aus all diesen Gründen stellt die klagende Partei den

## Antrag,

der Oberste Gerichtshof als Revisionsgericht wolle die außerordentliche Revision der beklagten Partei zurückweisen, in eventu ihr nicht Folge geben.

Jedenfalls möge die beklagte Partei zum Kostenersatz an die klagende Partei verpflichtet werden.

Salzburg, am 04.11.2016

Tobias Aigner

**Anmerkungen/Erläuterungen zur Revisionsbeantwortung:**

(166) Eine gewisse Schwierigkeit liegt darin, dass der OGH – anders als das Berufungsgericht – bei der Freistellung der Revisionsbeantwortung nicht darzulegen hat, worin er eine erhebliche Rechtsfrage sieht. Aus diesem Grund ist genau zu überlegen, in welche Richtung der OGH gehen könnte, damit das Vorbringen in der Revisionsbeantwortung entsprechend dargestellt werden kann.

(167) Auch wenn der OGH mit seinem „Freistellungsbeschluss" kundgetan hat, dass er eine erhebliche Rechtsfrage sieht, ist es idR jedenfalls sinnvoll, darauf hinzuweisen und auszuführen, dass doch keine erhebliche Rechtsfrage vorliegt. Der OGH kann die Revision noch immer – mangels erheblicher Rechtsfrage – als unzulässig zurückweisen.

Einlaufstelle des LG Salzburg
Eingelangt am
13.02.2017
1-fach; 1 Akt

10 Ob 369/16 t

REPUBLIK ÖSTERREICH
OBERSTER GERICHTSHOF

6 Cg 73/14x

# IM NAMEN DER REPUBLIK

Der Oberste Gerichtshof hat als Revisionsgericht durch den Senatspräsidenten Dr. Glaninger als Vorsitzenden sowie durch die Hofrätinnen Dr. Platzeck und Dr. Tiefenthaler und die Hofräte Dr. Waldberger und Dr. Hochleitner als weitere Richter in der Rechtssache der klagenden Partei Tobias Aigner, Salzachweg 5, 5020 Salzburg, vertreten durch Dr. Franz Hillinger, Rechtsanwalt in Salzburg, gegen die beklagte Sport & Fun GmbH, Salzburgerstraße 35, 83395 Freilassing, Deutschland, vertreten durch Schwab, Meinhard & Partner Rechtsanwälte GmbH in Salzburg, über die außerordentliche Revision der beklagten Partei gegen das Urteil des Oberlandesgerichts Linz als Berufungsgericht vom 07. Juli 2016, GZ 3 R 165/13s, mit dem infolge der Berufungen der klagenden und der beklagten Partei das Teil- und Zwischenurteil des Landesgerichts Salzburg vom 26. Februar 2016, GZ 6 Cg 73/14x-41, mit einer Maßgabe bestätigt wurde, in nichtöffentlicher Sitzung zu Recht erkannt:

Der Revision wird Folge gegeben.

Die Teil-Zwischenurteile der Vorinstanzen werden dahin abgeändert, dass sie einschließlich des bereits rechtskräftig abgewiesenen Teils insgesamt als Endurteil lauten:

„Das Klagebegehren,

- die beklagte Partei sei schuldig, der klagenden Partei den Betrag von 50.000 EUR samt 4 % Zinsen seit 4. Februar 2014 zu zahlen, und
- es werde festgestellt, dass die beklagte Partei der klagenden Partei gegenüber für alle zukünftigen Schäden aus dem Unfall vom 17. Juli 2013 in der Sport- und Freizeithalle Alpenstraße 15, 5020 Salzburg, hafte,

wird abgewiesen.

Die klagende Partei ist schuldig, der beklagten Partei binnen 14 Tagen folgende Kosten zu ersetzen:

- die mit 8.041,10 EUR (darin 1.608,22 EUR Umsatzsteuer) bestimmten Kosten des erstinstanzlichen Verfahrens,
- die mit 4.678,64 EUR (darin 598,44 EUR Umsatzsteuer und 1.088 EUR Barauslagen) bestimmten Kosten des Berufungsverfahrens und

- die mit 2.537,22 EUR (darin 195,87 EUR Umsatzsteuer und 1.362 EUR Barauslagen) bestimmten Kosten des Revisionsverfahrens.

## Entscheidungsgründe:

Der Kläger zog sich am 17. Juli 2013 bei einem Absturz in der von der beklagten Partei betriebenen Kletterhalle (bei der Benützung eines fix montierten Toprope-Seils) schwere Verletzungen zu.

Die Toprope-Seile in der Kletterhalle wiesen an dem für den Kletterer bestimmten Ende jeweils einen „Achterknoten" auf, welcher mit einem Kabelbinder vor dem Öffnen gesichert wurde. In der Schlaufe des Knotens befanden sich zwei gegengleich eingehängte Karabiner, welche wiederum mit zwei weiteren Kabelbindern in der Schlaufe fixiert wurden. Bei dem vom Kläger benutzten Toprope-Seil waren die Karabiner jedoch nicht im Seil, sondern nur in den am Seil hängenden Kabelbindern eingehängt. Dieser Umstand wurde sowohl vom Kläger als auch von seiner Kletterpartnerin im Rahmen des von der Hallenordnung vorgeschriebenen „Partnerchecks" übersehen. Beim Abseilen rissen die Kabelbinder, wodurch der Kläger aus einer Höhe von ca 7 m in die Tiefe stürzte.

Das Erstgericht bejahte die Haftung der beklagten Partei dem Grunde nach zu einem Drittel und begründete dies im Wesentlichen damit, dass die beklagte Partei mit der Verwendung von Kabelbindern im Bereich der Verbindung von Seil und Karabiner eine zusätzliche Gefahrenquelle geschaffen habe. Es wäre aber möglich und zumutbar gewesen, zur Gefahrenabwehr auf Kabelbinder zu verzichten und auf Augenkarabiner zurückzugreifen, welche die Funktion der Kabelbinder gleichermaßen sicherstellen, ohne ein Sicherheitsrisiko zu schaffen.

In Bezug auf das Einhängen der Karabiner in die am Seil hängenden Kabelbinder traf es folgende Feststellung: „Es kann nicht festgestellt werden, wer die Karabiner nur in die Kabelbinder und nicht auch in das Seil eingehängt hat."

Das vom Kläger und der beklagten Partei angerufene Berufungsgericht bestätigte im Ergebnis die vom Erstgericht vorgenommene Verschuldensteilung von 1 : 2 zu Lasten des Klägers, änderte jedoch die Begründung dahin gehend, dass der beklagten Partei bloß aus der Verwendung von Kabelbindern, die zwar nicht üblich, aber auch nicht verboten seien, noch keine Verletzung der vertraglichen Schutzpflichten angelastet werden könne. Eine Haftung der beklagten Partei zu einem Drittel ergebe sich allerdings aus der Anwendung der Grundsätze des Anscheinsbeweises. Da nämlich feststehe, dass ein (auf Werkvertragsbasis) für die beklagte Partei tätiger Kletterlehrer am Vorabend vor dem Unfallereignis die Karabiner aus der Seilschlaufe und den Kabelbindern ausgehängt und nach dem Kurs dieselben Karabiner wieder angebracht habe, in der Zwischenzeit niemand dieses Seil zum Klettern verwendet habe und die Karabiner bei der Benützung durch den Kläger, der selbst keine Veränderung vorgenommen habe, nicht in der Seilschlaufe, sondern nur in den mit der Seilschlaufe verbundenen Kabelbindern eingehängt waren, sei nach der Lebenserfahrung als typischer Geschehensablauf anzunehmen, dass der Kletterlehrer diese mangelhafte Verbindung zwischen Seil und Karabiner hergestellt habe. Die beklagte Partei habe nach § 1313a ABGB für das Verhalten des Kletterlehrers einzustehen.

Das Berufungsgericht sprach aus, dass der Entscheidungsgegenstand 30.000 EUR übersteige und dass die Revision mangels erheblicher Rechtsfrage nicht zulässig sei.

Gegen die Entscheidung des Berufungsgerichts richtet sich die außerordentliche Revision der beklagten Partei aus dem Revisionsgrund der unrichtigen rechtlichen Beurteilung mit dem Antrag auf Abänderung im gänzlich klageabweisenden Sinn. Hilfsweise wird ein Aufhebungs- und Zurückverweisungsantrag gestellt.

In der ihm freigestellten Revisionsbeantwortung beantragt der Kläger, die Revision der beklagten Partei zurückzuweisen, in eventu, ihr nicht Folge zu geben.

Die Revision ist im Hinblick auf die Klärung der Grenze zwischen Anscheins- und Indizienbeweis zulässig; sie ist auch berechtigt.

Als erhebliche Rechtsfrage macht die beklagte Partei in ihrer Revision (in der sie nicht explizit auf die Frage eingeht, ob ihr der Kletterlehrer als Erfüllungsgehilfe zuzurechnen ist) die Frage der Zulässigkeit des Anscheinsbeweises bei Vorliegen einer Negativfeststellung hinsichtlich des natürlichen Kausalzusammenhangs geltend. Angesichts der erstinstanzlichen Negativfeststellung sei die ohne Erörterung der Frage des Anscheinsbeweises zustande gekommene Berufungsentscheidung als Überraschungsentscheidung zu qualifizieren.

Dazu wurde erwogen:

1. Das Erstgericht hat die vom Berufungsgericht übernommene (Negativ-)Feststellung getroffen, wonach nicht festgestellt werden kann, wer die Karabiner nur in die Kabelbinder und nicht auch in das Seil eingehängt hat. Das Berufungsgericht hat die Anwendbarkeit der Grundsätze des Anscheinsbeweises bejaht und aus verschiedenen Umständen auf einen typischen Geschehensablauf geschlossen, wonach prima facie der für die beklagte Partei tätige Kletterlehrer die mangelhafte Verbindung zwischen Seil und Karabiner hergestellt habe.

Der Anscheinsbeweis beruht darauf, dass bestimmte Geschehensabläufe typisch sind und es daher wahrscheinlich ist, dass auch im konkreten Fall ein derartiger gewöhnlicher Ablauf und nicht ein atypischer gegeben ist. Der bloße Verdacht eines bestimmten Ablaufs, der auch andere Verursachungsmöglichkeiten offenlässt, gibt für den Beweis des ersten Anscheins keinen Raum. Vom Beweis des ersten Anscheins ist der Indizienbeweis zu unterscheiden (RIS-Justiz RS0040290), der darauf gerichtet ist, durch den Beweis bestimmter Hilfstatsachen dem Gericht die volle Überzeugung des Vorhandenseins der direkt nicht oder nur schwer zu beweisenden Haupttatsache zu vermitteln (2 Ob 84, 85/88 ua; *Bumberger*, Zum Kausalitätsbeweis im Haftpflichtrecht [2003] 66).

Ob in einem bestimmten Fall ein Anscheinsbeweis zulässig ist, ob also die Voraussetzungen dafür vorliegen, dass anstelle eines vom Gesetz geforderten Tatbestandsmerkmals ein anderes bewiesen werden darf, kann als Frage der rechtlichen Beurteilung auch vom Obersten Gerichtshof überprüft werden. Ob der Anscheinsbeweis erbracht oder erschüttert worden ist, ist hingegen eine vom Obersten Gerichtshof nicht mehr überprüfbare Frage der Beweiswürdigung (RIS-Justiz RS0022624). Ob ein Indizienbeweis erbracht werden konnte, gehört zur unanfechtbaren Beweiswürdigung (9 ObA 177/07f = ZAS 2009/29, 186 [*Klicka*]; RIS-Justiz RS0040196 [T19], RS0112460).

Die ausschließlich dem Tatsachenbereich zuzuordnende Frage, ob die Verletzung des Klägers darauf zurückzuführen ist, dass ein Kletterlehrer die Karabiner vor der Benützung durch den Kläger nicht in die Seilschlaufe, sondern nur in die mit der Seilschlaufe verbundenen Kabelbinder eingehängt hat, ist einem Anscheinsbeweis im dargestellten Sinne nicht zugänglich, weil es sich hier nicht um irgendeinen typischen Geschehensablauf handelt, der es rechtfertigen könnte, anstelle der ganz konkreten Beantwortung der zu lösenden Tatfrage eine andere Tatsache als erwiesen anzunehmen und daraus unter Berufung auf einen typischen Erfahrungszusammenhang die Beantwortung der zu lösenden Tatfrage abzuleiten (2 Ob 84, 85/88). Vielmehr geht es im vorliegenden Fall darum, ob die in den vom Berufungsgericht verwerteten Verfahrensergebnissen enthaltenen Indizien dafür ausreichen, bestimmte Feststellungen über den Unfallsablauf zu treffen oder nicht. Dies hat das Gericht unter sorgfältiger Berücksichtigung der Ergebnisse der gesamten Verhandlung und Beweisführung nach freier Überzeugung zu beurteilen (§ 272 Abs 1 ZPO). Zweifellos spielen dabei auch Wahrscheinlichkeitserwägungen eine Rolle; diese gehören aber ausschließlich in den Bereich der Beweiswürdigung. Die Frage, ob der Kletterlehrer die Karabiner nur in die Kabelbinder eingehängt hat, ist eine Tatsachenfrage, deren Lösung ihre eindeutige Bejahung oder Verneinung erfordert – etwa auch über die Heranziehung von Indizien. Ein typischer Beweisnotstand, der über eine Prima facie-Schlussfolgerung überbrückt werden könnte, liegt aber im gegebenen Fall nicht vor, weshalb die rechtliche Beurteilung auf der vom Berufungsgericht übernommenen Feststellung aufzubauen hat, dass nicht festgestellt werden kann, wer die Karabiner nur in die Kabelbinder und nicht auch in das Seil eingehängt hat.

Damit erübrigt sich auch ein Eingehen auf die Frage, ob der Kletterlehrer der beklagten Partei (als Erfüllungsgehilfe) zuzurechnen ist.

2. Zutreffend hat das Berufungsgericht darauf hingewiesen, dass auch vertragliche Verkehrssicherungspflichten nicht überspannt werden dürfen und dass für den Betreiber einer Sportstätte nur die vertragliche Nebenpflicht besteht, die Benützer durch zumutbare Maßnahmen vor Schäden zu bewahren und vor erkennbaren Gefahren zu schützen. In diesem Sinn war die beklagte Partei nicht gehalten, die Anlage „durchgehend", insbesondere in Kletterpausen auf vorangegangene Manipulationen von Benutzern an den Seilschlaufen zu kontrollieren.

In Übereinstimmung mit dem Berufungsgericht (und entgegen der Ansicht des Erstgerichts) bestand auch keine Verpflichtung, die Verwendung von Kabelbindern zu dem festgestellten Zweck zu unterlassen und statt der gewählten Kombination die damals bereits am Markt erhältlichen Augenkarabiner zu verwenden. Abgesehen davon, dass bei der Einschätzung der Gefährlichkeit einer Anlage auch die Pflichten ihrer Benützer einzukalkulieren sind (*Harrer* in *Schwimann*, ABGB³ VI § 1295 Rz 45, aber auch Rz 49 ff) – in concreto war die (eingeschränkte) Funktion der Kabelbinder insbesondere bei korrekter Durchführung des Partnerchecks erkennbar –, sind auch im Rahmen der Verkehrssicherungspflichten nur zumutbare Maßnahmen geboten (*Kodek* in *Kletečka/Schauer*, ABGB-ON$^{1.02}$ § 1294 Rz 41). Nach der Rechtsprechung werden die Verkehrssicherungspflichten eingehalten, wenn dem dem jeweiligen Stand der Technik geltenden Standard durch zumutbare Instandhaltungs- und Verbesserungsarbeiten entsprochen wird (RIS-Justiz RS0020749 [T12 und T15]); die laufende Adaptierung an einen höchstmöglichen Sicherheitsstandard einer Anlage wird nicht generell geschuldet (ein solches Schutzniveau könnte aber vereinbart werden). In diesem Sinn ist zwar das Gefahrenpotenzial bei der Verwendung einer Kombination aus Karabinern und Kabelbindern gegenüber der Verwendung von Augenkarabinern erhöht; aus den Verkehrssicherungspflichten ist aber unter den gegebenen Umständen, insbesondere unter Berücksichtigung der eigenständigen Pflichten der Benützer zur Vermeidung von Lebensgefahr und des Fehlens eines „Vorunfalls", für den Zeitpunkt des Unfalls keine Verpflichtung zum Austausch abzuleiten.

3. Damit fehlt es aber an einer Grundlage für eine Haftung der beklagten Partei, weshalb das Klagebegehren abzuweisen ist.

4. Die Kostenentscheidung beruht auf § 41 ZPO. Die klagende Partei hat gegen das in erster Instanz gelegte Kostenverzeichnis der beklagten Partei Einwendungen erhoben, denen teilweise Rechnung zu tragen ist.

Der Schriftsatz vom 23.10.2014 war nicht zur zweckentsprechenden Rechtsverfolgung notwendig. Das Erstgericht hat am 25. September 2014 eine Streitverhandlung für 27. Oktober 2014 anberaumt.

Die beklagte Partei hat daraufhin zur Vorbereitung dieser Streitverhandlung am 23.10.2014 einen kurzen replizierenden Schriftsatz eingebracht, in dem im Wesentlichen der bereits früher dargelegte Prozessstandpunkt der beklagten Partei wiederholt wurde. Der Inhalt dieser Replik hätte ohne weiteres in der Tagsatzung vom 27.10.2014 vorgebracht werden können. Zudem wurde die Replik nicht fristgerecht vor der Tagsatzung vom 27.10.2014 eingebracht (§ 257 Abs 3 ZPO) und ist auch aus diesem Grund nicht zu honorieren.

Auch wenn ihr das Erstgericht Rechnung getragen hat, war auch die Vertagungsbitte vom 7. Dezember 2015 nicht zur zweckentsprechenden Rechtsverfolgung notwendig, weil die Verhinderung einer Partei einen allein in ihrem Bereich gelegenen Umstand darstellt, der nicht zu einer Kostenbelastung des Prozessgegners führen darf (vgl RIS-Justiz RS0121621).

Oberster Gerichtshof
Wien, am 9. Jänner 2017
Dr. Glaninger
Für die Richtigkeit der Ausfertigung
die Leiterin der Geschäftsabteilung:

Neuberger

Informationen des OGH über Zustellungen:

Erfolgte Zustellungen: KV und BV

Die Prüfung, ob die Zustellungen rechtswirksam und vollständig erledigt sind, bleibt der dazu berufenen Vorinstanz vorbehalten (§ 150 Abs 1 Geo).

Gesehen:

Sbg, am 14.2.2017

Der Präsident des Landesgerichts

B.

Urkunden zurückstellen;(168) Akt bereinigen und ablegen

Sbg., am 17.2.2017

Abfertigungsvermerk:
eingelangt 17.FEB 2017
ausgefertigt ..............
verglichen .................
abgefertigt 17.FEB 2017

**Anmerkungen/Erläuterungen zur Revisionsentscheidung:**

(168) § 169 Abs 2 Geo. Wenn allerdings nur Kopien vorgelegt werden, ist die Sinnhaftigkeit der Urkundenrückstellung oft fraglich (Platzgründe im Aktenlager können dafür sprechen).

Beilage ./A

STADTPOLIZEIKOMMANDO SALZBURG
5020 SALZBURG, ALPENSTRASSE 88
TEL: 059 133 550

**POLIZEI**

Salzburg, am 02.08.2013

Sicherheitsbehörde: Bundespolizeidirektion Salzburg

GZ: E1/264351/2013

| | |
|---|---|
| BEARBEITER: | Hannes Erler, AbtInsp |
| TELEFON: | 0660/811-3421 |
| FAX: | 05 9133/45312-302 |
| E-MAIL: | hannes.erler@polizei.gv.at |

Betreff: Tobias Aigner
Kletterunfall

An die
Staatsanwaltschaft beim LG Salzburg
Rudolfsplatz 2
5020 Salzburg

# Erhebungs- bzw. Abschlussbericht

Vorfallsort: 5020 Salzburg, Alpenstraße 15, (Unfallsort)

Vorfallszeit: 17.07.2013, 10:10 Uhr (Unfallszeit)

**Verunfallter:**

**AIGNER Tobias**, Student, ledig, geb. am 15.03.1990 in Salzburg/Österreich, österr. Stbg., in 5020 Salzburg, Salzachweg 5 wh., Tel.: +43 664/8561370

**Begleitperson des Verunfallten:**

| | |
|---|---|
| **Auskunftsperson:** | **MOSER Christina**, Studentin, am 14.06.1991 in Salzburg/Österreich geb., österr. Stbg., ledig |
| Anschrift: | 5020 Salzburg, Clemens-Krauss-Straße 23 |
| Telefon: | +43 660/5746352 (Mobiltelefon angemeldet) |

| | |
|---|---|
| **Auskunftsperson:** | **TRAUNER Christian**, Angestellter, am 15.02.1979 in Schwarzach im Pongau/Österreich geb., österr. Stbg., verheiratet |
| Anschrift: | 5020 Salzburg, Waldweg 32 |
| Telefon: | +43 664/9786754 |

| | |
|---|---|
| **Auskunftsperson:** | **HUBER Clemens**, Angestellter, am 11.06.1980 in Vöcklabruck/Österr. geb., österr. Stbg., verheiratet |
| Anschrift: | 5020 Salzburg, Birkenweg 8 |
| Telefon: | +43 699/10224467 |

| | |
|---|---|
| **Auskunftsperson:** | **EGGER Thomas**, Angestellter, am 01.02.1977 in Salzburg/Österreich geb., österr. Stbg, ledig |
| Anschrift: | 5020 Salzburg, Gartenstraße 37 |
| Telefon: | +43 660/3216549 |

| | |
|---|---|
| **Auskunftsperson:** | **HAAS Wolfgang**, Geschäftsführer Sport & Fun GmbH, am 04.04.1967 in Rosenheim/Deutschland geb., deutscher Stbg, verheiratet |
| Anschrift: | Chiemseepromenade 48, 83278 Traunstein, Deutschland |
| Telefon: | +43 676/2030157 |

| | |
|---|---|
| **Auskunftsperson:** | **LANGEDER Maria**, Angestellte, am 13.08.1984 in Gmunden/Österreich geb., österr. Stbg, ledig |
| Anschrift: | 5020 Salzburg, Augasse 15 |

Sachverhaltsdarstellung:

Am 17.07.2013 um 10.10 Uhr stürzte der Verunfallte beim Klettern in der von der Sport & Fun GmbH betriebenen Sport- und Freizeithalle in 5020 Salzburg, Alpenstraße 15 aus einer Höhe von etwa 7 Metern zu Boden und wurde dabei schwer verletzt.

Eine Einvernahme des Tobias Aigner war zum Zeitpunkt des Eintreffens der Polizeiinspektion am Unfallsort nicht möglich. Tobias Aigner wurde noch vor Ort erstversorgt und anschließend in das UKH Salzburg gebracht.

Da die einschreitenden Beamten nicht über die notwendigen Kenntnisse im Bereich der Sicherungstechnik verfügten und auch kein offensichtlicher Materialbruch vorlag, wurde in der Folge die „Alpine Einsatzgruppe Pongau/Hochkönig“ vom Unfallgeschehen verständigt und wurde die Amtshandlung sodann von dieser übernommen.

Vor Ort stellte sich folgende Situation dar:

Der Klettergurt mit den beiden Karabinern lag am Hallenboden und die Seilschlaufe des Fixseiles hing am Toprope-Umlenkpunkt. Es konnte kein Materialbruch des Seiles bzw. des Klettergurtes festgestellt werden.

An der Seilschlaufe konnte ein Achterknoten mit anschließendem – über das Seil geknoteten – Spierenstich als Knoten festgestellt werden, was der geltenden Norm entspricht. Diese Knoten waren zusätzlich mit Kabelbindern festgezogen, um ein unbeabsichtigtes Öffnen der Knoten zu vermeiden. In der Seilschlaufe selbst konnte ein loser Kabelbinder festgestellt werden.

Bezüglich des Klettergurtes konnte festgestellt werden, dass zwei – zum Fixseil gehörende – Schraubkarabiner korrekt in der Anseilschlaufe des Klettergurtes hingen. Einer der beiden Karabiner war nicht verschraubt. Es stellte sich aber heraus, dass dieser Karabiner von einem ÖRK Besatzungsmitglied bei der Abnahme des Gurtes von AIGNER geöffnet wurde.

Offenbar war die Verbindung zwischen Seil und Karabiner nicht korrekt gegeben. Weitere für eine Klärung des Absturzes dienliche Hinweise konnten vor Ort nicht ausfindig gemacht werden.

MOSER Christina gab bei ihrer Einvernahme an, den „Partnercheck" ordnungsgemäß durchgeführt zu haben, jedoch nicht genau auf die Verbindung zwischen Seilschlaufe mit Karabiner geachtet zu haben. Sie gab weiters an, unmittelbar nach dem Absturz etwas Weißes oder Graues wegfliegen gesehen zu haben.

Nach der Einvernahme ergab sich folgende Erklärung als Unfallursache:

In der Seilschlaufe hing ein dritter unbeschädigter Kabelbinder. Die Öffnung dieses Kabelbinders war gerade so groß, dass ein Karabiner über das Seil eingehängt werden konnte.

Die Verbindung zwischen Seilschlaufe und Karabiner war deswegen nicht richtig gegeben, da die Karabiner zwar mit den Kabelbindern an der Seilschlaufe befestigt, jedoch nicht über die Seilschlaufe eingehängt waren. Es ist daher anzunehmen, dass dieser Umstand beim Einhängen in den Klettergurt übersehen wurde.

Am 29.07.2013 wurde von der Alpinen Einsatzgruppe Pongau/Hochkönig eine Fallstudie aus folgender Sicht über die Unfallsituation nachgestellt:

- Sturzbelastung durch AI Erler (93 kg)
- 2 Karabiner mit jeweils Kabelbinder (selbe Bauart) an der Seilschlaufe verbunden.

<u>Resultat:</u>

Unmittelbar nach der Gewichtsverlagerung auf die Kabelbinder halten diese ein Gewicht von etwa 30 kg aus. Dies reicht aus, dass man einen Absturz nicht mehr halten kann, wenn man die Hände von der Kletterwand nimmt.

Der Klettergurt von AIGNER, die Seilschlaufe, die Karabiner sowie der kaputte Kabelbinder konnten sichergestellt werden und werden der LG Depositenstelle übermittelt.

Für den Leiter der

Alpinen Einsatzgruppe Pongau/Hochkönig

Hannes Erler

AbtInsp

Soziale Unfallversicherung AUVA Unfallkrankenhaus Salzburg

Polizeiinspektion Salzburg
Alpenstraße 88
5020 Salzburg

**Abteilung für Unfallchirurgie**
*Prim. Dr. Heinz Schiller*
*E-Mail: sekretariat@ukh-sbg.at*
*www.ukh-salzburg.at*
*Telefon: +43 662 65 80-0*
*Fax: +43 662 65 80-2255*

23.07.2013

**VERLETZUNGSANZEIGE**

| | |
|---|---|
| Patient: | Tobias Aigner, Vers.Nr. 7805150390 |
| Adresse: | Salzachweg 5, 5020 Salzburg |
| Telefon: | 0664/8561370 |
| Urlaubsadresse: | |
| Krankenkasse: | Salzburger Gebietskrankenkasse |

| | |
|---|---|
| Unfallzeitpunkt: | 17/07/2013 10:00 |
| Behandlungsbeginn: | 17/07/2013 11:07 |
| Unfallhergang: | Sturz aus etwa 7 m Höhe, Kopf, HWS, Steißbein, Brustkorb, verl. Pat. kommt mit NEF 500 |
| Unfallart: | Freizeitunfall/Kletterunfall |
| Unfallort: | Salzburg, Alpenstraße 15 |

| | |
|---|---|
| Therapie: | |
| Unfalldatum: | 17/07/2013 |
| Diagnose: | Gehirnerschütterung<br>Fraktur der rechten 8. und 9. Rippe<br>Prellung des Steißbeins rechts<br>Verstauchung des 7. Halswirbels |

Therapie: CT Abklärung, operativer Eingriff, stationäre Aufnahme zur Observation

Die Verletzung ist dem Grade nach

- ☒ schwer
- ☐ leicht
- ☐ derzeit unbestimmt

- ☐ bis 14 Tage
- ☐ 14 bis 24 Tage
- ☒ über 25 Tage

**A.ö. Unfallkrankenhaus Salzburg**
**Unfallchirurgische Ambulanz**
**Prim. Dr. H. Schiller**

ALLGEMEIN ÖFFENTLICHES UNFALLKRANKENHAUS, A-5020 Salzburg, Doktor-Franz-Rehrl-Platz 5; Tel.: +43 662 21 20-0, Fax: +43 662 21 20-4244

## Sport- und Freizeithalle

### Sport & Fun OG

Registrierungsformular Erwachsene

| Vorname: Tobias | Nachname: aipner |
|---|---|
| Geburtsdatum: 15.3.90 | Telefon: 0664/8561370 |
| Straße: Salzachweg 5 | PLZ, Ort: 5020 Salzburg |

E-Mail: tobias.aipner@edumail.com

| **Bitte beantworten Sie die folgenden Fragen wahrheitsgemäß:** | **JA** | **NEIN** |
|---|---|---|
| 1. Können Sie einen Hüftsitzgurt mit einem Brustgurt korrekt und selbständig anziehen? | | X |
| 2. Können Sie sich mittels Achterknoten korrekt und selbständig anseilen? | | X |
| 3. Sind Ihnen die Punkte des Partnerchecks vertraut? | | X |
| 4. Beherrschen Sie die korrekte Handhabung Ihres Sicherungsgerätes in Verbindung mit dem Klettergurt? | | X |

Wenn Sie Punkt 1, 2 oder 3 mit NEIN beantwortet haben, dürfen Sie die Vorstiegsbereiche der Kletteranlage nur verwenden, wenn Sie eine/n Partner/in dabei haben, die/der Ihnen in korrekter Weise die oben angeführten Handlungsweisen zeigen kann und diese Person die Verantwortung für die Beaufsichtigung Ihrer Kletterübungen übernimmt. Fehlt eine solche Person, ist nur die Benützung des Boulderbereichs erlaubt.
Wenn Sie die Punkte 1-3 mit JA beantwortet haben, haben Sie die Berechtigung zum Topropeklettern. Haben Sie Frage 4 mit JA beantwortet, dürfen Sie Topropesichern.

| | **JA** | **NEIN** |
|---|---|---|
| 5. Beherrschen Sie alle sicherheitsrelevanten Fertigkeiten des Vorstiegskletterns? | | X |
| 6. Beherrschen Sie alle sicherheitsrelevanten Fertigkeiten des Vorstiegssicherns? | | X |

Wenn Sie Punkt 5 mit JA beantwortet haben, sind Sie zum Vorstiegsklettern berechtigt. Wenn Sie Punkt 6 mit JA beantwortet haben, sind Sie zum Vorstiegssichern berechtigt.

Ich habe folgende Kurse im Kletterbereich absolviert: ........ — ........

**Mit meiner Unterschrift erkenne ich Folgendes an:**
Ich habe die Hallenordnung und Sicherheitsbestimmungen gelesen und akzeptiert.
Ich bin über die mit dem Klettern verbundenen Gefahren unterrichtet worden und erkläre in Eigenverantwortung und nur nach obigen Angaben zu handeln.
Der Betreiber sorgt für die Funktionstüchtigkeit der Anlage, er übernimmt aber keine Verantwortung für mangelnde Kenntnis bei Ausübung des Klettersports und den damit verbundenen Gefahren.

Datum & Unterschrift: 17.7.2013 Tobias Aipner

## Sport- und Freizeithalle
### Sport & Fun OG

Registrierungsformular Erwachsene

| | |
|---|---|
| Vorname: Christina | Nachname: Moser |
| Geburtsdatum: 14.6.91 | Telefon: 0660/5746352 |
| Straße: Clemens-Krauss-Str. 23 | PLZ, Ort: 5020 Salzburg |

| |
|---|
| E-Mail: christina.moser@gmx.net |

| **Bitte beantworten Sie die folgenden Fragen wahrheitsgemäß:** | **JA** | **NEIN** |
|---|---|---|
| 1. Können Sie einen Hüftsitzgurt mit einem Brustgurt korrekt und selbständig anziehen? | X | |
| 2. Können Sie sich mittels Achterknoten korrekt und selbständig anseilen? | X | |
| 3. Sind Ihnen die Punkte des Partnerchecks vertraut? | X | |
| 4. Beherrschen Sie die korrekte Handhabung Ihres Sicherungsgerätes in Verbindung mit dem Klettergurt? | X | |

Wenn Sie Punkt 1, 2 oder 3 mit NEIN beantwortet haben, dürfen Sie die Vorstiegsbereiche der Kletteranlage nur verwenden, wenn Sie eine/n Partner/in dabei haben, die/der Ihnen in korrekter Weise die oben angeführten Handlungsweisen zeigen kann und diese Person die Verantwortung für die Beaufsichtigung Ihrer Kletterübungen übernimmt. Fehlt eine solche Person, ist nur die Benützung des Boulderbereichs erlaubt.
Wenn Sie die Punkte 1-3 mit JA beantwortet haben, haben Sie die Berechtigung zum Topropeklettern. Haben Sie Frage 4 mit JA beantwortet, dürfen Sie Topropesichern.

| | **JA** | **NEIN** |
|---|---|---|
| 5. Beherrschen Sie alle sicherheitsrelevanten Fertigkeiten des Vorstiegskletterns? | X | |
| 6. Beherrschen Sie alle sicherheitsrelevanten Fertigkeiten des Vorstiegssicherns? | X | |

Wenn Sie Punkt 5 mit JA beantwortet haben, sind Sie zum Vorstiegsklettern berechtigt. Wenn Sie Punkt 6 mit JA beantwortet haben, sind Sie zum Vorstiegssichern berechtigt.

Ich habe folgende Kurse im Kletterbereich absolviert: ÖSI-alpin

**Mit meiner Unterschrift erkenne ich Folgendes an:**
Ich habe die Hallenordnung und Sicherheitsbestimmungen gelesen und akzeptiert.
Ich bin über die mit dem Klettern verbundenen Gefahren unterrichtet worden und erkläre in Eigenverantwortung und nur nach obigen Angaben zu handeln.
Der Betreiber sorgt für die Funktionstüchtigkeit der Anlage, er übernimmt aber keine Verantwortung für mangelnde Kenntnis bei Ausübung des Klettersports und den damit verbundenen Gefahren.

Datum & Unterschrift: 28.11.2012 Christina Moser

Sport- und Freizeithalle

# HALLENORDNUNG UND SICHERHEITSBESTIMMUNGEN Klettern

## 1. Allgemeines

1.1 Die Hallenordnung gilt für die den NutzerInnen der Sport- und Freizeithalle vorbehaltenen Bereiche. Diese Bereiche dürfen erst nach dem Kauf einer Eintrittskarte und Registrierung betreten werden.

1.2 Nach der Registrierung kann von den MitarbeiterInnen der Sport- und Freizeithalle jederzeit von jedem/er NutzerIn ein Sicherheitscheck und eine Überprüfung betreffend die angegebenen technischen Fertigkeiten verlangt werden.

## 2. Risiko

2.1 Klettern ist eine Risikosportart. Die Ausübung dieser Sportart ist mit einem nicht kalkulierbaren Restrisiko verbunden und erfordert daher ein hohes Maß an Eigenverantwortlichkeit und sicherungsspezifischem Können. **Die Benützung des Kletterbereichs der Sport- und Freizeithalle erfolgt auf eigene Gefahr.**

2.2 Der Betreiber der Kletterhalle sorgt für die Funktionstüchtigkeit der Anlage. Er übernimmt aber keine Verantwortung für mangelnde Kenntnis bei der Sportausübung und die damit verbundenen Gefahren.

## 3. Sicherheit

3.1 Nur diejenigen Teile der Kletteranlage dürfen benützt werden und nur diejenigen Varianten dürfen geklettert werden, für die die erforderlichen Fertigkeiten laut Registrierungsformular vorhanden sind. Die Hallenmitarbeiter/innen sind berechtigt zu prüfen, ob ein/e Nutzer/in über die in der Registrierung angegebenen Fertigkeiten verfügt.

3.2 Sämtliche von den Hallennutzern/innen mitgebrachte Kletterausrüstung muss den einschlägigen Normen (CE-Zeichen) für Bergsportausrüstung entsprechen. Das Verwenden eines Hüftsitzgurtes wird empfohlen.

3.3 Im Vorstiegsbereich ist vor jedem Klettergang der standardisierte Partnercheck durchzuführen, dessen Inhalt den Abbildungen im Kletterbereich zu entnehmen ist. Bei großen Gewichtsunterschieden zwischen den PartnerInnen empfehlen wir, die im Boden verankerten Standplatzsicherungspunkte zu verwenden.

3.4 Es sollen nur Sicherungsgeräte verwendet werden, mit denen die Kletterer vertraut sind.

3.5 Beim Vorstiegsklettern sind ausnahmslos alle Zwischensicherungen einzuhängen.

3.6 Topropeklettern an Zwischensicherungen ist verboten. Topropeklettern ist nur dann zulässig, wenn das Seil in beide Top-Karabiner eingehängt ist.

3.7 Es dürfen keine Seile verwendet werden, die kürzer als 40 m sind.

3.8 Generell wird empfohlen, einen Kletterhelm zu tragen. Es ist auch mit herabfallendem Klettermaterial zu rechnen. Der Betreiber übernimmt dafür keine Verantwortung. Lockere Griffe, Tritte und Haken müssen unverzüglich der Hallenleitung gemeldet werden.

3.9 Zur eigenen Sicherheit kann von den Mitarbeitern der Sport- und Freizeithalle ein standardisierter Sicherheitscheck durchgeführt werden. Werden dabei Sicherheitsmängel festgestellt, kann die Nutzerberechtigung für die Vorstiegsbereiche entzogen werden.

3.10 Beim Sichern ist volle Aufmerksamkeit geboten. Das Tragen von Walk-Mans, Mp3-Playern und anderen Geräten beim Klettern oder Sichern ist verboten.

**4. Ausschluss**

4.1 Wer gegen diese Hallenregeln verstößt oder den Anordnungen der Hallencrew nicht Folge leistet, kann von der Benützung der Sport- und Freizeithalle ausgeschlossen werden. Ein Anspruch auf Rückerstattung des Eintrittspreises besteht in diesem Fall nicht.

4.2 Bei wiederholten Verstößen gegen das Reglement kann gegen den/die Nutzer/in ein Hausverbot ausgesprochen werden. Besitzer/innen von Abonnements wird in diesem Fall das Abonnement entzogen, ohne dass ein Anspruch auf gänzliche oder teilweise Rückerstattung des Abo-Preises besteht.

STADTPOLIZEIKOMMANDO SALZBURG
5020 SALZBURG, ALPENSTRASSE 88
TEL: 059 133 550

**POLIZEI**

Salzburg, am 17.07.2013

Sicherheitsbehörde: Bundespolizeidirektion Salzburg

GZ: E1/264351/2013

BEARBEITER: Hannes Erler, AbtInsp
TELEFON: 0660/811-3421
FAX: 05 9133/45312-302
E-MAIL: hannes.erler@polizei.gv.at

**Betreff:** Tobias Aigner
Kletterunfall

# Niederschrift

aufgenommen mit:

| | |
|---|---|
| Verdächtige: | Christina Moser, Studentin, geb. am 14.06.1991, ledig |
| Anschrift: | 5020 Salzburg, Clemens-Krauss-Str. 23 |
| Telefon: | 0660/5746352 (Mobiltelefon angemeldet) |
| Dokumente: | Führerschein der BH Salzburg Stadt vom 20.06.2009, BHS 12.1-000123/2009 |
| Vorname d. Eltern: | Mutter: Ingrid, Vater: Kurt |

| | | |
|---|---|---|
| Sprache: | Deutsch | Dolmetsch erforderlich: NEIN |
| Dolmetsch: | entfällt | |
| Ort der Niederschrift: | oa. Dienststelle | |
| Beginn der Niederschrift: | 17.07.2013, 14:22 Uhr | |

## Belehrungen / Hinweise:

**Generelle Belehrung:**
Ich wurde mit dem Gegenstand der Vernehmung vertraut gemacht, über die gesetzlichen Weigerungsgründe belehrt, über das Recht aufgeklärt, dass auf Verlangen bei der Einvernahme eine Person des Vertrauens beigezogen werden kann.
Ich wurde vom vernehmenden Beamten über den Tatbestand der Verleumdung und die strafrechtlichen Folgen informiert und in diesem Zusammenhang angewiesen, vollständige und wahrheitsgetreue Angaben zu machen.

Ich kenne Hr. Aigner schon lange und bin gut mit ihm befreundet. Vor ca. 3 Jahren, habe ich mit dem Klettern begonnen. Ich habe USI-Alpinkurse besucht und habe auch einiges Wissen über Anseiltechnik, Knotenkunde und Sicherungsmöglichkeiten. Eine Trainerausbildung habe ich nicht.

Ich wusste, dass Herr Aigner noch nie klettern gewesen war und daher auch über keinerlei Kenntnisse verfügte. Bevor wir heute zu klettern begannen, haben wir auch den Partnercheck durchgeführt. Ich kenne die Hallenregeln.

Ich war mir ganz sicher, dass beide Karabiner am Gurt von Herrn Aigner ordnungsgemäß eingehängt waren. Ich habe auch kontrolliert, ob die Karabiner verschraubt waren; das war der Fall.

Herr Aigner kletterte die von mir vorgeschlagene Route in einem Zug durch, ohne Pause. Als er dann oben angekommen war, winkte er mir und gab mir ein Zeichen, dass ich ihn abseilen sollte.

Ich spürte noch eine kleine Belastung am Gurt, aber dann fiel Herrn Aigner auch schon nach unten. Er schrie und ich sah in diesem Moment auch noch etwas wegfliegen. Es war grau bzw. silber oder weiß, es ging alles sehr schnell.

Ich habe keine Veränderungen am Seil oder am Gurt vorgenommen.

Wenn ich gefragt werde, ob unmittelbar nach dem Absturz ein Karabiner nicht verschraubt war, so gebe ich an, dass dies für mich nicht vorstellbar ist. Ich bin mir sicher, dass ich beim Partnercheck die Karabiner verschlossen habe.

Wenn mir das Knotenende des Fixseils gezeigt wird, so gebe ich an, dass der Knoten so ordnungsgemäß ist. Was aber irgendwie komisch ist, ist, dass in der Achterschlaufe ein Kabelbinder verschlossen zu einer Schlaufe eingehängt ist.

Ich habe beim Partnercheck sicher geschaut, ob die beiden Karabiner richtig in der Achterschlaufe eingehängt sind.

Zu dem Vorfall kann ich keine weiteren Angaben machen. Meine Angaben entsprechen der Wahrheit und ich hatte die Möglichkeit, Korrekturen zu tätigen. Meine Angaben waren frei und ohne jeglichen Zwang. Während der Einvernahme war mir das Sitzen erlaubt.

Ende der Niederschrift: 15.14 Uhr

Christina Moser

(v.g.g.)

Bearbeiter:

Hannes Erler, AbtInsp

STADTPOLIZEIKOMMANDO SALZBURG
5020 SALZBURG, ALPENSTRASSE 88
TEL: 059 133 550

**POLIZEI**

Salzburg, am 19.07.2013

Sicherheitsbehörde: Bundespolizeidirektion Salzburg

GZ: E1/264351/2013

BEARBEITER: Hannes Erler, AbtInsp
TELEFON: 0660/811-3421
FAX: 05 9133/45312-302
E-MAIL: hannes.erler@polizei.gv.at

**Betreff:** **Tobias Aigner**
Kletterunfall

# 2. Niederschrift

aufgenommen mit:

| | |
|---|---|
| Verdächtige: | Christina Moser, Studentin, geb. am 14.06.1991, ledig |
| Anschrift: | 5020 Salzburg, Clemens-Krauss-Str. 23 |
| Telefon: | 0660/5746352 (Mobiltelefon angemeldet) |
| Dokumente: | Führerschein der BH Salzburg Stadt vom 20.06.2009, BHS 12.1-000123/2009 |
| Vorname d. Eltern: | Mutter: Ingrid, Vater: Kurt |

| | | |
|---|---|---|
| Sprache: | Deutsch | Dolmetsch erforderlich: NEIN |
| Dolmetsch: | entfällt | |
| Ort der Niederschrift: | oa. Dienststelle | |
| Beginn der Niederschrift: | 19.07.2013, 9:11 Uhr | |

Belehrungen / Hinweise:

**Generelle Belehrung:**
Ich wurde mit dem Gegenstand der Vernehmung vertraut gemacht, über die gesetzlichen Weigerungsgründe belehrt, über das Recht aufgeklärt, dass auf Verlangen bei der Einvernahme eine Person des Vertrauens beigezogen werden kann.
Ich wurde vom vernehmenden Beamten über den Tatbestand der Verleumdung und die strafrechtlichen Folgen informiert und in diesem Zusammenhang angewiesen, vollständige und wahrheitsgetreue Angaben zu machen.

Ergänzend zu meiner Aussage vom 17.07.2013 werden mir folgende Fragen gestellt:

**Frage:** Erklären Sie mir den Partnercheck genau, was verstehen Sie darunter bzw. wie haben Sie diesen durchgeführt?

**Antwort:** Der Partnercheck hat den Sinn, dass man sich wechselseitig überprüft. Der Sichernde überprüft den Kletterer und umgekehrt. Der Partnercheck besteht im Wesentlichen aus folgenden Punkten:

- Der Partner kontrolliert beim anderen, ob der Klettergurt geschlossen und korrekt angelegt ist.
- Der Sicherer prüft, ob der Kletterer korrekt mit einem Anseilknoten eingebunden ist oder – wie hier beim Toprope-Klettern – die Karabiner gegengleich und zugeschraubt am Hauptanseilpunkt in den Gurt und korrekt in das Seil eingelegt sind.
- Der Kletterer prüft, ob das Kletterseil korrekt in das Sicherungsgerät eingelegt ist und ob das Sicherungsgerät an der vorgesehenen Stelle mit dem Klettergurt verbunden ist und ob das freie Seilende abgeknotet wurde.

Ich habe festgestellt, dass beide Karabiner gegengleich eingehängt und verschraubt waren. Beide Karabiner waren auch richtig in der Gurtschlaufe eingehängt. Aigner hat dann noch mein Sicherungsgerät überprüft und ist dann losgestiegen.

**Frage:** Zum Partnercheck gehört auch, dass man den Achterknoten im Seil überprüft und kontrolliert. Außerdem, ob die Karabiner in der Achterschlaufe richtig eingehängt sind. Haben Sie dies gemacht?

**Antwort:** Ich habe mich darauf verlassen, dass der Knoten bzw. die Karabiner im vorhandenen Seil richtig eingehängt sind. Da ja die Karabiner am Seil hingen, kamen wir ehrlich gesagt gar nicht auf die Idee, dies noch extra zu überprüfen. Ich habe überhaupt nicht damit gerechnet, dass bei einem vorhandenen Fixseil, das ja im gegenständlichen Fall vom Hallenbetreiber zur Verfügung gestellt wurde, etwas nicht in Ordnung sein könnte.

Ich hatte die Möglichkeit, diese Niederschrift Seite für Seite durchzulesen bzw. durchlesen zu lassen, sowie Korrekturen vornehmen zu lassen. Meine Angaben entsprechen der Wahrheit und ich habe dem Gesagten nichts mehr hinzuzufügen. Meine Angaben tätigte ich frei, ohne jeglichen Zwang.

Ende der Niederschrift: 9:25 Uhr

Christina Moser

(v.g.g.)

Bearbeiter:

Hannes Erler

AbtInsp

# Stichwortverzeichnis

## P



## Q



## R